W0195770

Buch

Das Wort „Hexe" in seiner negativen Bedeutung wird mehr und mehr aus unseren Kinderzimmern verdrängt, wo es über lange Zeit die Funktion hatte, Kinder durch Angst zum Gehorsam zu zwingen. Nach und nach werden die weisen Frauen wieder als das begriffen, was sie ursprünglich einmal vor den Jahrhunderten der Hexenverfolgung waren: wissende Menschen, Hüterinnen uralter Überlieferungen und Bewahrerinnen einer volkstümlichen Heilkunst.

Im ersten Teil, „Entdeckung einer Gegenwart", schildert Sergius Golowin wie die Menschen unseres Jahrhunderts die Geschichte und Bedeutung der weisen Frauen neu entdecken. Der folgende Abschnitt, „Lebendige Sage als Zeugnis", durchleuchtet die herausragende Stellung der Geschichtenerzähler und Heimatkundekenner in der Überlieferung von Aberglauben und Traditionen am Beispiel des Alpenraumes. Der dritte Teil, „Vergessene Weltgeschichte", endlich führt uns auf den Pfaden der weisen Frauen durch die europäische Vergangenheit.

Dieses Buch schlägt ein Kapitel in der Geschichte der Frau auf, das endlich in seiner tiefen Bedeutung für den Menschen die Beachtung findet, die es verdient.

Autor

Sergius Golowin, 1930 geboren, lebt seit seiner frühen Kindheit in der Schweiz. Schon früh interessierte er sich für europäische und zentralasiatische Überlieferungen und befaßte sich insbesondere mit Alpen- und Nomadenkulturen. Später erweiterte er als Bibliothekar und Archivar sein Wissen, vor allem auf den Gebieten der Volks- und Heimatkunde. Sergius Golowins Schriften stoßen in weiten Kreisen auf wachsendes Interesse.

Im Goldmann Verlag ist ferner erschienen: Das Reich des Schamanen (11885), Edelsteine: Kristallpforten zur Seele (12058), Göttin Katze (12136)

Sergius GOLOWIN

Die weisen Frauen

*Die Hexen und
ihr Heilwissen*

GOLDMANN VERLAG

Der Goldmann Verlag
ist ein Unternehmen der Verlagsgruppe Bertelsmann

Made in Germany · 7/91 · 2. Auflage
Genehmigte Taschenbuchausgabe
© 1982 by Sergius Golowin
© 1982 by Sphinx Verlag, Basel
Umschlaggestaltung: Design Team München
Umschlagillustration: Dick Görtler, Glottertal
Druck: Presse-Druck Augsburg
Verlagsnummr: 12068
Lektorat: DvW · Herstellung: Klaus Voigt
ISBN: 3-442-12068-3

Inhalt

Vorwort

In diesem Buch geht es mir um eine erstaunliche Erscheinung der Gegenwart. Überall, von Mitteleuropa bis Kalifornien erleben wir das Entstehen (oder Neuaufleben) von Kreisen auf der Suche nach den Wurzeln der eigenen Kultur: Auch vieldeutige Worte wie «Hexe» oder «Hexenmeister» (englisch witch, wizzard) sind nicht mehr die Namen von albernen Schreckgespenstern für «unartige Kinder» – wie sie es vor allem nach den Jahrhunderten der perversen Ketzerverfolgungen waren! Sie sind wieder die Bezeichnungen für wissende, weise Menschen, Hüter der Überlieferungen, Heger einer volkstümlichen und uralten Heilkunst.

Im ersten Teil «Entdeckung einer Gegenwart» schildere ich Selbsterlebtes, oder auch Dinge aus der Zeit meiner Kindheit, wie ich sie von mir nahestehenden Augenzeugen zuverlässig vernahm. Es geht um an sich typische Vorgänge aus unserem Jahrhundert der Weltkriege und der mit ihnen verbundenen Fluchtbewegungen ganzer Massen: Eine Generation erkannte, dass sie ihre Welt neu entdecken muss.

Im Teil «Lebendige Sage als Zeugnis» taucht uns die Frage auf, wie eigentlich im Umbruch der technologischen Zivilisation gewisse Überlieferungen überleben konnten. Als Beispiel benütze ich vor allem die «Aberglauben» im Alpengebiet: In diesem Raum erlebte ich noch, besonders 1950–1970, eine Reihe der letzten grossen Geschichtenerzähler und auch der alten gelehrten Kenner der lebendigen Heimatkunde. (Der Zeitgeist war damals ihren Neigungen nicht gerade günstig...) Sie bewahrten treu und selbstlos ihr Wissen für unsere unmittelbare Gegenwart, die es vermehrt schätzt und sucht.

Endlich im dritten Teil «Vergessene Weltgeschichte» müssen wir betrachten, welche Rolle die Traditionen um die «Weisen Frauen» in der europäischen Vergangenheit spielten; und wie sie in

7

sämtlichen Krisenzeiten bis in unser Jahrhundert ihre Wiedergeburt feierten: im Familienbrauch, bei Jahresfesten, in geradezu leidenschaftlichen Beziehungen «zu Berg, Baum und Tier», in der vorbeugenden Pflege der Gesundheit, im ganzen Lebensstil.

S. G.

Erster Teil

Entdeckung
einer Gegenwart

Oasen im Weltkrieg

Die dreissiger Jahre, noch ganz im Schatten der Ungeheuerlichkeiten des ersten Weltkrieges und der Weltrevolution, in der «rote» und «weisse» Armeen ebenso auf den Ebenen von Polen wie auf denen der Mandschurei kämpften, gewährten der Menschheit keine Atempause. Mein Vater war am Schwarzen Meer, der Heimat der Vorfahren, in Odessa geboren worden. Ungefähr sechzehnjährig war er in den Sturm der Umwälzungen geraten, wurde, typhuskrank und wochenlang ohnmächtig, in der Krim während der Revolution 1920 eingeschifft und kam mit der Fluchtbewegung von wohl Hunderttausenden von Menschen nach Istanbul und schliesslich in die verschiedenen Länder des Balkans.

In Prag hatte er meine Mutter getroffen und geheiratet und begonnen, an einer Universität für unzählige Schicksalsgefährten osteuropäische Geschichte und Architektur zu studieren. Doch der Sturm ging weiter: All die meist winzigen Länder, entstanden aus den Trümmern der Kaiserreiche Russland, Deutschland und Österreich-Ungarn fühlten sich durch den zunehmenden Faschismus Hitlers ebenso gefährdet wie durch die Bedrohung durch die Sowjetunion unter Stalin. Vielleicht noch mehr aber durch die Aufstände von allerlei nationalen und religiösen Minderheiten, die alle diese Staaten erschütterten.

Mein Vater ging, ohne einen Pass zu besitzen, nach Paris, während ich, dreijährig, in das Heimatland meiner Mutter, in die Schweiz kam. In mancherlei Beziehung kam er vom Regen in die Traufe: Die Hauptstadt von Frankreich war praktisch stets ein Höllenkessel, in dem die Ordnung mühsam durch eine brüchige Volksfront der verschiedenen sozialistischen und kommunistischen Parteien zusammengehalten wurde. Die Zahl der Flüchtlinge und Asylsuchenden aus Osteuropa, Spanien, Italien, Nordafrika und Griechenland soll, nach freilich sehr parteiischen Schätzungen, allein in Paris oft ein bis zwei Millionen erreicht haben! Die Entwertung des einheimischen Geldes hatte das am Jahrhundertanfang so wohlhabende Bürgertum teilweise in bitterstes Elend gestürzt, und der verbleibende Adel musste, unter dem Druck der Steuern, seine zerfallenden Landsitze aufgeben. Über Paris lastete Angst – Bürgerkriege und Machtergreifungen von Diktatoren bedrohten das ganze Land sozusagen von allen Seiten; die einen Parteien liebäugelten mit den Parteigängern Hitlers, Mussolinis oder mit Francos Spanien, die andern sahen die einzige Rettung in einem engeren Zusammengehen mit Stalins Sowjet-Russland. Verständlicherweise gerieten diejenigen Flüchtlinge, die aus den verschiedensten Gründen am westlichen Rand der Halbinsel Europa zusammenfanden, sozusagen zwischen Hammer und Amboss: Für die Nationalisten waren sie in einer wahrhaft unzumutbaren Zahl vorhanden, «überfremdeten» die Hauptstadt, waren unerwünschte Elemente, potentielle Kollaborateure für jeden Eroberer jenseits der Landesgrenzen. Für die «linken» Parteien blieben sie, obwohl sie ärmer waren als jeder einheimische Proletarier, «Klassenfeinde», alle zusammen, «Aristokraten und Grossbürger»! Man fürchtete, ihre Anwesenheit könne genügen, jedes Bündnis mit Stalin und den neuen «roten» Herren in Moskau zu verhindern.

In diesen Jahren vor dem neuen Krieg, der mit dem Angriff auf Polen 1939 beginnen sollte, entstand unter den Asylsuchern, den Pariser Künstlern und den fast ebenso ratlosen und entwurzelten Einheimischen ein geistiges Leben von einer Regsamkeit, wie man es heute kaum begreifen kann. Menschen, die aus Familien stammten, welche einst über das Schicksal ganzer Völker mitbestimmt hatten und nun als Gelegenheitsarbeiter einen kärglichen Lebensunterhalt verdienten, trösteten sich in Klubs, wo man sich bewusst in die Welten des Geistes flüchtete, wo man sich über die höchsten Fragen von Gott und der Welt unterhielt.

Taxifahrer und Kellner in Nachtlokalen entpuppten sich häufig genug als Flüchtlinge, die einst höchste akademische Grade gewonnen hatten, und – wo man sonst Belangloses über das Wetter oder alltäglichen Klatsch verbreitete, hörte man auf Strassen oder in den verdächtigsten Spelunken Menschen, die sich zufällig begegneten, über die Geheimnisse der Geschichte sprechen: Denn das war es ja, was hier jedermann beschäftigte – warum Jahre des Krieges und der Umwälzungen ganze geistige Welten, das Schicksal vieler Millionen Menschen zu einem solchen Scherbenhaufen zertrümmert hätten und auch, was wohl in den

Immer häufiger taucht die magische Frau in der modernen Kunst auf: Bild aus dem vom slawisch-orientalischen Mythos angeregten russischen Film «Die Weltreise Sadkos» von Alexander Ptuschko (1952).

nächsten Jahren noch alles kommen würde ... Die Zustände, in denen man sich wiederfand, wollte eigentlich niemand als bleibend ansehen, und ein jeder suchte nach Möglichkeiten, ein menschenwürdiges Leben zu gestalten. Die einen glaubten, dass sich alles noch wenden könnte und sie schon bald wieder in ihre Heimatländer, in die von ihnen – in der Erinnerung geradezu mit dem Glanz des verlorenen Paradieses verklärten – angestammten Gewohnheiten zurückkehren würden. Die andern glaubten, von den Schriften der sektiererischen Weltuntergangspropheten bestätigt, an einen vollkommenen «Untergang des Abendlandes», zertreten von den Stiefeln der verbündeten Nazis, Sowjet-Kommunisten, Chinesen und Japaner. Sie hofften höchstens, irgendwie das Geld und die entsprechenden Papiere zu bekommen, um an die letzten Gestade der Hoffnung, nach Amerika weiterfliehen zu können.

In dieser einzigartigen Atmosphäre der Ängste und wirren

Hoffnungen erlebte mein Vater auch eines jener Künstlerfeste, wie es in den entsprechenden Kreisen der Entwurzelten nichts Ungewöhnliches darstellte. Es fand im Atelier einer Dame statt, die aus ihrer – wenn ich mich nicht ganz täusche – baltischen Heimat offenbar einiges Geld gerettet hatte und sich gelegentlich als Bildhauerin betätigte. Sie lebte mit einem älteren russischen Zigeuner zusammen, der angeblich schon bei den wilden Tanzorgien des Sibiriers Rasputin aufgespielt hatte – dieses, wie man weiss, kurz vor der russischen Revolution feig ermordeten Wunderarztes am Zarenhof.

Die Atelierwände der Baltin waren mit bunten Tüchern behängt, und durch die Dachfenster spielte sehr stilecht das Mondlicht. Auf einem Holzgestell stand die noch nicht ganz fertige Gipsplastik eines Mannes mit Hörnern – samt einem Zwillingspaar der vor ihm niederknienden und die Kraft in ihm offensichtlich anbetenden Panther-Frauen. Die Anwesenden waren in jeder Beziehung gemischt, wie es nun einmal dieser Schicht der Gottsucher aus Flüchtlingen und Künstlern aus aller Welt entsprach. Kerzen und Weihrauch wurden entzündet und erfüllten den ganzen Raum mit lau-milchigen Schwaden.

Eine Frau wirkte als Hohepriesterin; eine Frau, die sich im übrigen als eine kaukasische oder tatarische Adelige ausgab und mit dem einigermassen standesgemässen Wahrsagen aus Tarot-Karten und mit Beratung der jüngeren Damen in deren seltsamen Liebesdingen ein recht bescheidenes Auskommen zu verdienen suchte. Unter ihren Jüngerinnen verbreitete sie schon damals die Lehre, für die sie im theosophischen Kreis um Frau Helena Blavatsky bereits in Russland allerlei Bestätigungen gefunden zu haben glaubte, «dass alles Unglück über die Welt gekommen sei, weil sie der Frau ihre Berufung zur Priesterin geraubt habe»: Im Osten, bei den kaukasischen, tatarischen und mongolischen Stämmen habe sich diese, zumindest in Familienkreisen, noch bis in die Gegenwart erhalten.

Diese Dame war im übrigen eine Verehrerin des Rauschtranks Wodka, und sie versicherte, dass dieses Getränk, genau wie mancherlei ähnliche Mittel dieser Art, im Abendland reichlich falsch angewendet würde. Wer es mässig, aber regelmässig geniesse, der sei weder je ganz nüchtern noch richtig betrunken: Man müsse es selten genehmigen, aber dann tüchtig Glas um Glas mit einem Zuge runterschütten. Dann komme man, zumindest wenn die Gesellschaft sinnlich anregend sei und die Musik

An zeitgenössische (!) «Hexensabbate», vor allem auch in Künstlerkreisen, wurde um die Jahrhundertwende fast allgemein geglaubt.

Die ostslawischen Waldkobolde besitzen, ähnlich etwa den indischen Jakschas, Züge des Bocks – dieses Sinnbilds der ungestümen Zeugungskraft und Fruchtbarkeit.

ekstatisch, manchmal in einen höheren Zustand – in diesem habe man göttliche Eingebungen und begreife manchmal plötzlich, «intuitiv», die für den kalten Verstand sonst unzugänglichen Zusammenhänge. An geschildertem Abend trank man jedenfalls ein Glas mit Kräutern gewürzten Wodka nach dem andern, der Zigeuner funkelte mit den Augen und liess mit seiner Geige jene rasenden Töne erklingen, durch die der masslose Georg Rasputin angeblich einst in den Rausch seiner endlosen Liebesumarmungen, Prophezeiungen über die Zukunft der Reiche und Offenbarungen seiner sagenhaften Heilkräfte gekommen sei. Von Zeit zu Zeit verbeugte sich die alte Dame vor dem Gehörnten und flüsterte einen der Namen, den er bei den verschiedenen Völkern der Urzeit getragen habe.

«Pan warst du bei den alten Griechen, als Leschy durchtobtest du die russischen Wälder, Tschernibog warst du bei den Slawen», zumindest diesen Teil der Beschwörung hat mir mein Vater später erzählt – 1946, als ich ihn nach dem Krieg regelmässig in Paris zu besuchen begann. Es waren, wie er mir versicherte, noch eine lange Reihe von andern Namen dabei, wie man sie tatsächlich auch heute noch in ähnlichen Anrufungen der verschiedenen entsprechenden Gemeinschaften fast ohne Zahl vorfindet. Die Dame hat meinem Vater im übrigen eine an sich einleuchtende Deutung für die Unzahl der klingenden Worte aus den verschiedensten Sprachen gegeben: «Nicht nur hier in Paris stammen wir aus den verschiedensten Gegenden. Jeder, der seinen Stammbaum weit genug zurückverfolgen kann, wird Menschen aus Völkern mit allerlei Mundarten finden. Die Grundlagen des Geistes der verschiedenen Stämme sind aber die gleichen, weil sie gleichen Ursprungs sind. Alle haben einst die schöpferische Kraft verehrt, aus der die künstlerischen Fähigkeiten ebenso stammen wie alle guten Ideen – die Begeisterungsfähigkeit, der Unternehmungsgeist, der Mut, die Lebenslust, die Gesundheit, die Zeugungskraft. Hätten sie diese schöpferische Kraft in sich und der Natur nicht erkannt und verehrt, wären die einzelnen Stämme gar nicht entstanden, hätten sich nicht vermehrt wie der Sand am Meer und nicht alle Erdteile mit ihren Taten und Abenteuern erfüllt.

Die verschiedenen Stämme haben in unzähligen Jahrtausenden ihrer Geschichte dieser Urkraft grundverschiedene Namen gegeben, teilweise weil für sie nicht immer die gleichen unter ihren Eigenschaften und sichtbaren Verkörperungen wichtig waren. Wir müssen möglichst verschiedene und viele dieser Namen anrufen – denn nicht in jedem von uns stecken die gleichen Erinnerungen an die Ekstasen seiner Ahnen. Für einen Menschen, dessen Vorfahren über den Süden wanderten, bedeutet die Erwähnung des Pan etwas, und für den, der aus dem Norden kommt, die von Odin oder Wotan im bald gehörnten, bald geflügelten Wikingerhelm. Jeder hat andere Vorstellungen in seinem Unterbewusstsein, und es braucht darum ganz verschiedene Schlüssel, Zauberworte von ganz verschiedenem Klang, um die Schleusen für sein Gedächtnis zu öffnen.»

Die Namen der alten Stammesgötter erschienen eben in der Schicht der Menschen ohne Staatszugehörigkeit und Papiere, die durch die geringste politische Umwälzung willkürlich und schutzlos an die nächste Grenze gestellt werden konnten, als die Beschwörung einer verklärten Goldenen Urzeit. Worte aus verklungenen Mundarten der Vorfahren, der Rauschtrank aus Nomadenzeiten, die Beschwörungen der Musik sollten Träume der Kindheit, von den Grosseltern erzählte Sagen, wecken – und damit ein fast zerstörtes Selbstbewusstsein in einer in unberechenbarem Umbruch befindlichen Umwelt.

Solche Pariser Abende und Mondnächte mag es, höchstens in Einzelheiten abweichend, in jenen dreissiger Jahren viele gegeben haben. Die Nachrichten darüber wurden von sensationslüsternen Schriftstellern aufgeschnappt und fanden, entsprechend geschildert, in Zeitungen und zahllosen Buchveröffentlichungen ihren Eingang: Man versicherte mir später sogar, dass geschäftstüchtige Wirte solche Gedanken aufschnappten, und bald schon hätten in jenen fiebrigen Jahren zwischen den grossen Kriegen die Pariser Touristen gegen viel Geld an solchen, entsprechend kitschig ausgeschmückten «Schwarzen Messen» teilnehmen dürfen . . .

In den gedruckten Schilderungen münden all diese damaligen «Kulte der Mondgöttin Astarte und des grossen Pan» meistens in «schreckliche» Orgien – gruselig genug für die spiessbürgerlichen Leser von damals, geradezu brav aber für den «Geschmack» von heute, der während der «Sex-Befreiung» mit billigen Porno-Filmen überfüttert wurde: Was den Ausgang der eigenartigen Atelier-Sitzung angeht, von der mir mein Vater nur wenige Jahre nach ihrem Stattfinden erzählte und die einen Übergang zwischen den entsprechenden «alten» und den ganz modernen Pariser Kulten darstellt, muss ich seine Worte festhalten: «Es ging dabei viel zurückhaltender, geradezu höfischer zu als bei ziemlich jedem der damaligen Künstlerfeste.»

Höchstens seien durch die Anrufung der göttlichen Lebenskraft der Urzeit, «ebenso wirksam im alten Arkadien wie in den urzeitlichen Hirtenländern der Sanskrit-Völker am Jamuna», einige der Anwesenden ermutigt worden, zu sich selber zu finden: Trotz der herrschenden Angst vor einer drohenden Weltkatastrophe und ihrer Ausrottung in den Konzentrationslagern der westlichen und östlichen Diktatoren, die als die Herren der Stunde erschienen, hätten sie zusammengefunden und beschlossen, auf die Zukunft zu vertrauen.

Lenin und die Hebamme

Der alte Mann, er war schon um die achtzig, als ich ihn im Jahr 1958 kennenlernen durfte, besass ein ärmliches, aber von ihm selber zusammengezimmertes «Dichter- oder Zigeunerhäuslein» am Rande der kleinen Stadt. Grund und Boden hatten ihm menschenfreundliche Behörden «auf Lebzeiten» überlassen, und auch sonst wurden bei der Errichtung des eigenartigen Holzkunstwerks einige der gestrengen Bauvorschriften übersehen. So war in unserer Gegenwart, vielbestaunt von noch romantischen Jugendlichen, eine Hütte entstanden, die aus ganz andern Zeiten zu stammen schien: Sozusagen auf den ersten Blick, die zeitlose Behausung eines Dorfzauberers! Diesen Eindruck bestärkten auch die – nach Ansicht des alten Mannes glückbringenden – Sprüche an den Aussenwänden und die bemalten Steine, die an den vier Ecken des winzigen Hauses alle schädigenden Einflüsse abwehren sollten.

Der alte Mann ging tiefgebeugt umher, den Kopf gespenstisch fast an den Bauch niedergesenkt – man staunte, dass er sich in dieser Haltung noch so rüstig auf den Füssen zu halten vermochte. Dies war die einleuchtende Folge der Tatsache, dass seine märchenhafte Behausung gar nicht unterkellert war. Auch das war ein Ausdruck der eigenwilligen Überzeugung von deren einsamem Einwohner: Als Nachkomme der «fahrenden» Ahnen, wie er fest behauptete, seit dem Mittelalter überzeugten Nomaden, fand er es «nicht angemessen, den Brauch der Sesshaften, sich im Boden wie ein Maulwurf einzugraben», zu übernehmen. («Es ist schön, in einer Hütte zu wohnen, von der man träumen kann, sie sei eigentlich ein Wagen, man müsse nur vier Wagenräder daran befestigen.») Aber der alte Mann sass nun einmal in seinem Holzhaus fest und konnte nicht – wie seine erfinderischen Vorfahren – von Zeit zu Zeit den Tücken unseres so ungemein regnerischen Klimas ausweichen. So war die Erdnässe durch den dünnen Holzboden emporgekrochen und hatte nach und nach die Knochen des Einsiedlers immer mehr gekrümmt.

Auch sonst war das Dasein «des Flüchtlings im eigenen Heimatland» von einer Unzahl von Widersprüchen geprägt. Seit Generationen lebte seine Familie in der gleichen Gegend, und doch galt er den Spiessbürgern, wahrscheinlich weil er seine Herkunft nie abstritt, «als fremdes, aus der Ferne dahergelaufenes Element». Er war überhaupt stolz auf sein angestammtes Nomadentum wie auf einen alten Adelstitel – und doch hatte er ungefähr ein halbes Jahrhundert in einer Maschinenfabrik des Städtchens treu und bescheiden seinen Lebensunterhalt verdient.

Der Raum seiner winzigen Hütte war, abgesehen vom Platz für das Bett und einige sehr einfache Möbelstücke, eigentlich eine gutgeordnete Bibliothek. Er hatte in unzähligen Nachtstunden seine Bücher sogar genau katalogisiert, die er beinahe ein ganzes Jahrhundert hindurch auf Streifzügen durch Trödlermärkte und Antiquariate der Altstädte erworben hatte. Ohne Ausnahme waren dies alles Werke über die menschliche Kulturgeschichte und die Magie: «Ich habe sie gekauft und immer wieder gelesen, weil ich mich selber verstehen wollte.»

Seine grosse Sehnsucht bestand darin, auch seinen Mitmenschen auf dem gleichen Weg der Selbsterkenntnis helfen zu können. Er träumte geradezu davon, seine Hütte zu einer Art «Volkshochschule» werden zu lassen, in der Jugendliche – er hatte nun einmal bei allen möglichen Sturm- und Drang-Bewegungen seit dem Ende des 19. Jahrhunderts mitgemacht – «die wahre Geschichte der Welt finden könnten». Er hatte sich stets eines starken Andrangs aus den Reihen der heranwachsenden Mitbürger erfreut, begeistert stürzten sie sich unter seiner Anleitung auf seine Schätze – und blieben dann sehr bald aus: Die Eltern ermahnten sie eben, sich die Köpfe nicht mit nutzlosem Allerlei zu füllen, und die Jungen glaubten selber zu erkennen, dass ihnen das seltsame Wissen des alten Mannes bei ihrem beruflichen Aufstieg eher hinderlich sein könnte.

Charles Godfrey Leland (1824–1903) glaubte das uralte indische
Hexenwesen am Lagerfeuer der Zigeuner lebendig.

Traurig sprach der selbsternannte Bibliothekar und Geschichtsforscher über die Städter, unter denen er sich als ein Fremdkörper sah: «Die nehmen mich nicht ernst, weil ich mich an zu viele Dinge erinnere, die sie lieber vergessen und begraben wollen. Viele unserer angesehensten und vornehmsten Bürger, die nur an ihren Stammtischen mit ihresgleichen verkehren wollen, haben ja selber Vorfahren, die im 18. und sogar noch im 19. Jahrhundert als heimatlose Korbmacher, Kesselflicker, Kräutersammler, fahrende Musikanten durch die kleinen Städte und Dörfer irrten. Sie laufen jetzt alle starr und steif herum und tauschen wohlgesetzte Höflichkeiten aus. Von käuflichen und gaunerischen Wappenmalern liessen sie ihre Stammbäume fälschen, damit ihre Kinder ja nichts von ihren echten Vorfahren lernen sollten, und überhaupt haben sie dauernd Angst, dass den Nachbarn von ihren angeblich unwürdigen Ahnen etwas zu Ohren kommen könnte.»

Voll Begeisterung fuhr er fort und wärmte unzählige Erinnerungen aus seinen früheren Tagen auf, etwa als Häuptling von allerlei «Wandervögeln» und andern Jugendbewegungen von gestern: «Aber die Jungen, die sind in jeder Generation lebendig, als wären sie von einem Gott neu erschaffen worden. Sie fühlen das starke Blut der alten Fahrenden und ziehen wieder, allen Vorschriften trotzend, in Berg und Wald, um die ewigen Stimmungen zu erleben. Sie hören meine Geschichten über die Lagerfeuer der einstigen Fahrenden, über die Zauberlieder und den Tanz der dunklen, nussbraunen Mädchen. Doch dann werden sie ängstlich, unsicher, fliehen in die Enge – und versuchen von da an ihr restliches Leben zu vergessen, dass sie einmal die Wege der Freiheit sahen.

Ich hätte mich, da ich schon so lange auf der Welt bin, wohl dutzendfach anpassen können, aber ich wäre mir den Vorfahren gegenüber wie ein feiger Halunke vorgekommen. Dass mich viele Leute verspotten und verleumden, ist einfach die Folge davon, dass ich ein so gutes Gedächtnis habe und mich so gut erinnere, was alle die Spiessbürger in ihrer Jugend gehofft, geträumt, ersehnt hatten – und was sie aus ihren besten Gedanken in den darauffolgenden Jahren machten. Sie haben nun alle Angst, wenn ich der neuen Jugend erzähle, was ich von der stürmischen Jugend ihrer Eltern und sogar Grosseltern alles weiss . . .»

In den achtzig Jahren seines Daseins, die er wach und aufmerksam durchlebt, hatte er also die wachsende Unruhe, den unsicheren und doch begeisterten Aufbruch mehrerer Generationen gesehen. Er erzählte endlos, wie sie, so alle zwanzig oder dreissig Jahre, «ganz im grossen», in Heimat und Ausland aufbrechen, «um es besser zu machen und ein Leben in Gemeinschaft zu finden, das auf mehr Liebe aufgebaut ist». Sehnsucht aus Ahnungen, aufsteigend aus dem von fernsten Vorfahren geerbten Unterbewusstsein, entsteigt dann jedesmal den Tiefen der Seele: Die Jugend «brach immer ähnlich auf, um sich selber zu suchen» – dieser Rausch des Suchens erzeuge in jeder Generation die gehobenen Stimmungen, aus der die Künstler dann die allerbesten Schöpfungen entstehen lassen. Diese Bewegung nach erhabensten Zielen münde aber für unzählige, die zu rasch aufgeben, im Morast der Verzweiflung. Auch würden sie häufig genug durch Ideologien und Sekten, stets gierig nach Macht und materiellem Gewinn, übernommen ... Sie würden dann zum Kanonenfutter, gesteuert durch die Propaganda irgendwelcher Schlagworte, für Weltkriege oder Schein-Revolutionen, die nur neue Diktatoren an die Macht brächten.

Noch vor der Jahrhundertwende, und bis zum Ersten Weltkrieg, hatte nun der alte Mann, der damals nicht nur innerlich jung war, viele Tausende von Flüchtlingen aus dem grossrussischen Zarenreich erlebt, wie sie damals in den Talschaften der Schweiz Zuflucht suchten. In Mitteleuropa hatten sie sehr verschiedenartige «Verbündete» gefunden. Sozialisten und Anarchisten jeder Richtung, die im russischen Adel, so entmachtet er auch sein mochte (genau wie etwa im Mandschu-China), eines der letzten Bollwerke gegen den Sieg des technologischen Fortschritts schritts und der entsprechenden Wirtschaftsordnung auf dem ganzen Erdball sahen. Dazu kamen aber auch die Nationalisten und Imperialisten aus den verschiedenen westlichen Ländern: Mochten sie auch ihre «linken» Verbündeten verachten, so sahen sie in ihnen eine nützliche Waffe bei einer künftigen Auseinandersetzung mit dem östlichen Grossreich. Sie waren überzeugt, dass seine innere Revolution, die man darum mit allen Mitteln zu unterstützen habe, seine militärische Vormacht nachhaltig ablösen könnte.

Über grundsätzliche Fragen ihrer Zukunft, die Schliessung von Bündnissen zwischen den politisch fremdartigsten Gruppen oder die utopischen Entwürfe kommender Gesellschaftsordnungen, diskutierten die Flüchtlinge in Wirtschaften und Kellerwohnungen schier endlose Nächte lang. War der alte Mann, damals durchschnittlich über ein halbes Jahrhundert jünger, für viele seiner Landsleute selber «fremd», «der Nachkomme der Zigeuner aus dem Osten», so war er für die asylsuchenden Revolutionäre sozusagen ein Inbegriff des Einheimischen – dauernd musste er irgendwelchen romantischen Aufrührern aus dem russisch-tatarischen Adel, jungen Ost-Juden, glutäugigen Kaukasiern helfen, sich mit ihren Zimmervermietern zu einigen oder den Zorn der schweizerischen Polizei und der Zollbehörden von Nachbarstaaten zu beschwichtigen. «Ohne Leute wie dich», so ungefähr habe ihm ein damaliger Flüchtling geschrieben, der dann nach 1917 eine wichtige Staatsstelle in seiner Heimat fand, «hätten wir es nie so weit gebracht. Du hast es vielen von uns ermöglicht, im Alltag eines Landes mit der uns fremden Ordnung durchzukommen und damit unsere Zukunft vorzubereiten.»

Solchen Menschen zu helfen betrachtete dieser Nachkomme von Fahrenden «nicht etwa nur als eine politische Pflicht», er war überzeugt, in ihnen Zeitgenossen zu begegnen, deren Schicksal eigentlich ganz und gar dem seinigen verwandt war. Diese Leute waren seiner Meinung nach auch in ihrer Heimat Aussenseiter gewesen, «heimatlose Flüchtlinge im eigenen Land» – genau wie er und seine Eltern es in ihrer alpinen Umwelt gewesen waren: Allesamt Söhne und Töchter von teilweise sehr reichen Kaufleuten, aber aus gescheiterten Familienverhältnissen, dazu auch die Kinder eines schon seit mehr als einem Jahrhundert entmachteten Uradels.

An einen dieser Flüchtlinge erinnerte sich der alte Mann noch über vierzig Jahre später: Es war Wladimir Ulianow, der als Lenin, der eigentliche Führer – «Woschd» – der russischen Revolution von 1917–1921 Weltruhm erlangte. Ihn habe er, zusammen mit ähnlichen Freunden wie er selber, abendlich vor der burgerlichen* Stadtbibliothek in der Berner Kesslergasse erwartet, wo der damals recht unbekannte Gast die Bücher des Philosophen Hegel studierte. Mit Lenin zusammen seien sie dann bis in die späten Nachtstunden durch die Strassen spaziert und hätten mit ihm über Gott und die Welt gesprochen.

Auf unsere neugierige Frage, ob denn «die Einheimischen» ihren fremdsprachigen Gast gut begriffen hätten, erinnerte sich

---

* Das «u» in burgerlich ist kein Druckfehler. «Burger» nennen sich in der Schweiz die Gemeinschaften alteingesessener Bewohner von Ortschaften: Ihre Leistungen für die Traditionspflege sind unbestritten.

der alte Mann: «Seine ganze Dialektik ist mir weder damals noch später in den Kopf gegangen. Aber Ulianow konnte eben unter den Arkaden der Berner Strassen, die ein einzigartiges Echo haben, so schön die Lieder über den heiligen Wolgafluss und die seltsame Liebe des Kosakenhäuptlings Stenka Razin zur persischen Königstochter singen.»

Ulianow-Lenin zeigte den ihn umgebenden europäischen, schweizerischen und deutschen Handwerkern aus den Slums des im 19. Jahrhundert chaotisch angeschwollenen Industrialismus, wie falsch die damals gültige Auffassung vom Proletariat war. Viele der Menschen, die in den grauen Wohnblöcken am Rande der freudlosen Fabriken hindämmerten, im giftigsten Alkoholfusel und den scheusslichsten «Beruhigungsmitteln» der Opiate ihren einzigen Trost suchten, kamen vielleicht einst aus angesehenen Familien: Vor den politischen und wirtschaftlichen Umwälzungen der Vergangenheit seien sie als heimatlose Fahrende in andere Länder geflüchtet und dort in einer Schicht versunken, die zwangsläufig nur an ihr Überleben denken könne. Für Menschen dieser Art gebe es darum nur die Hoffnung auf Glück und Gerechtigkeit in der Zukunft – heute hätten sie höchstens die kurze Freude, die ihnen der Gesang, wilde Zigeunermusik oder entsprechender Tanz schenken könne: Wenn man sich im guten Freundeskreis ganz und gar solchen Dingen hingebe, dann erwache im innersten Wesen die Erinnerung an die eigene, lange vergessene Menschenwürde. Vom alten Mann vernahmen wir in den fünfziger Jahren zum ersten Mal die heute so verbreitete Sage von jenen wilden Vollmondfesten, die die Flüchtlinge im Tessin und anderswo feierten . . .

Doch trotz dieser poetischen Erinnerungen an die ausserordentlich romantische Vorgeschichte der aus Verzweiflung geborenen Weltkriege und Revolutionen war der alte Mann seinen einstigen Gästen und Spielgefährten doch einigermassen böse. Ihre Lehre von der Hoffnung auf die Ordnung der Zukunft, «die auf einer höheren Stufe und bewusst das Glück der Urgesellschaft zurückbringen solle», hatte er offenbar ein wenig falsch verstanden: Er glaubte noch seit dem ausgehenden 19. Jahrhundert, dass man all seine bescheidenen Verdienste und Geisteskräfte ausschliesslich für eine künftige Revolution aufzuopfern habe. «Geheiratet wird erst, wenn Glück und Gerechtigkeit regieren», dies war seine Auffassung, die er bereits als Heranwachsender vertrat.

Nun habe er aber weder Frau noch Kind gehabt, stehe in einer kalten Welt völlig einsam da. Revolutionen habe es in unserem Jahrhundert unzählige gegeben, gerechter gehe es aber nirgends zu. Eine Herrscherfamilie habe einfach eine andere gestürzt und sitze nun selber ordensgeschmückt in den gleichen Palästen wie ihre Vorgänger.

Nachdem er sein Leben lang als Handwerker und Industriearbeiter Politik getrieben hatte, versuchte er jetzt, im hohen Alter, zu seiner Kindheit zurückzukehren. Die Worte einer nahen Verwandten, einer Fahrenden fielen ihm ein, die noch die Kräuter kannte und sogar von sesshaften Familien als Hebamme akzeptiert worden war. Sie hatte ihm damals erzählt: «Die Welt bleibt immer die gleiche, weil sie nun einmal Gott mit seinen Engeln so erschaffen hat. Wer auf irgendwelche Sprüche irgendwelcher Sektenpfaffen hineinfällt und wegen der Zukunft auf etwas verzichtet, ist ein Narr und lebt gar nicht richtig. Hat man aber eine Familie, die fest an einen glaubt, so hat man mindestens in deren Kreis eine sichere Zuflucht. In ihr lebt man ewig, weil es dank ihr auch künftig immer wieder Nachkommen geben wird, die so denken wie man selber. Wenn man dies nicht weiss, so kann man alles Geld und alle Würden der Welt haben, man lebt doch in Todesfurcht und ist in der Hölle.»

Vielleicht hatte der alte Mann, wenn er uns davon erzählte, wegen seiner aus den Büchern über magische Traditionen nachträglich erworbenen Bildung, die Aussprüche der Weisen Frau seines Stammes etwas verschönert. Eines war sicher: Je älter er wurde, desto mehr vergass er in seiner Holzhütte den Zank der Partei-Ideologen um die Steuerung der Jugendbewegungen unseres Jahrhunderts. Immer mehr träumte er sich an die ewigen Lagerfeuer seiner Vorfahren zurück. Seine Teilnahme an all den Parteikämpfen der grossen Städte, die unsere neuere Geschichte ausmachen und deren treuer Zeuge er gewesen war, betrachtete er fast folgerichtig als einen Irrpfad.

Am liebsten wäre er ins 19. Jahrhundert zurückgegangen, obwohl er die Armut seiner Vorfahren gerade für diese Zeit recht traurig schilderte. Er hätte sich dann die Reden der Weisen Frau besser überlegt, vielleicht auch mit Lenin andere Gespräche geführt, wäre auf andere Gedanken und damit auf einen andern Lebensstil gekommen.

Verlorenes Erbe

Der alte Mann am Rande der kleinen Stadt, dem ich zuerst 1958 begegnete und über die erste Bekanntschaft mit diesem ich schon damals stichwortartig meine Erinnerungen niederschrieb, hatte mir bestätigt, wie es noch immer wichtige Zeitzeugen zur Vorgeschichte unserer unmittelbaren Gegenwart gibt: «Es gibt noch viele alte Leute wie mich», pflegte er enttäuscht seine Geschichten zu beenden, «aber niemand will sie sich anhören, weil jeder unsere Vorgeschichte nur durch Scheuklappen, verfälscht durch die Vorurteile seiner Partei-Ideologie sehen will.»

Die Art, wie er die Ereignisse um den Jahrhundertanfang schilderte, passten kaum den Anhängern der sozialistischen und bürgerlichen Organisationen, wie sie damals durch Jahrzehnte hindurch um mehr Sitze in den Parlamenten und Kommissionen rangen. Für die letzteren, vollständig umgaukelt vom Rausch des vom Linksliberalismus gepriesenen Wirtschaftswunders, war nun einmal der industrielle Fortschritt leider häufig genug ein rasches Fortschreiten weg von den Bräuchen voll von Menschlichkeit – also vom Brauchtum der ländlichen Bevölkerung, aber auch weg von der tief verwurzelten Überzeugung alteingesessener Handwerker der kleinen Städte; weg von der festen Überzeugung, deren Grundgehalt der alte Mann etwa so zusammenzufassen versuchte: «Auch der Aussenseiter gehört nun einmal zur göttlichen Schöpfung, er macht sie vielseitiger und bunter, auch er besitzt darum sein Lebensrecht.»

Die Sozialisten standen dem Geschichtenerzähler aus der Holzhütte selbstverständlich viel näher, hatte er doch von ihnen mehr als ein halbes Jahrhundert die Verwandlung der Erde «in ein kollektives Paradies» erwartet. An sich glaubten aber ihre Ideologen ziemlich das gleiche wie ihre geschmähten Feinde aus dem 19. Jahrhundert, die «radikalen und liberalen Bürger». Auch für sie bestand die Zukunft im Entstehen noch mächtigerer Fabriken – und ganz sicher nicht in der Entfaltung des Gedeihens von irgendwelchen eigenwilligen Sippen, denen der alte Mann trotz seines lebenslänglich industrialisierten Daseins so folgerichtig nachträumte.

Die Welt der Zukunft sahen die «Rechten» und «Linken» eigentlich übereinstimmend als zunehmend «rational geordnet», als zunehmend «technisiert». Worüber sie sich einzig und allein herumstritten, waren schliesslich nur die verschiedenen Auffassungen, wie man künftig diese Roboterwelt im einzelnen zu verwalten habe. Man stritt immer leidenschaftlicher darüber, wie man den gewonnenen «Mehrwert» verteilen solle und ob «die Herrschaft des zentralen Sozialapparats» oder die der «kapitalstarken Eigentümer» vorzuziehen sei: Irgendwelche ins Abendland einsickernde Zigeuner hatten in jeder dieser Zukunftsvisionen herzlich wenig Platz. So wenig wie alle andern Verehrer und Träger einer gewachsenen Eigenart – die Alpenhirten, mit Natur und Brauch verbundene Bauern, wirklich unabhängige Unternehmer in übersichtlichen Familienbetrieben, Künstler mit erhaltenem Sinn für die schöpferische Überlieferung.

Dort in den Oststaaten, wo der «marxistisch-leninistische Kommunismus» die Macht über zweihundert verschiedene Volksstämme errungen hatte, wusste man zuerst wohl, wie sehr der alte Mann den in «sein» Land geflüchteten Revolutionären Trost, seelische Betreuung und Rat gegenüber den einheimischen Behörden gespendet hatte. Aber ein lebendiger und wirklicher Lenin, der mit Nachkommen von Nomaden über die Bedeutung ihrer Traditionen nachsinnt, der an die reinigende Wirkung von Gesang und Tanz glaubt – das erschien den bürokratischen Dogmatikern der damaligen Parteilinie schon bald als etwas zu romantisch verwirrend.

Ein solches Leninbild passte nun einmal niemand, so wenig wie die ganze übrige europäische Kulturgeschichte, so wie sie der alte Mann lange genug aus eigenem Augenschein erlebt hatte: Für den stalinistischen Kommunismus war nun einmal ein solcher Lenin kein «stählerner Führer des internationalen Proletariats», wie man ihn zur «Erziehung» der heranwachsenden Jugend benötigte. Für die Anti-Kommunisten zwischen den Weltkriegen, die Lenin zu einem «Teufel in Menschengestalt» stilisierten, war er aber, in der Spiegelung der Geschichten seines Gefährten aus seiner Flüchtlings- und Untergrundzeit, zu menschlich und irgendwie zu liebenswürdig. Zusammenfassend: Ich verstand immer mehr, warum der alte Mann, krumm wegen der Nässe in seiner Hütte, nur mit jungen Leuten zu reden vermochte. Hier fand er Hörer, die die Vergangenheit nicht durch Scheuklappen und gefärbte Parteibrillen sehen wollten, sondern einfach auf die alten Geschichten lauschten, als wären es Märchen über Feen und Kobolde.

Menschen dieser Art habe ich dann in unserem, vom gesellschaftlichen Durcheinander der Fluchtbewegungen ganzer Massen erfüllten Jahrhundert, recht viele getroffen. An den alten Mann aus der kleinen Stadt, den ich von 1958 bis zu seinem Tode, 1965, sehr häufig treffen durfte, erinnerte mich dann besonders ein Arzt aus einer Zigeunerfamilie: Er war im übrigen sehr viel jünger als mein anderer Gewährsmann und hatte als Sohn eines berühmten Nomadenstammes in einem richtigen, von Rossen gezogenen Wohnwagen, in der Slovakei das Licht unserer Zeit erblickt.

Noch ganz jung erlebte er die Auseinandersetzungen einheimischer Sozialisten und Nationalisten und dann, 1945, nach der Niederlage Hitler-Deutschlands, den unaufhaltsamen Einmarsch der Sowjetarmeen. Die Errichtung der «Neuen Ordnung» schien sich zuerst für die besonders zahlreichen Nomaden recht günstig auszuwirken und wurde darum von einigen ihrer Gruppen, freilich nicht ohne geerbte Vorsicht und berechtigtes Misstrauen, begrüsst. Die neue sozialistische Regierung, selbstverständlich auf der Suche nach Verbündeten, um ihre Stellung zu verstärken, kam zuerst allen Vertretern von sprachlichen, religiösen, rassischen Minderheiten mit offenen Armen entgegen.

Die begabten Kinder aus solchen Schichten wurden auf jede Weise ermutigt und mit den nötigen Geldmitteln ausgestattet, damit sie ein Studium vollenden könnten: Wie man offen zugab, musste die Staatsmaschine nun einmal irgendwie alle leeren Plätze besetzen, die durch die Flucht von unzähligen osteuropäischen Gebildeten nach Westeuropa und Nordamerika entstanden waren. So hatte auch der damals sehr junge Mann, von dem ich hier erzähle, seine Zigeunersippe in einem Dorf der Slovakei verlassen und war in die Universitätsstadt gezogen, um dort den Beruf eines Mediziners zu erlernen.

Doch mit den Jahren, erfüllt von einem gewissen Dank gegenüber der entgegenkommenden Behandlung durch die marxistischen Behörden, kam ein eher bitteres Erwachen: Die volksverbundenen Idealisten hatten in den Verwaltungen bald genug «harten Praktikern» weichen müssen. Hatten die ersteren geglaubt, dass nun jedes «befreite» Volkstum einigermassen unabhängig seine Anlagen entwickeln sollte, so fanden die «Leute des Apparats» eine solche Welt viel zu kompliziert: Mit harten Massnahmen versuchte man, auch den letzten Zigeunerstamm «in Werktätige der modernen Kollektivwirtschaft» zu verwandeln. Die Versuche des jungen Arztes, irgendwelchen Bürokraten das Wesen seiner Stammesgenossen zu erklären, verursachten Spannungen ohne Ende. Schon bald floh er nach West-Deutschland, stiess aber auch dort auf eine Kette der Enttäuschungen: «Man hatte mir, als ich zu studieren anfing, beigebracht, die abendländische Wissenschaft habe vor allem gegenüber irgendwelchen Nomadenweisheiten zumindest einen ganz grossen Vorteil: Sie bilde eine Einheit in der ganzen Welt, und ein japanischer Gelehrter lerne genau die gleichen Dinge wie ein brasilianischer.»

Traurig fügte er aber hinzu: «Dies stimmt offenbar nicht ganz, wenn man ein Flüchtling ist und eine bezahlte Stelle finden will. Ich durfte in Deutschland nun so ziemlich mein ganzes Studium wiederholen, damit ich endlich ein im Westen gültiges Berufsdiplom erhielt.» Doch auch in seinem neuen Aufenthaltsland fuhr er mit seinem verwegenen Kampf für das Daseinsrecht der Nomaden, die durch die «totale Industrialisation» immer mehr in hoffnungslose Slums abgedrängt worden waren, weiter: Er hatte wiederum genug Ärger und wanderte schon bald in ein drittes Land aus. Siehe da ... Die bestehenden Vorschriften und sprachlichen Gegebenheiten zwangen ihn bald zu einem dritten Studium, welches er nur durch das erneute Opfern von Jahren seiner Lebenslust bezwang.

«Mein Grossvater musste ja auch von einer Gegend in die andere ziehen», pflegte er dann traurig zu erzählen, «aber er hatte das grosse Glück, nicht sein halbes Leben in geschlossenen Räumen dauernd die gleichen Dinge, höchstens ausgedrückt in von Jahr zu Jahr modisch veränderten Worten, zu erlernen. Er hatte genug Musse, mit seinen ihm von den Ahnen überlieferten Kräutern und Wurzeln mehr Leute zu heilen als ich es nach all den verlorenen Jahren in meinem restlichen Dasein werde tun können.»

Die Gesundheit des Zigeunerarztes war durch all die Examen in den verschiedenen, ihm eigentlich ursprünglich fremden Sprachen und die drei Versuche der «Anpassung an ein standesgemässes Leben» ziemlich geschwächt: Als ich ihn, ziemlich genau zwanzig Jahre nach meiner Bekanntschaft mit oben geschildertem alten Mann aus der einheimischen Nomadenfamilie, kennenlernte, hatte er einen Punkt erreicht, an dem es hiess, «sich ja auf keinen Fall mehr zu überanstrengen ...» Auf seiner irrsinnigen Flucht durch die so grundverschiedenen Staaten Mitteleuropas waren seine unzähligen Anläufe, «sich als guter und ernsthafter Bürger zu bewähren», alle seine Versuche der Familiengründung zum Scheitern verurteilt: «Nun stehe ich da, am Rande des

Alters, in einem Zustand, der für alle meine Vorfahren, seit sie vor einem Jahrtausend die gemeinsame indo-germanische Heimat Indien verliessen, noch immer unvorstellbar wäre. Ich bin allein, einsam, ein Baum ohne Wurzeln und Äste, ein Mensch ohne Sippenangehörige – also eigentlich kein Mensch.»

Er war im übrigen, trotz des Jahrtausends der Wanderung seines Stammes in verhältnismässig nordischen Ländern, noch immer sehr dunkelhäutig und schwarzhaarig – ziemlich genau so, wie wir uns einen «echten und schönen Inder» vorzustellen belieben. Dagegen erinnerte in seiner Ärztevilla ziemlich nichts mehr an die einstige morgenländische Urheimat oder auch an seine Geburt im Holzwagen in der Slovakei. Auch an seiner Bekleidung sah man nichts, was wir mit dem Zigeuner unserer Kindermärchen in Verbindung bringen: Um mindestens jetzt endlich eine gute Stelle in der europäischen Zivilisation gewinnen zu dürfen, tat er so ziemlich alles, um sich äusserlich seiner menschlichen Umwelt, namentlich der Berufsklasse, der ihn sein sauer erworbenes Medizinerdiplom zuordnete, anzugleichen.

Ich erkannte in der ganzen Angelegenheit, wie wenig an sich der Schein eines sichtbaren Wohlstandes mit der Möglichkeit der freien inneren Entfaltung zu tun hat. Es kam sogar der Augenblick, da mir der Zustand des alten Mannes, von dem ich vorher erzählt habe, viel beneidenswerter erschien als der des Doktors in der teuren Villa und mit entsprechendem Auto. Der erstere war zwar ebenso einsam und wurde von seiner Nachbarschaft «nur» als kauziger Aussenseiter betrachtet, hatte aber den ganzen Tag über seine Narrenfreiheit und war unabhängiger Herr seiner Zeit. Er besass zwar, wenn man nach den Erhebungen von Steuerbeamten gehen wollte, eigentlich nichts, aber er konnte sich in seinem Holzhüttchen ganz und gar entsprechend seinen Träumen einrichten. Der andere, der durch die Universitäten gezogene Zigeuner aus dem Osten, besass nun zwar, wie man so sagt, Rang und Würden, fühlte sich aber endlos ärmer – zumindest empfand er sich so, wenn er jemand fand, mit dem er an seiner Hausbar offen und ehrlich reden durfte.

Im Chaos des einzigen Wohnraums, den der alte Mann zur Verfügung hatte, erinnerte jeder Gegenstand an dessen eigene Welt, die er zwar schon als kleines Kind verloren hatte, die er aber nun mit der ganzen Kraft seiner angestauten Sehnsucht wiederzugewinnen strebte: In den unzähligen Büchern, die sich bei ihm angesammelt hatten, versuchte er sich und seinen Besuchern

nachzuweisen, was wohl in seinen blassen Erinnerungen an Eltern und Grosseltern Wirklichkeit sein könnte. Ein grosses Bild,
noch in der Zeit der russischen Flüchtlinge von ihm selbst gemalt,
zeigte das menschliche Dasein als eine ewige Wanderung, beglei-
tet von der Musik des Zigeunergeigers. Dazwischen, seltsamer
Blickfang in der eigenartigsten der Bibliotheken, sah man die Ge-
legenheitsfunde, die er, während der Jugendbewegungen mehr
als ein halbes Jahrhundert hindurch, gesammelt hatte – und die
ihn alle an die verlorene Welt seiner Vorfahren erinnerten: Vogelfedern, glückbringende Versteinerungen, Kristalle, Fahrtenmes-
ser.

Der Arzt, den ich ungefähr zwanzig Jahre später kennengelernt hatte, war eigentlich endlos ärmer: Teure Serieware umgab
ihn, wo man bei ihm auch nur hinblickte, von der Villa selber und
dem Auto angefangen, über Fernsehapparat, Möbel, Kühl-
schrank, Flaschen in der Hausbar und was weiss ich was sonst.
Doch nichts was ihn umgab, was ihn jetzt auf den ersten Blick als
Mitglied seines Berufsstandes auswies, erinnerte ihn an seine innere Welt, an das grüne Reich seiner Ahnen, das er doch mit jedem Blutstropfen seiner leidenschaftlichen Seele liebte. Der alte
Mann, der Zeuge der Stürme der ursprünglichen Lenin-Zeit,
wanderte innerlich, bei aller sichtbaren Armut, mit viel kindli-
chem Stolz auf seinem eigenen Weg dahin. Der andere wirkte für
den oberflächlichen Betrachter wie ein durchschnittlicher erfolgreicher Zeitgenosse, verdrängte, vergrub aber sein Unglück in seinem Herzen, was ihm eigentlich Anstrengungen ohne Ende und
damit mühsam getarnte Qualen kostete.

«Es geht mir schrecklich schlecht», gestand er im Laufe eines
seiner seltenen, aber dann mitreissend masslosen Ausbrüche,
«weil ich allein bin, so fern von unseren Göttern, den Ahnengrä-
bern und den Weisen Frauen, die immer wussten, welche Dinge
im Leben wesentlich sind, und ohne die ein Mann sich buchstäblich fühlt wie in einer Wüste ohne ein tröstend wachsendes Kraut,
ohne einen Tropfen erfrischendes Wasser.»

Ich glaube nach solchen Erfahrungen, dass wir vieles Bittere
und Böse in unserer Gegenwart nur begreifen, wenn wir verstehen, dass sich hinter den verkrampft verschlossenen Gesichtern
vieler Menschen auf unseren Strassen, wie sie uns alltäglich ent-
gegenkommen, immer wieder Schicksale dieser Art verbergen.
Hinter gereizten Stimmungen, lieblosen Handlungen, seelischen
Kurzschlüssen, scheinbar grundlosen Wutausbrüchen am fal-

Die Wahrsagekünste der Zigeunerfrauen sind seit dem Mittelalter sprichwörtlich.

schen Ort – überall kann sich das grenzenlose Leid einsamer Einzelpersonen über die verlorene Kultur der Vorfahren, die zerbrochene heile Welt der Kindheit verbergen.

Solche Flüchtlinge, Überlebende aus einer reichen Vergangenheit, traf ich sehr viele, und ich glaube, sie haben alle, durch ihr verzweifeltes Suchen nach ihrem seelischen Gleichgewicht in der Gegenwart, auf entscheidende Art die gleichzeitig heranwachsende Jugend geprägt: Deren grosses Abenteuer, dessen Zeugen wir alle werden sollten, wurde dann der immer mächtigere Versuch, aus der hektischen Hetze der masslos das Land überwuchernden Grossstadt heraus «wieder den Waldpfad zu finden». «Der», wie wiederum der überarbeitete Arzt in der teuren Villa voller Trauer auszurufen pflegte, «zur Hütte der weisen Frau führt, die uns wieder zeigt, wie man jeder Verrichtung seines Alltags dank überliefertem Brauch einen Sinn gibt.»

Indisches Europa

Am Anfang der sechziger Jahre, mitten im sogenannten Wirtschaftswunder, da fast jedermann – trotz dem Alpdruck des kalten Krieges zwischen den Machtblöcken – an die Möglichkeit leichten Verdienens glaubte, wagten nur wenige, wider den Zeitgeist zu ketzern: Sie zogen dann, wenn das Wetter schön war und es ihnen die Geldmittel erlaubten, in jene abgelegenen Gegenden, in denen noch alles ans Mittelalter erinnerte. Ein Teil der gebildeten Jugend verliess z. B. herzlich gern jene Universitäten, in denen man sogar angefangen hatte, die Religion und die Philosophie als unwichtige Teilgebiete einer vergötzten und einseitigen Soziologie und Wirtschaftswissenschaft anzusehen. Ähnlich handelten auch alte Leute, die einer von ihnen verklärten Vergangenheit nachtrauerten und auf eine geistigere Zukunft hofften: Menschen beiderlei Arten, also die «Gammler», die neuen fahrenden Schüler, und die letzten bejahrten Ritter einer entschwindenden Romantik zog es damals zu den Zigeuner-Wahrsagerinnen der sonnigen Provence.

Als deren Vorbild galt damals der grosse Provenzale Michel von Nostradamus, dessen berühmte Prophezeiungen mit der angeblich darin enthaltenen Kunde von baldigen Umwälzungen ich sogar in den verschiedenen Wagen der Nomaden herumliegen sah. Aus der in Südfrankreich erhaltenen Verehrung für den seltsamen Mann? Oder um der eigenen Wahrsagerei durch die Berufung auf seine astrologische Wissenschaft mehr Gewicht zu geben? Ich habe es nie so ganz genau herausgefunden: Immerhin vernahm ich damals die ausgesprochen vermerkenswerte Sage, der König der französischen Seher sei zwar ein weiser und edler Ritter gewesen, sein altes Geschlecht habe aber aus einem, auf dem Seeweg(!) aus dem Morgenland eingewanderten Volk gestammt. Sein Name, auch diese etwas ketzerische Geschichte hörte ich damals, komme nicht etwa von der Verehrung «Unserer Dame», also der Gottesmutter Maria. Er komme von einer ehrenvollen Bezeichnung der uralten Weisen Frauen, von denen auch seine provenzalische Sippe ihr hohes Wissen übernommen habe.

Meine bescheidenen Kenntnisse der wahrsagenden Tarotkarten hatte ich von meinen, die verschiedenen Überlieferungen der Vergangenheit sehr hoch einschätzenden Eltern mitbekommen. Solche Kenntnisse waren damals – sicher fast unglaublich für die ganz jungen Leser dieser Seiten, die in der modernen Mode der Liebe für alles Magische aufgewachsen sind – unter den «Sesshaften» recht selten: Ich konnte die Wahrsagerinnen in den Zigeunerwagen schon ein wenig verwundern, wurde von ihnen also nicht bloss als zahlender Kunde angesehen und erhielt sogar zu meinem bescheidenen Wissen die eine oder andere Ergänzung: Es ist erfreulicherweise nun einmal so, dass jeder Fachmann nicht gern nur ewig verständnislos angestaunt wird, sondern gelegentlich auch sehr gern mit jemand zusammensitzt, der einigermassen um die Spielregeln seiner Kunst weiss und ihn darum mit einem gewissen Verständnis bewundert. Auch ermöglichten mir meine fast grenzenlose Neugier und meine Französischkenntnisse, einige meiner bloss deutschsprachigen Freunde als Dolmetscher zu Wahrsagerinnen zu begleiten und so beim Kartenlegen fast unzählige Male Zeuge zu sein.

Der Wagen, in dem sich die fahrende Weise Frau, von der ich hier kurz erzählen will, aufhielt, sah auf alle Fälle genauso aus, wie man es wohl in sämtlichen Jahrhunderten erwartet: Auf dem Tisch lagen einige abgegriffene Schriften über die okkulten Überlieferungen, die Tarotkarten, die Astrologie, das Handlesen, die Traumkunst, die Symbolik der Ägypter und Chaldäer. Daneben ein Menschenschädel, angeblich der der Ahnfrau der Wahrsagerin. Unmittelbar neben ihm stand der berühmte siebenarmige Kerzenhalter aus Schmiedeeisen mit den Zeichen der sieben Planeten. Auch das Rad des Tierkreises fehlte selbstverständlich nicht, es hing, ausnehmend bunt bemalt, an der Wagenwand.

«Eigentlich sind die Tarotkarten ein heiliges Buch», begann die Zigeunerfrau ihre alte Lehre, teilweise ursprünglich, teilweise sicherlich in der Absicht, die wenig wissenden Gäste ihres Wagens zu verwundern: «Was wir in ihren Bildern sehen, ist die Geschichte der Rassen, der Stämme, der Familien, die sich zu allen Zeiten und in allen Erdteilen wiederholt. Für den einzelnen Menschen können wir die Karten darum legen, weil in seinem kurzen Dasein all das stattfindet, was sich im grossen ereignet. Man kann diesen Satz natürlich auch umdrehen und sagen, jedes Volk be-

LA PAPESSE

Die Tarotkarten, angeblich von den Zigeunern den Geheimbünden des 18. Jahrhunderts um Cagliostro (und seine Gattin!) überliefert, kennen die Hohepriesterin mit den Mondhörnern als Kopfschmuck.

steht in Jahrhunderten genau das gleiche, was der einzelne in seinem Leben erfährt – Kindheit, Hochzeit, die Blüte seiner Energien, Alter und Absterben.»

Die Wahrsagerin zeigte uns, was wir schon vorher, bei mehreren ihrer Zunftgenossinnen gesehen hatten, dass die zweiundzwanzig «grossen Trümpfe» oder «Arkanen» der aus Indien stammenden Tarotkarten einen Kreis bilden: Am Anfang und am Ende dieses «Rings der ewigen Wiederholung» sehen wir die Gestalt des Fahrenden, «des Wanderers durch die Abenteuer des Lebens». Die Karten sind nun bekanntlich mit Nummern versehen, werden aber «nach einer alten Überlieferung» von hinten nach vorne angeschaut: Dann kommt also zu Beginn das Bild 22 (oder auch «Null»), das Bild des «Narren», des Mannes, der vom Berg herunterstolpert, genau auf den drohenden Abgrund zu! Seine Kleider sind bunt und teuer, aber anscheinend völlig zerrissen – meistens sehen wir noch einen bösen Hund abgebildet, der den Unglücklichen anspringt und ihm den Hosenboden zerfetzt. Er hat übrigens einen Wanderstecken in der Hand und einen andern, an dem eine pralle Wandertasche hängt. Gelegentlich trägt er einen Gürtel, an dem wir deutlich mystische Zeichen sehen, oder in diesen eingenähte und somit versteckte Gegenstände.

«Der Berg, von dem der Narr stolpert», lehrte die Nomadin, «das sind die heiligen Berge weit im Osten, von denen die Alten sagen, dass dort in einem verlorenen Tal das irdische Paradies liegt und auch, dass dort die Arche Noah gestanden hat.» Die Wahrsagerin fügte hinzu: «Ich habe viele Geschichten von unserem Stamm gehört und auch in der Jugend vielerlei Bücher darüber gelesen, wie sie damals in einem kleinen Laden von Marseille zu erhalten waren. Es sind sich alle klugen Leute mehr oder weniger darüber einig, dass nach den geheimen Lehren (doctrines occultes) alle Völker aus den heiligen Bergen, aus dem Morgenland kommen, und dass dort noch immer Stämme hausen, reich an hervorragenden Begabungen des Geistes und des Körpers. Die Gelehrten setzen dieses Gebirge dem indischen Himalaya gleich, und alle Zigeunersagen wissen von ihm, wobei sie freilich ihre guten Erinnerungen mit Geschichten von niedrigeren Bergen mischen, die sie auf ihren späteren Wanderungen erlebten, den Bergen von Persien, der Tatarei, Russland, Polen, Deutschland.

Aber wie mir ein kluger Mann, der sehr viel in der Welt herumkam, sagte, alle diese Abweichungen in der Tradition spielen überhaupt keine Rolle. Schliesslich sind die Berge im Morgenland die Wiege der Menschheit, und alle andern Berge sind nur die Ausläufer, die Äste.»

Der Narr wäre demnach der Mensch, gemeint ist angeblich der ganze Stamm, der aus dem Herzgebiet der Erde aufbricht, um unseren Planeten nach Möglichkeit voll und ganz zu schauen und zu erleben. Er besitzt zwar das ganze ursprüngliche Wissen, das ihm Gott in seiner Seele mitgibt, ist aber kindlich und ohne jede Erfahrung und wird auf seinem Wege durch die Irrgärten des Schicksals jeden Fehler begehen müssen. Er wird aber alle Schwierigkeiten bestehen, wenn er die Zeichen an seinem Gürtel nicht vergisst und auch lernt, die göttlichen Geschenke in seiner Reisetasche zu finden. Am Ende der Reihe kommt die Karte 1, «Der Gaukler» oder «Der Magier»: Man hat nun alles gelernt, was es auf der Welt zu lernen gibt und kann spielend jegliche Schwierigkeiten meistern . . .

Hier kommt nun die wichtigste Geschichte der Weisen Frau, die auf alle Fälle in den Zusammenhang dieses Buches gehört und wohl die Philosophie der Hexen der Zeit des Nostradamus mit der der heutigen Wahrsagerinnen verbindet: «Schau die andern zwanzig Tarottrümpfe – immer wieder zeigen sie Frauengestalten, so die Karten ‹Welt›, ‹Das Gericht›, ‹Die Sonne›, ‹Der Mond›, ‹Der Stern›, ‹Die Mässigkeit›, ‹Die Gerechtigkeit›, ‹Das Rad des Schicksals›, ‹Die Kraft›, ‹Die Liebenden›, ‹Die Herrscherin›, ‹Die Hohepriesterin› oder ‹Die Päpstin›. Es ist so, weil es immer Weise Frauen sind, die einen Stamm auf die wichtigsten Bedingungen des Lebens hinweisen, auf die gleichen Gesetze, die auch in den Sternen stehen. Vergisst ein Volk davon, hört es nicht auf die Weisen Frauen, hört es auf, sich zu lieben, für die Sippen zu sorgen, Kinder zu haben, dann hört seine Wanderung auf. Es hat die Prüfung nicht bestanden, das Spiel des Daseins verloren, es verlöscht, kommt nie zur Entfaltung all seiner Kräfte, wird vom zusammenbrechenden Turm von Babylon begraben – der Narr stürzt in den Abgrund und hat seine Möglichkeit verloren, zum Magier zu werden.»

Sie erklärte auch, warum unmittelbar neben der höchsten Karte, dem Gaukler, eben als Trumpf 2 «Die Priesterin» zu sehen ist: «Das haben die Verfolger des Wissens der Weisen Frauen nicht wahr haben wollen und jedes Weib als eine Hexe angesehen, das davon erzählte, dass in unserer Urheimat und auch in der christlichen Ostkirche, die meine Ahnen erlebten, die Priester stets Frauen haben, die ihnen als ebenbürtige Gefährtinnen zur Seite stehen, und besonders alle geistigen und leiblichen Nöte der Frauen zu befriedigen wissen. Aber wir Zigeuner kennen das Gesetz, dass ein Volk, welches sich diese Überlieferung ganz und gar nehmen lässt, verlöschen muss, während ein Volk, das sie bewahrt, durch alle Verfolgungen langsam, aber sicher zu Ruhm und Glanz emporsteigt.»

Meine provenzalischen Abenteuer bei den Weisen Frauen der fahrenden Stämme, gemeinsam bestanden mit all den jungen Gammlern und den Erforschern der Zigeunermusik, lösten übrigens für mich eine Kette von Folgen aus. Auch in meiner schweizerischen Heimat sah ich jetzt noch viel besser, wie Sippen, die den Überlieferungen der Grossfamilie treu geblieben waren, auch recht viel von den Tarotkarten und ähnlichen Dingen wussten, in der modernen technologischen Gesellschaft einen schweren Stand hatten. Ich trat ein paarmal für ihre Rechte ein und wurde auf einmal als unabhängiger Politiker in das bernische Parlament gewählt, damit ich «für mein Anliegen besser eintreten könne».

Das tat ich dann von 1971 bis 1980, gut neun Jahre lang, und redete von den Rechten der letzten Alpennomaden, der Wichtigkeit der Bergbauern, der Notwendigkeit des Schutzes der grünen Umwelt und des Erhaltens der Volksbräuche. Bald machte ich aber die gleiche Erfahrung wie alle meine Altersgenossen, die, von den Ideen der Hippie-Bewegung der Jugend in den ausgehenden Sechzigern emporgewirbelt, «neue Politik» zu machen versuchten.

Die Gruppen, deren Nöte man ein wenig kannte, mochten in jeder Beziehung ahnenstolz sein, bei den Abstimmungen in der Massengesellschaft hatten sie kaum ein Gewicht und hegten gegen die Gegenwart vielfach ein so tiefes Misstrauen, dass sie bei den parlamentarischen Wahlen sich kaum je äusserten. Um von den andern Ratsherren ein wenig Unterstützung bei meinen Anliegen zu finden, mussten also die «Politiker» meiner Art auch in ganz andern Dingen eine Meinung vertreten, also auch in solchen, von denen sie nun einmal nicht gerade viel verstanden – dies um für ihre Sache ein paar Verbündete mehr zu finden.

Also sprach und stimmte ich mit, wenn es um all das ging, was damals die Schlagzeilen der Zeitungen füllte: Um die Lohnerhöhungen der Beamten, um den Ausbau der Krankenkassen, die Bewilligung der Abtreibungen, und vielerlei in der gleichen Währung. «Dir geht es bald wie uns», meinte einmal mit traurigem Lächeln ein alter Ratsherr beim Weinglase, «du steckst mitten im Wirbel der Sitzungen von unzähligen Kommissionen, redest in allen Angelegenheiten mit und kommst immer weniger zum Nachdenken über das, was dir einmal heilig war ... Und versuchst du dich einmal auf das wirklich Wesentliche zurückzubesinnen, dann kommen schon, schwupp, alle vier Jahre die Neuwahlen und du hast monatelang damit zu tun, dass dich deine lieben Parteigenossen nicht wegen irgendwelchen Missverständnissen oder einfach wegen dem Neid auf dein Parlamentarier-Sesselchen wegwählen.»

Da kam aber im Winter 1979 auf einmal ein Telephon, das mich zwang, mich wieder einmal auf meinen eigentlichen Beruf zurückzubesinnen: In einer kleinen Stadt hatte bei einer Familie von durchreisenden ausländischen Zigeunern ein Wagenbrand stattgefunden, zwei ihrer Kinder hatten so üble Verbrennungen erlitten, dass sie zwischen Tod und Leben im Spital lagen. Im übrigen war die ganze Lage der Menschen, um die es hier ging, ganz genau das Gegenteil von der jener, um die es in der Regel im Parlament ging! Sie waren in keiner Krankenkasse, hatten keinen festen Beruf und keine Pension, die für sie im Alter zahlte. Sie hatten keinerlei Unfallversicherung und niemand entschädigte ihnen ihren verbrannten Wagen. Sie trauten offenbar nicht unseren Banken, hatten sie doch (wie traurige Aschenspuren bewiesen!) ihr ganzes Geld unter dem Bett aufbewahrt und es war restlos verbrannt. Mit andern Worten, während wir im Parlament darum kämpften, unseren Sozialstaat noch mehr auszubauen und jedermann auf jedem Schritt im Leben noch mehr «zu beschützen und zu sichern», lebten hier ganze Stämme am Rand unserer Zivilisation völlig vogelfrei: Recht viele der unzähligen staatlichen und kirchlichen Sozialarbeiter, die ebenfalls über die Geschichte von den nun völlig besitzlosen und schutzlosen Fahrenden gehört hatten, erklärten sich «nach ihrem Pflichtenheft für solche aussergewöhnlichen Fälle nicht zuständig» – und eine Organisation verwies höflich auf die andere.

Ich will hier nicht auf die Einzelheiten eingehen und feststellen, dass sich mit der Zeit, als ich mein Parlament vernachlässigte und der so unzeitgemässen Angelegenheit nachging, viele Menschen fanden, die doch etwas taten. Erfreulich war z. B. die Polizei, die sich nicht für unzuständig hielt, mutig von den unzähligen Vorschriften und Verboten bei «Berufsausübung durch Ausländer» vergass und für die Zigeuner die Bewilligung verschaffte, während des Spitalaufenthalts der beiden Kinder – sie wurden von wirklich aufopfernden Ärzten gottseidank gerettet – dem Erwerb ihres Lebensunterhalts nachzugehen: Sie ging sogar so weit, «allen nahen Angehörigen zu erlauben, sich im Lande aufzuhalten, da jedermann wisse, dass ein krankes Zigeunerkind, wenn es nicht im Kreis seiner Familie ist, gar nicht durchhält».

Vierzehn Tage später rief mich aber ein Polizist an: «Wissen Sie», sagte er ein wenig besorgt, «wieviele der nächsten Angehörigen der Kinder sich bereits in unserem Land aufhalten?» Ich riet dreimal falsch. «Es sind schon hundertachtzig», sagte er, «es sind übrigens alles Nachkommen des gleichen Paares von Grosseltern. Da kriegen wir Ärger mit ziemlich allen Vorschriften und Behörden». Er schwieg und fügte dann plötzlich hinzu: «So viele Verwandte hatte man bei uns früher auch. Und es ist eigentlich schade, dass es nicht mehr so ist.»

Also ging ich mit einem Freund selber hin, um die hundertachtzig Angehörigen anzuschauen, denen die Polizei am Rande der Hauptstadt Bern einen Platz für ihren Aufenthalt während ihrer Notzeit zugewiesen hatte. Ich sollte hier noch mehr über die ursprünglichen Weisen Frauen und ihre Stämme lernen als bei den beruflichen Wahrsagerinnen der Provence.

Sternengesetz der Völker

Der geborgte Wohnwagen, in den die vom Unglück verfolgte Zigeunerfamilie eingezogen war, sah in seinem Innern sehr fabrikneu und nüchtern aus. Solche Gefährte werden in der Regel von Menschen aus den Städten erworben, wenn sie, müde vom Gleichklang in ihrem Alltag, in die Ferien aufbrechen, um irgendwo im Süden «das echte Leben anzutreffen»: Doch die Wohnwagen, wie sie von den Autos an die Strände von Italien und Spanien gezogen werden, sehen sich nun einmal noch ähnlicher als die Reihenhäuser daheim. Also kommen auch die Wochenend- und Ferien-Zigeuner recht häufig enttäuscht zurück, da sie in den einst paradiesischsten Ländern nur von neuem die gleichgeschaltete Zivilisation antreffen, der sie doch für ein paar kurze Tage zu entkommen versuchten.

Ziemlich anders als diese Touristen sahen aber die Insassen des modernen Wohnwagens aus: Die Frau war jung, sicher kaum mehr als zwei Dutzend Jahre alt, hielt einen Säugling mit einem Arm gegen ihre Brust und verstand gleichzeitig mit der andern Hand, die eingebaute Kaffeemaschine zu betätigen. Sie war ganz offensichtlich wieder schwanger – mit dem siebenten, sagte sie stolz. Der Mann, kaum viel älter, aber bereits ziemlich fest, von einer ererbten Gestalt, die ohne Leben im Freien ganz sicher recht fett werden kann, wirkte niedergedrückt und bekümmert. Er besann sich aber seiner Aufgaben als Gastgeber und ersuchte uns, auf einem der aufklappbaren Betten zu sitzen.

«Wir lieben alle unsere Kinder», versicherte er ziemlich ohne Übergang, vielleicht hatte er sich auf seine Reden ein wenig vorbereitet, «auch wenn wir neben den beiden, die verunfallt sind, bald noch fünf haben werden.» Er sagte dies beinahe im Tone, als habe jemand tückisch angedeutet, er würde für seine Familie, weil sie so schnell anwachse, zu wenig sorgen: «Jedes Kind ist uns mehr wert als wir selber. Schliesslich hat jedes neugeborene Kind noch alle seine Jahre, die ganze Welt vor sich, wir aber, wir haben schon ein schönes Stück unseres Lebenswegs hinter uns – das Kind hat darum immer mehr Wert als wir, die Erwachsenen.»

«Dass uns so was zustossen musste», klagte er dann, als wir den schwarzen Kaffee tranken, «dabei mache ich alles, auf dass das Glück mit unserer Familie ist. Jedes Jahr besuche ich die heiligen Stätten von Lourdes und Saintes-Maries. Ich besuche regelmässig die Gottesdienste von zwei verschiedenen Glaubensgemeinschaften, die sich um uns kümmern; eine glaubt, dass wir von Indien kommen, und die andere versichert, dass wir zum auserwählten Volk der Juden gehören, zu den zehn nach der Bibel verlorenen Stämmen. Einmal war ich sogar am heiligen Platz von Fatima, bei der Gottesmutter jenseits der Pyrenäen. Mein Bruder, der tut viel weniger und hat im übrigen schon viel mehr Kinder. Ihm ist aber eigentlich noch nie ein vergleichbares Unglück zugestossen . . . » Ratlos senkte der Mann sein schweres Haupt.

Nach diesem kurzen Ausbruch der Verzweiflung gegenüber den helfenden Mächten der Welt, die er doch auf alle Weisen zu ehren versucht hatte, fuhr er mit seiner fast dichterischen Verherrlichung der Fruchtbarkeit und der Kinder fort: «Jede neue Geburt, die in der Familie stattfindet, das ist ein neuer Beginn der Welt, eine neue Schöpfung des Lebens. Je mehr Kinder man hat, desto mehr Glück besitzt man, man hat mit jeder Geburt das eige-

Das Volk kennt noch viele Geschichten über «Weise Frauen», die ihren Schülerinnen «die alten Wissenschaften» lehren.

ne und dann das des Kindes, das man mitgeniessen darf. Ich habe meine Frau, die jetzt ihr siebentes erwartet, mit sehr viel Mühen gegen viele andere Bewerber aus einer besonders gesegneten Familie gewonnen. Man muss wissen, fast jedes Weib ihrer Sippe, auch Mutter, Tanten, Grossmütter, hatten seit jeher so sechzehn bis zwanzig Kinder.»

Solche Aussprüche wirkten fast wie auswendig gelernte Bekenntnisse, oder aus den geerbten Büchern einer in der übrigen Welt vergessenen Religion stammend. Auf alle Fälle kamen sie fliessend, wie der Ausdruck einer heiligen Überzeugung, von Geschlecht zu Geschlecht weitergereicht. Wohlverstanden, der Mann, der so erzählte, hatte sich gegenüber den Behörden als ein Analphabet erklärt, der nicht einmal seinen Namen richtig zu schreiben vermochte. (Aber wie sagte mir einmal ein anderer französischer Zigeuner als sinniges, für jeden, der da selber schreibt, vielleicht ebenfalls recht beherzenswertes Wort: «Analphabet ist recht häufig die Bezeichnung für jemand, der nur das lesen kann, was ihm ganz sicher nützt, und nur das schreibt, was ihm nicht schadet . . .»)

Irgendwie, trotz Blech und Plastikstoffen des 20. Jahrhunderts, trotz Klappbetten und eingebauter Kaffeemaschine für die Bedürfnisse des Tourismus, wurde nun die Stimmung im Raum urtümlich-zeitlos, indisch. Oder, um die Ansichten der andern Religionsgemeinschaft zu erwähnen, der die Gastgeber zeitweise auch zuneigten, sie erinnerte an die heiligen Stämme aus den Vorzeiten der chaldäischen Patriarchen Abraham und Sarah.

Die boshafte Behauptung, seit dem 15. Jahrhundert fast wörtlich bis in die Gegenwart hinein abgeschrieben, will bekanntlich, dass die Zigeuner «Heiden» sind – dies wird in verschiedenen Gegenden häufig geradezu als ihr Volksname verwendet! –, die von den Glaubensbekenntnissen ihrer Gastländer kaum etwas begreifen. In der Stimmung, die mich jetzt befiel, drehte sich bei mir diese Verleumdung fast in ihr Gegenteil, in ein tiefes Lob um: Die Reisenden im Wohnwagen erschienen mir als Pilger einer frommen Urreligion, verloren in einer oberflächlich und materialistisch gewordenen Umwelt.

Die Tatsachen waren an sich augenscheinlich und hätten wohl manchen, für den eben jeder nur ein wenig andersgläubige Zeitgenosse Ketzer und Heide ist, entsetzt. Man stelle sich vor: Die Sippe besuchte fromm und regelmässig verschiedene evangelische Glaubensgemeinschaften und gleichzeitig die wichtigsten

45

römisch-katholischen Heiligenorte, die meistens aus dem Mittelalter stammen. Auf einem Brettchen in der Ecke eines Wagens von Menschen aus dem gleichen Stamm sah ich etwas später, neben den Photos von Eltern und Grosseltern, auch eine Bibel, katholische und griechisch-orthodoxe Gottesbilder, und daneben sogar ein rührend-grellfarbiges Bild eines indischen Gottes, wie sie von den heutigen Zigeunern als eine Erinnerung an die mythische Urheimat gern gekauft werden.

Für Menschen wie mein Gastgeber verwandeln sich ganz offensichtlich die Heiligtümer der verschiedenen Religionen und deren unzählige Spielarten, durch deren Machtgebiete sie wandern müssen, in fast gleichberechtigte Verkörperungen der gleichen göttlichen Urkraft. Wer sich ihnen nähert, sich mit ihren so verschiedenen, aber in der Ehrlichkeit ihres Glaubens gleichberechtigten Anhängern bei deren Fest versteht, wird auf jeden Fall des Segens der schöpferischen Kraft, die alles Sichtbare hervorbringt, teilhaftig. Überall auf der Welt, auch das sagte mir einmal ein Fahrender, geht es ja doch um das gleiche, unabhängig ob man darum Vishnu und die Glücksgöttin Lakshmi, Schiva und Kali, Allah, Jehova, die römische oder die griechisch-russische Gottesmutter bittet: «Es geht um das Glück, in einer starken und gesunden Sippe aufzuwachsen und am Ende seines Lebens zu sehen, dass man zur Stärke und Gesundheit seiner Sippe einen wichtigen Beitrag zu leisten verstand. Es geht darum, dass man seine diesmalige Wanderung von der Geburt zum Tod mit möglichst viel Erfolg und mit viel Lebenslust zurücklegen kann.»

Aus dem Wohnwagen, in dem ich zu solchen Gedanken und Erinnerungen angeregt wurde, traten wir ins Freie und waren auf einmal in einem wahren Kinderparadies. Ein flutendes Meer von kleinen Mädchen und Buben umgab uns, man betrachtete uns mit abschätzender Neugier, lachte uns an, tanzte im Kreise herum, verschwand hinter oder in den verschiedenen Wohnwagen. Sie sahen sich alle sehr ähnlich, hatten die gleiche dunkle Haarfarbe des Stammes, unter schwarzen Augenbrauen seltsam häufig die dunkelblauen Augen.

So rasch sind die Bewegungen, das Auftauchen und Entschwinden der Kinder, dass es für den ungeübten Betrachter kaum festzustellen ist, ob er innerhalb von aufeinanderfolgenden Augenblicken immer die gleichen kleinen Nomaden sieht, oder ob es verschiedene sind, die aus den Verstecken des Lagers auftauchen. Man wird an spielende Elfen in den Märchen der Romantik erinnert, bei denen ja auch niemand so genau wusste, ob sie ganz wirklich waren, oder ob sie sich durch irgendeinen alten Zauber nach Belieben zu verfielfältigen und dann wieder zu ganz wenigen Gestalten zu verschmelzen vermochten.

Trotz der langen Reise ihres Stammes über die Steppen von Osteuropa und ihren schweren Abenteuern in den Vororten der französischen und schweizerischen Städte sehen die Kinder alle aus, als hätten wir, durch unseren Aufenthalt im Wagen, einen gewaltigen Sprung über ganze Erdteile und Zeiträume getan und seien dadurch in ein indisches Nomadendorf am Fusse des Himalaya oder am Rand jener südlichen Dschungel versetzt worden, die alle noch von den Erinnerungen an die Feldzüge des Helden Rama und seiner Heere von Affen und Bären erfüllt sind.

Die polizeiliche Schätzung des Stammes auf die für unsere zivilisierten Verhältnisse schon sehr bedenkliche Menge von hundertachtzig Mitgliedern erscheint uns als eine eher frei, fast willkürlich gewählte Zahl. Sah ich nun in etwa einer Viertelstunde hundert Kinder? Oder war es vielleicht das Vierfache davon? Wie kann man sich, und wäre man der zuverlässigste Beamte, durch die Fülle der überstempelten Papiere einer solchen Sippschaft durchkämpfen und bei einer sich so rasch verändernden, mit unerschöpflicher Lebenskraft unermüdlich herumwogenden Schar überzeugend feststellen, welches Gesicht eigentlich genau zu welchem verblassten Passfoto gehört?

Im Hintergrund der so leutseligen und lustigen Menge, überschäumend fröhlich trotz der gewiss eher traurigen und niederdrückenden Lage ihrer nahen Angehörigen, sah man einige Männer und Frauen, die unglaublich alt und zurückhaltend-ernst wirkten. Sie waren, wie man beim besseren Hinschauen sofort festzustellen vermochte, durchschnittlich weit unter dreissig und in der allerbesten Blüte ihrer Körperkräfte. Sie wirkten nur, wenn man sie oberflächlich im Auge hatte, so erwachsen, weil der ganze Anblick des Lagers für einen Stadtbürger des modernen Mitteleuropa so ungewohnt war: Wir sehen, wenn wir z. B. an einen unserer öffentlichen Anlässe gehen, unter sehr vielen Leuten im vorgerückten Alter immer nur ein paar der eher seltenen Kinder. Hier war es umgekehrt – hier erblickte man in einer überwältigenden Menge von Kindern, von denen sich recht viele kaum auf den Beinen halten konnten, nur ganz wenige vom Stammesvolk, das im Alter war, Eltern sein zu können.

Zigeuner-Weisheit im Überleben

Einer der «alten» Männer, ganz sicher höchstens um die achtundzwanzig, aber wohl schon Erzeuger einer Reihe der um die Wagen herumhuschenden Elfenkinder, stellte mir, nicht ohne Zeichen der Hochachtung, die Stammesmutter vor, «la pouri»: Also wahrscheinlich die Frau, von der die Mehrzahl des Volkes von hundertachtzig Menschen mehr oder weniger die Nachkommen sind. Auch mit der alten Dame durfte ich dann, wahrscheinlich als Höflichkeitsbezeugung wegen meiner ungeschickten Bemühungen um das Schicksal der verunfallten beiden Mädchen, einen Kaffee trinken. So weise und aus einem andern Zeitalter stammend sie auch unter ihren zahllosen Kindern und Kindeskindern aussah, wirkte sie kaum älter als sechzig. Auf meine sehr unmittelbare Frage nach ihrem Geburtsjahr antwortete sie nur gekonnt dunkel, schon sehr viele Dinge erlebt zu haben und sich an den genauen Tag, an dem sie das Licht dieser Welt erblickte, gar nicht genau erinnern zu können. (Dass auch sie, wenn sie in unserem zivilisierten Land herumreist, irgendwo irgendwelche Papiere besitzen muss, in denen einigermassen gültige Angaben über ihre Geburt zu stehen haben, vergass sie während unseres Gesprächs grosszügig . . .)

Wieder einmal vernehme ich die Geschichten über die Wanderungen und Abenteuer in einer Reihe der europäischen Länder, stattgefunden in den chaotischen Jahrzehnten der Weltkriege, wie sie mich eigentlich seit meiner Kindheit immer bezauberten. Dabei stiess ich im übrigen, viel deutlicher und bewusster als je zuvor, auf eine Eigenart, die mir erklärte, warum eigentlich der teilweise lebendige Volksglaube in Süddeutschland, der Schweiz und der Provence bereit ist, noch immer zu behaupten, «die Hexenweiber», zumindest die echten, würden wahrhaftig so alt «wie Berg und Wald», also im fast wörtlichen Sinne «stein-alt»: Die Weise Frau, die mir nun im Wagen am Stadtrand beim Kaffee gegenübersass, erzählte mir jetzt zum Beispiel von einem leidenschaftlichen Erlebnis an einem ungarischen oder rumänischen Adelshof, das allen Einzelheiten nach ganz sicher noch aus dem 19. Jahrhundert stammen musste – die sie aber in Ich-Form, als junge und offenbar irrsinnig schöne Heldin erzählte.

Da sie aber nun, wenn die Geschichte wörtlich wahr wäre, zumindest mehr als ein ganzes Jahrhundert alt sein müsste, verwies ich sie, bei aller Hochachtung ihr gegenüber als Zeugin der osteuropäischen Vergangenheit, auf einen gewissen Widerspruch. Sie lachte grosszügig und zeigte dabei fast lückenlose Zahnreihen: «Ich weiss, dass es bei euch auch sehr gelehrte Leute gibt, die zuerst unsereinem nachrennen, um von unseren Sagen zu vernehmen und dann zuerst einmal böse werden, wenn wir sagen, dass unsere Geschichten gar nicht Sagen im Sinn der Schulmeister sind, also blosse Phantasien! Es sind alles echte und wahre Erlebnisse aus der alten Zeit, in unserem Gedächtnis wohl aufbewahrt, damit aus ihnen die Jungen als gute Beispiele vernehmen dürfen, wie ihre Vorfahren auf ihrem Lebensweg handelten.

Dann werden sie aber erst recht böse, wenn sie auf unsere Erlebnisse hinhören und plötzlich vernehmen, wie ein Lebender über ein schon verschwundenes Fürstentum erzählt, als habe er es selber gesehen, wo doch dieses lange vor seiner Geburt untergegangen sein muss. Solche Leute verstehen uns gar nicht und sind überzeugt, dass wir nur Lügen erzählen, um über die Sesshaften zu lachen.

Das ist nun einmal nicht wahr, wir brauchen die Geschichten, die wir Alten bewahren, weil sie uns zeigen, wie man zu leben hat. Wann sie sich genau ereigneten und wer bei ihnen dabei war, ist nebensächlich. Eine Geschichte enthält eine gute Lehre, unabhängig ob sie sich in den Tagen des grossen Königs Salomo oder des Kaisers Pharao ereignete, oder gestern in unserem Lager.»

Die Weise Frau fuhr fort: «Es ist darum auch vollkommen gleichgültig, ob sich eine Geschichte, die lustig zu erzählen ist und die eine tiefe Weisheit enthält, wie wir besser und richtiger mit unseren Mitmenschen verkehren können, mir selber zustiess oder meiner Schwester oder einer Urgrossmutter. Es sind ja schliesslich immer ungefähr die gleichen Menschen, mit den gleichen Begehren und Befürchtungen, die sich in jeder Zeit und in jedem Reich treffen, um miteinander gute und schlechte Erfahrungen zu gewinnen. Es ist für ein Mädchen vollkommen gleichgültig, ob es in einer Kutsche mit einer Troika (Dreigespann) entführt und verführt wird oder in einem modernen Auto. Wenn einer vor hundert Jahren von einem Rosstäuscher mit einer alten Mähre, der man mit den richtigen Kräutern für kurze Zeit ein wenig Feuer ins Blut einflösste, um sein ganzes Geld betrogen wurde – so flucht er kaum viel anders als ein Mensch von heute, dem man einen äusserlich glänzend gemachten Abbruchwagen andrehte . . . Wichtig ist also nur der Sinn der Geschichte von früher, damit man lernt, morgen in ähnlichen Fällen geschickt zu handeln, und unwichtig sind ihre Äusserlichkeiten, die Kleider, die die Leute in ihr tragen.»

Sie kam von der Ausschweifung zu ihrer eigensten Geschichte zurück: «Man wird bei uns nur dann zur Alten, auf die jedermann, auch die wildesten Männer ohne viel der Gegenreden hören, wenn man einen sehr klaren Kopf, ein gutes Gedächtnis in die Wiege bekommen hat. Die Geschichte, über die ich dir berichtete, stammt vielleicht tatsächlich von einem Gutshof, von dem kaum noch ein Torpfahl stand, als ich auf die Welt kam und die klugen Leute schon an den Sternen und an meiner Hand sahen, dass ich einmal für unsere Leute eine Bedeutung gewinnen würde.

Du hast, wenn du so denkst, wie du in der Schule gelernt hast, sicher recht. Wenn ich es mir so richtig überlege, erlebte die Geschichte, von der ich dir soeben berichtete, tatsächlich *meine* Grossmutter!

Diese Geschichte ersteht manchmal so lebendig und klar in meiner Erinnerung, dass ich gelegentlich fast schwören kann, dass sie mir zustiess, ich selber, als sie sich ereignete, grosse Leidenschaften und auch nicht geringere Enttäuschungen empfand.

Um mich jetzt zu verstehen, musst du wissen, dass genau diese Grossmutter, die einige Jahre auf jenem Edelhof bei Festen den Wein einschenkte und auch mit viel Geschick jene Musik machte, die zu den Stimmungen der vornehmen Gäste gehörte, ganz ähnlich wie ich war – alte Leute haben mir in meiner Jugend erzählt, dass sie, als sie gleich viel der Jahre zählte, genau gleich aussah und auch die gleichen Stimmungen hatte, wie ich ein Menschenalter später. Auch sie wurde dann eine Pouri, eine Alte, die Weise Frau ihrer Leute.

Ich war später ihre Lieblingsenkelin, ich sass viel auf ihren Knien am Feuer, als sie schon sehr viele Jahre zählte, und sie erzählte mir die Geschichten von den Abenteuern ihrer Jugend immer und immer wieder – ich war übrigens ganz unersättlich nach ihnen und bat sie, wenn sie einmal müde zu werden wagte, um neue Wiederholungen. Wenn ich dann die Augen schloss, fragte mich meine Grossmutter, ob ich das, was sie mir berichtet hatte, auch wirklich genau und gut vor mir sehe. Das tat ich denn auch, und die Bilder zu ihren Geschichten wurden in mir so lebendig und bunt, wie etwa die Filme, nach denen heute die jungen Leute so verrückt sind.

Die Menschen der Zigeunerlager, lange verachtet in der technologischen Zivilisation, galten der Jugend der Sechziger wieder als Kenner von sonst vergessenen Traditionen.

Manchmal, wenn sie mir lange über die stolzen Schlösser und die farbigen Uniformen eines der Königreiche, das sie in ihrer Jugend durchwandert hatte, erzählte, hörte sie auf und wartete, bis ich über ihren Worten ganz ins Träumen verfiel. Dann begann sie mich plötzlich zu befragen, welche Farben wohl die schönen Kleider der Männer und Frauen in jenen Ländern, von denen ich nun so viel gehört hatte, besessen hätten. Ich antwortete dann immer sofort und schilderte sie ganz genau, wie ich sie nun in meinem Geist vor mir sah.

Sie freute sich dann jedesmal und sagte mit beglückter Stimme, ich habe recht, so wie ich es mir vorstelle, so sei es auch ganz genau gewesen. Sie versicherte mir dann regelmässig, ich sei geboren, um später, wenn ich erwachsen sei und meine Erfahrungen als Frau und Mutter gemacht hätte, ihr nachzufolgen. In meinem Gedächtnis würde sie dann weiterleben, genau wie sie selber das Wissen und alle durch ihre eigene Grossmutter, und die Grossmutter ihrer Grossmutter geschauten Dinge in sich trage, so dass sie selber ganz genau von allen Geschichten des Stammes wisse, die wohl mehr als zwei Jahrhunderte zurücklägen . . .»

Bei einem der Zigeuner des gleichen Stammes, mit dem ich noch am gleichen Abend in einer Wirtschaft am Waldrand zusammensass, versuchte ich mit viel Zurückhaltung und Vorsicht ein wenig mehr über die Stellung der Weisen Frau herauszubringen. «Wir brauchen sie», meinte er, «viel mehr als alle die starken und listigen Leute der Sippe zusammengezählt. Das können die Gadschos, die Sesshaften, gar nicht begreifen, weil sie ihre Alten nicht ehren, darum von all deren Erfahrungen nichts mitbekommen und genau aus diesem Grunde verdammt sind, in ihrem Leben immer den genau gleichen Blödsinn zu wiederholen. Die Alte, das ist unser Wissen, das ist das sprechende Buch, sie kann man ruhig fragen, wenn unsereinem etwas Schlimmes zustösst, was in einem solchen Fall zu tun ist. Sie weiss dann, dass ein Grund zur Verzweiflung gar nicht besteht, dass unseren Vorfahren ihren Erinnerungen gemäss schon viel schlimmere Not zustiess, dass man aber nun einmal aus jeder Lage herauskommt, wenn man nur die guten Erfahrungen und die Ratschläge der Alten befolgt. Sie sagt selber niemals, tue genau so und so! Unsere Leute sind immer so stolz und eigenwillig, dass sie dann fast immer, sicher zum eigenen Schaden, das Gegenteil davon tun würden. Also erzählt sie Geschichten, Geschichten, Geschichten, die sich um ähnliche Fälle drehen und zeigen, warum es bei dem Volk, das in sie hineingeriet, bald gut und bald wieder schlimm herauskam. Sie erzählt auch immer so, damit es spannend zum Zuhören ist, als sei sie selber dabeigewesen, auch wenn es eigentlich ihre eigene Grossmutter war und das Abenteuer vor vielen Menschenaltern stattfand. Man lauscht auf den Fluss ihrer Geschichten, und auf einmal weiss man dann, dass man ganz genau so und nicht anders zu handeln hat, damit es für einen selber und alle die eigenen Angehörigen von Nutzen ist.»

Er fügte noch hinzu, wobei ich unser Gespräch, das sicher fast den ganzen Abend dauerte und häufig in sehr entfernte Nebengebiete hineingeriet, zu einer Kurzfassung zusammenzuziehen versuche: «Wir, die Fahrenden (er sagte das natürlich in französischer Sprache ‹les nomades›), unterscheiden uns überhaupt von den Leuten in euren Städten dadurch, dass wir immer solche Alten besitzen. Würden wir sie verlieren, dann könnten wir in den vielen Schwierigkeiten, die das Leben bietet, gar nicht mehr zurechtkommen. Wir müssten dann, genau wie eure Kinder, nur noch in den geschlossenen Schulzimmern und aus den gedruckten Büchern über das Leben zu lernen versuchen. Wir würden nicht mehr zurechtkommen und so werden, wie alle anderen um uns. Wir würden dann ratlos und schwach, und unsere Leute würden sich zerstreuen, wie die Federn im Sturmwind. Bald würden sie dann einsam für sich hausen, vielleicht nur mit einer Frau und einem Kind, vielleicht sogar mit diesen zerstritten, ohne die Verwandten, die einen immer trösten und einem mit ihrem Tun viel Unterhaltung bieten.»

Mit viel Stolz ergänzte er seine Lehre: «Mit dir redete unsere Alte, obwohl du mit ihr gar nicht verwandt bist, nicht von ihr abstammst und auch nicht von einem Bruder oder einer Schwester. Dies tat sie, weil du ein wenig versucht hast, uns in einem fremden Lande zu helfen, und so hat sie dir ein ganz klein wenig aus ihrem Wissen mitgeteilt.

Es geht von ihr überhaupt eine ganz grosse Kraft aus, und das merken in den Städten, durch die wir kommen, auch die jungen Leute, die noch mit lebendigen und wachen Augen die Welt anschauen. Für ihre Eltern ist unsere Alte nur eine nicht mehr junge Zigeunerin, meistens in unscheinbaren Kleidern und dazu noch unbelesen, nach ihrer Ansicht sogar unfähig, die Buchstaben voneinander zu unterscheiden. Die Jungen, die machen sich aber keine solchen Überlegungen, sie können die Dinge noch ohne viel Aberglauben empfinden und spüren einfach, dass von ihr eine starke Kraft ausgeht. Sie kommen dann zu ihr, auch wenn sie sie auf der Strasse nur rasch gesehen haben, und bitten sie, ihnen in ihrer Not zu helfen. Wenn die Krise kommt, die Unruhen in den Städten, genau wie jetzt, man sich vor dem Krieg und dem Einbruch fremder Heere fürchtet, dann wissen eben alle die jungen Menschen, die die Stimme in sich nicht völlig unterdrückt haben, dass es ohne das Wissen um die Erfahrungen aus der Vergangenheit gar nicht weitergehen kann.»

Und er fuhr fort mit seiner Kritik über die zivilisierte Welt, die wahrscheinlich ziemlich genau von der Alten oder schon von ihrer Grossmutter selber stammte: «Die eigenen Alten dieser Jungen, die sind gar nicht richtig alt geworden, sondern mit den Jahren nur verbraucht und von der immer gleichen Arbeit, von Enttäuschungen, von der Langeweile sterbensmüde. Viele von ihnen sind schliesslich, kaum dass sie einmal aufhörten, Kinder zu sein, immer am gleichen Ort geblieben, haben immer die gleichen Dinge getan und zu den Sachen, die sie in ihren gedruckten Schulbüchern lasen, kaum noch ein Wort dazugelernt. Wenn man sie dann, kurz bevor sie sterben, nach den Erfahrungen ihres Lebens fragt, kennen sie keine, erzählen höchstens von den Hoffnungen ihrer frühen Jugend, versichern, dass sich diese nicht erfüllt hätten, und dass sie darum zutiefst enttäuscht, für ihr ganzes Dasein gar nicht dankbar seien. Darum verstehen sich die Alten und die Jungen bei den Gadschos, den Sesshaften, gar nicht, schimpfen aufeinander, geben sich gegenseitig für die Kriege und Revolutionen schuld, wie sie in jeder Generation vorkommen.

Darum können die Jungen in den Städten gar nicht viel bei ihren alten Leuten lernen, sie spüren aber gut, dass es eben irgendwo Menschen mit vielen Erfahrungen und Erinnerungen geben muss, von denen man viel für sein eigenes Leben lernen kann. Darum wandern sie heute dauernd in ganz ferne Länder, suchen dort verzweifelt nach alten Weisen und fallen dann meistens auf irgendwelche Gauner herein. Warum sollten schliesslich auch alte Inder und Indianer jungen Weissen, die sie belästigen, um von ihnen guten Rat zu bekommen, diesen so ohne weiteres geben? Sie müssen schliesslich selber zu ihren Sippen schauen und haben dann kaum noch Zeit, sich ihre Köpfe über die Sorgen von allerlei hergelaufenen Reisenden zu zerbrechen – sie versuchen höchstens, und sehr verständlicherweise, ein wenig von diesen Touristen für die Not ihrer eigenen Verwandten zu verdienen, indem sie den Fremden ein paar schöne Sprüche erzählen und sich dafür tüchtig bezahlen lassen.»

Vom ganzen Gespräch blieb mir nur noch als eine letzte Zusammenfassung: «Unsere Alte, unsere Pouri, kann nicht nur keinem von den Jungen in euren Städten richtig helfen, weil sie für ihn gar nicht richtig Zeit hat, weil sie ihre Zeit nur für ihre Angehörigen, ihre Leute besitzt. Sie kann es schon darum nicht, weil sie deren Leben und das ihrer Eltern gar nicht richtig kennt. Sie und auch ihre Vorfahren, von denen sie ihre Geschichten mitbekam, die leben schliesslich in ganz andern Kreisen und sammelten in diesen ihre Erfahrungen.

Alles ist nun einmal anders! Man wirbt ganz sicher ganz anders um ein Mädchen bei uns als bei euch. Man muss bei uns dabei schliesslich an die ganze Sippe denken, auch an die seiner Geliebten ... Man handelt bei uns anders, wenn man eifersüchtig ist. Man handelt bei uns ganz anders, wenn man ein Kind haben will. Man kennt ganz verschiedene Wege, um sein Essen und Trinken zu verdienen. Man steht anders am Morgen auf und man geht ganz anders am Abend schlafen. Ein Rat, der darum für einen von uns wundervoll und klug ist, würde, wenn man ihn einem eurer jungen Menschen gäbe und er ihn genau befolgen wollte, für ihn zu einer Narretei, einem Missverständnis, zu einem Beginn von neuer und bitterer Not.»

«Das gescheiteste Ding», auch das hörte ich vom gleichen klugen Fahrenden, «das sagte unsere Alte zu einem besonders hartnäckigen jungen Mann aus Toulouse, der von ihr ein wenig Weisheit erlernen wollte: ‹Du musst unter deiner Sippe suchen gehen, auch wenn du die meisten Angehörigen gar nicht mehr kennst oder ihr alle untereinander wegen irgendwelcher Erbschaften zerstritten seid. Dort wirst du, wenn du nur tüchtig suchst, irgendwo eine Weise Frau finden, die dir genau das erzählen kann, was du in deiner Lage gerade brauchst, um weiterzufahren. Wenn du überhaupt durch deine Taten von Gott und seinen Heiligen Glück verdient hast, wirst du den Weg zu ihm ganz sicher auf diese Art finden.›»

Ich erzählte dem Zigeuner, vor allem um nicht immer der Nehmende zu sein, ein wenig aus den einheimischen Sagen der Alpen, denen zufolge in früheren Jahrhunderten am Rand der Dörfer, in Kleinstädten und in den Burgen auf den Bergkuppen auch bei den Vorfahren der Sesshaften der Gegenwart weise Frauen, Hebammen, Hexen, Kräuterweiber lebten und ihre Geschichten über die Ahnen erzählten: und damals im übrigen noch nicht als Erfinderinnen von lächerlichen Ammenmärchen verhöhnt oder als Verbreiterinnen von «mittelalterlich-katholischem» Aberglauben blutig verfolgt wurden.

«Siehst du», lachte der Zigeuner, «alle Völker wissen noch über die Notwendigkeit, Alte haben zu müssen, die mit den Jungen reden können. Alle Völker waren einmal Fahrende, die aus den Heimatländern, wo die Sonne aufgeht, über die Erde zogen, einen Platz nach ihren Neigungen zu finden. Nur wir wissen dies noch, wahrscheinlich weil wir noch die Alten haben, die die grossen Erinnerungen hüten. Ihr aber, ihr habt es fast schon vergessen.»

Amerikanischer Untergrund

In den Vereinigten Staaten durfte ich nach und nach lernen, dass es für einen Landesfremden kaum viel leichter sein kann, in einer technologischen Zivilisation seinen Weg zu finden als in den sogenannten «unterentwickelten» Gebieten. Dies zumindest, wenn es, genau entsprechend der winterlichen Jahreszeit, über der Stein- und Asphaltwüste von New York rasch dunkelt, man von keinem Ortskundigen am Flugplatz abgeholt wird und doch ohne besondere Pläne die Stadt ein paar Tage anschauen möchte: Etwas entmutigend warnten die Anschläge bei den Ausgängen des Kennedy-Flughafens die ankommenden Reisenden, höchstens gelbe Taxis zu benutzen, da sie sonst mögliche Schwierigkeiten selber verschuldeten. (Es waren zwar genug Taxis da, aber nun einmal weit und breit keines von der offenbar vertrauenerweckenden Farbe.)

Meine Englischkenntnisse mögen ziemlich bescheiden sein, schienen mir aber die des durchschnittlichen einheimischen Fahrers zu übertreffen. Der Mann, dessen Gefährt ich schliesslich bestieg, bestimmte auf alle Fälle die Strecken, nach denen ich ihn befragte, grundsätzlich in Meilen. Wie man dieses Weitenmass in verständliche Kilometer umsetzen könne, schien er im übrigen so wenig zu wissen wie eine Reihe seiner Zunftgenossen, die ich sonst erlebte. Durch den endlosen steinernen Irrgarten all der Fluggesellschaften aus den verschiedensten Ländern, wobei der Platz, den jede einnahm, einen gewöhnlichen europäischen Flughafen an Ausdehnung zu übertreffen schien, brachte er mich zum «nächsten» Hotel: Gewisse titanische Gebäude tauchten bei dieser Reise bald links, dann wieder rechts auf, so dass ich beim besten Willen nicht sagen kann, ob die Länge der Fahrt einer Notwendigkeit entsprach oder ob mich der Mann, er gehörte nun einmal nicht zu den Lenkern der Autos mit der angeblich vertrauenerweckenden Farbe, munter spazieren liess.

Das «nächste» Hotel war auch gar nicht so nah, zumindest

nicht nach all den Kreisen und Wendungen, die wir bestehen mussten. Es trug ausserdem auch nicht den Namen, den ich genannt hatte – diesen habe es eben schon vor drei Monaten gewechselt, versicherte mir der Fahrer, den ich deswegen zu befragen wagte. Im übrigen würde ich genau hier «ohne Probleme» eine Schlafstätte finden, versicherte er mir und verschwand ohne weiteren Abschied, nachdem er die Rückzahlung des Herausgelds vergass: Das Hotel war aber, wie ich schon wenige Minuten später wusste, vollkommen überfüllt – und also stand ich mit einer ziemlich schweren Reisetasche irgendwo in einem hässlichen Winkel des immer dunkleren und von frostigen Winden durchpfiffenen New York.

Alle Vergleiche mit den Möglichkeiten von europäischen Stadträndern erwiesen sich als nutzlos und geradezu gefährlich. Ebenso bedenklich meine Gewohnheit, ohne viel herumzufragen loszumarschieren und also anzunehmen, die Schwierigkeiten würden sich schon irgendwie von selber auflösen. Nach einer Wanderung in die Nacht hinein, die stundenlang dauern sollte, mündeten die breiten Strassen beim Flughafen in ein vollkommen unübersichtliches Gewirr von riesigen Betonklötzen, teilweise offensichtlich Aufbewahrungsorte irgendwelcher Industriegüter, teilweise wahrscheinlich leer und aufgegeben, häufig mit zerschlagenen Fensterscheiben. Schon die erwähnten breiten Strassen, im übrigen ohne schützende Ränder für die hier anscheinend ausgestorbenen Fussgänger, wurden nur noch von wenigen durchrasenden Autos belebt. Hier, wo ich nun eingedrungen war, vernahm ich vom grossen Verkehr nur ein fernes Rauschen, wie von einem verborgenen Ozean. Nur selten zeigte mir ein von Neonlicht erleuchtetes Fenster, dass an dieser hässlichen Schattenseite der Zivilisation der Mensch wahrscheinlich noch nicht ganz ausgestorben war.

Mit gespenstischem Knarren ging auf einmal, vielleicht ausgelöst von meinen Schritten in der sonstigen kalten Einsamkeit, in einer wahrscheinlich aufgegebenen altmodischen Fabrikhalle eine rostige Pforte auf. Ein armer Teufel stand vor mir, hustend, trotz mörderischem Nachtfrost nur dürftig in zerrissene schmutzige Kleider gehüllt – wegen der Dreckkruste auf seinem Antlitz nicht einmal seiner Rassenzugehörigkeit nach zu bestimmen. Der erste Schreck weckte in mir sämtliche Erinnerungen an alle Gruselgeschichten über die nordamerikanischen Slums, die mir reiselustige Freunde reichlich erzählt hatten, und die ich bisher für aus den entsprechenden Horrorfilmen der Traumfabrik Hollywood geklaut hielt. Wie aus diesen Schauspielen des Schreckens übernommen war auch das Gelalle der Elendsgestalt, die im übrigen voll der erstaunlichsten Gastfreundschaft war: Ich könne bei ihm in der Fabrikhalle übernachten, sie habe keine Sicherheitsvorrichtungen und sei schon seit Monaten völlig unbewacht. Das sei auch das Allerbeste, was er in seinem Dasein erlebt habe. Nicht zu vergleichen mit dem Aufenthalt in den Kanalisationen weit unter dem Asphaltboden der Stadt – dort ernähre man sich von Ratten, bis man jede Körperkraft verliere und selber von den Ratten gefressen werde.

Im Gegensatz zu den entsprechenden menschlichen Wracks in Paris oder Hamburg atmete aber mein nächtlicher Zufalls-Gefährte nicht den Dunst einer giftigen Alkoholmischung aus. Aus der Schnelligkeit seines Gelalles, seinen nie fertiggemachten Sätzen zu schliessen, befand er sich gerade durch irgendwelche chemische Aufputscher in seiner Scheinwelt; grosszügig bot er mir auch irgendwelche bläuliche Pillen aus einer Tube zum Trost an. Ich wartete natürlich nicht, dass hinter den nächsten Quadern von Stein, Metall und Beton ein weiterer Zeitgenosse auftauchte, der weniger friedlichen und gastfreundlichen Träumen nachging, und eilte weiter.

In der Strasse, leer wie ein Gesicht der Einsamkeit aus einem Alpdruck, erschien auf einmal, nicht weniger überraschend wie der Vagabund mit den Pillen, ein Wagen, der erstaunlicherweise in seiner raschen Fahrt anhielt. Der Mann am Steuer senkte sein Fenster und fragte mich, ob er mich an einen Ort mitnehmen dürfe, wo ein wenig mehr Menschen seien. Heute, nach vielerlei Gesprächen mit vielgereisten Leuten, erscheint mir dieses Angebot fast wie ein Wunder – unabhängig, ob der plötzliche Helfer ein verantwortungsbewusster Polizist war oder ein mutiger Bürger, der gerade beschlossen hatte, dem nächsten Mitmenschen eine gute Tat zu erweisen: Die zufälligen oder auch berufsmässigen Durchfahrer der leeren Stadtviertel, dieser unheimlichen Museen einer durch Arbeitslosigkeit und Rassenkrawalle gefährdeten Zivilisation, pflegen aus Angst vor irgendwelchen Kanal- oder Ruinenbewohnern nirgends anzuhalten.

Ich wurde, auf meine Bitte hin, schon nach einer halben Stunde rascher Fahrt in einem Quartier abgeladen, das ganz offensichtlich die Randzone zu einem der eigentlichen Gettos der farbigen Minderheiten darstellt. Hier quirlte trotz der vorgerückten

Nachtstunde das Leben, und es sah im übrigen aus wie in einer der Hafenstädte der Vergangenheit – billige Hotels, sogar noch immer vom Volk umlagerte Verkaufsstände erinnerten an das alte Marseille oder an die griechisch-türkischen Uferländer in den Geschichten meiner Eltern.

Das Gasthaus, das mich auch einliess, wirkte wie eine klassische Stundenbleibe von Dirnen, war dies wohl auch tatsächlich, freilich höchstens so nebenbei. Wie ich es am Morgen entdeckte, bestand das Geschäft der Hotelbesitzer, die selber mit ihrer Sippe den Grossteil der Zimmer belegten, aus dem Wahrsagen; wie ein bescheidenes Plakat am Eingang verriet, auf alle geheimen Weisen des Orients betrieben, also mit Hilfe der Gestirne, der Geomantie, des Kartenlegens und Handlesens. Meine Kenntnisse der russischen und sogar deutschen Sprache verschafften mir die Möglichkeit, mich mit der sehr zahlreichen Familie zu verständigen. Die Tatsache, dass mich mein Vater auf seiner Flucht orientalisch-orthodox oder griechisch-katholisch taufen liess, schufen mir eine gewisse nähere Beziehung zu den Hotelbewohnern, die aus dem Raum der Ostkirchen stammten und im übrigen an den Festtagen die entsprechenden Gotteshäuser dieser Richtungen, anscheinend sehr zahlreich unter den Einwanderer-Millionen von New York, besuchten. Im übrigen hatte mir meine vorherige Höllenfahrt, sicher recht gewöhnlich für jeden Amerikakenner, aber für ihren Teilnehmer für Stunden ein Eintauchen in ein Meer von Verzweiflung und Hoffnungslosigkeit, eine gesteigerte Mitteilungsfreudigkeit verschafft: Wie man weiss, kann eine solche oft gewisse Sympathien beschwören, um die man sonst bei Vertretern einer fremdländischen Bevölkerung lange und vergeblich ringen muss.

Meine Gastgeber galten, um für ihren Beruf ein vermehrtes Vertrauen zu finden, in der Regel als Zigeuner, was, wie sie meinten, in Amerika nun einmal der Wahrsager sein muss; wenn er nicht vorzieht, als seinen Heimatort New Orleans anzugeben, das alte Ausstrahlungsgebiet von Jazz und Voodoo-Magie. Im übrigen versicherten auch sie, dass diese Bezeichnung eigentlich alles bedeuten könne und auch nichts. Im Englischen entspricht unserem Wort für Zigeuner das Wort «Gipsy», also eigentlich Ägypter. «Bei uns stimmt es im übrigen einigermassen», sagte die Frau des Gastwirts, die in der Regel die Kunden der Wahrsager-Familie in Empfang nahm. Die Grosseltern, zumindest die des Mannes, hätten noch vor dem ersten Weltkrieg, in den Tagen des türkischen Sultanats in Ägypten gehaust – die ihrigen am Azowschen Meer. Zweige der zahlreichen Verwandtschaft seien sogar im letzten Jahrhundert zum Islam übergetreten, sie hätten sich eben in Syrien und sogar in Bagdad befunden, genau wie früher in den kaukasischen Fürstentümern der Zarenzeit.

Aber eigentlich seien sie alle, anscheinend auch die gelegentlichen Mohammedaner, meistens Anhänger der christlichen Ostkirchen gewesen, denen sie, wie ich bereits erwähnte, noch immer zuneigten; zwischen den voneinander abweichenden Richtungen der Gottesdienste der byzantinischen Griechen, Grossrussen, Ukrainer, Georgier, Armenier, Kopten, sogar der jamaikanischen Äthiopier schienen sie freilich keinerlei besondere Unterschiede zu machen. Die glänzenden Festbräuche des Morgenlandes, auch in New York, trotz aller Armut, bei den Flüchtlingen erhalten, die entsprechenden Trachten und die ekstatische Musik schienen sie in jedem Fall zu begeistern: «Wenn man dies alles an den heiligen Tagen, besonders am Osterfest erlebt, glaubt man sich in einem der Länder der Ahnen, an die wir uns alle, genau wie die Nachbarfamilien mit den ähnlichen Schicksalen, erinnern.»

Im Wohnzimmer, das gelegentlich für das fachgerechte Wahrsagen verwendet wurde, sah ich an den Wänden einige geographische Karten, die, obwohl die älteste noch aus dem Anfang unseres Jahrhunderts stammte, aussahen, als seien sie Einführungen in Märchenlandschaften. Eine war russisch beschriftet und zeigte noch beinahe den ganzen Balkan und Nordafrika unter der Oberherrschaft des türkischen Sultans. Auf der andern zeigten die rote und blaue Farbe die nur wenige Zeit später unvorstellbare Ausdehnung der englischen und französischen Kolonialreiche über den ganzen Orient, seine Scheichtümer und Ölquellen. «Wenn man sich an die Geschichten seiner Urgrosseltern erinnert», meinte der Wirt, «dann ist es schwer, im heutigen Sinn genau zu sagen, welcher Nation, welchem Reich man sich zugehörig fühlt. Wir lebten wohl seit Menschengedenken in einem Dutzend davon. Sollen wir uns Griechen nennen? Aber unsere Vorfahren lebten wohl seit Jahrhunderten, vielleicht auch nie, in Griechenland: Wir lebten vor allem in den Ländern, die die Russen meistens als die türkischen und tatarischen bezeichnen, waren aber eigentlich nie, höchstens die erwähnten Verwandten, Mohammedaner! Ich glaube, wenn man sich in diesem Land Zigeuner nennt, so ist es eine gute Empfehlung unserer Beschäftigung und erspart im übrigen endlose Gespräche, die die Menschen, die die Geschichten des Ostens nicht kennen, sowieso nur ermüden und verwirren.»

«Wenn man ein gutes Gedächtnis hat, ist man eine Familie», sagte die Mutter, «das ist viel mehr als die Reiche, die sich als Mittelpunkte der Welt verherrlichen lassen und von denen man schon ein Menschenalter später nur noch weiss, weil Leute wie wir darüber Märchen erzählen – und wir erzählen darüber unsere Märchen, weil diese die Kinder lehren, dass die Menschen noch immer alle Schwierigkeiten, Hungersnöte, Krisen, Kriege und Revolutionen überstanden, wenn sie zusammenblieben, ihre ganz verschiedenen Begabungen in den gegenseitigen Dienst stellten. Wir gehen in die verschiedenen alten Kirchen, obwohl wir schon fast sechzig Jahre in diesem Lande sind, weil wir, unsere Eltern, wir selber, die nie etwas anderes als New York sahen, unsere Kinder, die hier geboren sind, so immer noch in der gleichen Welt leben. Dadurch verstehen wir unsere Vorfahren, die unter den Zaren, Sultanen und Kalifen ihr Dasein verbrachten, und unsere Kinder uns – das gibt einen Vorteil gegenüber jenen, bei denen jede Generation über die Eltern schimpft und am liebsten alles anzünden würde, was diese errichtet haben.»

Und bei einem starken Abschiedstee, gekocht in einem Selbstkocher, einem Samowar aus glänzendem Metall, der, genau wie die Karten an der Wand, das Zimmer in New York aussehen liess, als wären wir wieder im alten griechisch-rumänisch-tatarisch-jüdisch-armenischen Odessa am Schwarzen Meer, erzählte die Weise Frau: «Würden wir in einem wohlhabenden Vorort leben, was wir uns wahrscheinlich viel besser leisten könnten als viele, die dort hausen, dann kämen nicht immer mehr der Leute, vor allem Damen aus der guten angelsächsischen Gesellschaft, zu uns zum Wahrsagen. Sie glauben eigentlich gar nicht, dass ihnen die Karten oder die Astrologie gut tun, sondern sie sind glücklich, dass sie eine Stunde in einer Gasse, in einem Raum sein können, die aussehen, als wäre man auf einem ganz andern Planeten, auf dem die Menschen noch oder wieder ganz anders zu einander sind.

Was nützt solchen Frauen all ihr Geld, wenn sie ihr Mann längst verlassen hat oder nur noch geschäftlich mit ihnen zusammenlebt und sich langweilt, weil er sich finanziell eine Scheidung nicht leisten kann. Und die eigenen Kinder, wenn sie solche überhaupt noch haben, die haben das Haus längst verlassen und finden, selbstverständlich auf Kosten der Eltern, alles verdammenswert, was diese je gemacht haben.

Sie kommen zu uns, weil sie glauben, dass sie etwas von unserem Geheimnis abbekommen – Ehen erblicken können, die nicht auflösbar sind, wo Grosseltern, Eltern, deren Geschwister, Kinder nach Möglichkeit zusammenleben. Weil sie Männer und Frauen sehen, die nach jedem Zank einander mehr lieben, weil sie glauben, dass ihre Verbindung nun einmal durch die Heiligen und die Sterne auf ewig geschlossen wurde. Familien, in denen die Kinder die Taten ihrer Eltern nicht verdammen, weil sie sicher sind, dass sie früher selber an deren Stelle immer genau gleich wie sie gehandelt hätten – da die Grosseltern und Eltern nun einmal, wie die alten Wahrsager im Morgenland gesagt haben, das gleiche sind wie deren Kinder, die nur die jüngere, erneuerte Ausgabe der Ahnen sind.»

Diese Lehren hatte ich schon mehrfach gehört und auch gelesen. Wenn man sie aber in einem Wahrsagerzimmer, gar nicht weit von einem der mächtigsten Flughäfen der Welt vernimmt, in einem Raum mit der Karte jüngst verschwundener Imperien und dem summenden Samowar, werden sie zu einem bleibenden Erlebnis.

Kalifornische Wandlungen

Was meine Eltern in den stürmischen Jahren zwischen den beiden Weltkriegen und dann ich selber erleben mussten, wurde mir im Dezember 1981 in Kalifornien noch deutlicher bewusst: Die Völkerwanderung, wie sie unsere Schulbücher an den Abschluss des römischen Grossreiches setzen, war damals gar nicht richtig zu Ende gegangen – sie ging auf alle Fälle nach dem Ende der mittelalterlichen Kulturen erbarmungslos weiter.

Getrieben durch die masslosen Religionskriege, die Ketzerverfolgungen, die Scheiterhaufen und die Folterkammern strömten nun ganze Völkerscharen über den atlantischen Ozean – den wohl bis dahin nur selten die abenteuerlichen Wikinger und andere verwegene Seefahrer überquert hatten: Kaum hatten sich nun die Neuankömmlinge nach ihren Wünschen einigermassen wohnlich eingerichtet, kamen schon neue Massen, und wem die wachsenden Städte der Küste nicht gefielen, der musste sich weiter nach dem wilden Westen durchschlagen.

Jede Krise in unserem Erdteil sollte sich von nun an entsprechend auswirken: Millionen wanderten in der Richtung des Sonnen-Unterganges aus, wo angeblich endlose Räume lockten. Die Staaten von Neu-England empfingen immer mehr der Flüchtlinge und wuchsen, wucherten weiter und weiter, bis die ganze Neue Welt von deren Siedlungen durchsetzt war und die Menschen aus Europa die Ufer des Stillen Ozeans erreichten: Der Vorgang, der im 16. Jahrhundert seinen Anfang nahm, scheint auch heute alles andere denn abgeschlossen. In Amerika las ich in einer Zeitung die Behauptung, dass – zur Zeit – die Einwanderung in den Landstrichen von Kalifornien – diesem Gebiet den täglichen Bevölkerungsüberschuss von fünftausend Menschen bringen soll!

«Doch geändert haben sich die Möglichkeiten», erklärte mir ein kluger Mann von der West-Küste. «Auf viele der Neu-Einwanderer wartet der Zukunftsschock in Ausmassen, wie ihn die Menschheit seit dem Beginn der Neuzeit kaum je erlebt hat. Wenn man in den letzten Jahrhunderten fand, man sei so oder so unterdrückt, hatte man eben den Fluchtweg in Richtung des Abends, man sah in Nordamerika fast menschenleere Weiten und damit das Land der unbegrenzten Möglichkeiten, die noch alle auf uns warteten. Es schien auch Jahrhundertelang so weiterzugehen, und wenn es dem Lederstrumpf, dem Freiheitssucher der Romane von Cooper, irgendwie in der Nähe der rasch wachsenden amerikanischen Landstädte nicht mehr gefiel, ging er immer weiter und weiter nach Westen. Jetzt stauen sich alle Bewegungen am Pazifischen Ozean, und es gibt jetzt kaum ein Weiterwandern auf Erden mehr, ganz als wäre unsere Welt eine flache Scheibe und man hätte nun ihren Rand erreicht, hinter dem der Höllenabgrund gähnt.»

Der gleiche Mann las mir aus einem Buche eines jener erfolgreichen amerikanischen Schriftsteller der Gegenwart, der versucht, seinen Landsleuten und Lesern ihren Standort zu erklären: Allein achttausend verschiedene «Therapien» für die Seele gibt es nun, seit den siebziger Jahren im Raum von Kalifornien; es gibt also zweifellos Hunderttausende, Millionen von Menschen, die sich alle paar Monate, um ein inneres Gleichgewicht und ein wenig Zukunftsglauben zu finden, von einer neuen Art der geistigen Medizin bezaubern lassen.

Jungen Menschen erscheinen die entsprechenden Versuche

ihrer Eltern mit all den sich bekämpfenden und gegenseitig entlarvenden Sekten der Seelenwissenschaft als hoffnungslos, und sie fliehen in die harten Drogen, die in ihren Jüngern nach und nach jedes quälende Denken auslöschen. Man kann dies fast geradezu als einen gangbaren Weg darstellen, wie es ein Psychologe, angeführt im gleichen Erfolgsbuch, tut: «Heroinsucht vermittelt dem jungen Menschen eine Art Lebensstil. Nachdem er zuvor beständig unter Orientierungslosigkeit gelitten hat, verfügt er jetzt über eine Struktur. Er muss sich überlegen, wie er den Bullen entwischt, wie er sich das nötige Geld beschafft und woher er seinen nächsten Schuss bekommt – all das aktiviert in ihm neue Energien, die seine ehemals so strukturlose Welt ausfüllen.»

Dies bestätigt die Zahlen, wie man sie mir während meines kalifornischen Aufenthalts aus den verschiedenen Büchern, die jetzt im Gerede sind, vorlas ... Was man einst als Strukturen, als Rahmen, in denen die Menschen wirkten, bezeichnete, löst sich auf – was man als neue Strukturen bezeichnet, besitzt dagegen kaum eine Lebenskraft, die nach vorne weist: Eine Studie zeigt ja, dass vierzig Prozent der erwachsenen Bewohner einer Grossstadt vollkommen ohne Familienbindungen irgendeiner Art waren. Der Carnegie-Council schätzte im Jahre 1978, dass vier von zehn in den siebziger Jahren geborenen Jugendlichen einen wesentlichen Teil ihrer Jugend in einer Familie mit nur einem Elternteil verbringen werden. Die Grossfamilie, die eigentliche Zelle der großen Völkerwanderungen der Vergangenheit, zersetzte sich in den letzten zwei Jahrhunderten zur Kleinfamilie, bestehend aus Vater, Mutter und Kind. Doch auch diese ist daran, sich völlig aufzulösen, zu einer Masse, bestehend aus einsamen Einzelpersonen – allein wie die erwähnte uramerikanische Romangestalt Lederstrumpf, der nach einigen Enttäuschungen und Missverständnissen jeden männlichen oder weiblichen, weissen oder rothäutigen Weggefährten verliert.

In Los Angeles stand ich, verständlich für einen Schriftsteller, in verschiedenen Bücherläden und entdeckte hier sehr anschaulich, was man gar nicht anders bezeichnen kann als den Beginn einer grossen Rückbesinnung auf das, was den eigentlichen Sinn des Lebens ausmacht. Die Apachen und die andern ursprünglichen Stämme der Eingeborenen der Westküste mochten bis auf unbedeutende Spuren in abgelegene Gegenden abgedrängt worden sein, ihre Gedanken, ihr Weltbild erscheint einer Jugend als ein Leitbild, das wieder vor ihr aufsteigt.

Die indianische Weise Frau, Maria Sabina, wirkte ihr Leben lang in ihrem ländlichen Reich und wurde dann im Alter ebenso von der Hippie-Jugend wie von den Wissenschaftlern der verschiedenen Richtungen überlaufen. Der gelehrte Carlos Castaneda entzündete eine endlose Diskussion in allen Ländern, ob er eigentlich ein Phantast sei oder ein grosser Forscher – unterdessen erreichen seine Bücher, in grossen Verlagen oder als gaunerische Raubdrucke, Millionenauflagen: Ihr Held ist ein Yaqui-Medizinmann mit dem vielversprechenden Namen Don Juan, der einem unternehmungslustigen Universitätsgelehrten wieder zu zeigen versucht, dass im menschlichen Geist die Fähigkeit verborgen ist, die Welt wie ein Kunstwerk des Grossen Geistes zu schauen und zu geniessen.

Hunderttausende von jungen Menschen stellten darum in den letzten Jahren den Fortschritt zumindest teilweise in Frage, ob er nicht eine Flucht nach vorne war – auf der die Eltern immer mehr von dem verloren, was das Dasein des bewussten Geschöpfs einigermassen daseinswert macht. Eine Volksschicht, hervorgegangen aus den Hochschulen, die zweifellos zu den allerbesten der Welt zählen, begann an sich alte, in den letzten Jahrzehnten einer rein technologischen Entwicklung immer mehr vernachlässigte Wissenschaften neu zu entdecken, zu sichten: Die Volks- und Völkerkunde.

Man überprüfte nochmals all das, was man vom sogenannten «Primitiven Menschen» zu wissen glaubte, und man begann, in Universitäten wie in den Lebensversuchen der Hippie-Zeit darauf zu kommen, dass man genau dieses Wort «primitiv» verschieden zu übersetzen und zu begreifen vermag: Als stumpfsinnig roh, wie man es häufig genug im fortschrittsgläubigen 18. und 19. Jahrhundert verstanden hatte – aber auch im Sinn von ursprünglich, erfüllt von einem beneidenswerten Lebenswillen, einem ungebrochenen Unternehmungsgeist und Optimismus, von dem man wieder zu lernen hat ...

Der berühmte Smog, der erstickende Schmutz in der Luft, ich erblickte ihn 1981 bei meinem Besuch in Los Angeles erstmals wirklich und leibhaftig. Die Decke der Abgasgifte hing schwarz und bedrohlich über dem endlosen Häusermeer der Stadt, die ich bis daher nur aus Kitschfilmen mit dem sonnigen Hintergrund des blauen Himmels und des ebenso blauen, vom strahlenden Sonnenlicht übergoldeten Ozeans gekannt hatte.

«Gut bist du in der Wintermitte nach Kalifornien gekommen», meinte, als ich meine Eindrücke erzählte, der vielgereiste Freund D.: «Als ich im Sommer in Los Angeles war, da hättest du noch ganz andere blaue Wunder erlebt. Durch die irrsinnige Hitze pflegen nun einmal die Giftwolken noch zuzunehmen, und weil sie dann wie eine Dunstglocke über der Stadt liegen, hemmen sie die Luftströmungen, und es wird eben noch glühender – man fühlt sich wie in einem rasch anwärmenden Backofen. Warnend heisst es dann auf Tafeln ‹Smogalarm›... Fährt man dann nicht in der rücksichtslosesten Eile durch die gefährdeten Gebiete, hat dann das Pech, kurz anhalten zu müssen – schon spürt man ein sich verstärkendes Herzklopfen, ein aufsteigendes Unwohlsein im Magen, zunehmende Atembeschwerden.»

Sonne und Wind, sie hätten möglicherweise trotz der unvorstellbaren Ansammlung der zusammengepferchten Menschenmassen die Macht gehabt, den hinaufgewirbelten und nun alles Leben niederdrückenden Unrat aufzulösen: Aber die schattigen Wälder, für die einst Kalifornien in den Zeitaltern der indianischen Nomaden berühmt gewesen sein soll, hatte man nun einmal rücksichtslos abgeholzt. Nun bilden trostlose Wüsten den Hintergrund der übervölkerten Ufer-Zivilisation, und höchstens in wohlbewachten Gärten, fleissig begossen von den unvermeidlichen mexikanischen Arbeitern, finden sich die aus allen Zonen der Welt eingeführten malerischen Bäume – sie sind aber in ihrer Gesamtheit viel zu wenig zahlreich und dicht, um mit ihrem Atem die verderbte Luft einigermassen zu reinigen.

Auf einem Hügel mit spärlichem Gestrüpp erklärte mir ein Freund den Aufbau der Stadt Los Angeles. In jeder Richtung gebe es über je dreissig Kilometer meistens niedrige Häuser jeder Spielart – wir konnten, wiederum wegen den bedrohlichen dunklen Dunststreifen des schwebenden Schmutzes, nirgends ein Ende des Meers der Gebäude erahnen. Zu viele Stockwerke aufeinander zu türmen, also die Menschen nach dem Vorbild der Ostküste aufeinander zu schachteln, verbietet hier die allgemein verbreitete Furcht vor dem grossen Erdbeben: Jeder kleinere Erdstoss, jedes von den Astronomen beobachtete Zusammenrücken der Gestirne, jedes Auftauchen eines seltenen Kometen ruft hier Leitartikel und Bücher hervor, die den geängstigten Massen versichern, Kalifornien werde demnächst in der aufschäumenden «Südsee» ertrinken, wie einst die sagenhaften Erdteile Lemurien, Mu oder Atlantis.

«Wieviel Mexikaner siehst du?» Dies fragte mich eine kluge

einheimische Frau, die mich in ihrem Wagen durch die endlosen Strassenlinien von Los Angeles steuerte. Sie fügte erklärend hinzu: «Es gibt überhaupt keine genaue Zählung, da sie meistens ungesetzlich einwandern, besser gesagt – eingewandert werden. Man will sie als Arbeiter, Diener, Hausangestellte, buchstäblich als Knechte für alles und jedes verwenden, weil man sie nicht nach irgendwelchen gewerkschaftlichen Vorschriften bezahlen will. Sie selber, die meistens aus irgendwelchen ländlichen Verhältnissen stammen, misstrauen auch all den Lohnabzügen und Sozialleistungen, über die eine angeschwollene Bürokratie mit funkelnden Computern wacht. Sie weichen darum auch selber jeder Zahlung von irgendwelchen Beiträgen und damit jeder Zählung aus.»

«Etwa ein Fünftel oder ein Sechstel der Leute auf den Strassen sehen so aus», sagte ich. «Und wieviel der Kinder, die du siehst, haben wohl mexikanische Eltern?» war die nächste Frage der Frau.

«Gut die Hälfte», meinte ich. «Es könnten aber fast zwei Drittel sein. In den Quartieren, in denen fast nur die Einwanderer hausen, sind es wahrscheinlich viel mehr.»

«Du siehst», bestätigte mir meine Begleiterin, «die Sache ist ziemlich gelaufen und entschieden. Los Angeles und die ganze Kette der damit verbundenen Küstenstädte, die ganze Zivilisation am Pazifik, die zur Zeit der Welt den Geist gibt, Filme, Musik, Mode-Philosophien, Ideologien, wird nach und nach von der Vergangenheit eingeholt, wird immer deutlicher mexikanisch, altspanisch, katholisch, mittelalterlich, indianisch. Die Letzten werden schon bald die Ersten sein. Wer die Kinder hat und sie im Kreis der Familie erzieht, dem gehört die Zukunft. Selig sind die Mexikaner, denn sie werden das Erdreich erben.»

Die neuen Indianer

Viele der Mexikaner, die, gelockt vom höheren Verdienst, über die unübersichtlichen Grenzgebiete nach Kalifornien kommen, werden ganz offensichtlich sehr rasch enttäuscht. Sie wurden wahrscheinlich, mehr noch als durch die übertriebenen Versprechungen der Werber, durch die paradiesischen Landschaften in den alten Hollywood-Filmen gelockt: In den alten Kinos ihrer verlorenen Dörfer sahen sie ein Reich des ewigen Sommers und dazu einen nach ihrer Auffassung märchenhaften Wohlstand, blitzende Autos, modisch leuchtende Kleider, stets saubere Kücheneinrichtungen, Fernsehapparate mit geradezu zahllosen Stationen, taghell erleuchtete Bars, durchtobt von den Klängen der allerneusten Disco-Musik.

Wenn sie nach etlichen Monaten oder Jahren der ersten Einrichtung im Rahmen der fremden Zivilisation zum einigermassen ruhigen Nachdenken kamen, begannen sie vielerlei zu vermissen: So am wolkenarmen Himmel die stolzen Umrisse der alten Kirchen und die Ahnung der Nähe von deren spanisch-indianischen Heiligen, die ihren Ahnen den Trost spendeten.

Sie fühlten sich immer verlorener in den flutenden Massen, fern den Siedlungen der Heimat, in denen jeder mit jedem verwandt ist und jedermann die Leiden und Freuden des einzelnen voll teilt. Die ganze Arbeit auf ihren Feldern mochte schlecht entlöhnt sein, aber der gewohnte Kreis der Jahreszeiten und die zahllosen überlieferten religiösen Feste gewährten den Schutz gegen jede Hetze: Für ungesetzlich einwandernde Arbeitskräfte gibt es aber, in einer Welt ohne Heilige, nun einmal keine Vorschriften der Beschränkung des Werktags, und sogar wenn man diese hat – was nützen sie, wenn man täglich jedesmal mehrere Stunden braucht, um von seiner Baracke zum Werkplatz und dann wieder zurück zu kommen?

Durch die Verkettung von Zufällen kam ich durch die trostlose Öde gegen die mexikanische Grenze zu, gar nicht weit von der vielbefahrenen Autobahn und sogar von den südlichen Ausläufern des Häusermeers von Los Angeles, zu einem der Dörfer der sogenannten «wilden» Mexikaner: Es sah auch aus, als sei die seltsame Siedlung aus der Tiefe der Jahrhunderte aufgetaucht, älter als die grenzenlosen angelsächsischen Städte, obwohl sie wahrscheinlich ganz vor kurzem entstanden war.

Seit den «Hippie-Sechzigern» haben wir in den Jugendgruppen eine bewusst religiöse Auffassung von Fruchtbarkeit, Schwangerschaft, Familie: Indisch-tatarische und indianische Weltbilder gelten als Anreger.

Mühsam bewässerte Sträucher umgaben anderthalb Dutzend der Hütten, teilweise aus den Wracks von Wohnwagen zusammengestellt. Sehr viele dunkelhäutige Frauen wuschen auf alte Art an einem Behälter mit dem hier so kostbaren Nass – sie hatten wahrscheinlich schon halb vergessen, dass sie gerade um Waschmaschinen zu besitzen hier eingewandert waren. Andere kochten, ebenfalls, als wären wir durch einen Zauber aus den Science-Fiction-Romanen in die Zeit Jahrhunderte vor der amerikanischen Zivilisation geraten, auf einem Herd aus Steinen ihre Fladen. Ein Mann, unter dessen ins Gesicht gerücktem breitrandigem Hut duftender Qualm emporstieg, schlief halb, mit dem Rücken an eine Hüttenwand gelehnt. Er war wohl der eigentliche Wächter der kleinen Gemeinschaft, der uns im geheimen misstrauisch und sehr genau beobachtete. Die Decke, die neben ihm auf dem Boden lag, war am Rande gewölbt: Man hatte mir schon mehrfach bewiesen, wie sehr heute in Amerika auch die Mitglieder von sich bedroht fühlenden Minderheiten den Brauch haben, irgendwo in Griffnähe eine entsicherte Waffe für alle Fälle bereit zu halten.

Sonst sah man eigentlich keine erwachsenen Männer, wahrscheinlich gingen sie irgendwo ihrem Broterwerb nach. Mehrere der Frauen waren sichtbar schwanger, und sehr auffallend war die Zahl der spielenden, halbnackten Kinder. An einem sehr ursprünglich aussehenden, obwohl sicher vor kurzem von einem Maurer aus dem Dorf aufgetürmten Steinhaus sah ich in einer Nische das Bild einer Gottesmutter. Trotz der Trostlosigkeit der Umwelt dieser Ecke von Kalifornien lagen zu ihren Füssen mehrere frische Blumen: Ihr Gesicht war ganz dunkel gemalt worden, es besass also ungefähr die gleiche Farbe wie die Haut der meisten Mexikaner, die ich vor mir sah. Unmittelbar neben dem Dorfheiligtum stand eine ältere Frau, selbstverständlich ebenfalls mit einem dunklen Antlitz, noch immer pechschwarzem Haar, mit starken Backenknochen und einer stark gebogenen Adlernase. Sie trug viele Ketten um den Hals, wohl in verschiedenen Lebensaltern gesammelter Schmuck, ähnlich wie ich ihn schon bei weisen alten Zigeunerinnen in Südfrankreich gesehen hatte: Neben den Bildern von christlichen Heiligen aus den verschiedensten Pilgerorten baumelten Symbole aus Zeiten und Räumen, die den übrigen frommen Darstellungen der Kirche sicher einigermassen fremd waren.

Mein Begleiter, der mich mit seinem Auto über abenteuerliche Umwege zu diesem Platz gebracht hatte, grüsste die Alte mit ausgesuchter Höflichkeit: «Die Alte, die Dorfhexe, die Hebamme und die Kocherin von Liebestränken in einem», erklärte er mir, «wir müssen ihr gegenüber zuvorkommend sein, sonst verhext sie uns noch! Dann fährt unser Wagen nicht mehr, oder es passiert uns bei der Rückfahrt sonst eine Schweinerei . . .» Ich betrachtete meinen Begleiter, als er dies sagte, von der Seite – er sagte den letzten Satz gar nicht wie einen Witz, sondern eigentlich wie eine völlig ernsthafte Warnung.

Mein Führer durch die zeitlose amerikanische Welt in der Wüstenlandschaft, gar nicht weit von der Autobahn, verneigte sich vor der Stammesmutter und drückte ihr einen Dollarschein, ich konnte den genauen Betrag nicht sehen, in ihre braunen Hände. Sie lächelte leicht in den Mundwinkeln, betrachtete uns beide einen Augenblick aufmerksam und verbeugte sich ihrerseits vor der dunklen Madonna: Dann nahm sie eine der Blumen aus dem Gefäss zu Füssen der Göttin und überreichte sie meinem Gefährten, mit einer spanisch-vornehmen Bewegung, als gehe es um ein königlich-vornehmes Geschenk.

Nach dem feierlichen Vorgang schienen wir von der ganzen Gemeinschaft des Dorfs der «wilden» Mexikaner einigermassen anerkannt, die Frauen winkten uns freundlich zu, die braunen Indiokinder lachten uns an und bettelten nicht ohne Höflichkeit um ein paar kleine Münzen. Sogar der Wächter schob seinen Breithut auf die Seite und murmelte einige Abschiedsworte, die einen Segen für den Rückweg enthielten.

Als wir dann zurückfuhren, damit ich noch rechtzeitig meinen gebuchten Platz im Flugzeug erwischen und in unseren Erdteil zurückkehren konnte, erzählte mir der Gefährte am Steuer: «Die wilden Mexikaner? Sie verliessen ihr Land, versuchten es mit unserem Lebensstil und sind heute daran, wieder in ihre ureigene Welt zurückzutauchen. Von den Weissen sind sie enttäuscht, und sie sind daran, alles, was diese gebracht haben, mehr oder weniger zu vergessen, sogar deren Blut, das sie in ihren Adern haben.»

Er dachte einen Augenblick nach und schob dann, ganz als rede er zu sich selber, noch eine Nebenbetrachtung, sozusagen eine Fussnote zu seinen Feststellungen ein: «Aber waren sie überhaupt je Weisse? Hatten sie überhaupt viel Blut von den weissen, christlichen Einwanderern, oder war dies nur eine Täuschung, die sich ihre Oberschicht selber vorgaukelte, vielleicht enttäuscht von dem schwächlichen Verhalten ihres letzten aztekischen Kaisers? Sie haben Locken in ihre Haare gedreht, ihre Gesichter gepudert, in der brennendsten Hitze Krawatten getragen, trotz dem Wüstenstaub ihre Schuhe auf Hochglanz gewichst. Aber waren auch jene unter ihren Vorfahren, die im 16. Jahrhundert auf den Spuren eines Columbus und eines Cortez nach Amerika kamen, ganz waschechte Weisse? Anthropologen versichern heute, dass die damalige Niederlage der maurischen Kultur auf der Pyrenäen-Halbinsel eine Welle von Verfolgungen gegen deren Nutzniesser auslöste. Wer da aus dem Altertum zu irgendwelchen Ketzereien neigte, die der duldsamere Islam in Spanien und Portugal weniger verfolgte als die Inquisitoren, und wer die sinnliche Kultur des Orients besonders liebte, der floh in die neuen Welten. Dort durfte er auf den einsamen Herrenhöfen ziemlich ungestört seinen Neigungen nachgehen, und niemand stellte sein rechtgläubiges Spaniertum in Frage.»

Der Gefährte des Ausflugs in ein anderes Zeitalter meinte noch, und ich habe dann seine Worte dem Sinn nach aufgeschrieben: «Die indianische Lebenskraft erwacht neu in den Mexikanern, die wieder ihren eigenen Weg gehen wollen, sie merzt langsam alle andern Rasseneinschläge aus und setzt sich durch – sie waren vor uns da, und sie werden uns noch beerben. Die Weisen Frauen kommen wieder zurück, weil sie wissen, wie man Kinder gebärt und auch, welche Kräuter man in die Brühe oder den Teig für die Fladen hineinwerfen muss, um keine Mangelkrankheiten zu bekommen. Sie lehren ihre Leute wieder, wie man die Muttergottes verehrt, wie man ihr Blumen hinlegt, ihr Weihrauch darbietet und Kerzen anzündet, weil sie aus uralten Erinnerungen ganz genau wissen, dass es für ein Volk keine Zukunft geben kann, wenn es nicht wieder das Göttliche im Wesen der Frau anerkennt. Es ist ihnen mehr oder weniger völlig gleichgültig, ob die göttliche Mutter in ihrer Nische noch genauso aussieht wie in den spanisch-romanischen Kirchen der unzähligen abgelegenen Dörfer der Hochebenen von Mexiko – oder immer mehr wieder die Züge einer grossen Stammesgöttin erhält! Einer ewigen Macht, deren Kinder alle Menschen sind, die nach den Gesetzen der uralten Lebensordnung durch ihr Dasein zu wandern versuchen. Einer Macht, der die Weisen Frauen in ihren Siedlungen schon räucherten und Blumen brachten, lange bevor die toltekischen und aztekischen Kriegsherren ihre stolzen Reiche begründeten.»

Wir erreichten wieder das Häusermeer von Los Angeles mit seinen unzähligen Filmstudios und den Kirchen von Hunderten von Sekten und Religionen, die den ratlosen Menschen sämtliche tröstenden Wege aller Zeitalter zu vermitteln suchen. Das gleiche Suchen sah man auch in den Gebäuden, die an uns vorübersausten und die an sämtliche Stile, entstanden aus den Glaubenswelten der verschiedensten Rassen, erinnerten. Neben dem Haus mit Flachdach und allen Merkmalen der Architektur von Corbusiers Esprit Nouveau, des Art Déco und des Jugendstils stand ein Minischloss mit Türmen aus der Ritterzeit. Neben einem verkleinerten maurischen Palast war ein Bauwerk errichtet, dessen Vordach von griechischen Säulen getragen wurde.

«Alle Erinnerungen der Menschheit rollen nochmals in Kalifornien ab, wir bewegen uns durch Träume in Stein und Plastik, ganz als wären wir in einem titanischen Museum für die Kultur der letzten Jahrtausende», erklärte mein Begleiter. «Wohin geht der Weg weiter? Haben wir auf der Erde alles ausprobiert, wie viele heute schreiben? Manch einer an der Westküste ist überzeugt, dass für die bewusstesten, klügsten Geschöpfe des Planeten nichts anderes übrig bleibt, als den festen Boden hier unten zu verlassen und mit allen Mitteln der Wissenschaft und der Wirtschaft zu versuchen, nach dem Himmel, den fernen Gestirnen auszuwandern ... Die andern glauben, dass die Vergangenheit uns einholt, das Mittelalter, die Weisen Frauen, die Lebensgesetze von Zeugung, Fruchtbarkeit und Sippenleben – ohne deren Beachtung es gar keine Zukunft für ein Volk geben kann.»

Wieder im Flugzeug, welches mich über die Weiten des ganzen Erdteils rasch nach New York und dann zurück nach Europa bringen sollte, schrieb ich bereits meine Eindrücke nieder: Wie viele der ähnlichen zeitlosen Dörfer, wie ich sie sehen durfte, gibt es wieder? Wohl auf keiner der Karten und in keiner der von Elektronenhirnen verarbeiteten Statistiken internationaler Organisationen mögen sie erscheinen, und doch schauen in ihnen die Weisen Frauen zur Gesundung und zur Vermehrung der Menschen, von denen wohl die künftige Zeit abhängt.

Die Reisenden, die nach uns kommen werden, vielleicht schon am Anfang des greifbar nahen dritten Jahrtausends, mögen auf eigenartige Täuschungen kommen: Die dunkelhäutigen Nachkommen der Bewohner der Siedlungen in den Halbwüsten und am Rand der sonst gemiedenen Felsenlandschaften werden dann mit den echten ureinheimischen Ureinwohnern verwechselt werden, den Indianern, die die englischen Puritaner im letzten Jahrhundert verdrängten und ausrotteten. Diese künftigen Reisenden werden möglicherweise behaupten, die nordamerikanischen Rothäute seien von den Weissen gar nicht richtig vertrieben worden – sie hätten in den unzugänglichen Öden und Wüsteneien, die ihnen niemand wegnehmen konnte, überlebt und seien nun wieder daran, zurückzukommen und schrittweise alle ihre einstigen Länder neu zu bevölkern ... Wer wird wohl schon später die Enkel der braunen mexikanischen Neueinwanderer mit sehr viel Indioblut von den einstigen sagenhaften Nomadenstämmen der gleichen Gegenden auseinanderzuhalten wissen?

Es gibt schliesslich in den Buchläden von Kalifornien genug Zukunftsromane, in denen der nordamerikanische Erdteil in kommenden Zeitaltern von neuem nur noch von Stämmen bewohnt ist: Hier wird eine Welt verkündet, in der die vergangene Herrschaft der «weissen» Stadtzivilisation, deren letzte gespenstische Trümmer im Hintergrund in Schutt und Asche liegen, nur noch ein Märchen für die in der Sonne spielenden rotbraunen Kinder ist.

Wiederkehr der Berg-Hexen

Geschichten der Vergangenheit haben die Eigenschaft, neue Geschichten hervorzubringen. In der Umgebung, auf der Bühne uralter Sagenkreise entstehen Erlebnisse der Gegenwart. Erzählt man dann diese etwas vereinfacht weiter, erscheinen in der Fantasie der Zuhörer Bilder einer Vorstellung, die fast bis in jede Einzelheit hinein aus vergilbten Chroniken der Bibliotheken zu stammen scheinen oder auch von Holzschnitten der barocken Flugblätter. Das Unwohlsein in politischen und wirtschaftlichen Abläufen ihrer Tage lässt die Menschen zurück zu den Gedanken ihrer Vorfahren fliehen, die man schon längst als erloschen und vergessen ansah.

Heilige Steine wieder aufzufinden, die gläubigen Menschen der frühen Jahrtausende wichtig waren, soll darum eigentlich auch heute nicht schwer sein. Zumindest versichern es uns die Leute, die alles tun, wieder eine enge und lebendige Beziehung zu ihrer Umwelt zu entwickeln. Man muss, das ist ihre feste Überzeugung, sich nur ruhig überlegen, wo in der Nachbarschaft ein Ort ist, der einst allen entsprechenden Bedürfnissen entgegenkam: Er musste aus allen bewohnten Punkten in einem grossen Kreis erreichbar sein, sogar wenn sie etwa zwei, drei Wegstunden weit entfernt lagen. Die Menschen mussten nun damals noch am gleichen Tag sicher heimkommen können! Es musste ein Platz sein, von dem aus man die ganze Gegend gut überblicken und gleichzeitig das Auf- und Untergehen von Sonne und Mond, überhaupt den ganzen Sternenhimmel gut beobachten konnte. Findet nun ein heutiger Altertumsforscher einen solchen Platz auf der Landkarte und sucht ihn dann auf, so findet er mit einiger Wahrscheinlichkeit dort auch irgendeinen gelegentlich mühsam herbeigerollten, mächtigen Stein, der zumindest den Sagen der alten Leute nach schon vor Zeiten irgendwelche Volksversammlungen sah.

Eine Geschichte dieser Art vernahm ich noch im Bergdorf

Habkern (Habchere) und auch im angrenzenden Städtchen Unterseen, das in der unmittelbaren Nähe Interlakens liegt: In Habkern selber soll es auf einem steilen, darum für Gegner unzugänglichen Felsen eine Festung gegeben haben, in der ein böser Landvogt hauste. Grausam unterdrückte er die Kuhhirten, trieb ungerechte Steuern ein und belegte jede Lustbarkeit, der sich die jungen Alpenbewohner hingaben, mit masslosen Bussen. Eine Weise Frau habe gegen den zunehmenden Unfug einen Rat gewusst und die Dörfler Dinge gelehrt, die aus uralten Künsten stammen sollen. Sie mussten um den ganzen Burgfelsen einen riesigen Kreis bilden – immer sollten dabei Mann und Weib abwechselnd dastehen und sich alle an den Händen halten.

Jetzt mussten sie alle ihre Gedanken darauf richten, dass ihnen und ihrem Vieh in der grossen Not die Hilfe komme. Da schienen auch Flammen aus dem Boden zu schiessen, es blitzte und donnerte. Der ganze Burgfelsen mitsamt dem mächtigen Bauwerk erhob sich buchstäblich in die Luft, schwebte dem Himmel zu und flog bergauf, zur verrufenen Alp Seefeld. Dort sei dieses Gestein, zu Trümmern zerschlagen, auch heute noch zu bewundern. Im harten Innern soll sogar der böse Amtmann herumspuken und sich ärgern, dass es ihm nicht länger möglich ist, lebendige Menschen zu plagen.

Diese Sage scheint zwei, für den Vorstellungskreis des Volksglaubens sehr wichtige Auffassungen in sich zu vereinen: Deutlich haben wir auf alle Fälle die Erinnerung an den Steinkult, also an eine wahrscheinlich gar nicht so weit zurückliegende Vergangenheit, in der das Gebirgsvolk um heilige Steine im Reigen herumtanzte; und daran, dass es «gegen schwere Not» durch das Halten der Hände «einen lebendigen Ring» machte. So hoffte es, dank den Anleitungen einer Weisen Frau, die «Kraft» zu binden, den Landfrieden zu erhalten und alle fremden Störer ins Gespensterreich zu vertreiben.

Diese Geschichte führe ich hier an, weil mir deren genaue Entsprechung in der Gegenwart recht glaubwürdig berichtet wurde. Der Zusammenhang zu volkstümlichen Bräuchen der soeben geschilderten Art ist in ihr offensichtlich. Zumindest eine der Frauen, von denen ich jetzt erzählen will, war einheimischer Herkunft. War sie auch, genau wie die andern Teilnehmer des Zaubers, stark von der indischen Theosophie angeregt, so hatte sie doch den «heiligen Schauplatz» bestimmt: Ihre Grossmutter hatte noch von einem Stein gewusst, an dem die «Frauen» früher bei

Das Weib glaubte man in dauernder Beziehung zu allen für den Verstand
unfassbaren Lebenskräften seiner Umwelt.

Mondenschein kleine Opfergaben niederlegten, «wenn es ihnen
selber irgendwie schlecht ging oder das Land schwer bedroht
war».

Der ganze moderne Kult in den Stunden des Vollmonds soll
im übrigen in einheimischen Alpen im Jahr 1940 stattgefunden
haben, als nach dem Hitler-Stalin-Pakt ganz Europa endgültig in
die Gewalt totalitärer Mächte zu geraten schien. Auch die Stunde
der «neutralen» Schweiz schien gekommen, und es mangelte in
ihren Grenzen nicht an einflussreichen Charakterlumpen, die
«eine Anpassung an die neue Ordnung» verlangten. In den Wirtschaften und Strassen herrschte fast ohne Unterbruch eine hyste-

77

rische Stimmung – die Männer erwarteten jeden Augenblick das Aufgebot, um an den Grenzen einen wahrscheinlich verzweifelthoffnungslosen Widerstand zu leisten.

Sechs Frauen hatten nun angesichts der bedrohlichen Lage gemeinsam beschlossen, «genau wie es die Ahnen getan hätten, die kosmischen Kräfte anzurufen». Ausser ihrer erwähnten einheimischen Freundin waren sie offenbar alle Flüchtlinge aus deutschen Künstlerkreisen, die ja in ihrer Gesamtheit durch die Theosophie und ähnliche Weltbilder beeinflusst worden waren: In diesem Nebel des Suchens nach einem geistigen Ausweg waren hier bereits damals die Ideen aus den Zauberbüchern des englischen Magiers Aleister Crowley sehr stark, ähnlich wie bei den zeitgenössischen englischen Hexen.

Die totalitären Bewegungen hatten solche Frauen, fast alle dem gestürzten Adel und andern gebildeten Schichten entstammend, angeekelt, weil sie von ihnen eine stumpfsinnige Gleichschaltung der Massen, damit die Zerstörung jeder Eigenart befürchteten. Im übrigen waren sie der festen Überzeugung, dass Hitler und Stalin in einem einig waren – in ihrem Willen zur Verfolgung der besten Vertreter all der okkulten Bruder- und Schwesterschaften, wie sie in Deutschland um die Jahrhundertwende und dann zwischen den Weltkriegen aufgeblüht waren. Hinter vorgehaltener Hand erzählte man sich moderne Sagen, denen zufolge die Diktatoren nur durch magische Berater ihre Erfolge errungen hatten. Von ihnen seien ja auch die uralten Sinnbilder übernommen, die sie nun auf ihren roten Fahnen von Eroberung zu Eroberung trugen – das schon den indogermanischen Stämmen heilige Hakenkreuz und der Drudenfuss der Hexen, jetzt als Fünfstern von den Sowjets benutzt. Aber gerade weil diese Beherrscher des Zeitgeists aus diesem Untergrund mittelalterlicher Überlieferungen einige jener Ideen bezogen hätten, mit denen es ihnen möglich wurde, eine Unzahl naiver Träumer zu erwischen, sei es ihr fester Wille, alle Kenner der Vorgeschichte ihrer Bewegungen auszurotten!

Und überhaupt, auch dies wurde mir selber, der ich damals noch Kind war, in jenen Tagen beigebracht: Totalitäre Systeme haben nun einmal keine Zuneigung gegenüber Menschen mit einer unabhängigen Bildung; namentlich dann nicht, wenn sie aus einem guten Kulturstand und zuverlässig weitergegebenen Erfahrungen aus mehreren Generationen stammt. Sie brauchen die stumpfen Massen ohne jede Erinnerung, denn nur dann schwören diese, dass ihre dürftige Gegenwart der Höhepunkt aller menschlichen Entwicklung sei.

Unter solchen Flüchtlingen, die dank ihrer Beziehungen zu Einheimischen 1933–1945 zwischen Genf und dem Tessin als Hüter seltener Bibliotheken und nur ihnen bekannter mündlicher Geschichten lebten, gab es genügend Leute, die wahrscheinlich viel inbrünstiger für die Rettung «der Friedensinsel von Helvetien» beteten als viele der eingeborenen Helvetier selber. Die Rettung des Landes vor dem Zugriff durch fremdes Militär und Polizei schien ihnen auch die Rettung der von ihnen vertretenen okkulten Überlieferungen: Von diesen erwarteten sie schliesslich, teilweise in wortstarken Ausbrüchen der übersteigerten Begeisterung, einen entscheidenden Beitrag zur Rettung der menschlichen Kultur.

Unter dem Schein des Vollmonds versammelten sich also die sechs Damen um den ihnen durch die einheimische Grossmutter-Sage bekannten «Druiden-Stein» im Bergtal. Ihre Zahl hatte sich nicht etwa zufällig ergeben, sondern ging angeblich auf eine Beraterin aus dem Umfeld des «Hexenmeisters» Crowley zurück: Die sechs Frauen sollten den Kreis um den Naturaltar bilden; als «der siebente Gast» sollte unsichtbar «ein Bote von den Sternen» zum Zauberfelsen kommen, um ihre gemeinsame Bitte nach kosmischer Unterstützung den himmlischen Kräften zu bringen.

Die sechs Anwesenden zündeten vor dem Stein Holz von sieben verschiedenen Baumarten an und begannen ums Feuer zu wirbeln, «bis durch die Drehung die ganze Umgebung lebendig erscheint». Gerade durch dieses Kreisen erschien den Frauen der ganze Hintergrund der Alpen-Wildnis schon bald als «von einem geheimen Atem in allen Dingen» erfüllt. Der Erdboden schien sich zu wölben und Energien auszustrahlen, als wäre er die Haut eines lebendigen Wesens. Aus den Bäumen und von den dunklen Felswänden, namentlich aus verschlungenem Wurzelwerk, schienen die Gesichter von Naturgeistern hervorzublinzeln, uralt, doch gleichzeitig voll von lüsterner Unternehmungsenergie. Die Schatten der gewaltigen Alpen wirkten wie Umrisse schlafender Riesen – «es war, als sei in ihnen ein Zucken vor dem baldigen Erwachen, als würden sie sich gar bald aufrichten, die kleinen Menschen zu ihren Steinfüssen zu beschützen».

Rauch und Reigen hatten die Fantasie der sechs Anwesenden so sehr erhitzt, dass ihrer Einbildungskraft keinerlei Grenzen gesetzt schien. Die Frauen waren anscheinend alle, auch nach Jahrzehnten noch, überzeugt, «etwas ganz Besonderes habe sich zum Abschluss der Beschwörung ereignet, etwas ganz Schönes und Erhabenes». So schilderte man es mir in den gleichen vierziger Jahren: «Es muss noch etwas gewesen sein, das unsere unvollkommenen Sinne und unser Alltagsverstand gar nicht richtig erfassen und sich mit unserer Sprache gar nicht recht weitererzählen lässt.»

Je mehr die Frauen in den darauffolgenden Jahren untereinander von ihrem magischen Ereignis in der ursprünglichen Bergwelt redeten, desto mehr vermischten sich in der Erinnerung aus Angst und Hoffnung geborene Träume mit der Wirklichkeit jener Mondnacht. Eine von ihnen wollte sogar eine siebente Gestalt gesehen haben: Es sei aber unmöglich gewesen, sie mitten in Feuer und Rauch und der unsicheren Beleuchtung deutlich zu erkennen! Sie sei bald dichter, bald luftiger, grösser und kleiner geworden, und ihre Umrisse hätten sich im Bergwind bewegt. Sie habe bald an ein grosses Tier erinnert, dann sogar an einen Baum mit Ästen wie weitausgreifende Koboldarme. Aus diesem Wolkenleib seien für kurze Augenblicke manchmal Gesichter aufgetaucht, die an die Züge von ganz und gar grundverschiedenen nicht anwesenden Leuten erinnerten.

Doch auch die andern, denen es nicht gegeben war, diesen Geist des Steins und der Mondnacht so bildhaft zu sehen, waren überzeugt, plötzlich in ihrem Kopfe eine Antwort erhalten zu haben, «obwohl ihre Ohren nichts gehört hatten». Plötzlich glaubten sie ganz genau zu wissen, dass der Krieg zwar noch jahrelang weitertoben, das Alpenland Schweiz aber durch eine wunderbare Verknüpfung von günstigen Zufällen immer eine Friedensinsel bleiben werde.

Solche Erzählungen, je nachdem zuverlässiger oder übertriebener weitergegeben, vernahm man noch während der Krisenzeiten der beginnenden dreissiger Jahre und nach dem Weltkrieg zwischen 1939 und 1945. Hier stehen nun zwei Geschichten nebeneinander, beide mündlich überliefert und im Umkreis des gleichen Alpenraums entstanden. Die eine bringt uns die Nachricht aus früheren Jahrhunderten, wie sich eine geschlossene Hirtengemeinschaft wider masslose Unterdrücker durch den Rat ihrer Weisen Frauen zusammenzuschliessen wusste. Die andere erzählt von gebildeten Flüchtlingen und Einheimischen, die ganz ernsthaft und ehrlich versuchten, gegen den Kriegsdruck alle Kräfte der Sterne und der Erde anzurufen.

Beide Geschichten, obwohl sicher Zeugnisse ganz verschiedener Jahrhunderte, beweisen gleichermassen, wie sehr in jeder Zeit der Unterdrückung und der Bedrohung der Unabhängigkeit des Geistes der Mensch auf jede Art nach Zuflucht und Hilfe sucht: So bei heiligen Steinen und Bräuchen, genau wie es nach seiner Auffassung schon die ältesten Vorfahren getan hatten.

Spuk wird modern

Inmitten meiner Arbeit als Bibliothekar und in öffentlichen Gesprächen über Sagen und Volksglauben in verschiedenen kleineren Schweizerstädten erreichte mich im Winter 1966/1967 die Anfrage einiger Journalisten: Sie glaubten, schon seit Monaten einer Sensation auf der Spur zu sein, wurden aber immer wieder von der ihnen vorgesetzten Hauptredaktion in Zürich «zurückgebunden». «Wenn ihr den ganzen Unsinn bringen wollt, auf den ihr glücklich hereingefallen seid, und wenn ihr ihn gedruckt bringt, so wird unserer Zeitung nie mehr etwas geglaubt», dies wurde ihnen, wie sie mir erzählten, dauernd erklärt. Sie hatten nun gehört, dass wir bei unseren heimatkundlichen Zusammenkünften «die alten Volksgeschichten, die jedermann kennt, über die man aber nach aussen zu lächeln hat», recht ernst nehmen. Also glaubten sie, dass ich vielleicht einigermassen beurteilen könne, ob in ihren letzten Beobachtungen «etwas enthalten sei, das man doch nicht als einen völligen Unsinn ansehen dürfe».

Die Beobachtungen schilderten nun tatsächlich Zustände, wie sie fast wortwörtlich aus den Aufzeichnungen der Hexenzeiten stammen könnten. Es handelte sich aber um Vorgänge in unserer unmittelbaren Gegenwart: In einem etwas vernachlässigten Haus des Quartiers Lerchenfeld bei Thun, also am Fusse der vielbesungenen Alpen, sollte buchstäblich der Teufel los sein.

Es handelte sich um einen sogenannten männerlosen Haushalt, in dem Grossmutter, Mutter und ein junges Mädchen in ihrer Wohnung so ziemlich alles erlebten, was in den zahllosen Spuksagen unserer Bergwelt vorkommt. Seit etwa einem halben Jahr wurden jede Nacht Gegenstände in den Zimmern «wie von unsichtbarer Hand» herumgeschoben oder sogar durch die Luft geworfen: Sie flogen dabei, allen Gesetzen der Schwerkraft trotzend, häufig genug in einer gekrümmten Bahn und landeten dann gelegentlich, wenn es sich um besonders zerbrechliche Dinge handelte, zum Schluss behutsam und sanft.

In den Wänden klopfte und kratzte es, «als sei in ihnen ein grosses Tier eingeschlossen». Freilich, wenn schon ein Tier, so ein ausserordentlich kluges! Wenn ihm nämlich die Frauen zuriefen, «er», also der Hauskobold, solle z. B. sieben oder dreizehn Schläge machen, so habe er es auch jedesmal sehr zuverlässig getan, «so dass allen Anwesenden die Haare zu Berge standen» . . . Sogar auf der Strasse unten sollen harmlose Nachtbummler durch den unerklärlichen Gespensterlärm schwer erschreckt worden sein. Dazu kamen noch geradezu malerische Erscheinungen: Intensiv grüne Lichter seien gelegentlich aufgeglommen und im dunklen Raum um die drei ratlosen Frauen geschwebt, so dass sie nun das elektrische Licht in ihren Zimmern nächtlich gar nicht mehr auszulöschen wagten.

Jedem Besucher des Hauses, auch das erzählten mir die Journalisten, sei Lachen und Spotten vollkommen vergangen. Einige von ihnen hatten vorher prahlerisch in allen Wirtschaften um den Thunersee herum verkündet, sie könnten mit dem ganzen Schwindel spielend aufräumen. Jeder von ihnen habe dann, wenn er eine Nacht im Haus der drei Frauen verbrachte, am Morgen geängstigt das Weite gesucht, und die meisten seien nun daran, wiederum in den gleichen Wirtschaften ihren Schock, ihre ganze seelische Erschütterung mit Schnaps und Bier zu kurieren. Berühmt sei nun z. B. die Geschichte von jenem Bäckergesellen, der lauthals jedem versichert habe, er sei mutig genug, den Spuk zu entlarven: Er legte sich in der verzauberten Wohnung angekleidet aufs Bett und schwor, dass keinerlei Kobolde kämen, wenn endlich ein ausgewachsener Mann im Hause sei.

Doch auf einmal, da habe es diesem verspäteten Jünger der Aufklärung geschienen, dass das Zimmer der Frauen offenbar doch etwas zu niedrig und drückend gebaut worden sei – die Decke war so tief, dass er sie geradezu mit der Hand berühren konnte! Er blickte staunend und verstört zum Boden und entdeckte zu seinem Entsetzen, dass dieser wohl mehr als einen ganzen Meter in die Tiefe zurückgesunken war: Das ganze Bett mitsamt dem Spukforscher schwebte also, als habe es vollständig von der lastenden Schwerkraft der Erde vergessen, frei in der Luft. Der arme Bäcker sprang wie toll und mit viel Geschrei auf den Boden und flüchtete barfuss ins Freie.

Der Besen als uraltes Zeichen für die Würde der Hausfrau wurde auch zum Sinnbild von deren mystischer Verbindung zu allen Kräften der Natur.

Dieser Lage der Dinge, den sich rasch in den Massen ausbreitenden Gerüchten über wunderbare Vorgänge und den Zweifeln in der Redaktion von Zürich verdanke ich es also, dass mich die ins geistige Durcheinander geratenen Journalisten nach Thun einluden. Wie sie selber sagten, suchten sie mitten im europäischen Wirtschaftswunder, «in dem man nur noch an greifbare, mit Geld einschätzbare Dinge glaubt», nach jemand, der sich zumindest theoretisch mit Hexen und Spuk in Alpengebieten beschäftigt hatte.

Den ganzen Tag vor der Nacht, die ich dann als Zeuge in der Zauberwohnung verbringen sollte, besuchte ich die erwähnten malerischen Wirtschaften in der schönen Stadt an den Ufern des Bergsees. Jedermann kannte hier, obwohl die Zeitungen noch nichts darüber berichtet hatten, die Gespenstergeschichte. Jedermann, und war er auch ein halber Analphabet, wollte aber bei dieser Gelegenheit vorführen, wie sehr er sich «von allem alten Aberglauben getrennt habe»: So «vernachlässigte Frauen, in der Regel unehelich geboren und darum an der Schattenseite des Fortschritts lebend», seien eben wirtschaftlich hilflos. Sie hätten darum ein Mittel erfunden, um ihr Haus nach Möglichkeiten in Verruf zu bringen. Täten sie nur schlimm genug, dann würde ihr Hausherr keine andern Mieter finden, und es sei ihnen darauf möglich, bei ihm zu einem viel geringeren Zins oder sogar gratis zu leben. (Selbstverständlich hörte ich zu dieser Geschichte noch ein bezeichnendes Gegenstück: Das erschreckende Nachtleben gehe gerade auf den Hausherrn selber zurück! Er wolle so seine unzuverlässig zahlenden Mieterinnen hinausekeln . . .)

Sehr wichtig schien vielen der Zeitgenossen, mit denen ich in den Wirtschaften reden konnte, vor allem die zweifellos an sich zutreffende Behauptung, dass die armen Frauen, in ihrem geistigen und materiellen Elend, schon in einer langen Reihe von Religionsgemeinschaften Trost gesucht hatten – die es nun einmal vor allem in den Tälern des gebirgigen Emmenthals und des alpinen Oberlandes sicher ohne Zahl gibt. Wie man weiss, gehen über viele dieser Sekten bei ihren Gegnern, das können natürlich die fanatischen Anhänger von andern Sekten sein, die seltsamsten Gerüchte um! Etwa (so können ja gerade verklemmte Heuchler unter dem Vorwand der «moralischen Empörung» ihre lüsternen Gedanken loswerden), dass sie regelmässig ihre nächtlichen Orgien feiern: «Es brennen dann nur ein paar Kerzen, und ihr Oberhaupt gibt zum allgemeinen Gelage das Zeichen mit dem Ausruf – seid fruchtbar und vermehret euch!»

Man erzählte auch, dass in einigen jener Bergsekten «der Übermut der Frauen» noch immer besondere Förderung erhielte. Während die Staatskirche nur männliche Priester kenne und die Weiber gottseidank schweigen lasse, gebe es «geheime Gemeinschaften», die die Frauen ermutigen, Gott zu suchen, vor der versammelten Gemeinde Weisheiten in den heiligen Schriften zu deuten, wahrzusagen. Wohl einige dieser gesprächigen Wirtshausgäste hatten selber in ihrer Jugend in solchen, teilweise für Aussenstehende folgerichtig verschlossenen Kreisen nach Wahrheit gesucht und wussten, obwohl sie sich von ihnen meistens nach einigen Enttäuschungen abgewandt hatten, um wichtige Zusammenhänge: Einige erzählten noch von den eigenartigen, von ihren Anhängern aber dauernd neu verlegten Schriften der Volksmystiker aus dem 18./19. Jahrhundert, besonders von Anton Unternährer oder Jakob Lorber.

Dann ging ich, ebenfalls noch am hellen Tag, in das nun so gründlich verrufene Haus und trank Tee mit den drei Frauen, für die eine wachsende Zahl von Mitbürgern am liebsten die alte Bezeichnung «Hexen» aufwärmte. In einer kahlen Umgebung, wie es sie sicher tausendfach ähnlich in den Wohnungen von armen Menschen in wirtschaftlich eher vernachlässigten Alpengegenden gibt, tranken wir nun ganz gewöhnlich Tee.

Die Frauen, vor allem die Mutter des Schulmädchens, waren überzeugt, von einem Aussenseiter im nahen Dorf Thierachern «verzaubert» worden zu sein. Der eigenwillige Kauz habe sie, die Dame erzählte dies ganz ohne Scheu, «zu geiler Liebeslust zwingen wollen». Er sei aber nun einmal «gar nicht ihr Typ gewesen», und sie habe ihn, vielleicht tatsächlich ein wenig unhöflich, zurückgestossen. Im Zorn hätten sie sich getrennt, und der Mann aus dem nahen Dorf habe ihr dann, ganz und gar nach den Vorschriften «der schwarzen Wissenschaft», einen üblen Bergkobold zugeschickt. Dieser Gast aus der Zauberwelt treibe sich nun in ihrem Haus herum, verhindere jeden ruhigen Schlaf und solle sie nach und nach zwingen, sich dem Willen des lüsternen Bösewichts zu fügen.

Mit einem Journalisten wollte ich nun die Stunden vor dem Beginn des nächtlichen Spuks gut nützen, und so fuhren wir noch rasch zu dem Bauernhaus, in dem «das Zaubermännchen» seine ebenfalls herzlich bescheidene Stube hatte. Was Bedürftigkeit, Geldsorgen, schlechte Anpassung an die Gegebenheiten einer harten Gegenwart, Unfähigkeit, eine echte Familie zu gründen, angeht, auch seine Versuche, durch die Anhängerschaft bei verschiedenen Sekten einen Ausweg aus dem Elend zu finden, war er ganz sicher ein Leidensgenosse der drei Frauen. In einem unterschied er sich aber ein wenig von den meisten Menschen der gleichen, von den modernen Entwicklungen vernachlässigten Volksschicht: Sein Raum war, ähnlich wie beim mir lange bekannten «Zigeunerdichter», von dem ich bereits berichtete, von oben bis unten mit zahllosen Büchern vollgestopft.

Eigentlich wirkte das Bett in der ganzen Bibliothek, die fast die Stube zu sprengen schien, wie verloren. Man konnte sich gar nicht vorstellen, wie man hier in der Nacht aufstehen konnte, ohne Licht zu machen – bei der geringsten ungeschickten Bewegung mussten dann die Bände ins Rutschen kommen und auf den unglücklichen Bewohner niederpurzeln. Auch auf dem ungeschickt gedeckten Bett lagen die Bücher herum: Man sah, der ziemlich alte, möglicherweise frühzeitig alt aussehende Mann war schon lange aus der ihm widerlich erscheinenden Wirklichkeit in das Traumreich des Lesens geflüchtet. Dass man sein Bett zu etwas anderem verwenden könnte als zu einem zusätzlichen Abstellplatz für Bücher, war ihm vielleicht tatsächlich erst bei der Frau eingefallen, die seine Angebote abgelehnt hatte und die nun so fest glaubte, ein Opfer seiner Hexereien zu sein.

Um die ganze Angelegenheit noch mehr zum Bild aus einem alten Märchen zu machen, war der alte Mann, wie ich es im übrigen recht häufig bei einsamen Aussenseitern angetroffen habe, ein rechter Katzennarr. Sicher mehr als ein Dutzend der zärtlichen Tiere schnurrten in den Ecken herum und zeigten ihre seltsame Vorliebe, gern auf Büchern herumzuliegen! Eine Neigung, die im übrigen ganz sicher vielen ihrer Vorfahren schwer schadete: Gerade anlässlich des ganzen Spuks von Thun erzählte mir ein Oberländer, man habe früher geglaubt, «dass die Hexen häufig ihre Katzen zu Hütern ihrer Zauberbücher erziehen» – also hätten die abergläubischen Ketzerverfolger die bedauerlichen Tiere nicht weniger zu jagen und zu verbrennen versucht als die unglücklichen Weiber selber.

Eine weitere Eigenschaft des Männchens ist aus den vorangegangenen Ausführungen verständlich, hat ihm aber sicher vor allem den Ruf eines Schwarzkünstlers eingebracht: Er pflegte alle seine Sorgen und Bedürfnisse wegzulesen und hatte darum jedesmal viele Nachtstunden das elektrische Licht angezündet. Während seine bäuerlichen Nachbarn nach körperlichem Werk früh in die Betten sanken und das ganze Dorf dunkel wirkte, leuchteten seine Fenster wie die eines Leuchtturms: Mancher verspätete Säufer kam darum auf die naheliegende Idee, hier lese, umgeben von ihm dienstbaren Katzenkobolden, ein Beschwörer in seinen von weisen Ahnen geerbten Zauberfolianten.

Die Bücher in der Stube des so gründlich verleumdeten Mannes, die ich nun etwa eine Stunde durchsehen durfte, erstaunten mich aber durch ihre Harmlosigkeit. Ich glaube, es waren allesamt Erzeugnisse damals so erfolgreicher Buchklubs, die ihre Opfer, gegen einen bescheidenen monatlichen Geldbeitrag, mit einer Flut von billigen Druckwaren beglückten: Es handelte sich vor allem um die damals gängige, meistens unglaubwürdig oberflächliche Reise- und Romanliteratur für die Massen.

Die Frau im Spukhaus hatte uns im besondern anvertraut, der alte Zauberer von Thierachern habe sie dadurch «verhext», dass er ihr einen Band über Zauberschlangen und einen «mit schamlosen indischen Heidengötzen» gezeigt habe. Beide Bücher fand ich in der Bibliothek mühelos – sie zeigten mir, wie sehr die Erzählerin fern von allen Büchern aufgewachsen sein musste, dass beide Werke auf sie einen so tiefen Eindruck gemacht hatten: Das Schlangenbuch war ein ganz gewöhnlicher Fotoband über die einheimischen und tropischen Reptile. Das Buch über die schrecklichen Götzen war wiederum ein Fotoband über indische Tempel, an denen man, für Inder ein frommer Anblick, Götter und Göttinnen in Liebesumarmungen erblickte. Dies konnte nur jemanden erschüttern, der nicht wusste, dass es auch Sinnlichkeit in der Religion geben kann – und jemanden, der überdies «fast nur Enttäuschungen mit den Männern erlebt hatte», wie uns die Frau von sich selber erzählt hatte.

Abgesehen von diesen kritischen Feststellungen musste ich an diesem Tag aber schon vor dem Einnachten erkennen: Die Sagen, wie ich sie bisher gesammelt hatte, waren nicht tot. Zumindest für eine grosse Gruppe von Mitmenschen waren sie eine Realität, die noch immer Hoffnungen und Ängste schürten.

Nachtvolk in den Alpen

Die eigentlichen Vorkommnisse, denen ich in der denkwürdigen Nacht von 1967 im dann so vielumstrittenen «Hexenhaus am Fuss der Alpen» beiwohnen sollte, deckten sich ziemlich genau mit denen im entsprechenden alten, vom amtlichen 18. und 19. Jahrhundert so gründlich verspotteten Schrifttum. Da es mir auf diesen Seiten keinen Augenblick um den heute anwachsenden Streit zum eigentlichen Wahrheitsgehalt der entsprechenden «parapsychologischen Erscheinungen» geht, verweise ich meine Leser auf die ganze rasch anwachsende Literatur zur Frage des Spuks: Gerade der Fall von Thun findet, wegen seinem unzweifelhaften Einfluss auf den Zeitgeist, in den entsprechenden Veröffentlichungen eine erfreuliche und sicher berechtigte Beachtung.

Wir, Mitarbeiter der parapsychologischen Fachforschung, zwei Journalisten und ich, sollten nun bei den drei Frauen ungefähr alles erleben, was in den Monaten vor uns all die andern Zweifler oder nachträglich so erschreckten Entlarver des «Hexen-Kobolds» erfahren hatten. Das berühmte grüne Licht flammte in der Nähe der Bewohnerinnen der verzauberten Wohnung auf, besonders beim Mädchen, und wanderte dann durch den Raum – bald, zumindest scheinbar, durch die Luft oder den mit ärmlichen Tapeten beklebten Wänden entlang. Alle möglichen Gegenstände flogen, manchmal tatsächlich eigenartig gekrümmte Bahnen beschreibend, durch das Zimmer, gelegentlich auch ins Nebenzimmer – Zigarettenpackungen, Aschenbecher, ein ziemlich schweres Radiogerät. Das schwere Tonband, das wir eingeschaltet hatten, um durch seine Aufnahmen Einbildung und Wirklichkeit besser unterscheiden zu können, schob sich wie eine Schildkröte auf dem Boden herum, und sein Kabel hob sich und schwang nach allen Seiten wie eine wilde Schlange. Daneben klopfte und kratzte es aus allen Richtungen.

Die Aufnahmen der Tonbänder, die vom Parapsychologischen Institut von Freiburg im Breisgau untersucht werden sollten, enthalten viele erschreckte Schreie der Anwesenden. Ich muss gestehen, dass ich selber keinen Augenblick dem Aberglauben an eine böse gefährliche Macht verfiel: Am klügsten von allen Vermutungen, die heute bei solchen Erscheinungen angestellt werden, erscheinen mir doch die alten Kindermärchen um Hauskobolde. Also Geschichten von seltsamen Wesen, die den Hexen und Hexenmeistern dienen, aber, wenn man sie beleidigt oder nicht beachtet, den Menschen allerlei Schabernack zu spielen beginnen.

Ich muss hier noch rasch ergänzen, dass in dem Raum der Wohnung, in dem wir uns mit den drei Frauen befanden, ein Halbdunkel herrschte. Man hatte uns eben versichert, und wir hatten durch etliche Versuche dafür die Bestätigung erhalten, dass beim vollen elektrischen Licht die stärkeren Erscheinungen nicht stattfanden und sogar das Pochen und Kratzen in den Wänden immer leiser wurde. «Die Lichtstrahlen stören irgendwie die Zauberkräfte, die selber eine Art Strahlen sind», versicherte uns dazu die mittlere der drei Frauen. «Wenn wir die ganze Nacht in allen Zimmern das elektrische Licht brennen lassen, findet fast nichts statt. Aber das ist nun einmal teuer, und man schläft dann ebenfalls fast gar nicht ein . . .»

Diese Tatsache, die man keinen Augenblick verschweigen darf, hat es Aussenstehenden, die über derlei Vorgänge meist oberflächlich berichten, wieder einmal leicht gemacht, «vom Schwindel der Hexenweiber» zu reden. Ich will immerhin ergänzen, dass sich unmittelbar gegenüber den Fenstern der Wohnung die helle Strassenbeleuchtung befand. Durch sie wurden alle Gegenstände um uns in einen Schimmer getaucht, so dass es uns möglich war, fast alle Einzelheiten ziemlich deutlich zu erkennen. Immerhin wurde mir in den darauffolgenden Jahren in Gesprächen mit Fachleuten der verschiedensten Gebiete bestätigt, dass es uns kaum möglich war, während der ganzen abenteuerlichen Nacht von Thun alle Fehlerquellen bei der Beobachtung auszuschalten: Die nervöse Erregung der drei Frauen (schliesslich hat der Materialismus des 19. Jahrhunderts alle Vorgänge dieser Art «mit weiblicher Hysterie» erklärt) war unbezweifelbar – an sich verständlich genug nach all dem von kritischen Beobachtern und abergläubischen Narren angerichteten Wirrwarr, dessen Mittelpunkt sie nun schon seit ungefähr sechs Monaten waren.

Solche Stimmungen können sich, namentlich wenn man in wachsender Spannung Stunde um Stunde im Halbdunkel verbringt, sozusagen ausbreiten und sicher auch einigermassen sachliche Gemüter «anstecken». Ein fast erwachsenes Mädchen, vaterlos und in einiger Beziehung vernachlässigt, kann umgekehrt auf die Idee kommen, den Erwartungen, die so viele Menschen in seine magischen Künste setzen, irgendwie würdig zu sein! Es kann also, fast ohne es zu wollen, geradezu in einen Zustand gedrängt werden, in dem es zwischen Spiel und Schwindel gar nicht richtig zu unterscheiden vermag. Hinzu kommt, dass es, wie es die moderne Erforschung von Hypnose und Drogen bewiesen hat, dank fast nichtigen Wirkungen Fälle geben kann, in denen auch der Geist eines sonst unerbittlich scharf beobachtenden Menschen nicht mehr ganz fähig ist, zwischen seinen Traumbildern und der «normalen Realität» genaue Grenzen zu ziehen.

Nun komme ich aber zum eigentlichen Erlebnis, das mich seltsamerweise viel mehr erschütterte als der ganze, für mich tatsächlich bis heute nicht genau erklärbare Spuk selber. Als wir, die Beobachter der Vorfälle im Hause, endlich gegen vier Uhr mor-

Goethe-Zeichnung von Hexen im Zauberkreis: Magische Bräuche in der
Vollmondnacht finden regelmässig an Orten statt, die von Volksüberlieferungen umgeben sind (bei Burgruinen, besonders alten Bäumen,
heiligen Quellen oder Bergen usw.)

gens auf die noch nächtliche Strasse traten, standen wir urplötz-
lich inmitten einer unerwarteten Menschenmenge: Obwohl es in
den Gespensterstunden der vorangegangenen Tage ähnlich zugegangen sein mag, wirkte der ganze Aufmarsch verblüffend: Ich
hatte ihn einfach nicht erwartet – es war wie ein Auftauchen von
Menschen aus einem andern, noch völlig (oder wieder?) spuk-
und hexengläubigen Zeitalter.

Im weiten Umkreis des Hauses war alles vollgestopft mit Autos, mit Motorrädern aus verschiedenen Landesteilen der
Schweiz, sogar aus den näheren süddeutschen Grenzgebieten.
Übernächtigte Polizisten eilten herum, vermerkten in ihren bedrohlichen Notizbüchern die Nummern der Wagen und ärgerten
sich im übrigen endlos im unfruchtbaren Zank mit all den neugierigen Ruhestörern herum. Nachbarn aus den umliegenden Gebäuden standen halbangezogen vor ihren Türen und versicherten

jedermann, nach einer weiteren Reihe solcher Nächte sich gar nicht mehr ans Tagwerk machen zu können.

Obwohl die Leute, die das ganze irre Gedränge bildeten, die ganze Nacht hindurch kaum etwas von den eigentlichen Vorgängen in jenem abgesperrten Spukhaus vernehmen konnten, hatten sie mit unvorstellbarer Geduld bis jetzt ausgeharrt. Gierig schnappten sie jedes Gerücht «über die Hexen und ihren Kobold» auf und erzählten jedem ihrer Schicksalsgenossen, der sie anhören wollte, von angeblich ganz ähnlichen Ereignissen, von denen sie schon gehört hatten.

Am erschütterndsten war es für die Parapsychologen, die Zeitungsleute und mich, festzustellen, wie sehr die Tageszeit den modernen Menschen ganz und gar zu verwandeln vermag. Hatte beim Sonnenlicht ziemlich jedermann über die «drei Weiblein und ihren Spuk» gespottet, so schien jetzt niemand, auch nicht die gestrengen Polizisten, die Sache an sich zu bezweifeln. Jedermann nahm nun Hexen und Kobolde sozusagen als unbezweifelbare Tatsache hin und wusste sogar eine lange Reihe von bewährten Ratschlägen, meistens noch von Eltern und Grosseltern her, wie man sich am zuverlässigsten gegen rätselhafte Mächte zu verteidigen vermag.

Die Schweiz, gestern noch das Reich des wohlgeordneten Tourismus und der allgemeinen Schulpflicht, zeigte nun ihre sonst unfassbare Nachtseite. Obwohl wir uns im reformierten Gebiet befanden, glaubte jedermann, dass es bei solchen «Hexereien» gut sei, einen Kapuzinermönch «aus deren Mission in Spiez, aus dem Freiburgischen oder dem Luzernischen zu rufen». Andere empfahlen die Zigeuner, die noch jene uralten Zeichen beherrschten, die, auf die Türschwelle mit Kreide, Kohle oder Rötel gemalt, jedes Gespenst in die Flucht schlagen. Leute vom Land oder aus den noch halbländlichen Aussenquartieren unserer Städte wussten fast alle von eigenartigen Menschen in ihrer Umgebung – mindestens so eigenartig wie das kurz geschilderte Männchen vom nahen Dorf Thierachern. Es waren Frauen und Männer, über die sonst niemand gern gegenüber Zweiflern und Spöttern, «namentlich nicht gegenüber dem Geistlichen und dem Schulmeister», viele Worte verliert: «Die man aber allgemein um Rat bittet, wenn etwas Ungewöhnliches stattfindet – also eine böse Krankheit auftritt, ein Gegenstand verloren geht oder gestohlen wird; selbstverständlich auch, wenn es einmal auf rätselhafte Art und Weise in den Mauern zu klopfen beginnt.»

Im übrigen durften wir in den letzten Stunden jener denkwürdigen Nacht, bis die Sonne aufging und wir unsere Gespräche von der Strasse in die Wirtschaft am Bahnhof verlegen konnten, merken, wie sehr die Überlieferung von Jahrhunderten, die man uns in den Schulen für völlig überwunden und erledigt erklärt hatte, noch immer in den kleinen Dörfern und Städten weiterwirkte: Man wusste sogar mehrfach zu berichten, wie die Anlagen einer «echten» Hexe beschaffen sein müssten und wie sie sich bei den auf diese Art veranlagten Menschen in der Regel schon früh offenbaren könnten.

Das Volk auf der Strasse schien, obwohl vor allem die mittlere der drei Frauen die Spukgeschichten herumerzählte und die Ursache auf den alten Büchermann schob, gründlich dem heranwachsenden Mädchen «die Schuld» für die Vorfälle zu geben: Niemand kennt ihren Vater, wurde düster angedeutet – «weiss der Teufel wer er ist». Bei dieser Verwendung des Wortes Teufel als Sprichwort waren die Leute von der alten Verdächtigung aus den Jahrhunderten der Hexenverfolgungen gar nicht weit entfernt . . . Die Vermutung, das gute Mädchen sei gar nicht sterblicher Herkunft und vielleicht von einem dämonischen Wesen gezeugt, lag ihnen auf der Zunge.

«Man hat mir erzählt», also berichtete ein Weib aus der Thuner Nachbarschaft, «die jungen Hexen kämen immer aus so merkwürdigen Verhältnissen, weil ihre Mütter sich gar nichts reinreden lassen wollen, stolz und trotzig sind, selber nicht gern kirchlich heiraten, ihre Ehen nach heidnischem Brauch dadurch begehen, dass sie dreimal um einen einsamen Baum oder einen heidnischen Stein schreiten. Sie lassen ihr Kind auch nicht kirchlich taufen und geben ihm einen Namen, wenn der Mond aufgeht.»

«Die Hexen gehören zum Nachtvolk», meinte ein Mann, ich glaube, er sagte, er arbeite in einer Gärtnerei bei Grenchen, «darum haben sie auch meistens eine dunkle oder mondbleiche Haut und schwarze Haare. Darum lieben sie besonders schwarze Katzen und sollen früher auch immer schwarze Ziegen und Böcke gezüchtet haben.»

Wenn ein Mädchen aus einer Hexensippe aufwachse, das wussten verschiedene ältere Leute sehr genau, dann beginnen sich in ihrem Umkreis die eigenartigsten Dinge zu ereignen. Geräusche, Klopfen, Knarren, Kratzen, das Herumtanzen von farbigen Irrlichtern. Die Mutter pflege dann in der Regel solche Dinge gegenüber nichteingeweihten Nachbarn zu verbergen. In der nächsten Nacht auf den ersten Mai bringe sie darauf ein solches Mädchen, «das zur Freude für ihre nahen Verwandten augenscheinlich den Besitz von Kräften mitbekommen habe», zum Hexenfest. Dort suche sie für das begabte Wesen, das wegen seiner Anlagen für alle Mitglieder des Nachtvolks einen gewissen Wert darstelle, den geeigneten Bräutigam. Mit diesem zusammen lerne die Jüngerin der uralten Künste, wie man seine Energien steuert, also nicht für seltsamen und verworrenen Spuk verschwendet, sondern auf bestimmte Ziele richtet: Nach Jahren könne sie dann alles Mögliche und Unmögliche! Sie könne auf Entfernung heilen, ihren Feinden aber auch Krankheiten senden. Sie könne gutes und schlechtes Wetter machen. Sie könne aus Karten oder aus wahrsagenden Träumen erkennen, was mit einem abwesenden Menschen in der Ferne geschieht. Sie könne alte Bücher begreifen, deren krause Schriftzeichen und Worte aus alten Sprachen sonst sogar vielstudierten Gelehrten unlösbare Rätsel aufgeben.

Kurz nach meinem Besuch wurde dem ganzen Ausbruch von Neugier und sonst vergessenen Mythen um das Haus am Fuss der Alpen freilich ein Damm gesetzt. Die drei verstörten und dem Ansturm von internationalen Fachleuten, Sagenfreunden und blossen Gaffern kaum gewachsenen Weiber erhielten «geradezu handvollweise» ihre Beruhigungspillen. Ihre männerlose Familie wurde, kaum dass der Streit um ihre Abenteuer im Zeitungswald so richtig entbrannt war, endgültig auseinandergerissen: Die Grossmutter, die gegenüber dem ganzen Chaos eigentlich eher zurückhaltend und schweigsam gewesen war, kam in ein Altersheim für Bedürftige, die Mutter zur Beobachtung in eine Nervenklinik, die Tochter in ein Erziehungsheim für Jugendliche. «Die haben aber noch Glück gehabt, dass sie nicht zweihundert Jahre früher gelebt haben», meinte einer der angereisten Parapsychologen, der ein wenig verspätet Zeugenaussagen zu sammeln versuchte. «Damals hätte man das ganze Ärgernis noch gründlicher aus der Welt gebracht – indem man Grossmutter, Mutter und Kind feierlich zum Scheiterhaufen geschleppt hätte.»

Dass bei den meisten bekannt gewordenen Spukfällen der Gegenwart tatsächlich meistens ein heranwachsendes Mädchen eine Hauptrolle spielt, bestätigte im übrigen auch er. Hatten vielleicht doch die ungewohnt «lüsternen und sinnlichen» Bilder, wie sie die unerfahrenen Frauen beim Büchermännchen kennengelernt hatten, in ihrem Bewusstsein die Unruhe erzeugt, die genügte, um (für die eingebildete Pseudo-Gelehrsamkeit des 19. Jahrhunderts unwirkliche!) Energien zu beschwören? «Eine entscheidende Bedeutung hatte der Alpenspuk», dies stellte bei einem Vortrag in Bern der Sagensammler und einheimische Parapsychologe Volmar fest. «Wer die Zeugnisse von Thun zu untersuchen wagt, muss zu dem Schluss gelangen, dass es seit 1966 kaum mehr möglich sein kann, unsere alten Sagen ganz als Aberglauben zu betrachten. Wir müssen von jetzt an, wenn wir überhaupt noch glaubwürdig bleiben wollen, stets mit der Möglichkeit rechnen, dass die Menschen früher vielleicht doch ein Wissen über ein Gebiet der Schöpfung besassen, das den materialistischen Ideologen einer unseligen Vergangenheit ein Buch mit sieben Siegeln war.»

Etwas weniger gebildet, aber sehr eindrucksvoll hat es uns auch die Mutter in der verhexten Wohnung ausgedrückt: «Die Leute glaubten früher, dass die Frauen irgendwie Dinge machen können, wie man sie mit dem Verstand kaum begreift.»

Die ganze Geschichte zeigte mir aber noch mehr: Die Überlieferungen der Volkskultur sind nicht abgestorben, wie man es damals fast allgemein glaubte. Es braucht eigentlich sehr wenig, um sie wieder ihren Einfluss zurückgewinnen zu lassen.

Jugend
und Neue Wirklichkeit

Die Veranstaltung bei der Burg Waldeck im Hunsrück bildete 1969 für sehr viele Mitmenschen aus dem deutschen Sprachgebiet den würdigen Abschluss eines geistig unruhigen Jahrzehnts. Die Zahl des unübersichtlichen Volkes, das hier zusammenströmte, schätzten einige der Zeitungs-Berichterstatter auf etwa dreitausend. Man traf die Jugend aus allen Windrichtungen: Aus Holland, Südtirol, der Schweiz und Österreich waren sehr viele gekommen, eine Gruppe versicherte sogar, trotz des «Eisernen Vorhangs» seien sie aus einer noch bestehenden deutschen Sprachinsel von Siebenbürgen hergereist.

Unklare Erwartungen, mit vielen Missverständnissen und Übertreibungen in den Gammler-Wirtschaften der Städte weitergegeben, hatten vor allem für die Zusammenkunft geworben. Man war überzeugt, dass eine «Neue Zeit» bevorstand, was man teilweise als eine «kosmische Tatsache» verstand – «die Sonne tritt jetzt im Frühling aus dem Tierkreiszeichen der Fische für die nächsten zweitausend Jahre in das des Wassermanns». Man traf sich hier, weil man über all die Anregungen, die von allen Seiten auf die Jugend einströmten, «unter sich in Ruhe überlegen wollte», also ohne die endlosen Schlägereien zwischen Demonstranten und Polizisten, die 1968 und 1969 die Schlagzeilen der Zeitungen ausmachten: Der Ort zum Nachdenken, die Waldberge im Herzen Europas, der Schauplatz einer von Sagen umgebenen Geschichte durch viele Jahrhunderte, schien in jeder Beziehung geeignet.

Wie sich für den Geologen die verschiedenen Schichten aus aufeinanderfolgenden Zeitaltern berühren, so sah man im Raum der Burg Waldeck die Erinnerungen an die verschiedenen Träume der Jugendkultur nebeneinander. In den teilweise neu gemauerten Resten der alten Bauwerke hatten sich schon lange und hartnäckig die Mitglieder einer Bewegung festgesetzt, die sich als den eigentlichen Verwalter der Erbschaft aus den Tagen der berühmten «Wandervögel» der Jahrhundertwende ansah. Da sie so etwas wie eine einheitliche Tracht trugen, galten sie vielen der «antiautoritären» Besucher der Tagung als «echte Militaristen und Faschisten» – obwohl sie anscheinend von den Nationalsozialisten Adolf Hitlers recht hart unterdrückt worden waren. Doch die «modernen» Hippies, mochten sie auch von den dogmatischen Vertretern der sogenannten «linken und klassenbewussten Organisationen» fortlaufend «als Wanderer im Bann der konservativen Romantik» und ähnlich beschimpft werden – wegen ihrer langen Haare, bunten Stirnbänder und Kittel aus Indianerleder erschienen sie wiederum den Nachkommen der Wandervögel als «rotes Anarchisten-Gesindel». Also standen sich schon in der ersten Stunde, da ich an jenem eigenartigen Ort weilte, etliche der alten und neuen Verehrer von grüner Umwelt und sagenumwobenen Burgen mit Knütteln und zum Schleudern bereiten Steinen drohend gegenüber. Es ging also auch hier um Haaresbreite, und schon hätte das Fest auf dem abgelegenen Märchenhügel nicht weniger mit blutigen Köpfen enden können als all die städtischen Massenkundgebungen jener Jahre. Wenn aber die Waldeck-Veranstaltung ein gewisses Glück haben sollte und nicht schon an ihrem Anfang in eine Schlacht ausartete, so war dies ein Erfolg von Musik, Gesang und Tanz, die nun überall im Freien stattfanden und die Spannung in den Muskeln lockerten.

Ich hatte die Gelegenheit, mit einigen jüngeren Nachfahren der ursprünglichen Wandervögel reden zu können und fand zum Erstaunen bei ihnen fast den gleichen Kreis geistiger Beschäftigungen wie bei den von ihnen wegen unterschiedlicher Tracht abgelehnten Gästen «ihrer» Burg: Sie erzählten gern und wussten sogar Lieder und Märchen um Doktor Faust und all die Gottsucher des Mittelalters, die Minnesänger und Katharer, die Fahrenden Schüler und Ritter, die Helden und Häuptlinge des Mittelalters. Ich erkannte, wie sehr in Umbruchzeiten, gründlich verwirrt durch boshafte Verallgemeinerungen und Gemeinplätze, sich Menschen gegenüberstehen und bereit sind, sich zu zerfleischen, die eigentlich ganz wesensverwandte Träume in sich tragen.

Auch der Zusammenstoss mit den sogenannten «linken Organisationen» wurde von der damals allgemein als Hippies bezeichneten Jugend durch eine wahre Verkettung von Glücksfällen vermieden. Diese «Organisationen» waren natürlich nicht gerade begeistert, festzustellen, dass ein wesentlicher Teil der neuen

Die Jugend zog auch in der unmittelbaren Vergangenheit in einsame
Bergwälder und hoffte, dort in Mondnächten noch immer das mystische
Treiben der Feen belauschen zu können.

Generation, statt sich als Kanonenfutter in den Strassenschlachten von Berlin oder Zürich verheizen zu lassen, in Richtung irgendwelcher Sagenberge aufgebrochen war. Also verteilten die linke Studentengruppe SDS und die DKP, die sogenannte Deutsche Kommunistische Partei, zumindest einige der verschiedenen Splittergruppen, mit Fleiss Handzettel und luden zu marxistischen Veranstaltungen ein: Dort sollte das ihrer Ansicht nach «konservative» Wesen des Fests «entlarvt» werden. Bei dieser Gelegenheit sollte der endgültige Beweis erbracht werden, dass die ganze Veranstaltung von Spitzeln des reaktionären Bürgertums erfunden worden sei, um die naive Jugend zu «entpolitisieren», sie immer weiter «von den Nöten des Klassenkampfes» zu entfernen.

Doch die SDSler und DKP-Männer waren sich ziemlich einig, dass da die Neo-Romantik und Nostalgie eine bremsende Wirkung gegenüber dem Ringen «für den geschichtlichen Fortschritt» ausübe. Sie waren aber gar nicht einig, wenn es um die Frage ging, wie eigentlich die wahre Richtung der nun notwendigen Revolution festzustellen sei. Nach einigen mehr oder weniger handgreiflichen Auseinandersetzungen erwies es sich den Anti-Bürgern aus zumeist ausgesprochen bürgerlichen Familien als völlig unmöglich, eine gemeinsame Protestaktion durchzuführen: Also gab es zwei Protestaktionen, selbstverständlich an nahezu entgegengesetzten Seiten des grünen Hügelgeländes! An diesen wurde auch viel weniger über die abwesenden romantischen Sucher nach den Wurzeln der neuen Kultur geschimpft – als wider die nicht «linientreuen» Genossen, die auf der andern Seite des Fests fast das gleiche erzählten . . .

Am Rande des immer verwirrenderen Jahrmarkts der Parteistrategen und einigermassen «etablierten» Künstler, die mit Eifer die einträgliche Beachtung von ebenfalls «eingefahrenen» Leuten der Massenmedien suchten, fern von den rechten und linken Rattenfängern, bildete sich eine Welt ganz für sich: Junge Menschen aus den verschiedenen Winkeln von Mitteleuropa, die schon durch die Buntheit ihrer Kleider und den stolz getragenen «Nomadenschmuck» ihren Austritt aus der modischen Langweile der Grossstädte zu zeigen suchten, trafen sich etwas abseits auf den grünen Wiesen. Die Begegnungen dieser Art, die nun Tage und Nächte dauerten, sollten sich für das kommende Jahrzehnt als schicksalshaft erweisen: Ich traf hier eine Reihe von Mädchen und jungen Männern, die ich ohne irgendwelche Absprachen immer wieder treffen sollte, wenn es in Europa auf den Marktplätzen der Altstädte oder auf Waldhügeln um Versuche ging, der bisher scheinbar zum Untergang verurteilten Volkskultur neues Leben zu schenken.

Diese Begegnungen, die sich über die ganze Dauer der Tage von Waldeck ausdehnten, hatten für den oberflächlichen Betrachter kaum viel Sensationelles, und in den Pressenotizen, die über die ganze Zusammenkunft erschienen, schrieb man lieber über den ganzen, eigentlich unglaublich nebensächlichen Zank all der pseudolinken oder faschistoiden Sekten. Doch das eigentliche Ereignis der Völkerwanderung zum grünen Hunsrück-Hügel hat mir ein Mädchen aus einer der ersten Berliner Wohngemeinschaften zusammengefasst: «Man sah, dass man mit seinen Träumen nicht allein war. Man sah, dass all die Menschen, die zusammen in kleinen Freundeskreisen einen gemeinsamen Weg gehen wollen, als Gesamtheit wahrscheinlich sogar zahlreicher sind als die sich durch viel Propaganda zu Massenphänomenen erklärenden totalitären Parteien. Es gibt noch immer die grünen Waldhügel abseits von den Autobahnen, denn eigentlich ist es heute dank Schallplatten und Rock-Festivals leichter, von den Hippies in den Rocky Mountains oder im Himalaya zu wissen als von den Gleichgesinnten im andern Stadtteil.»

Geschichten und Gedanken dieser Art wurden ausgetauscht, bestätigten die Hörer, brachten sie auf neue Gedanken. Eine sicher uralte Idee wurde als etwas völlig Neues wiedergeboren, möglicherweise von kleinen Kreisen ausgestreut: «Man muss bei Vollmond feiern, dann weiss man, dass die Gleichgesinnten in aller Welt wach sind und an alle ihre Freunde denken, auch wenn sie ihre Anschriften nicht wissen. Der Vollmond ist etwas, was in allen Ländern gleichzeitig stattfindet, auch wenn ihre Grenzen gesperrt sind. Der Vollmond erreicht jedermann, viel mehr als das allerbeste Fernsehen, jeden, der einigermassen mit der ganzen Natur, seiner Umwelt in Frieden und Eintracht zu leben versucht.»

Die Liebe zum natürlichen Leben, den uralten, von den Stämmen gehüteten Bräuchen, dem Spiel der Zu- und Abnahme des Mondes, dem Kreislauf der Jahreszeiten, sie hatte in einer ganzen Jugendschicht eine offene religiöse Betrachtung der Schöpfung als eines göttlichen Kunstwerks erzeugt: Einige der Journalisten, die da waren, empfanden es damals als geradezu ungewöhnlich, dass die jungen Menschen aus den meist ländlichen

Wohngemeinschaften der Grossfamilien ihre Säuglinge an die Tagung mitgebracht hatten! Sie staunten über die jungen Frauen, die sich von jeder «künstlichen» Nahrung abgewandt hatten und ihren Kindern «wie Zigeunerinnen oder Inderinnen» die Brust gaben, als wären sie in Europa eingewanderte Vertreterinnen eines unbekannten Barbarenstammes.

Eine Familie aus den bayerischen Alpen erzählte mir eine weitere Idee, die offenbar gleichzeitig an vielen Orten geäussert, in den siebziger Jahren sehr viel Einfluss auf die Jugend gewinnen sollte: Es war der Kampf für die Hausgeburt, da die Niederkunft im «rationalen und sterilen» Umkreis eines Spitals ihnen abstossend erschien – «eine Schwangere, eine Mutter ist schliesslich keine Kranke». In einem Spital mit seinen unzähligen mechanischen Geräten sehe es von Tokio bis Los Angeles genau gleich aus, das Kind müsse aber schon mit seinem ersten Atemzug in seine engere Heimat kommen, in der es heranwachsen solle. Auch sei im Spital der Vater bei der Geburt praktisch nie dabei, er erlebe also gar nicht, dass das Kind, das er dann erst später sehen «dürfe», wirklich aus seiner Geliebten herauskomme. Auch gehe es überhaupt bei der Geburt zu wie in einer Fabrik, man tue so, als wäre das Ganze nur «ein Verdienst der modernen Wissenschaft»; Mütter, die verlangt hätten, bei der Geburt fromme Bilder an den Wänden zu sehen, seien schon als abergläubische Gänse verlacht worden. Die Mutter sehe dann das nach einheitlichen Vorschriften – wo doch jeder Mensch verschieden sei! – serienweise umsorgte Kind etliche Tage fast nie, also entstehe zum Neugeborenen auch keine tiefere Bindung. Die Entfremdung zwischen Mann und Frau, Eltern und Kind erwachse darum in unserer Zivilisation schon bei dem Ereignis, das die Familie eigentlich erst zu einem Wesen verschmelzen sollte, bei der Geburt.

Die Hippies oder «Wassermann-Leute» aus dem bayerischen Dorfe hatten nach vielerlei verwegenen Abenteuern eine alte Hebamme gefunden, die es wagte, ohne viel der modernen Hilfsmittel – sogar ohne ein Telefon in der Nähe – in der abgelegenen Hütte zu entbinden. Alles sei aber gut gekommen: Das Kind sei zwischen alten und auch selbstgezimmerten Holzmöbeln, indischen Tüchern und Teppichen mit Nomadenmustern, mit schmückenden und glückbringenden Runen bestickten Kissen in unsere Welt gekommen. Unter dem Fenster habe ein Freund zum Gesang der Vögel Gitarre gespielt, und Räucherstäbchen hätten gebrannt. Das Kind erschien, gesund und munter, in der Gegenwart des Vaters: «Es weiss nun, vom ersten Augenblick an, wo und mit wem es das weitere Leben verbringen wird.»

In den Kreisen dieser Sucher nach einem neuen Lebenssinn sah ich erstmals in den Händen eines jungen Mädchens aus einer schweizerischen Sippe «Das Buch der Weisen Frau»; es hiess angeblich so, weil eine seiner verschiedenen Verfasserinnen ein ganz ähnliches in den Händen seiner Urgrossmutter erblickt hatte! Ein Journalist glaubte in dem sehr farbig geschmückten Band irgendwelche Hippie-Mysterien, also Satzungen einer Geheimreligion auffinden zu können, und war dann, als er das Werk aufschlagen durfte, sehr enttäuscht über den Inhalt: Es waren allerlei Rezepte der verschiedenen Speisen und Mischungen von «gesunden» Kräuterteearten, möglicherweise zum Teil noch von der erwähnten Urgrossmutter. Es waren Regeln, wie man die Blumen und Gemüse pflanzen soll, und auch ein paar Märchen und Lieder, wie man sie noch von den Bauern der unmittelbaren Nachbarschaft mündlich gehört hatte.

Bücher dieser Art kamen damals bekanntlich in Mode, wobei selbstverständlich viele von denen, die sie in ihrer ersten Begeisterung anfingen, durch allerlei Umbrüche der Gegenwart schon bald verhindert wurden, sie folgerichtig fortzusetzen. Wichtig war aber, dass man damals die feste Überzeugung gewonnen hatte, hier einen «ewigen» Brauch aufzunehmen: Früher wurde tatsächlich, wie man mir mehrfach erzählte, z. B. gerade «das heilige Buch», die Hausbibel, gern dazu verwendet, dass man auf leeren Blättern, die man ihm anscheinend bewusst zu diesem Zwecke beiband, alles «Für die Familie in aller Zukunft Wichtige» aufschrieb – es entstand so eine Mischung von Sippenchronik, Handbuch sonst vergessener Traditionen und von Koch- oder Kosmetik-Anleitungen. (Schon die mittelalterliche Burgunder-Königin Bertha soll nach einer Sage aus dem Waadtlande, die wir von einem alten Bauern beim Murtensee vernahmen, «die Frauen das Schreiben gelehrt haben, mit dem Hauptzwecke, dass sie alles, was ihnen heilig und wichtig erschien, für ihre Sippe aufschrieben und weitergaben».)

In all diesen unzähligen Geschichten über neue Familien und Stammesgründungen, Feste in Lebensgemeinschaften, das Sammeln von Weisheiten von der Urgrossmutter auf die Enkelinnen erschien ein Grundgedanke: Aus dem Chaos der Moden und Massenwaren, dies besonders auf dem Gebiet der Ideologien, tauchten überall junge Männer und Frauen auf. Sie suchten die

Kraftfelder der eigenen Überlieferung zu finden, weil sie immer fester und selbstsicherer glaubten, dass nur von hier ihr Leben wieder Farbe, Glanz und Wert erhalten werde. Für immer mehr Menschen aus den verschiedenen Landschaften war damit das Weltbild des Klassenkampfes nach den Dogmen des 19. Jahrhunderts aufgelöst; ich meine, der Aberglaube an die Möglichkeit eines irdischen Paradieses dank irgendwelcher erzwungener Gesetze von oben. Der lange Weg des Entdeckens und Durchsetzens der Eigenart sollte nun beginnen. «Freiheit als Wort bedeutet eigentlich nichts», hiess es auf einem der Flugblätter jener Tage im Hunsrück. «Wir müssen zuerst wissen, Freiheit zu was.»

Pilger zu Felsbildern

Das denkwürdige Treffen auf der Waldeck war selbstverständlich nur eine der wichtigen Stufen auf dem Weg der so abenteuerlichen Pilgerfahrten jener Jahre, bei denen die eigenartigsten Menschen einander begegneten und einander anregten. Man könnte darüber ein dickes Buch schreiben, aber man würde damit schliesslich nur das wiederholen, was damals alle irgendwie ähnlich erlebten: Zumindest alle, die damals jung genug waren, sich von der Begeisterungsfähigkeit von Kameraden mitreissen zu lassen – und gleichzeitig alt genug, ihre Abenteuer mit vollem Bewusstsein erleben und damit geniessen zu können.

Unvorstellbar wirkten damals in jenen Jahren die verschiedensten Ideen zusammen, um in den begeisterungsfähigsten der jungen Menschen die neue Liebe zu einer totgeglaubten Überlieferung zu erwecken. Die wanderlustigen Gammler erzählten vom frommen Volksleben in ländlichen Gegenden der andern Erdteile, von Indien, Nord-Japan oder Mexiko. Sie begeisterten jedermann, nach den entsprechenden Resten der eigenen Vergangenheit zu suchen, sei es nach den seit dem 19. Jahrhundert halbvergessenen Pilgerorten oder sogar nach heiligen Steinen aus ferner Urwelt: Hirten und Bauern waren einst in die Städte geeilt, um dort mehr Luxus zu finden. Ihre Enkel erinnerten sich der verblassten Sagen ihrer Grosseltern und suchten nun als Studenten nach deren Wahrheitsgehalt . . .

Hoch über der Baumgrenze, auf etwa 1800 m über dem Meer, war nach der Schneeschmelze und dem Beginn des schüchternen Bergfrühlings im Jahr 1971 im Wallis das eigenartigste der Dörfer entstanden. Man sah nun sozusagen jede Möglichkeit, in der Einsamkeit der Alpen, sozusagen im Grenzgebiet zwischen Himmel und Erde, menschliche Behausungen zu erschaffen. Alles war da, was man bisher in den Schulen höchstens aus langweiligen Schilderungen der «Primitiven» gekannt hatte. Ansätze zu Indianer-Tipis und Tataren-Jurten, überdachte Wohngruben des mittelalterlichen Fahrenden Volkes, ausgebaute Höhlen an Felsabhängen, richtige Hütten – unter der Leitung eines gelernten Maurers aus aufeinandergetürmten Steinen erschaffen. Die Zeitalter begegneten sich: Mit den jungen Menschen aus der Schweiz, Schwaben oder Österreich, die noch von ähnlich gestalteten Wohnungen bei den letzten urtümlichen Alphirten und Gebirgs-Zigeunern vernommen hatten, nahmen sich städtische Architekten dieses Themas an, die ihrerseits nach Auswegen aus der langweiligen Gleichschaltung des zeitgemässen Bauens suchten.

Das Dorf selber erwies sich als erstaunlich fassungsfähig. Mochte die Zahl seiner Bewohner die Woche hindurch jeweils auf etwa ein bis zwei Dutzend der unternehmungslustigen Hüter des Lagers zurückgehen, gegen Freitag wurden die Behausungen aus Gestein, Erde und bunten Stoffen von etwa sechzig Gästen aus allen Windrichtungen bewohnt, die sich zumindest an ein paar der kurzen Ferientage beim neuen Lebensversuch beteiligen wollten. Etwa fünfhundert verschiedene Leute erlebten das zeitlose Dorf in den Walliser Bergen in jenem denkwürdigen Jahr der beginnenden Siebziger – noch etwa die gleiche Zahl mag 1972 und 1973, als die Begegnungen dieser Art wiederholt wurden, dazugekommen sein. Es waren fast alle sehr tätige, einfallsreiche, unternehmungslustige, neugierige, lebenslustige Menschen: Das ganze Jahrzehnt hindurch sollte man viele von ihnen überall antreffen, «wenn etwas los war». Sie beteiligten sich an Stammestreffen jeder Art, suchten «von Kalifornien bis Katmandu» nach den Wurzeln der eigenen Kultur, regten Festivals für Volkslieder an, gründeten Läden für die Erzeugnisse des wiedererwachenden Handwerks, kämpften für den vermehrten Heimat- und Umweltschutz.

In der Mitte des Dorfes, das sich über ein ganzes, höchstens von kärglichem Pflanzenwuchs geschmücktes Hochtal ausbreitete, hatte man einen riesigen Kreis aus Steinen gebildet. In diesem

Darstellung von Frauen, die den Vollmond anbeten: Solche Skizzen
(hier eine Zeichnung von Goethe!) könnten auch im heutigen Europa
entstehen.

Kreis sass man zusammen, wenn gemeinsame Geschäfte des Lagers erörtert werden mussten, jemand tanzen, musizieren, einheimische oder indische Bergsagen erzählen wollte. «Es gibt nur eine Zukunft, die der Stämme», das erzählte ein nordamerikanischer Indianer, der damals das Dorf besuchte. «Es gibt keine Geschichte mehr für die, die die Wahrheit nur bei andern suchen
wollen», dies erklärte er im Steinkreis, in dessen Mitte aus dem
von weither in die Öde herbeigeschleppten Holz ein heiliges Feuer loderte. Mit solchen Worten wandte er sich immer wieder an
jene begeisterten jungen Deutschen, Schweizer, Österreicher,
die, verzückt von den Erzählungen über die Götter und Helden
der alten Nomaden, bereit waren, sofort über den Atlantischen
Ozean auszuwandern, um sich irgendwelchen Indianern anzu-
schliessen.

    Er warnte unermüdlich: «Bei uns in Amerika würdet ihr jetzt
nur arme Teufel in ländlichen Slums antreffen, die nach mehr als
einem Jahrhundert der Entartung durch Alkohol und andere
Drogen, die man von aussen einführte, gerade erst wieder erwa-

chen und auf tausend Umwegen das Wissen ihrer Ahnen suchen, die noch mit dem Grossen Geist zu reden verstanden. Wenn ihr, die ihr jede Überlieferung verloren habt, zu uns kommt, würden wir uns nur gegenseitig verwirren und enttäuschen. Wir können euch beim besten Willen nicht beibringen, wie man in den europäischen Bergen zum eigenen Wesen findet, und ihr könnt uns ganz gewiss nicht verraten, wie man wieder als stolzer Indianer auf dem Boden der Vorfahren lebt. Was wir aber voneinander bekommen können, das ist das gute Beispiel. Hunderte von meinen Freunden und Verwandten werden wieder Mut bekommen, ihre Welt zu suchen, wenn ich ihnen von euren Bemühungen erzähle – genau wie es euch alle bestätigt, wenn ihr vernehmt, dass sich immer mehr Indianer ihrer Ahnen nicht mehr schämen – sich nicht sklavisch darum bewerben, irgendwie in einer Zivilisation aufgenommen zu werden, die von jedem göttlichen Fundament des Menschen vergass.»

Um seinem Volk die Bestätigung dafür zu bringen, dass sein naturverbundenes Dasein der Ausdruck einer ewigen Weisheit war, fragte gerade dieser fromme Mann überall nach den «alten Bildern auf den Felsen»: Er behauptete, dass es in den Bergen von Amerika viele davon gab, dass aber in Urzeiten grosse, «den Göttern verwandte» Stämme überall herumzogen; und darum sicher auch in Europa deren Spuren zu finden seien.

Verschiedene Besucher des Dorfes hoch über dem gewöhnlichen Alltag erzählten nun dem Gast aus Übersee von den Felszeichnungen des Monte Bego in Südfrankreich und des Camonica-Tals im norditalienischen Grenzgebiet. In ungeheurer Anzahl waren sie von Forschern blossgelegt worden; beide Gegenden waren überdies gerade in jenen Jahren des fanatischen Suchens zu wahren Pilgerstätten der Jugend geworden. Anhänger der Theorien von Forschern wie Charroux oder Erich von Däniken schätzten diese Bilder als Beweise für «höhere Wesen von andern Sternen, die mit ihren Raumschiffen auf den Bergen gelandet seien und den Erdenmenschen vom Himmel die Kultur gebracht hätten»: Der Indianer folgte den Anregungen und reiste, wie auch viele andere Besucher des Berglagers, zu den Felszeichnungen – wie uns zuverlässig berichtet wurde, sah er sich in seiner Annahme der gemeinsamen Wurzeln der Überlieferungen und Symbole der nordamerikanischen und eurasischen Stämme bestätigt ...

Auch wir besuchten dann 1971, mitgespült von der damaligen

Welle der Neuentdeckung der Alpenkulturen, das Camonica-Tal in der Nähe der Grenzen von Graubünden. Auf einem der grossen und leicht besteigbaren Felsen, ganz übersät von eingeschlagenen Zeichnungen, standen zwei Studentinnen und säuberten die Oberfläche mit ganz und gar altertümlichen Besen von Laub und anderem nassen Unrat. «Zwei Hexen», hätte früher ein einsamer Wanderer vermutet und wäre gruselnd zum nächsten Ketzerrichter gelaufen: Hatte ich nicht tatsächlich die alte Geschichte gehört, dass die Frauen einfach darum mit den Besen in die Berge gelaufen seien, um die Orte der Versammlungen vor dem Maifest wieder «sauberzuwischen»; die einsamen Alphütten – aber auch die Steine, bei denen sich dann das Volk versammelte und die häufig mit Zauberzeichen bedeckt gewesen sein sollen?

Ein Basler Freund mit zigeunerischen Vorfahren war ebenfalls im Walliser Lager gewesen und kam nun mit uns zu den Felsbildern, weil er überzeugt war, bei ihnen Anregungen zu «richtigen» Wahrsagekarten zu finden. «Unsere Alten», hat er mir dabei immer versichert, «die haben immer fest behauptet, dass es überall in den Alpen geheime Zeichen gibt, die sie immer noch lesen könnten, um aus ihnen über die Vergangenheit und Zukunft der Welt zu vernehmen.»

Einheimische aus dem norditalienischen Winkel erzählten uns dann, ganz offensichtlich Erinnerungen von Grosseltern mit Nachrichten über die Forschungen der Studenten vermischend, dass die Zeichnungen auf den Felsen des Camonica-Tals ganz sicher uralt seien und vielfach bis ins dritte vorchristliche Jahrtausend zurückreichten. Es fänden sich aber an den Steinen, mehrfach unmittelbar neben den alten Vorbildern auch neuere Darstellungen, vermutlich von den Hirten des Mittelalters, sogar noch solche aus dem 19. Jahrhundert. Nehmen wir noch dazu, dass die ganze Gegend einst für ihr «Hexentreiben» berühmt war, so mag es kaum eine Fantasie sein, dass die Bergler anscheinend dazu neigten, für das Tal an eine durch Jahrtausende fortbestehende Kultur zu glauben.

Norditalienische Hippies, die in der Umgebung des nahen Bergamo hausten, erzählten uns in jenem Jahr häufiger Alpenwanderungen, gemeinsam mit den unerwartetsten Weggefährten, dass auch für sie die weisen Felsen bei Capo di Ponte noch – oder wieder – ein heiliger Ort waren: Sie berichteten von einem sehr alten Weib aus Borno, dass die Steine in der einheimischen Volksmedizin einst eine besondere Bedeutung besessen haben sollen. «Bei hartnäckigen Leiden von Mensch und Vieh» sei man bei Mondschein, ohne den kann es nun einmal in den Sagen der Weisen Frauen und ihrer Jünger fast nie gehen, zu ihnen gewandert und habe dort ein wenig Nass aus den mit Zeichen versehenen Vertiefungen geschöpft. Dies sei ein starkes Heilmittel wider fast sämtliche Übel gewesen, zumindest habe man von dem kräftigenden Wasser beim Kochen von guten Kräutermischungen dazugegeben.

«Wenn die Menschen vergessen», auch diese uralte Weisheit hatte der erwähnte zigeunerische Freund der uralten Zeichen der Wahrsager im Berglager von 1971 der Jugend aus ganz Mitteleuropa berichtet, «dann werden die Felsen, die man für stumm hielt, wieder reden.» Alle alten Weisheiten, wie die Menschen einst zu Gott beteten und wie sie mit ihren Haustieren einen Lebenskreis bildeten, die seien nach dem Glauben «der Alten» – er sagte wie ein echter Fahrender «der Ulmischen» – «irgendwo auf ewige Zeiten eingeritzt».

Solche Sagen, die uns wie eine genaue Spiegelung des im gleichen Walliser Steindorf geschilderten nordamerikanischen Indianerglaubens erschienen, nahmen nun für die Alpenpilger jenes Frühlings und Sommers sozusagen greifbare Gestalt an. Staunend stand damals die immer mehr in erwachende Traditionen verliebte Jugend vor einer der Felszeichnungen des Camonica-Tals: Sie sah dort deutlich die uralte Gestalt eines gehörnten Gottes und erblickte in seinen Armen einen Ring und eine herniederhängende Schlange! Gegenüber der übermächtigen Erscheinung zeichnete der vorgeschichtliche Künstler einen kleinen Menschen mit zum Gebet erhobenen Händen, also wohl den menschlichen Verehrer.

Dann betrachteten wir gleichermassen auf der Vertiefung eines Felsens, in der man unter Umständen die für die entsprechenden Bräuche notwendige «heilige» Regen-Flüssigkeit sammeln konnte, eine ganz seltsame Darstellung – auch die anwesenden italienischen Studenten deuteten sie als das Bild einer urzeitlichen Einweihung oder auch das eines Frauenreigens. Neben den Füssen der Tänzerinnen erblickt man hier zusätzlich eine liegende Figur, wohl die Darstellung eines Menschen, der erwartet, in die Geheimnisse ihres Bundes eingeweiht zu werden.

Wie ich 1973 anlässlich des dritten Walliser Berglagers vernahm, haben Geschichten um einheimische Walliser Masken, die Sagen der Indianer und der europäischen Nomaden über die my-

stischen Sternen- und Steinzeichen auf den Felsen, die Entdek-
kungen der Wirklichkeit des Camonica-Tals auch einen jungen
Tessiner Künstler zu Neuschöpfungen angeregt. Er schnitzte sich
eine Hörnermaske, und wir sahen sie innerhalb des geschilderten
Steinkreises im Mondlicht: Es ist kaum zu bestreiten, dass die
Fantasie der Menschen, ihre Vorstellungen und Träume, ihr Wil-
le zum schöpferischen Gestalten immer wieder um die gleichen
Urbilder kreisen.

Wie wir schon festhielten, finden die Anhänger des Herrn von
Däniken und verwandter Schriftsteller, deren Werke in unserer
suchenden Zeit bezeichnenderweise Auflagen in achtstelligen (!)
Zahlen erleben, in den Darstellungen der geschilderten Art «kosmische Götter, die einst unsere Ahnen besuchten»: In den
menschlichen Gestalten der Felsen sehen sie geradezu «Besucher
von Sternen», namentlich weil sie etwa mit merkwürdigen Strah-
lenkreisen um die Häupter dargestellt sind.

In jenen Jahren des Pilgerns zu den Sagenplätzen der Alpen
erkannten wir aber etwas, das uns viel erstaunlicher schien als die
Möglichkeit irgendwelcher vorgeschichtlicher Raumfahrer,
durch unvorstellbare Weiten des Einstein-Universums «über-
lichtschnell» zu reisen: In den Steinkreisen der neuen Jugendbewegungen in den Walliser Höhen und denen im Camonica-Tal
erschien die Zeit, ganze Jahrtausende gleichsam aufgehoben. Für
Amerikaner oder Mitteleuropäer von Amsterdam bis Bergamo
wurden in den Nächten unter dem Sternenzelt die urältesten
Märchen und Zeichen seltsam lebendig und damit ahnungsweise
verständlich.

Mondtöchter im Tessin

Es war 1978, und wir fuhren zu einer Tagung auf der Südseite der
Alpen, im sonnigen Kanton Tessin. Wegen der Unsicherheit
durch Kriegsdrohung und die Unruhen in den Weltstädten, der
wachsenden Arbeitslosigkeit und den in die Höhe schnellenden
Benzinpreisen wurde die menschliche Fantasie immer überreiz-
ter – und man war immer mehr bereit, an irgendwelche wunderbaren Vorgänge zu glauben. Auf dieser Reise ins Tessin vernahm

ich z. B. erstmals von einem bedeutungsvollen Spuk, wie er deutschen und schweizerischen Autofahrern in unsern Alpen immer häufiger zustossen soll: Ein weissbärtiger Mann soll angeblich am Rande der Strasse stehen, so dass freundliche Leute anhalten, ihn ein Stück ihres Weges mitzunehmen. Doch der Gast im Wagen pflege dann gewöhnlich einige unklare Sätze über Krieg und Hungersnot in kommenden Jahren zu murmeln und auf einmal spurlos zu verschwinden . . .

Was die Tagung im Tessin angeht, so folgte sie einem eigenartigen Gesetz, das man damals mehr oder weniger verwundert entdeckte: Es haben heute vor allem jene Aufrufe zu Zusammenkünften der suchenden Jugend einen vollen Erfolg, die zu Plätzen «aufbieten», die schon früher, in der letzten Generation oder vielleicht schon Jahrhunderte davor, den Versammlungen von jenem bunten Volk dienten, das sich zu allen Zeiten als ein Glied in der Kette der grossen Überlieferung erleben wollte.

Damals, also 1978, ging es zum Monte Verità, dem «Berg der Wahrheit» beim Seeort Ascona, zumindest zu jener Seite, die noch bewaldet war und nicht der «Fremden-Industrie» und ihrer Bodenspekulation diente. Die eigentliche Idee zu der Tagung stammte von einem deutschen Schriftsteller, der ein Buch über die Welt Hesses geschrieben hatte, das nun sehr viele Angehörige der neuesten Jugendbewegung anregen sollte.

Der Schriftsteller beschäftigte sich also mit dem umfangreichen Werk des Spätromantikers, der sich, noch vor dem eigentlichen Zusammenbruch der mitteleuropäischen Kultur, in das damals malerische Tessin und in den Umkreis seiner ursprünglichen Naturschönheit zurückgezogen hatte. Es sollten ihn eigenartige «Naturmenschen» beeindrucken, wie sie sich dort etwa schon seit der Jahrhundertwende aufhielten. Ein Mann, Gusto Gräser, leidend ob dem stumpfen Materialismus der Städte, lebte damals sogar mit Weib und Kindern in den Höhlen des damals fast nur von gottsuchenden Künstlern geliebten Berges.

Die erstaunlichste und anregendste Idee des Buches, das natürlich aus zahllosen Lesefrüchten und Gesprächen mit bejahrten Zeitzeugen entstanden war, ist die, derzufolge Hermann Hesse in seinem Werk, wenn er mit viel Überzeugungskraft ägyptisch-urchristliche oder indisch-buddhistische Zustände schildert, an seine unmittelbare Umgebung dachte: Wenn er die Berge und Wälder Asiens, von den Helden des Geistes, mystischen Philosophen und Einsiedlern durchzogen, besang – hatte er immer wieder die

Berge und Wälder seines geliebten Tessins und dessen seltsame Wahrheitssucher im Auge.

Ob sie sich alle gut kannten oder nicht, auch dieser Erforscher eines Kapitels der Geschichte der europäischen Asylsucher erwähnt in seinem Buche einen weiteren Tessiner Flüchtling: Er schildert den Edelmann und späteren russischen Revolutionär Lenin, wie er nächtlich mit all den andern ost- und mitteleuropäischen Theosophen, Neu-Buddhisten und abendländischen Indern im Reigen herumtanzte.

Gräser und Gefolge sahen ihren Weg in einem Leben in der Natur und damit in einem «Nicht-Mitmachen» bei allen gesellschaftlichen Vorgängen, die sie als falsch und sündig ansahen. Lenin glaubte an die Möglichkeiten einer Umwälzung und damit an eine gewaltsame Verwandlung der Erde in ein Paradies. Hesse sah seine Rolle anders: Er glaubte, in seinem Werk die zeitlosen Werte, einst von der deutschen Romantik zu uns herübergerettet, einer Jugend der Zukunft weitervermitteln zu müssen. Seine grosse Stunde kam dann während der Hippiejahre der Sechziger. Millionen von jungen Amerikanern lasen nun seine Bücher und fanden in ihnen eine Brücke «zur vergessenen Tradition von Europa».

Diese Neuentdeckung einer Erzählkunst, die man noch kürzlich «für völlig veraltet» geschmäht hatte, wirkte nun nach und nach über den Atlantik auf unseren vergesslichen Erdteil zurück. Obwohl zur Tagung auf dem Wahrheitsberg der Tessiner Alpen nur durch ein paar Flugblätter geworben worden war, kamen nun Menschen aus allen Ecken des deutschen Sprachgebiets hierher: Ein einheimischer Polizist, welcher fürchtete, im Bergwald könnte durch ein wildes Lagerfeuer der Brand ausbrechen, schätzte die unübersichtliche Menge der Gäste ebenfalls auf etwa zwei- bis dreitausend.

Verschiedene Kunsthandwerker hatten sich am Waldrand niedergelassen und zeigten ihre Fähigkeiten, die sie in der Regel bei den Meistern orientalischer Märkte erlernt hatten. Ein kanadischer Kaltschmied hielt z. B. nach indischem Brauch seinen Amboss mit den Zehen seines nackten Fusses fest und bildete mit Zange und Hammer im Handumdrehen Metallringe und Armbänder in der Gestalt der glückbringenden Schlange.

Vertreter der verschiedensten Gruppen waren da, um an der Wirkungsstätte Gräsers, Hesses und Lenins die Geschichte ihrer Vorgänger zu entdecken. «Man muss aus den Fehlern der Idealisten der Vergangenheit lernen», sagte einer der Redner in einem Diskussionskreis bei einer angeblich schon in früheren Jahrhunderten «von flüchtigen Hexen und Ketzern bewohnten» Höhle, «sonst geraten wir in den gleichen Irrsinn wie unsere Eltern und Grosseltern bei den letzten Weltkriegen.»

Alle, die einen «alternativen» Lebensstil suchten, waren nun da: Wir trafen da neue Hirten, teilweise aus sehr wohlhabenden bürgerlichen Familien aus Berlin, München und Zürich stammend, die im Hüten von Kühen auf Alpweiden eine sinnvollere Beschäftigung gefunden zu haben glaubten als im Kampf um die schwindenden Arbeitsplätze in den Fabriken der Städte. Auch «Neue Zigeuner» waren da, die sich vom Mythos bezaubern liessen, ihre Grosseltern – zumindest ein Teil von ihnen – habe man nur durch Druck gezwungen, «sesshaft und damit unglücklich zu werden». Sie wollten jetzt, allen bestehenden Vorschriften zum Trotz, in Wohnwagen leben und so zumindest in den warmen Monaten «nach und nach sämtliche heiligen Orte der Heimat aufsuchen».

Es gab sogar «Stadt-Indianer», die wieder in Tipi-Zelten hausten und glaubten, dass man seine Kinder, «damit sie den Zugang zum echten Leben aufzufinden vermögen», wieder um Lagerfeuer und «unter dem Licht der Sterne» erziehen müsse.

Die Autos, die in unübersichtlicher Zahl an den Waldrändern herumstanden, zeigten so ziemlich jede Gestalt. Der kunstvoll zusammengeflickte Jeep und Volkswagen aus der unmittelbaren Nachkriegszeit war da, aber auch geräumige Ungetüme der Landstrassen, die noch für eine sehr angewachsene Grossfamilie als Behausung dienen konnten. Die meisten Autos hatten sich, dem Willen ihrer Besitzer entsprechend, ziemlich stark «vermenschlicht»: In glänzenden Farben waren auf viele von ihnen Blumen aufgemalt, sehr häufig auch die bekannten heiligen Sinnbilder aus indisch-tibetanischen oder nordamerikanischen Mythologien, selbstverständlich dazu die Runen von uralten Felszeichnungen. Sonnenräder und Lebensbäume waren da, Himmels-Adler und Götterberge; Paare in seliger Liebes-Umarmung, die schwerelos durch Sterne und Monde schweben.

Auf Felsen und im Schutz der Vorsprünge der Höhlen lagen die verschiedenartigsten Zeitschriften und Buchveröffentlichungen, die für das Gedankengut der Jugendbewegungen jeder Richtung warben. Die Druckerzeugnisse all der modernen Sekten, Parteien und Gemeinschaften waren auf diesem Wald-Jahrmarkt

Die Überlieferungen berichten, dass die Frauen alter Geschlechter, bei Nomaden wie Sesshaften, «die Kunst» kennen, mit den Elementen ihrer Umwelt in Verbindung zu treten.

vertreten. Die Grundsätze der eigenartigsten, bald vollkommene Enthaltsamkeit, dann wieder masslose Orgien anpreisenden Philosophien waren da, selbstverständlich auch die Raubdrucke der Schriften des Erforschers der strahlenden Lebensenergien, Wilhelm Reich. Ich dachte angesichts dieser Fülle an die Bemühungen der späteren Erforscher unserer Zeit, ein solches Wochenende im Tessin als den Ausdruck einer bestimmten Religion oder Ideologie zu deuten. Tun wir nicht so bei den dürftigen Nachrichten über ähnliche Veranstaltungen der Vergangenheit? Doch gemeinsam ist solchem Volk in Umbruchzeiten nur das gemeinsame Suchen: Ganz verschiedene Einflüsse ringen dann um jeden einzelnen, und dies ermöglicht später, dem eigenen Standort und Wunschbild gemäss, das ganze Ereignis ganz entgegengesetzt zu deuten und zu bewerten.

Bei diesen in Verkaufsstände verwandelten bemoosten Steinen erlebten wir aber wiederum den eigentlichen Sinn all dieser ähnlichen Tagungen und Nachtfeste der sechziger und siebziger Jahre: Einzelne junge Menschen, einsam aufgewachsen in der Enge der Mini-Wohnungen von Reihenblöcken, eilten nun von Gruppe zu Gruppe. Sie waren erfüllt von der schwankenden Hoffnung, irgendwo Mitmenschen mit verwandten Neigungen zu finden, an die sie sich für den nächsten Abschnitt ihres Lebenswegs anschliessen könnten.

Ein steiler Waldpfad führte aber alle, die nach dem eigentlichen tieferen Sinn der Veranstaltung suchten, zu der Berghöhe, auf welcher angeblich schon im letzten Jahrhundert fromme Flüchtlinge ihre freien Gottesdienste abgehalten hatten. Auf einer Fläche, die einen sehr ausgedehnten Ausblick über das Land ermöglichte, erzählte der Schriftsteller und Sagen-Sammler über die einstigen Zivilisations-Flüchtlinge. Ein dunkelhaariger Mann, nach seiner eigenen Aussage von Zigeunerherkunft, spielte der lauschenden Jugend von einem Felsen herab Geige: Es war ganz und gar unmöglich, bei diesem Anblick nicht an alle die «schwarzen Spielleute» zu denken, die den seit dem 18. Jahrhundert aufgeschriebenen Alpensagen zufolge dem geheimnisvollen Sabbatvolk zu seinen Mondtänzen «musiken».

Auf noch steilerem Pfad stiegen wir noch höher hinauf. Nur wenige der Gäste hatten sich vom Autolager und den Zelten unten so weit entfernt und sich durch das Dickicht näher zum Gipfel gewagt. Hier sah es tatsächlich ganz anders aus als in dem sonst von Werbeprospekten für Ferienreisende bekannten «Sonnen-Paradies» Tessin.

Wiederum auf einem Felsen sass ein junger Mann, gekleidet in ein bunt besticktes Afghanihemd, und er spielte, ohne auf irgend etwas anderes zu achten, Flöte. Einige Mädchen in langen Röcken und mit flatternden hüftlangen Haaren tanzten zu diesen Tönen im Gras zwischen den Steinen. Sie hatten Blicke, die zeigten, dass sie sich immer mehr in der Welt der Träume ihrer Seelen befanden.

«So tanzen in Vollmondnächten die Mädchen bei gewissen Bergstämmen in Nepal», hat mir später eine von ihnen erzählt, die diese Seite des indischen Volkslebens aus eigenem Augenschein kannte, «sie tanzen zum Preis des Gottes Krishna – und wer so in warmen Nächten tut, so glaubt man im Himalaya, der findet auch auf Erden den, den er in seinen früheren Leben gekannt und geliebt hat.»

Sie fügte hinzu: «Als ich dieses Flötenspiel in Nordindien erlebte, war es mir keinen einzigen Augenblick, als sehe und höre ich ein fremdes Wunder, etwas Exotisches. Es war mir, als komme ich auf einmal heim, als sehe ich etwas, das ich schon tausendfach erlebt hatte.»

Später habe ich auch mit dem verzückten Flötenspieler jener Nacht und jenes Morgens am Tessiner Wochenende geredet. Auch er war überzeugt, wie ähnliche fahrende Musikanten der Gegenwart: «Man zieht, wie auch Hesse den Wandervögeln seiner Zeit lehrte, nur darum in die blaue Ferne, weil man etwas sucht, was man daheim verloren hat. Die Jugend geht heute darum zu den indischen oder indianischen Stämmen, weil sie bei ihnen etwas zu erhalten glaubt, was wir im Lärm der grossen Städte nicht mehr erkennen können.»

Als wir den Waldpfad hinabstiegen, hörten wir den immer leiseren Ton seiner Flöte und die gelegentlichen verzückten Rufe der Tänzerinnen. Die Laute, die wir jetzt vernahmen, wirkten auf uns viel vollkommener, feenhafter als beim ersten Eindruck: Immer mehr erinnerten sie uns nicht nur an die indischen Mythen über den Gott Krishna, den König eines Urvolkes – wir dachten an den ihm zweifellos verwandten, ebenfalls die Flöte spielenden griechischen Hirtengott Pan: Schliesslich hatten auch ihm noch in den letzten Jahrhunderten die Edelleute und Patrizier der italienischen Südschweiz, Norditaliens und der Provence in ihren verschwiegenen Gärten Feste gefeiert. In sämtlichen Zeiten, so bezeugen uns die Sagen und die gelegentlichen Aufzeichnungen, gab es also Menschen, die das, was andere als Mythologie aus langweiligen alten Büchern bezeichnen, zu einem starken persönlichen Erlebnis auferstehen liessen.

Wahrscheinlich hörten sogar die Mädchen, die in jener Sternennacht und im goldenen Tessiner Morgen auf dem Berg tanzten, die Flötentöne noch vollkommener. Aus ihrer ganzen Sehnsucht heraus vernahmen sie wahrscheinlich den gleichen Lobgesang auf die Schönheit der göttlichen Weltordnung wie all die ekstatischen Frauen bei den verwandten Bräuchen der fernen und nahen Vergangenheiten.

Zweiter Teil

Lebendige Sage
als Zeugnis

Wiedergefundenes Volk

Wir durften, mit den Jahren immer bewusster, den Übergang eines sterbenden Volksglaubens erleben, dessen Stunden im Lärm einer masslosen Verstädterung, im Verschwinden eines eigenständigen ländlichen Daseins in übersichtlichen Gemeinschaften, gezählt schienen. Später sahen wir voller Staunen bei gleichbleibender Arbeit des Sammelns von Sagen und Bräuchen eine entgegengesetze Entwicklung: Die Reste der Überlieferung erschienen einer wachsenden Zahl von Jugendlichen, und dies augenscheinlich bei verschiedenen Völkern der europäischen Zivilisation, nicht mehr als verdammungswürdige oder «komische» Reste eines uralten Aberglaubens, «etwa noch aus dem Heidentum oder aus der katholischen Kirche des Mittelalters stammend».

Immer häufiger betrachtete man sie als bewundernswürdige Hinweise auf eine ursprüngliche Fähigkeit der naturverbundenen Ahnen, «die magischen Kräfte der Natur» zu erkennen und mit Rücksicht auf alle Wesen der Umwelt zu benützen. Aus dieser Weltschau, geboren aus der Enttäuschung über eine bloss technologische Entwicklung, eine materialistische Wirklichkeit, in der die Bedürfnisse der Fantasie und des Gefühls immer weniger berücksichtigt wurden, entstand, wie man weiss, die Stadtflucht der Hippies seit 1966: Hunderttausende von gebildeten jungen Menschen zogen in Nordamerika und Europa in zeitweise zumindest abgelegene Gegenden, um einen Weg der lebendigen Beziehung zu ursprünglichen Menschen und auch der einheimischen Tier- und Pflanzenwelt zu finden.[1] Sie alle suchten, fast wie die fahrenden Schüler und «herumirrenden» Ritter des Mittelalters, nach dem Gral oder dem Stein der Weisen, nach der Volksüberlieferung, «um aus ihr zu erlernen, wie man voll und richtig, nach den ewigen Gesetzen der Schöpfung leben kann»[2].

In der vorangegangenen Zeit hatten wir mitgeholfen, gegen tausendzweihundert Veranstaltungen in Richtung einer «lebendigen Heimatkunde» durchzuführen. Die meisten waren öffentlich (1956–1968), und jedesmal kamen etwa zwanzig, manchmal freilich nur ein Dutzend, bis zu fünfzig Menschen aus allen Volksschichten, die eigene Erinnerungen oder die der Grosseltern «aus der guten alten Zeit» hervorkramten. Viele Kenner der Geschichten von einst kamen regelmässig: «Ich bin fast süchtig darauf, Dinge zu erzählen und zu hören, die man heute fast allgemein vergessen will», sagte etwa der alte Psychologe und Sagensammler Hans Zulliger.

Im ganzen konnten wir in den verschiedenen Arbeitsgruppen schätzungsweise mit fast zwölftausend Menschen reden, die vor allem aus den verschiedenen Gegenden des Alpenlandes Schweiz stammten. Staunend musste ich dabei feststellen, dass immerhin etwa zweihundertfünfzig von ihnen ziemlich offen den alten Volksglauben teilten: Der Inhalt der Hexensagen war für sie zumindest in dem Sinn eine Wirklichkeit, dass sie ihre Geschichten nicht etwa «als Fantasien von früher» mitteilten, sondern an ihren Inhalt einigermassen fest glaubten. Einige von ihnen berichteten die merkwürdigsten Begebenheiten als «selbsterlebt», die meisten andern als etwas, das Menschen zustiess, denen sie unbedingt glaubten, also guten Freunden, zuverlässigen Nachbarn, Geschwistern, Grosseltern. Einige von ihnen hatten sogar Menschen in ihrer engeren Verwandtschaft gehabt, die nach ihrer Auffassung «mehr konnten als bloss Brot essen»: Sie hätten gewusst, wie man durch Handauflegen oder bestimmte Kräuter Menschen und Tiere heilt, hätten das Wetter oft Tage voraus gefühlt, hätten sich an bestimmten Abenden ganz geheim mit gleichgesinnten Bekannten aus andern Dörfern getroffen. Mit einem Wort – «früher hätte man sie sicher als Hexenmeister und Hexen auf den Scheiterhaufen gebracht».

Viele Aussagen begannen etwa, wie die eines in seiner Gegend sehr bekannten Bauern und gleichzeitig volkstümlichen Dichters, dessen gewaltigem Erinnerungsvermögen ich besonders viele Erklärungen der alten Sagen verdanke: «In das Gebiet des Aberglaubens gehört auch die Sache von den Hexen und der Wahrsagerei, die früher eine so grosse Rolle spielte. Ganz ausgestorben ist die Sache auch heute noch nicht, aber ich glaube doch, es ist immerhin ein wenig besser geworden. Auch solche Geschichten hat der Grossvater viele gewusst, und manchmal hat er ganze Abende lang davon erzählt.»[3]

Doch nach dem «Spuk- und Hexenfall von Thun», der

1966–1967 stattfand und über den ich im ersten Teil des vorliegenden Buches kurz berichtete, entdeckte die staunende Öffentlichkeit, dass die entsprechenden Vorstellungen und Erfahrungen in den Städten, «da man sie fast vollständig ausgestorben glaubte», rasch zuzunehmen begannen. Anlässlich dieser heute auch sonst in einer zunehmenden Zahl von Veröffentlichungen bekannten Angelegenheit erklärte darum ein alter, bärtiger Hirt und Pilzsammler aus dem gebirgigen Haslital in einem köstlichen Leserbrief: «Ach, das moderne Zeugs, glaub's der Teufel ... Zum Glück gehe ich am Freitag wieder auf die Alp.»[4]

Während also der Glaube an Hexen und verwandte Erscheinungen bisher als ein Erbe von Menschen aus abgelegenen, «entsprechend unzivilisierten» Gegenden galt, begann sich in Mitteleuropa die ganze Lage der Dinge umzukehren: Alte Leute aus dem Hinterland waren noch fest überzeugt von den nun endlich nach und nach auch zu ihnen gelangenden Schlagworten aus dem 18. und 19. Jahrhundert über eine oberflächliche «Aufklärung» – sie sahen im Volksleben stets nur «närrischen Aberglauben», über dessen Fortleben man sich höchstens zu schämen habe. Die Jugend in den Städten neigte gleichzeitig immer mehr dazu, mit der Möglichkeit zu rechnen, dass es sich bei all den Angelegenheiten dieser Art doch «um Hinweise auf sonst vergessene Wahrheiten handeln könnte». Wie damalige, selbstverständlich etwas oberflächliche Umfragen bewiesen, neigte sie etwa zu einem Drittel zur Behauptung des deutschen Parapsychologen, der nach einer Untersuchung über die modernen Hexen- und Spukgeschichten der Alpen in der Tagespresse erklärte: «Die Erscheinungen können von unbewussten, noch nicht erklärbaren Kräften der vom Spuk betroffenen Personen ausgehen.»[5] So ziemlich jeder der Zeitgenossen, der sich bei öffentlichen Diskussionen zum ganzen «Fall» äusserte, fügte hinzu, ähnliche Vorgänge auch schon aus seiner Familie gehört zu haben: «Man redete gegenüber Aussenstehenden nicht gern darüber, um sich nicht lächerlich zu machen.»

Oder wie ein anderer Parapsychologe, der sich an den Untersuchungen jener Jahre beteiligte, zusammenfasste: «Die vielen positiven Zeitungsartikel über den Fall haben Tausende von Mitmenschen von der Existenz des Spuks überzeugt.»[6] In dem unglaublichen geistigen Wirrwarr, der daraufhin entstand und selbstverständlich zu viel dummem und sektiererhaftem Aberglauben an Dämonen führte, schrieb ein kluger Theologe: Die

Kirche müsste sich eigentlich für diesen Wirrwarr als «mitschuldig» erkennen: «. . . sie soll alle Kraft und alle Geduld daran setzen, in solch zerstörten menschlichen Verhältnissen wieder ein Klima des Vertrauens, der Offenheit und der Ordnung zu schaffen.»[7]

Solche und ähnliche Ermahnungen wurden damals kaum genug beachtet – so dass man heute nur eines feststellen kann: Dass die Menschen der europäischen Zivilisation in immer zunehmenderen Ausmassen die kalte Welt des Unglaubens, in die sie in den letzten Jahrhunderten versanken, zu verlassen beginnen: Falls man heute sachlich versucht, den Umfang dieses kulturgeschichtlich zweifellos wichtigen Vorganges zu erforschen, kommt man bereits auf eine ungleich höhere Zahl der Zeitgenossen, die sich irgendwie mit mehr Glaube und Zuneigung dem Reich des Magischen widmen als ich in den erwähnten Jahren 1956–1968: Dies ist kaum noch zu bestreiten, und Worte wie «Die Hexen kommen wieder» erscheinen immer häufiger auch in den fettgedruckten Schlagzeilen der ernsthafteren Zeitschriften.

Im gleichen Kulturraum, in dem ich einst vor allem als Bibliothekar Nachrichten über die Sagen und Bräuche sammeln konnte, unternahmen ein Institut für Meinungsforschung (Scope) und die «Berner Zeitung» 1980 eine grosse Umfrage. Wir vernehmen hier nicht ohne einiges Erstaunen: «Von den Befragten sind zehn Prozent davon überzeugt, dass übersinnliche Wahrnehmungen wie Telepathie, Poltergeister, Erscheinungen von Verstorbenen usw. vorkommen. Zweiundzwanzig Prozent räumen eine Möglichkeit ein, dass solche Ereignisse eintreffen, und neun Prozent sind unsicher.»[8] Was immerhin zusammen doch zwei Fünftel der Bevölkerung im Herzen von Mitteleuropa bedeutet, wohlverstanden in einem Lande, das ohne bedeutende Kriege und Umwälzungen seit anderthalb Jahrhunderten als ein Muster und vielgerühmtes Leitbild der technologischen Zivilisation gilt!

Bemerkenswert ist auch an dieser vielbeachteten Untersuchung, dass, was die deutliche Zunahme des «Aberglaubens» angeht, die jungen davon viel mehr betroffen erscheinen als ihre älteren Mitbürger – während in den fünfziger Jahren es vorwiegend «die Alten» waren, die noch an überlieferten Vorstellungen hingen. Auch schämten sich früher die «Abergläubischen», Überbleibsel entsprechender Neigungen zum magischen Denken zu besitzen, und redeten nicht gerne darüber – während der heutige Anhänger ähnlicher Bräuche diese eher stolz als Zeichen einer neuzeitlichen Einstellung, seiner Beziehung zur modernen Jugendkultur, zur Schau stellt! Wir vernehmen etwa: «Interessant ist, dass einundzwanzig Prozent der Personen zwischen fünfzehn und vierunddreissig Jahren einen solchen Glücksbringer besitzen, während die älteren Generationen einen deutlich geringeren Hang zum Besitz von Glücksbringern zeigen.»[8]

Am wichtigsten für die Fülle von neuen Sagen über die Wirklichkeit der magischen Welt scheinen uns aber besonders die nun folgenden Zahlen: «Daneben geben sechs Prozent an, dass sie bereits persönlich (!) übersinnliche Wahrnehmungen erlebt haben, bei sieben Prozent wurden Angehörige aus der Familie betroffen, und bei weiteren sechs Prozent erlebte jemand aus dem Bekanntenkreis übersinnliche Wahrnehmungen.»[8]

Aus allen verwandten Kulturräumen von West- und Mitteleuropa können wir vergleichbare Angaben zusammenstellen: «Auch in Deutschland – vor allem im süddeutschen Raum – gibt es momentan zahlreiche aktive Hexenzirkel, die sich an verborgenen Orten treffen und dort ihre Kulte feiern.»[9] In einem vielbeachteten Leitartikel (!) in «Die Zeit» wird soeben festgehalten: «Es ist die neue Sehnsucht nach dem Geheimnisvollen, nach dem Unerklärten und Unerklärbaren, die uns geduldig macht in Fällen, die früher bloss unser Gelächter erregt hätten. Die Zahl der Deutschen, die an Hexen glauben, nimmt zu. Elf Prozent seien es, sagen Meinungsforscher ... Und in der nordisch klaren Hansestadt Hamburg gibt es rund siebentausend Menschen, die sich ihren Lebensunterhalt mit Wahrsagen, Kartenlegen, Pendeln, Gesundbeterei und Hexenbannertum verdienen.»[10]

Für die europäischen Städte London, Rom, Paris werden ja in den Zeitungen noch bedeutend höhere Zahlen «der Hexen und Wahrsager» genannt, wobei selbstverständlich grundverschiedene Erscheinungen als eine Einheit zusammengefasst werden. Was die letztere Stadt, einst Mittelpunkt einer leider im reinen Materialismus versumpften «Aufklärung» und der trotz ihrer sinnlosen Gemetzel sich als «rational» verstehenden Revolution, angeht, wurde sie geradezu zu einem Pilgerort der europäischen Gebildeten, die den ganzen geistigen Umschwung begrüssen: «Die totgesagten Mythen feiern fröhlich Wiederkehr. Angefangen von Frankreich, wo die ehemals linke Intelligenzija Marx und Freud vom Podest heruntergerissen hat ... und statt dessen die Tiefe der germanischen Wälder und keltischen Sagen besingt.»[11]

In der «ewigen Stadt» Rom gibt es 1982 – 4000 «Hexen und Hexenmeister»: Stolz verweisen sie ihrerseits auf uralte etruskisch-romanische Ursprünge und sehen sich teilweise als treue Bewahrer einheimischer Tradition. «Gelegentlich wird auch die Zauberei (dieser Zeitgenossen! S. G.) bei Horaz entlehnt.»[12]

Das geerbte Wissen

Beinahe gleichlautend erzählte man mir überall, dass die Hexen «beim Vollmond», «in der Nacht auf den ersten Mai», also kurz beim Anlass ihrer Feste, ihre Kinder «zu opfern» pflegten. Ausdrücklich erzählte man mir mehrfach, dass dies nicht etwa ein blutiges Schlachten der kleinen Wesen bedeutete, sondern eine Art «Taufe», also deren feierliche Weihung den Mächten, denen die Hexen zu dienen glaubten.

Gelegentlich erzählt man, dass diese «Opferung», diese feierliche Hingabe des Kindes «an Mond und Sterne« schon dadurch stattfand, dass die schwangeren Mütter beim «heidnischen» Fest teilnahmen. Einmal hörte ich sogar, »dass die künftige Hexe schon dadurch dem Bunde angehörte, dass ihre Eltern sie in der Regel mit viel Feierlichkeit während der heiligen Zeit des Hexenfests zeugten»[1]. Die Hexenrichter sollen, so die Sage, Geschichten dieser Art ziemlich wörtlich genommen haben: Vielfach sollen sie mit viel massloser Grausamkeit versucht haben, die kleinen Kinder der Hexen, obwohl sie noch in einem Alter waren, dass sie von ihren Eltern kaum etwas erlernt hatten, diesen wegzunehmen und trotz ihrer unbestreitbaren Unschuld dem Scheiterhaufen zu übergeben: Sogar als der Teufelsglaube der Massen unglaublich zugenommen hatte und jedermann bereit war, für jedes eigene Unglück die Zauberworte und Giftmischereien der Hexen als Ursache zu sehen, sollen diese Kinderverfolgungen durch entartete Ketzerverfolger immer wieder den Zorn des Volkes hervorgerufen haben.

Hier scheint es sich in keinem Fall um eine fantastische Überlieferung zu handeln! Wir wissen, dass der grosse magische Philosoph Agrippa von Nettesheim sich während des beginnenden

16. Jahrhunderts genau gegen diesen Unfug zu wenden versuchte. Aus solchen schriftlichen Zeugnissen wissen wir es: «Die Angeklagte muss eine Hexe sein, sagte der Inquisitor, denn ihre Mutter ist als eine solche verbrannt worden, und gemäss dem Hexenhammer und der Theologie weihen solche Frauen ihre ungeborene Leibesfrucht dem Teufel oder sie haben diese von ihm selbst . . . empfangen. Somit wurzelt die teuflische Ruchlosigkeit gleichsam durch Erbschaft in solchen Familien.»[2]

Nach dieser mittelalterlichen Auffassung, die offenbar unter den Ketzerverfolgern ebenso verbreitet war wie unter den Hexen selber, konnte man die Fähigkeiten der Zauberkünste nicht einfach erlernen: Die besten magischen Handschriften und Lehrer nützten hier nichts, wenn man nicht von seinen Eltern bereits in der Wiege die entsprechenden Anlagen mitbekommen hatte. «Als Hexe wird man geboren», weiss das Volk. Da man nun einmal überzeugt war, dass jede Grundeigenschaft der Seele an äusseren «Merkmalen des Leibes» sichtbar wird, kann man in unseren Volksdichtungen geradezu einen «Hexentypus» vorfinden!

Die Sage aus dem Berner Oberland weiss als sehr genaue Angabe über die Hexen: «Aber das weiss man – meistens haben sie schwarzes Haar . . .»[3] Der Schwyzer Lienert erwähnt in einer seiner Erzählungen, die er stets in genauer Übereinstimmung mit den Volkserzählungen seiner Gebirgsheimat zu schreiben versuchte, von einer verbrannten Hexe, sie hätte Haare besessen, «brandschwarz wie eine Todsünde»[4]. In der Westschweiz neigt die Überlieferung dazu, die «Feen», die im Gebirge lebten und den Hirten die geheimen Eigenschaften der Kräuter lehrten, seien «rabenschwarz» gewesen, «wie die wilden Mohren»[5].

Viele solche Angaben beziehen sich nicht nur auf die Haare, sondern offensichtlich auf das ganze Aussehen, also auch die Hautfarbe. Die Tiroler behaupten von ihren Hexen, «ihr Antlitz ist fahl (erdfarb)»[6]. Sonst nennen die Geschichten etwa, wenn sie eine Hexe schildern wollen, die man schon auf den ersten Anblick als eine solche erkannt habe, deren Haut «lederfarbig, schmutzig»[7]. Auch in der Schweiz redet man gern von der die Zauberweiber verratenden «fahlen Gesichtsfarbe»[8]. Die Waadtländer Feen, zurückgezogen in einsamen Wäldern und Felshöhlen hausend, sind «schwarzhäutig» (à peau noire), auch sie gelten als Nachkommen aus dem Morgenland eingewanderter «Sarazenen». Das Volk neigte dazu, für ihre Nachkommen alle die Wahrsager, Astrologen, Kartenleger zu halten.[9] Besonders dunkle Kinder, denen man offenbar auch in ihrem Wesen eigenartige Anlagen zuschrieb, galten hier bis ins 19. Jahrhundert als Nachkommen des Feenvolkes.[10]

Als weiteres Zeichen an einer Frau, das sie als ein Mitglied des Hexenbundes verriet, erwähnt auch Paracelsus – «die krumme Nase»[11]. Oder wir vernehmen etwa in einer sehr bezeichnenden neueren Geschichte, von «den Erzählungen und Märchen vom Hofe», dass in abgelegenen «Waldhütten» mit Vorliebe die Hexen «mit langen Nasen» hausen.[11] Auch in einer andern, ebenfalls von den Volkssagen angeregten Schilderung vernehmen wir, als Hinweis auf «das Aussehen der Hexe», von deren «Habichtnase»[12].

Andere Merkmale, die der Aberglaube den Weisen Frauen gern zuschreibt, möglicherweise um ihnen eine besonders lüstern-unheimliche Erscheinungsgestalt zu geben, ist ihre lange, sehr bewegliche, bis zum Kinn reichende Zunge. Eigenartig und sicher ein wichtiger Hinweis für alte Kulturzusammenhänge ist die Tatsache, dass auch die Inder ihre Grosse Göttin, die Gattin Shivas und Hexenkönigin Kali, gern mit einer solchen Zunge abbilden. Man hat darauf verwiesen, dass auf den italienischen Tarotbildern «der Herr des Hexensabbats» (so nennen etwa die Wahrsagerinnen den Tarot-Trumpf 15), genau wie seine beiden Begleiter, eine eben solche Zunge besitzt:[13] Wenn wir nun die Zigeunersage, nach der diese Sinnbilder aus dem Morgenland eingewandert sind und stark die mittelalterliche Kunst beeinflussten, mindestens als Möglichkeit annehmen, könnte man auch hier einen Kultur-Zusammenhang vermuten.

Dies erscheint uns um so wahrscheinlicher, da das Zepter, der Zauberstab oder die Fackel, die die gleiche Gestalt auf den Tarotbildern trägt, gerade auf den italienischen Trümpfen fast einem Dreizack gleicht:[14] Zeitgenossen, die Mitglieder der modernen englischen und nordamerikanischen Hexenbünde sind, sehen hier einen Hinweis auf die Beziehung zwischen diesen Darstellungen in der europäischen Wahrsagekunst und jenen von Indien und Tibet: Der mystische Dreizack erscheint dort, wahrscheinlich seit vorgeschichtlichen Zeiten, als Waffe Shivas und gelegentlich auch seiner Gattin, der schwarzen Kali.

Es ist an sich noch einfacher, die Vermutung zu wagen, dass einzelne eigenartige, auffallende, darum für abergläubische Menschen abschreckende Körpermerkmale in der Zeit der Hexenverfolgungen einigermassen bewusst zu einem drohenden

Die grosse Göttin Kali, die Herrin der indischen Magierinnen, besitzt bereits viele Merkmale der Zauberfrauen der europäischen Sagen: Rote Flammenaugen, lange «Hexenzunge».

Bilde vereinigt wurden: Mochten sie aus Bildern ganz ferner und fremder Kulturen stammen oder tatsächlich eher seltene Eigenschaften sein, die bei einzelnen der als Zauberinnen verdächtigten Kräuterweiber und Hebammen vorkommen, man vereinigte sie zur Vorstellung der «idealen» Hexe. Um die heilkundigen Weisen Frauen, die in den Märchen noch eine so grosse Rolle spielten, für die Kinder vollends abstossend zu machen, liess man sie alle die Merkmale besitzen, die als «teuflisch» galten.

Hier haben wir das schöne, zweifellos sehr viel vom alten Hexenwesen erklärende Lied über den Ritter Tannhuser, der den verrufenen und geheimen Weg zum Berg der Frau Venus geht. Diese bietet ihm eine von ihren «schönen Jungfrauen» als Ehegattin an. Sie werden als «von Gold und Seide behangen» und mit «Maien-Kronen», also den Blumenkränzen des Frühlingsfests, geziert geschildert.[15] Doch der Ritter, der dann zum Papst geht, um seine Sünde, eben den Besuch der Bergfrauen, zu bereuen, erkennt schon in den äusseren Merkmalen des Feenmädchens das dämonische Hexentum: «Sie trägt den Teufel in sich! / Ich erkenne es an ihren braunen Augen, / Wie er in ihr tut brennen.»[16] Er glaubt als sicher zu wissen, wie gewisse Fassungen des Lieds wiederholen, dass sie sich wöchentlich einmal in eine Schlange verwandelt.

Französische Zigeuner versicherten mir, in ihren Gedanken noch ganz und gar im Geburtsland ihrer Eltern, «den Steppen östlich von Wien und bis in die ungarischen Berge hinein», die Hexen besässen «besondere Augen, die in der dunklen Nacht leuchten wie glühende Kohlen». Auch diesen Menschen, die ihr Nomadentum fast gänzlich aufgegeben hatten und in den fünfziger Jahren in einem Vorort von Paris von Autoreparaturen lebten, verrieten diese Wunderaugen die Fähigkeit der Hexen: «Mehr und besser zu sehen als andere Menschen.»

Auch bei den Südrussen und im Raum der Krim, dort bei chazarischen Juden (Krimtschaken) und den Tataren sollen die Hexen «rote Augen» besitzen: Hier ist freilich zum Verständnis des ganzen Kulturkreises hervorzuheben, dass im Gebiet der ostslawischen Sprachen der Ausdruck für die Farbe «Rot» stets mit denen für «schön» wurzelverwandt ist – man redet z. B. vom «roten Festchen», wenn man von Ostern spricht, «krassny prazdnitschek», wobei «krassny» hier ebenso schön wie rot bedeutet. (Ähnlich selbstverständlich von den roten und schönen Ostereiern, krassnye jaitschki, da man diese tatsächlich im Gebiet der russischen Ostkirche grundsätzlich rot anzumalen pflegte.) Von den Hexen besass man, zumindest im Gebiet von Orlow, die Redewendung, mit der man wahrscheinlich den Frauen der Nacht schmeicheln und damit ihre nützliche Gunst erringen wollte, ihr Zeichen seien «rote Augen, wunderschöne Augen» (glaza krassnya – glaza prekrassnya).

Hier scheinen in jedem Fall die Vorstellungen nachzuwirken, laut denen die Weisen Frauen Zauberaugen besitzen, deren durch sie hindurch strahlende «Kraft» als ein feuriges Glühen sichtbar wird: «Hexenaugen glänzen wie Katzenaugen», erzählte mir meine Grossmutter, die selber aus dem Dorf Michailowka aus dem erwähnten Orlow-Gebiet stammte und mehrere Hebammen unter ihren Vorfahren besass. Von hier hätten dann die Leute die Vorstellung entwickelt, auch das war ihre eigenste Erklärung, die Augen von Menschen mit magischen Fähigkeiten «seien wie die glühenden Kohlen». Daraus käme zum Schluss die Vorstellung, sie seien im wörtlichen Sinne «von Feuer-Farbe», also ganz und gar «rot».

Von Fahrenden aus der Innerschweiz vernahm ich die sachliche, möglicherweise ganz neuzeitliche Deutung, die Vorstellung von den roten Hexenaugen besitze die Grundlage in gleichsam naturwissenschaftlichen Beobachtungen: Die Zauberfrauen (Tschueper-Gäie) seien sehr viel nächtlich unterwegs, hätten darum, weil sie bereits in der Regel aus Sippen von entsprechender Lebensweise stammen, «die immer besser entwickelte Begabung, im Finstern zu sehen». Diese habe für sie aber auch einen gewissen Nachteil – sie hätten es gelegentlich eher schwer, ins grelle Tageslicht zu schauen, das sie leichter blende als unsereinen. Sie müssten dauernd blinzeln, wenn die Sonne im Sommer besonders stark scheint, und dies sei die Ursache, dass sie am Tag gern an dunklen Orten, in Wohnwagen und Hütten mit geschlossenen Vorhängen schlafen. Gern arbeiten sie auch in den gleichen hellen Stunden in Kellern oder Höhlen: Ihre Augen würden darum immer empfindlicher und gelegentlich, sozusagen weil sie sich viel anstrengen müssten, «ein wenig rot».

Noch etwas sachlicher tönt die folgende Erklärung, die übrigens von den gleichen Leuten stammt, die zwar vorsichtig behaupteten, «selber keine Hexe zu kennen», aber noch sehr viel von ihren Eltern über die Frauen dieser Art vernommen zu haben: «Sie sitzen sehr viel um offene Feuer herum, weil sie immer irgendwelche Kräuter zubereiten. Sie sind so gut an die heissen Dämpfe und den beissenden Rauch gewöhnt, dass sie sich bei ihnen auch dann befinden können, wenn das gewöhnliche Volk schon fast erstickt und geblendet sein würde. Viele der Hexen haben sogar behauptet, dass sie schon aus dem Knistern und dem Sprühen der Funken ihrer Flammen oder aus dem Gurgeln ihres Gebräus geheime Dinge heraushören können. Ähnlich sehen sie in den Rauchschwaden tanzende Schatten und glauben darin die Geister der toten Ahnen (Muli) zu erkennen, die schliesslich in vergangenen Zeiten auch immer um die Feuer sassen. Die Frauen haben aber durch eine solche Lebensweise und die Anstrengung, in Flammen und Dämpfen mehr zu sehen, Augen, die häufig ein wenig entzündet wirken.»

Unabhängig davon, wie Völker, besser gesagt jene Menschen, die solche Überlieferungen noch immer bewahren, die «roten Hexenaugen» deuten, ist die Auffassung, dass es sie gibt und dass sie sogar in den entsprechenden Familien weitervererbt werden. Man kann von ihnen in Schichten, die bis in die Gegenwart Sagen dieser Art hochhalten, noch immer von Russland bis in die Pyrenäen vernehmen, wobei auch hier möglicherweise die fahrenden Zigeunerstämme diese Auffassungen immer wieder verbreitet haben. Der berühmte romantische Volkskundler Nork ging übrigens soweit, hier einen weiteren Beweis dafür zu finden, dass die europäischen Stämme oder zumindest ihre Kultur von Indien her eingewandert seien: «Seine Gattin (gemeint ist die des Gottes Shiva mit den Mondhörnern auf dem Haupte! S. G.), die Totengöttin Kali . . . hat rote Augen wie die nordische Todesgöttin Hel, und rote entzündete Augen gelten auch in Deutschland als Kennzeichen einer Hexe.»[17]

Die Versammlung der Hexen, ihr Sabbat, erscheint darum in der Volksüberlieferung geradezu als eine Zusammenkunft «eines geheimnisvollen Volkes», sich als Einheit empfindend durch ganz bestimmte seelische und auch körperliche Eigenschaften – welches sich trifft, um seine uralten Fruchtbarkeitsbräuche zu begehen und sein Wissen auszutauschen. Gerade Paracelsus, bei dem wir wichtige Angaben über die Anlagen dieses Stammes vorfinden, berichtet über diese Versammlungen, die wie echte Tagungen einberufen werden, «in gleicher Weise, wie wenn ein Orden ein Kapitel ansetzt oder eine ähnliche Konvokation» . . . : «Da kommen sie zusammen aus vielen Gegenden, was da schwanger zu sein vermeint (?) oder sich über Hexenkunst beratschlagen will.»[18]

Bezeichnenderweise setzt Paracelsus die Versammlungen der Hexen mit den Wanderungen des Nachtvolks, dem Wütenden Heer, dem Wotans-Heer (Wutes Heer) gleich:[18] Gerade im Alpenraum, in dem Paracelsus aufwuchs, wird dieser «Nacht-Zug der Geister» sehr gern als eine Erinnerung an jene Ahnen aufgefasst, die einst aus einer fernen Heimat einwanderten. Die Auffassung, die sich heute in England und Nordamerika ausbreitet und die in den «Hexen» Nachkommen von Stämmen sieht, die nach Europa kamen und ihre Feste begingen, um sich mit ihren Kindern immer neu auf ihre Überlieferungen zu besinnen, findet in unseren Sagen vielerlei Bestätigungen.

Verfemte Eigenart

Johann Wolfgang v. Goethe, den die Jugend erst heute als grossen Zeugen und Deuter des Volkslebens seiner Zeit entdeckt, fasste in seinem «Faust» (4. Akt des 2. Teils) zusammen: «Die Geister längst dem flachen Land entzogen, / Sind mehr als sonst dem Felsgebirg gewogen.» In seiner grossartigen Sammlung zum Volksglauben stellte dann z. B. v. Alpenburg fest: «Der Hexenglaube war und ist noch (!), wie in allen (!) Gebirgsländern, im ganzen Tirolerlande verbreitet.»[1] Was er hier festhält, mag ohne viel Abweichungen für alle wesensverwandten Gebirgsgebiete gelten, möge die in ihren Talschaften geredete Sprache ein altertümliches Deutsch oder ein entsprechend ursprüngliche Eigenarten enthaltendes Rätoromanisch, Norditalienisch, Französisch, Slowenisch usw. sein: «Fast jedes (!) Tal und jeder Berg oder Gebirgszug weist Punkte auf, wo Hexen ihre Versammlungen haben.»[1]

Ähnliche Hinweise sind in der volkskundlichen Literatur sehr zahlreich, und schon die Chroniken und Sagen, die zweifellos die Reste mittelalterlicher Überlieferung enthalten, leiten die Bevölkerung ganzer Talschaften der Alpen und anderer europäischer Gebirge von Stämmen ab, «die sich hierher zurückzogen, als die Gewaltherrscher der flachen Länder ihren Untertanen immer mehr vorschrieben, was sie zu tun hätten»[2]. Nach Rochholz, einem andern unserer wichtigen Sagensammler, entstand der scheussliche «Hexenhammer», dieses Handbuch einer perversen Juristik, nach dessen Lehren man vom 15. bis ins 18. Jahrhundert die Hexenweiber folterte, als Folge der gleichen, von Goethe festgestellten Tatsache: Auch er erkannte «das Alpenland von jeher als Sitz zahlreicher Sekten und Bruderschaften», die «das Recht freier Selbstbestimmung und die Unabhängigkeit des Gewissens bedingungslos voraussetzten»[3].

Ein moderner Parapsychologe, der sich wiederum mit der

Die Maifreude über das Wiedererwachen der Natur erlebte noch in der
Kunst der Romantik eine Wiedergeburt.

gleichen Stelle in Goethes «Faust» auseinandersetzt, versichert noch für unsere Gegenwart: «Die Berge bieten nicht nur schwarzen und weissen Magiern Zuflucht, sondern bringen Menschen hervor, die reich an psychischen und physischen Kräften sind.»[4] Auch dieser Forscher wurde zu seiner wichtigen Feststellung von ähnlichen zeitgenössischen Fällen angeregt, wie wir einen in der kurz geschilderten Angelegenheit der «Spuk- und Hexengeschichte von Thun» erlebt hatten!

Aus den mündlichen Erzählungen lässt sich verhältnismässig leicht erhärten, dass der allgemeine Wille der Bergstämme «zu Selbstbestimmung und Unabhängigkeit» ihnen viel mehr den Ruf ihres «Ketzer- und Hexentreibens» verschaffte als das gelegentliche Auftreten «von magischen Fähigkeiten» unter ihnen. Eine bezeichnende Walliser Alpensage weiss etwa: «Schon vor alten Zeiten war das Tanzen auch in Saas-Fee bei dem jungen Volk ein beliebtes Vergnügen. Auf einem frischgemähten, ebenen Stück Wiesland oder auf einer Waldwiese fanden sich die Burschen und Mädchen beim Schein des Mondes oder der Steinlampe zum nächtlichen Reigen zusammen.» Die Geschichte erzählt weiter, wie sich dann die armen Mädchen des Dorfes jeweils «vor dem Kirchenältesten» wegen ihrem Brauch zu verteidigen hatten.[5]

Eine andere Walliser Sage, die ebenfalls die Verfolgung der Jugend durch die gestrengen Sittenrichter schildert, ist sogar noch ausführlicher – wir lernen hier, um was es eigentlich bei den vielgenannten «Steinlampen» ging: «Zur festgesetzten Stunde erschien das Volk der Tänzer und Tänzerinnen zu dem nächtlichen Vergnügen, die nahen Felsen widerhallten von den fröhlichen Weisen des kundigen Geigers und den fröhlichen Jodlern der übermütigen Tänzer und der lebenslustigen Tänzerinnen. Zur Beleuchtung des Tanzbodens unterhielt man in der schüsselförmigen Vertiefung eines grossen Felsblockes mit Tierfett ein flakkerndes Lichtlein. Diese einfache Steinlampe soll noch heute zu sehen sein.»[6] Wenn wir den wilden Geiger und das masslos «übermütige» Tanzvolk nehmen, dazu die einsame Bergumgebung, der ganze Schauplatz von Mond und dem Licht «aus dem Felsen» erhellt, so haben wir eigentlich bereits fast jede Einzelheit jenes «teuflischen» Bildes, woraus sich die abergläubischen «Sittenrichter» das Zerrgemälde des Hexensabbats schufen: Noch der Geistliche und Schriftsteller Jeremias Gotthelf weiss im 19. Jahrhundert von den «Kilteten (also den altertümlichen Liebesbräuchen der Jugend seiner Heimat! S. G.) auf hohen Eggen, in verfallenen Scheuerlein, wo es fast zugeht wie auf einem Blocksberge, wüst und hexenmässig»[7].

Der Genfer Dämonologe Lambert Daneau schrieb 1579 ein wichtiges Werk über den Tanz, in dem er nachzuweisen versuchte, dass dieser geradezu ein Bestandteil des Teufelskults sei! Das Buch scheint besonders auf die Gesetzgebung der andern Herde der Reformation einen gewissen Einfluss ausgeübt zu haben – 1582 erschien noch eine dritte Ausgabe in Zürich:[8] In Zürich kommt im 17. Jahrhundert überhaupt «jedes Tanzen» vom Teufel! «In zahlreichen Sittenmandaten und Erlassen wird das Tanzen eingeschränkt und faktisch verboten ... So werden Strafen wegen geheimer Tanzanlässe in Tennen oder gar in Wäldern verhängt. In zahlreichen Flugschriften wird dargelegt, in welche Gefahr sich ein Gläubiger begibt, wenn er dem teuflischen Ritual des Tanzens huldigt.»[8] Wenn also in den Akten der Hexenrichter vom «teuflischen Tanzen» einer Frau geredet wird, muss man genau wissen – eine solche Betätigung an sich galt schon als strafbar und in jeder Beziehung verdächtig und aus einem heidnischen Kult stammend.

Für die Tiroler des 19. Jahrhunderts, also einer gar noch nicht lange zurückliegenden Zeit, scheinen überhaupt ihre zahllosen «Hexen» zuerst einmal Mädchen gewesen zu sein, die noch feste Neigung besassen, sich nicht von Menschen ausserhalb ihrer Volkskultur eine strenge Sittlichkeit vorschreiben zu lassen. Wir vernehmen etwa: «Junge Hexen sind nicht so sehr zu fürchten, ... sie begnügen sich, in den Nächten im nahen Walde oder im Obstgarten um einen Baum im Kreise herum zu hüpfen.»[9] Im folgenden scheint die ursprüngliche Vorstellung noch sehr wenig verdunkelt enthalten zu sein: «Junge Hexen sind meist leichtfertige Dirnen, welche den Eltern Kummer und Verdruss machen, auch Arbeit und Gebet vergessen ...»[9] Sie neigen vor allem zum «Buhlen» – offenbar verstand man darunter die rührende Anhänglichkeit der Jugend abgelegener und eigenwillig gebliebener Gegenden gegenüber den erwähnten alten Bräuchen des «Kiltens» oder «Fensterlns», die die Vertreter einer heuchlerischen Moral immer mehr zu verleumden suchten. Man behauptete geradezu: «Nicht selten» erscheine solchen sinnlichen und lebenslustigen Mädchen der «Teufel» selber «beim Fensterln statt des Geliebten»[9].

Die Burschen waren aber in Bayern, Tirol, der Schweiz und

andern Ländern mit wesensverwandten Bräuchen bis in die Gegenwart hinein bereit, ihre ursprüngliche und angestammte «Ordnung» gegen jeden fremden Einbruch zu verteidigen. Stolz sangen sie etwa: «Auf den Alpen ist keine Polizei, / Dort lebt man ohne Sorgen; / Wenn einer zu seinem Mädchen geht, / So bleibt er bis zum Morgen.»[10] Die Lieder einer solchen Jugend sind darum voll des Lobpreisens des Lebens «Mitten in der Nacht» und erwähnen freudig Mond, Sterne, schwarze Katzen – also genau die Dinge, die die kirchlich-puritanischen Buchstaben-«Christen» seit der Reformation immer folgerichtiger «mit dem Teufel» in Zusammenhang brachten.

Verschiedene dieser humorvollen Lieder, die die verwegenen Burschen bei ihren Nachtfesten und den anschliessenden Besuchen bei ihren «Hexenmädchen» sangen, zeigen, dass sie sich aus ihrem schlechten Ruf meistens herzlich wenig machten. Gewohnt, den sozusagen lustvollsten Teil ihres Daseins bei Mondschimmer und Steinlampen zu verbringen, zählten sie sich selber munter zum Nachtvolk und schilderten sich als Busenfreunde jener Hexen-Mächte, vor denen die abergläubischen «Sittenrichter» zitterten: «Ich wollte, dass mich der Teufel nähme / Und ich wär in der Hölle / Und dass die Hölle voll Jungfrauen wär / Und ich wär ihr Geselle.»[10] Hier haben wir noch ganz genau die Vorstellung eines Paradieses voll sinnlicher Freuden, wie sie die Ketzerverfolger Hexen zuschreiben und die ziemlich genau mit gewissen islamischen und indischen Vorstellungen übereinstimmt.

In diesem Reich des Liebesglücks flattern auch jene Nachttiere herum, welche die in die dunkle Tageszeit verliebte Alpenjugend geradezu, mit Mond und Sternen zusammen, als die Begleiter ihrer verschwiegenen Gänge schätzen gelernt hatte: «Mädchen, wenn du gestorben bist / Und kommst ins Paradeis / Wo die Engelein Flügel haben – / Wie die Fledermäus.»[10] Möglicherweise haben die Burschen und Mädchen ihren herzlichen Umgang mit «unheimlichen» Tieren an den von Spuksagen umgebenen Orten schon darum so fleissig betont, weil ein entsprechend schlechter Ruf alle unbefugten Beobachter ihres leidenschaftlichen Treibens in sicherer Entfernung hielt.

Eine Bündner Sage weiss z. B. von einem unerwünschten Zeugen einer Versammlung des tanzenden Hexenvolks in den Bergen, dem nach seiner Entdeckung nicht unfreundlich gesagt wird: «Wir müssen dich warnen für ein andermal. Doch wollen wir mit dir gnädig verfahren.» Dann vernehmen wir: «Der Hirt (also der Zeuge) spürte noch, wie ihm ein feuchtes Tuch auf das Gesicht gedrückt wurde. Dann sank er zu Boden und wusste nichts mehr von sich!»[11] Hier scheint ziemlich sachlich auf die vorsichtige Anwendung eines Betäubungsmittels angespielt zu sein, welches die Tänzer des Bergfests anwandten, um nicht von einem Fremden beobachtet, nachträglich in ihrem Alltag erkannt und dadurch in gefährliche Gerichtsverfahren verwickelt zu werden . . .

Von einem im Volk als Ort der Versammlung des Hexenvolks angesehenen Haus, mitten in der Stadt Bern – es ist das Stallgebäude, das lange einer adeligen Familie gehörte – erinnern sich alte Leute: Eine Jugendbande habe, bereits in unserem Jahrhundert, «die leeren Räume für ihre geheimen Zusammenkünfte verwendet» und, «um nicht gestört zu werden», anscheinend ziemlich bewusst um dieses Haus herum «den schlechten Ruf verbreitet» – «es handle sich um ein Gespensterhaus»[12].

Für die Puritaner, seit dem 16. Jahrhundert und fast bis in die unmittelbare Gegenwart hinein, war auch alles, was mit der Sinnlichkeit zu tun hatte, ein «Teufelskult». Es ist bekanntlich eine alte Auffassung, dass die Hexen «gezeichnet sind», an ihrem Leib «Zeichen tragen»[13]. Auch hier schimmert der wahre Sachverhalt aus der Tiroler Überlieferung des 19. Jahrhunderts ziemlich deutlich durch: «An den Armen haben die Hexen dunkle Flecken, das sind Spuren der Griffe des Teufels und der bösen Geister bei ihren Tänzen und nächtlichen Gelagen.»[14] Dazu kann man einfach die Nachricht nehmen, dass in gewissen Alpentälern die «erwachsenen» Mädchen gern lange Ärmel trugen, «damit nicht jeder sehe, dass sie zu den Tanzanlässen gehen und Kilter in ihrer Stube empfangen und darum Spuren ‹vom festen Anfassen› auf ihrer Haut ‹wie Milch und Blut› hätten»[15].

Aus den freiheitlichen Bräuchen, die durch strenge Vorschriften eingeengt, zumindest aber in den abgelegenen Berggebieten von den Mädchen treu bewahrt wurden, scheint jeweils die eigenwillige «Weise Frau» hervorgewachsen zu sein. Kein geringerer als der Magier Theophrastus von Hohenheim (Paracelsus) schildert die Hexen als Weiber, die «von den Männern forteilen und ihrer gar nicht achten», die «sich verbergen» und «allein sein» wollen: Sie seien die, die «Künstlern nachfragen» und «sich an Zauberinnen hängen und lernen, wozu sie der Geist treibt»[16].

Von solchen «Hexenmädchen», die einer raschen Landung im «gutbürgerlichen Ehehafen» eine lange geistige Entwicklung zur Entfaltung all ihrer Fähigkeiten vorzogen, finden wir genug der mündlichen Zeugnisse aus unserem ganzen Kulturkreis. Wir vernehmen etwa von einem besonders schönen Mädchen aus dem alpinen Diemtigtal, das einen wilden Streit auslöst, weil es sich an einem Bergfest mit einem Künstler aus der Gruppe einheimischer Fahrender, von Musikanten und Schauspielern einlässt. Stolz verlässt es die Gegend, weil es die Enge von jedem Zwang mindestens für einige Zeit vermeiden will: «Es gehe am Anfang des Herbstmonats in das Schloss Spiez, um dort zu dienen, und bleibe vielleicht überhaupt dort.»[17]

Diese Geschichte scheint auf den ersten Blick nicht gerade besonders bedeutend, wird es aber durch eine Erklärung des Sagensammlers, der sie aufschrieb: Gerade Schloss Spiez, nach der Volkssage einst der Sitz der burgundischen Könige, galt gleich ähnlichen, von Überlieferungen jeder Art umgebenen Herrensitzen, als Mittelpunkt der Kultur einer ganzen Gegend. Hier trafen sich die fahrenden Musikanten und Krämer mit exotischen Waren aus der Fremde, um sich des Schutzes der Ritter zu versichern und dann, mit ihnen verbündet, die abgelegenen Dörfer aufsuchen zu dürfen. Hier strömte für einen ganzen Raum, zusammengetragen und dann wieder durch das ganze Land verbreitet, das Wissen all der fahrenden Studenten und Pilger zu den zahllosen heiligen Orten.

Die eigenwilligen Frauen, die in sich den Willen zu einer gewissen Unabhängigkeit und Weiterbildung gefunden hatten, konnten sich hier auf sich selber besinnen: Sie gingen später meistens, nun in ihrer Eigenart und ihrem Kreis der Erfahrungen anerkannt, nach Jahren wieder in ihre eigentliche Heimat zurück, wo sie mit ihrem Können ihrem ganzen Umkreis halfen.

Im Schatten
des Schad-Zaubers

Mit dem ganzen Kreis der Vorstellungen um die «Hexenaugen» gibt es sicherlich einen Zusammenhang, dass man im Alpenland wie in Russland, beim Volk der Huzulen in den Karpaten und in der keltischen Bretagne gelegentlich immer noch überzeugt ist, «dass keiner, der nicht selbst zum Hexenbunde gehört, in ihre feurigen Augen zu blicken vermag, ohne schon bald auf die Seite blicken zu müssen». Wahrscheinlich stammt diese Auffassung aus einer nachwirkenden abergläubischen Angst: Man glaubt, wie wir an anderer Stelle noch sehen werden, an die Fähigkeit der Hexen, in Gedanken einen «Schadzauber» zu sprechen.

Um ihre guten oder schlechten Wünsche auf Opfer oder Kunden «übertragen» zu können – nach der ursprünglichen Auffassung konnten ja die Weisen Frauen «auch alles Gute anhexen» –, hätten sich die Hexen entsprechend vorbereitet:[1] Wie meine Grossmutter noch im ausgehenden 19. Jahrhundert im Süden Russlands vernommen hatte, kam «das brennende Feuer in ihrem Blick» aus dem Feuer, um das sie in der Johannisnacht und bei Vollmond tanzten! Sie schauten dabei stets in die Flammen und den Rauch und nahmen dadurch die Kraft der besonderen Kräuter und Hölzer auf, die man in die Glut geworfen hatte.[2]

Ähnliche Wirkung, also die Verstärkung der eigenen magischen Fähigkeiten, sei auch dadurch entstanden, dass die Hexen fast immer die Vollmondnächte im Freien verbrachten und dabei den Vollmond anblickten. Dessen «Kraft» (sila) sei dann sozusagen in sie übergegangen und habe ihnen die Macht geschenkt, die nächsten vier Wochen, also bis zum nächsten Vollmond, auf die Menschen, die sie unverwandt anblickten, «gute und schlechte Wünsche übertragen zu können».

Um diesen «Wunsch» richtig zu tun, also ihn so stark zu denken, «dass er sich ganz sicher erfüllte», mussten sie ihn angeblich «dreifach» tun, am besten ganz leise vor sich hinflüstern. Gleichzeitig galt es bei ihnen als sehr nützlich, mit drei Fingern der linken Hand, also mit Daumen, Zeige- und Mittelfinger, das «Zeichen der Teufelsgabel» (Tschortowu vilu) zu machen: Die Hand musste dann während der ganzen Zeit des Wünschens gegen die Erde gestreckt werden, am besten unauffällig hinter dem Rücken oder auch in einer Tasche oder im breiten Gürtel versteckt.[3]

Zu Burgdorf in der Schweiz vernahm ich von einem heimatkundigen Lehrer, der von den Grosseltern noch «ein halbes Buchgestell mit handschriftlichen Zauberbänden geerbt hatte», eine ganz ähnliche Lehre: Nur sollten die Hexen bei ihrem «Anwünschen» von Glück oder Unglück nicht die «drei Gabelfinger» gegen den Erdboden strecken, sondern nur deren zwei, den Zeige- und den Mittelfinger, «weil diese an die Mondhörner erinnern sollen». Obwohl man ihm seine Bücher mit den Aufzeichnungen der Vorfahren schon als jungem Mann als «gefährliche Teufelei» im Lehrerseminar verbrannt (!) hatte, erinnerte er sich einigermassen genau: «Der Zeigefinger entspricht auch dem Planeten Jupiter, der Mittelfinger dem Saturn; der Jupiter bedeutet das Beherrschen der Kräfte des Aufbaus, der Saturn dagegen das Beherrschen der Kräfte der Zerstörung. Durch das Ausstrecken der beiden Finger will nun die Hexe sich selber erinnern, dass sie mit der Kraft ihres Willens beides kann, Glück wie Unheil verbreiten.»[4]

Ich erzählte diesem Kenner der einheimischen Volkskunde natürlich von dem so ähnlichen Zauberbrauch, den ich von meiner Grossmutter vernommen hatte. Er glaubte, wenn er freilich auch nicht ganz sicher war, «dass die Sache mit den drei Fingern auch irgendwie in der Zauberei der Alpen verwendet wurde»: Dies bestärkte uns beide in der Annahme, wie sehr es in vielen Fällen nur lückenhaftes und zufälliges Wissen ist, welches uns erlaubt, zwischen den magischen Bräuchen der einzelnen Länder deutliche Grenzen zu ziehen, z. B. von einer deutlich unterscheidbaren «germanischen» und «slawischen» Magie zu sprechen.

Wie es die romantischen Mythologen Görres, Mone, Hanusch, Nork und viele andere annahmen, handelt es sich hier um einen gemeinsamen Urbesitz. Findet man ihn in einem bestimmten Gebiet nicht, so ist er wahrscheinlich in der Regel in der Vergangenheit selten nicht vorhanden gewesen, sondern er wurde nur vergessen, besser gesagt, wahrscheinlich war man nur nicht fähig, in jene Volkskreise vorzustossen, die die alte Überlieferung noch immer hüten. Aber gerade aus diesen, für fremde Beobachter oft unauffindbaren Kreisen der Kenner der ursprünglichen

Sagen und Bräuche können sich dann diese von neuem ausbreiten, ganz genau wie durch neue Einwanderer aus andern Gebieten, die noch eine ursprünglichere Beziehung zu den Traditionen besitzen: Diese Traditionen werden dann im Gebiet, in dem sie so gründlich entschwunden schienen, wieder übernommen – nicht zuletzt weil in deren Menschen noch die dunkle, halbbewusste Erinnerung nachlebt, dass ganz ähnliche eigene Auffassungen in den Zeiten der Vorfahren vorhanden waren.

Nach einem eher boshaften Aberglauben, von dem der gleiche Burgdorfer Lehrer wusste, konnten «die Hexen», wenn sie «ihr Opfer» feurig anblickten und gleichzeitig mit den Fingern im geheimen «die Hörner» machten, das Gegenteil des schlimmen Wunsches aussprechen, «dann wirkte es ganz sicher». Sie sagten also, «wie unglaublich gesund siehst du heute aus» – und schon bald wirkte sich ihre scheinbar so freundliche Behauptung in deren Gegenteil aus, der Unglückliche lag binnen kurzem bleich und jämmerlich aussehend in seinem Bette.[4]

Selbstverständlich kennt man im allgemeinen noch das Gegenmittel gegen diesen «bösen Blick». Man kann z. B., dies vernahm ich von jungen Leuten der Stadt Zürich (angeblich als einen von ihnen übernommenen «alten Brauch aus dem Zürcher Oberland»!), das gefährliche Lob durch Menschen «mit dem stechenden und feurigen Auge» sehr leicht abwehren: Sagt etwa einer von ihnen – «mit Unterton und Hintergedanken» – «wie schaust du doch wunderbar aus», dann muss man sofort etwa erwidern, «das stimmt nicht, ich fühle mich hundsmiserabel» . . . Aus Russland erzählte mir meine Grossmutter schon als kleinem Kind den Brauch, sofort, wenn man vermute, «mit böser Absicht gelobt zu werden», «dreifach Holz anzurühren». Aus diesem Grund wurde es in der Ukraine und auf der Krim empfohlen, etwas aus diesem «immer heilbringenden Stoff auf sich zu tragen, sei es nun Gürtelschmuck oder ein Kreuz aus einem heiligen Baum». (Im letzten Fall meinte meine Grossmutter Holz aus einem Hain, der nach einer christlichen oder auch vorgeschichtlich-heidnischen Auffassung «als etwas Besonderes galt», z. B. weil in ihm eine heilige Quelle rann oder sich ein von Pilgern aufgesuchtes kleines Gotteshaus, vielleicht eine wichtige Einsiedelei befand.)

«Das Holz anrühren» oder «auf Holz dreifach klopfen» fand ich auch mehrfach in der Schweiz, im Elsass, in München, Paris, Südfrankreich, im nordamerikanischen Kalifornien erwähnt. Ein

Den eigentlichen Mittelpunkt des «Nacht-Fests» bildet, neben dem «wilden Reigen», die gemeinsame Mahlzeit aller Versammelten: «Dabei werden Erfahrungen und alte Rezepte ausgetauscht».

Gastarbeiter aus dem süditalienischen Neapel erzählte mir das gleiche «Mittel gegen den bösen Blick» als in seiner Heimat empfohlen, übrigens wusste er ausdrücklich beizufügen, es sei ihren Angehörigen «von einer Weisen Frau gelehrt worden». Ein nordamerikanischer Asienfahrer sah den Brauch im indischen Land Kerala. Er erzählte dem Sinn nach: «Noch jedes Dorf hat dort einen heiligen Baum, von dem man überzeugt ist, dass namentlich schon die Frauen aus der Zeit, als die Eltern, sogar die Grosseltern jung waren, ihn aufsuchten. In ihm wohnt der gute Geist der Gemeinschaft, die Kraft der heimatlichen Erde – eine Kraft, die sich sogar ‹ihren› Menschen in ihren warnenden Träumen in der Gestalt eines wunderschönen Mädchens mit sehr langen Haaren oder einer glückbringenden Schlange sichtbar machen kann. Wenn nun jemand aus dem Dorf einen Wunsch vernimmt, der ihm nicht ehrlich gemacht zu sein scheint, hinter dem also Neid und böse Absicht stehen, geht er noch am gleichen Tag den heiligen Baum zu berühren, und auch der schlechteste Wunsch dreht sich nun zum Guten.» Es scheint mir, dass wir hier über Osteuropa und Indien zu immer ursprünglicheren Auffassungen des Holzkults zu kommen vermögen, der in unseren Sagen (und seit dem ausgehenden Mittelalter auch in den Berichten über den «Sabbat») schon dadurch als ureinheimisch nachzuweisen ist, dass wir regelmässig vernehmen, «dass die Hexen immer um besondere Bäume tanzen»[5]! Eigentlich bestätigen hier die Zusammenstellungen der entsprechenden Auffassungen die Lehre, die ich noch als Kind von einem einheimischen Zigeuner vernahm: «Man kann sich nur dann in einem Land völlig fremd fühlen, wenn man glaubt, alle Leute seien in ihm ganz anders. Wenn man mit ihnen aber zusammensitzen kann, dass sie mit einem ganz ehrlich reden, merkt man, dass sie die gleichen Dinge glauben wie man selber, auch wenn sie es zuerst abstreiten und nicht wahrhaben wollen. Dann fühlt man sich auch bei ihnen wieder wie in der Heimat, aus der man einst auszog.»

Weit verbreitete Gegenmittel, «wenn da ein Hexer oder eine Hexe mit feuersprühenden Augen daherkommt», ist das Berühren von Dingen aus Edelmetall, also aus Stoffen, die nach den alten astrologischen und alchimistischen Vorstellungen dem Mond und der Sonne angehören, «Dingen aus Silber oder Gold». Eine zigeunerische Wahrsagerin, deren Eltern noch aus Rumänien eingewandert waren, versicherte, dass darum schon die kleinsten Kinder ihres Stammes – «namentlich die Mädchen» –

eine Kette aus diesen Metallen, häufig aus miteinander verbundenen Münzen tragen. Sie fügte hinzu, dass diese Gegenmittel besonders dann wirken, wenn man sie vorher dreimal, an drei aufeinanderfolgenden Jahren bei Pilgerfahrten zur «Sara la kali», zur schwarzen Zigeunerheiligen von Saintes-Maries in Südfrankreich, mitgenommen habe. «Kali» bedeutet in der Zigeunersprache der ursprünglichen Rom-Stämme, die den Erkenntnissen der Sprachforscher gemäss sämtliche Eigenschaften einer westindischen Mundart in sich trägt, «die Schwarze», genau wie der Name Kali der grossen Göttin und Gattin des gehörnten Gottes Shiva bei den Himalaya-Völkern.[6] Ihr Fest in Saintes-Maries, nach klugen Zigeunern «noch aus der Zeit der unabhängigen Fürsten der freien Provence stammend», findet noch immer jedes Jahr am 24. Mai statt. «Eigentlich», dies erzählte ein französischer Zigeunerforscher, «betrachten die echten Fahrenden im französischen und in den angrenzenden spanischen und italienischen Mittelmeergebieten den ganzen Monat Mai als ihr heilig. In dieser Zeit sei sie in Urzeiten aus dem Morgenland an die europäischen Küsten gekommen und habe, nach einer Zeit des Verfalls und der Kriege, den Menschen wieder Glück und Fruchtbarkeit gebracht – ja, einige Zigeuner versichern, diese Tat der schwarzen Heiligen sei nicht etwa ein geschichtlicher Vorgang, der einst und einmal stattfand, sondern er wiederhole sich jeden Mai, also jedes Jahr.»

Haben sich hier in abendländischen Schichten, zumindest in denen, die mit Neueinwandernden aus dem Osten verbunden blieben, Vorstellungen erhalten (oder neu entwickelt!), die deutlich mit denen in den religiösen Mythen ganz urtümlicher Kulturen verwandt sind, so wird dies noch deutlicher, wenn wir als ein drittes «Edelmetall» fast regelmässig noch das Kupfer genannt finden, den zwar viel billigeren Stoff, der aber für die alte Astrologie dem Planeten zugehört, «der zusammen mit Mond und Sonne eine Art Dreiheit der wichtigsten Himmelskörper bildet»: dem Abend- und Morgenstern, der Venus.

Das Aufleuchten dieses Sterns am Abend soll, zumindest nach einer Vorstellung aus dem Berner Oberland, erhalten in dem offenbar bis ins 19. Jahrhundert sehr unberührten Frutigtal, den Anfang «des Hexensabbats» bedeutet haben, «sein Verlöschen am Morgen dessen Ende». Der Stern im Wappen der Ritter von Bubenberg, nach der Überlieferung des gleichen Gebiets der eigentlichen Beschützer dieses Landes, soll auch bedeutet haben, dass sie «in allen Dingen, die in der Nacht stattfanden, besonders bewandert waren und alle von unduldsamen Ketzerrichtern verfolgten Bräuche des Volkes behüteten»[7]. Die Venus, im Volke (ähnlich wie von astrologiekundigen Zigeuner-Wahrsagern) häufig einfach «der Stern» genannt, beeinflusst alle Sachen, die mit der Liebe zu tun haben – «darum brechen alle Gegenstände aus dem Venus-Metall Kupfer jeden Zauber, der aus dem bösen Willen stammt, also aus dem Gegenteil der Liebe».

Weniger empfohlen als Gold, Silber und Kupfer scheint mir im modernen Volksglauben unserer zivilisierten Länder das Mars-Metall, das Eisen. Immerhin scheint dies in den entsprechenden Schichten, etwa im französischsprachigen Paris wie im deutschsprachigen Zürich, ein Hauptgrund für die Empfehlung zu sein, ein Messer bei sich zu tragen, das man berühren soll, wenn man das Gefühl hat, mit Menschen mit «bösem Blick» und bösen Neid-Wünschen in Berührung zu kommen. Auch hier haben wir die Erklärung dafür aus der volkstümlichen Astrologie, die ich von einem Fahrenden aus Graubünden hörte, da die Zigeuner am besten die alte Sternenkunde des Mittelalters erhielten oder möglicherweise bei Wanderungen von Asien her immer wieder erneuerten:[8] «Der Mars regiert das Eisen und alles, was aus ihm geschmiedet ist. Er stellt eine männliche Kraft in ihrer reinen Form dar, und sie bricht namentlich jeden negativen Wunsch, wenn er von Weibern kommt.» Es ist sehr bezeichnend, dass sogar dieses Wundermittel wider den Einfluss von «schlechten» Hexen aus dem Rat von «guten» Hexen kommen soll, in diesem Fall von einer Weisen Frau, einer Grossmutter aus der eigenen Sippe, «die noch alle die alten Erfahrungen, die man zum guten Leben braucht, auswendig wusste».

Schwarze Künste mit Puppen

Der berühmteste Schadzauber, den wir neben dem «bösen Auge» kennen, ist der mit der sorgfältig hergestellten «Hexenpuppe»[1]. Im bernischen Alpengebiet, das ich seit meiner Kindheit kenne, nennt man sie gern «Toggeli», wie man in der Regel auch den Hauskobold nennt, dem man das geheimnisvolle nächtliche Klopfen in den Wänden der Hütte zuschreibt. Aber auch die märchenhaften Erdleutlein heissen etwa so, denen die Kinder noch immer in den Vertiefungen einsam stehender Steine oder im Wurzelwerk mächtiger Bäume Brosamen oder Pilze «zum Essen» niederlegen.

Das Toggeli nähte man aus alten Kleiderstoffen oder bildete es aus Wachs, Lehm oder Holz. Es musste aber möglichst ähnlich demjenigen werden, «für den» man es machte. Diese Ähnlichkeit beschränkte sich selbstverständlich in der Regel nur auf ein sehr äusseres Merkmal, das es dann mit seinem lebendigen Vorbild teilte. So war es selbstverständlich ziemlich leicht, falls die Nase des menschlichen Opfers besonders lang oder kurz war, nach unten gekrümmt oder nach oben zeigte, sie auch dem Toggeli zu verleihen.

Immerhin versichert die Sage, dass es Hexen gab, die die Kunst des Toggeli-Machens sozusagen beruflich ausübten und darin fast die Fähigkeit von Bildhauern erreichten. Als einmal ein Mann, da eine Weise Frau aus der Nähe von Vallamand am Murtensee abwesend war, in ihren Keller hineinblicken konnte, habe er mit Entsetzen viele seiner Dorfgenossen erkannt, wie sie die Zauberin «ganz genau» in Ton dargestellt habe.[2] Eine solche Sage kann selbstverständlich wegen an sich völlig harmlosen bildhauerischen Übungen einer Frau entstanden sein, als abergläubische Menschen aus schlechtem Gewissen allen etwas eigenwilligen Weibern nichts anderes als das Betreiben der allerübelsten Hexenkünste zutrauten. Es ist natürlich möglich, dass einst die Weisen Frauen, um deren Rat als magische Heilkundige eine ganze Gegend kam, unter ihrem Hausrat auch ein paar Toggeli führten, sozusagen um ihren guten Ruf als Kennerinnen aller «alten Künste» (des vieux arts) noch ein wenig zu verstärken . . .[2]

Auf alle Fälle glaubte man, dass die Hexen und Schülerinnen für ihre Zauberpüppchen stets «etwas brauchten, was ihrem Opfer gehört hatte». Sehr wichtig war ausserdem, wenn man «ds Toggeli» aus Tüchern herstellte oder zumindest mit Tüchern bekleidete, dass diese aus Stücken der Tracht desjenigen bestanden, den man verzaubern wollte! Man wusste z. B. in der Umgebung des Alpenstädtchens Thun, wie ich bei meiner Beteiligung am Rand der Untersuchungen beim Spukfall von 1966–1967 vernehmen durfte, dass man «früher» in einem halbländlichen Stadtteil bei den Wohnhäusern die Wäsche am liebsten so aufhängte, dass sie kein Fremder «für düstere Zwecke» zu entwenden vermochte. Vom fahrenden Volk glaubt ein gelegentlich auftretender und boshafter Aberglaube heute noch, dass sie Kleider beim Trocknen angeblich nicht nur darum stehlen, um sie selber zu tragen oder für ihr tägliches Brot zu verkaufen: «Unter ihnen ist viel boshaftes Hexenvolk, das vielleicht von einem neidischen Nachbarn den bezahlten Auftrag bekommen hat, jemand etwa ein Hemd oder ein Bettuch zu rauben, um ihn dann nach allen Regeln der alten Kunst bei der richtigen Stellung des Mondes zu verzaubern.»

Machte man die Puppe aus Lehm, was möglicherweise am häufigsten geschah, so benützte man sehr gern die lehmhaltige Erde aus der unmittelbaren Umgebung des Opfers; als das Beste galt es, gewann man solche Erde innerhalb der Umzäunung des Opfers, oder auch am Rande eines Baches in der Nähe seiner Wohnung. Sehr gut sollte sein, auf dem weichen Erdboden die Spur des Schuhs, noch besser des nackten Fusses desjenigen zu finden, gegen den man zaubern wollte. Dann nahm man Erde aus dem Umkreis der Spur, man stach sie etwa «mit einem neu geschmiedeten Messer heraus» und vermischte sie mit ein wenig Lehm, um so die gefährliche Figur zu kneten. Als wichtigstes galt es aber, die Puppe mit «echten» Haaren oder Fingernägeln des Opfers auszustatten! Konnte man sich diese beschaffen, so war es fast überflüssig, dem Toggeli mühsam die äussere Ähnlichkeit mit dem Ebenbild zu verleihen. Hatte man hingegen «etwas vom Leib» des menschlichen Ziels der Zauberei, so musste man eigentlich nur noch «mit Willen und Leidenschaft» an dieses denken «und eine feste Verbindung zwischen Puppe und Mensch war hergestellt». Andere Bräuche, die man beim Herstellen des Toggelis zu beachten hatte, ich erwähne nur das Modellieren «beim Licht des Mondes» (oder auch des Abendsterns), galten daneben als verhältnissmässig nebensächlich. Auch das Anrufen der Namen von Mächten der volkstümlichen Zauberbücher, von denen wir auch im deutschsprachigen Alpengebiet häufig genug

Auch die heiligen Steinmäler aus vorgeschichtlichen Stammeskulturen
erscheinen in den Sagen als Treffpunkte des Nacht-Bundes.

hören, etwa des Astaroth oder der Astarte, mögen nur eine romantische Verzierung sein, möglicherweise hie und da eingeführt von halbgelehrten Lesern der magischen Literatur.[3]

Von den Hexen wird nun behauptet, dass sie ihre Puppen, wenn sie hergestellt worden waren, zuerst einmal einen ganzen Monat gut verwahrten. Nur einmal jeden Tag, anscheinend jedesmal wenn es zu dunkeln anfing, nahmen sie sie heraus und dachten dabei an den, dem sie gleichen sollten. Sie mussten dies mit ganzem Willen tun und dabei ihre Einbildung so stark entfesseln, dass es ihnen jedesmal immer mehr und mehr schien, das kleine Bildnis gleiche fast vollkommen dem lebendigen Menschen: Man hat erzählt, dass die Verbindung «über den Geist» nach und nach so gut wurde, dass die Hexe «jedesmal, wenn sie die Figur aus ihrer Truhe nahm, ganz genau spürte, wo sich ihr Opfer gerade aufhielt, ja was es in seinem Kopf dachte».

Aber erst nach einem Monat, einige sagen beim Vollmond, kam dann der entscheidende Augenblick: Die Hexe oder die Frau, die nach den Lehren einer echten Weisen Frau handelte, nahm das Toggeli und begab sich an den Ort, zu dem sie eine besondere Beziehung hatte. Man erzählt etwa, dass es sehr häufig ein Stein oder ein Baum war, der seit jeher in der ganzen Gegend für alle Bräuche dieser Art bevorzugt wurde. Eine Zigeunerin hat mir versichert, dass man einst glaubte, besondern Erfolg mit dem Zauber zu haben, wenn man an den Platz ging, der etwas mit dem Opfer zu tun hatte: So sei ein verführtes Mädchen mit der Puppe seines Beleidigers etwa zum Ort im nahen Wald gegangen, wo es von seinem männlichen Beleidiger mit falschen Schwüren verlockt worden war.

Man nahm dann die «Hexennadel», die besonders zu diesem Zweck geschmiedet worden war, also eine Nadel oder einen Nagel, den man für keine «gewöhnlichen» Arbeiten verwendete. (Selbstverständlich gibt es auch Abweichungen von dieser Regel – so nahmen Mädchen dazu sehr gern Nadeln, «die sie häufig auf sich trugen», um das Kleid oder die langen Haare zu befestigen!) Entsprechend den Vorstellungen der volkstümlichen Sternenkunde benützte man am liebsten Geräte aus Silber, dem Mondmetall, oder aus Eisen, dem Metall des kriegerischen Mars, von dem man glaubte, «dass er als Krieger und Ritter stets bereit ist, die Ehre von schwachen Frauen zu verteidigen und jeden Bösewicht, der sie beleidigt, zu strafen».

Die Nadel (oder der Nagel) wurde dann gegen den Himmel

gehalten, «damit sie im Mondlicht aufblitzte», oder auch zuerst einmal «dreimal» in die Erde gesteckt, «damit sie voll von der Erdkraft werde». Nun stach man sie in den Teil des Toggeli hinein, den man beim Feind geschädigt haben wollte. Vielfach pflegte man dem Übeltäter, den man «verletzen» wollte, in den Unterleib zu stechen: Hier erkennen wir, hinter allem trüben Aberglauben der letzten Jahrhunderte, den Rest der Überzeugung des ganzen Hexenwesens, nach dem so ziemlich alles, was mit Glück und Unglück des Menschen zusammenhängt, in den Angelegenheiten der «Geschlechtskraft», der Liebe und Schwangerschaft seine Wurzeln besitzt.

Durch den entsprechenden Zauber, meistens bei «vergehendem» Mond ausgeführt, sollte darum die Fähigkeit «zu zeugen und fruchtbar zu sein» abnehmen. Man war fest überzeugt, dass, wenn dies geschehe, der Mensch am meisten gestraft sei, ja eigentlich sein ganzes Menschentum einbüsse. «Nimmt die Geschlechtskraft ab», dies erzählte mir ein Kräuterarzt vom Thunersee, «dann verlöscht auch das Feuer im Unterleib, das die gegessenen Speisen in den Därmen kocht, die Gifte darin vernichtet und die guten Stoffe in Fleisch und Blut verwandelt.»

Wenn wir die Unzahl der entsprechenden Sagen näher betrachten, die noch immer im Volk über den «Zauber mit der Puppe» oder die wesensverwandten Versuche «zum Schaden auf Entfernung» nachgehen, so kommen wir überhaupt zu dem Schluss, dass man in ihrem Gelingen in der Regel eine Strafe für Lieblosigkeit gegen andere Menschen erblickte. In der angeführten Geschichte, wie natürlich in sehr vielen ähnlichen, sehen wir geradezu, dass man in ihnen eine berechtigte, sozusagen gottgewollte Strafe für Untreue ansah. Die «Hexerei», die man mit einem «Toggeli» anstellen konnte, hat möglicherweise in den Jahrhunderten der Weisen Frauen sehr viele Mädchen vor einer lieblosen Behandlung gerettet. Man erzählt etwa: «Von diesen Künsten hat man fest geglaubt, dass sie dem schwächsten Weib, wenn man es schlecht behandelte, belog, grundlos gemein sitzenliess, viel mehr der Macht gaben als einem rücksichtslosen Mann. Ein Mädchen konnte arm sein und ihr Verführer reich und einflussreich, er hütete sich aber, ihr etwas Böses anzutun, weil er fürchtete, sie werde sich ihm gegenüber scheusslich rächen können. Ja, er war früher überzeugt, dass die Weiber zusammenhielten und sogar, wenn ein Opfer aus Schwäche oder Gutmütigkeit seinem Beleidiger nichts Böses anwünschte – sich eine von ihrem Geschlecht fand, eine erfahrene Freundin oder eine ältere Verwandte, die in ihrem Namen den Versuch unternahm, den Bösewicht am weiteren Unfug Frauen gegenüber zu hindern. Gegen die Künste wie jene mit den Puppen, glaubte man, gebe es sozusagen kein Gegenmittel, weder aus der Apotheke, noch ein Panzerhemd, das doch Messerstiche von starken Männern abhielt.» Dies weiss ich noch von meinem Vater, der mir versicherte, dass solche Dinge ganz ähnlich von Slawen, Griechen, Tataren, Juden und Zigeunern am Schwarzen Meer geglaubt wurden.

Im Alpengebiet der Schweiz hörte ich hingegen, ebenfalls zuerst als Kind, die ähnliche Sage, dass es einst als ein Zeichen des grossen Vertrauens galt, «als Beweis, dass man gegenseitig die Verbindung als fest betrachte und nur auf gegenseitiges Einverständnis hin auflösen wolle», wenn sich Mann und Frau abgeschnittene Haare schenkten: Diese gaben, zumindest nach einer Vorstellung, die bis in die ersten Jahrzehnte unseres Jahrhunderts im Alpenraum sehr verbreitet war, «den, der die Haare schenkte, sozusagen in die Hand dessen, der die Gabe empfing»[4]. Wenn sich die Liebschaft nachträglich doch löste, dann war man glücklich, wenn dieses scheinbar wertlose, nach dem Volksglauben aber so gefährliche Geschenk zurückgegeben wurde – während man den teuren, einander gegebenen Schmuck gar nicht zurückverlangte. Man war, wie wir sahen, überzeugt, dass man mit Hilfe der Haare, ganz nach Belieben, auf Entfernung schaden könne «und wollte nach dem Bruch der Liebschaft nicht jahrelang zittern müssen».

Man fürchtete den Schadzauber vor allem auch in Fällen, wenn man einen «Nachbarn in Not», gemeint sind vor allem Menschen aus der gleichen Dorfschaft, «schlecht behandelte». Kam z. B. eine Frau um Hilfe und man stiess sie unbegründet zurück, so fürchtete man, dass sie einen entsprechenden Schadzauber auslösen könnte. Besonders gefährlich erschien es Menschen mit schlechtem Gewissen, wenn sie, nachdem man sie zurückgestossen hatte, nicht etwa drohte oder fluchte, sondern sich scheinbar demütig und schicksalsergeben entfernte: «Schimpft sie, dann ist ihr Zorn schon verraucht, bevor sie aus dem Tor des Hofs ist», glaubte man etwa bei Langnau im Emmental, «sagt sie aber nichts, dann sinnt sie an andere Bestrafung». Man war in diesem Fall bereit, jeden Unfall, der in den darauffolgenden Tagen stattfand, die Krankheit von Mensch oder Vieh, einen Brandschaden usw. als Folgen des Vorfalls anzusehen.

In der «Hexerei» sah man damit eine peinliche Auswirkung, verursacht von einem lieblosen Verhalten gegenüber den Mitgliedern der eigenen Gemeinschaft. Der Mensch der Vergangenheit (und in verschiedenen Gegenden bis in die Gegenwart hinein!) fürchtete sich vor Hexen, wenn er gefühlsmässig sein Verhalten den Mitmenschen gegenüber für immer fragwürdiger hielt, sich selber mit immer mehr Schuld beladen ...

Sehr wichtig zum Verständnis und der richtigen Bewertung des ganzen Zaubers, «um einem andern zu schaden», scheinen uns die unzähligen Regeln, die der Kunde zu beachten hatte, wenn er eine Weise Frau um einen solchen bat. Im letzten Abschnitt dieses Kapitels wollen wir noch eine Reihe davon zusammenstellen, so dass auch eine eher düstere Seite des einstigen «Handwerks» der Hexen in ein eigentlich sehr freundliches Licht rückt.

Bosheit des Menschen gegen den Nachbarn, die sich auf heimtückische Art äussert, ist nun einmal erschreckend häufig. Ein Vertreter der Polizei von Los Angeles, mit dem ich ein zufälliges Gespräch führen durfte, berichtete mir vom unglaublichen Leerlauf der Gemeinheit, in dem sein Berufsstand sehr häufig als Blitzableiter wirken muss: Stündlich kommen Fehlanzeigen von Leuten, die sich gern «wohlmeinende Mitbürger» nennen und die über Mitmenschen die widerlichsten Verdächtigungen ausstreuen – wobei sie selbstverständlich «ungenannt zu bleiben wünschen». Diese Anzeigen erweisen sich dann in der Regel als ziemlich leer und nichtig und erzeugen höchstens unnötigen Hass gegen die Polizei. Sie erreichen aber das, was der «Wohlmeinende» wünscht; seinem Nachbarn etwa, den er wegen eines neuen Autos oder einer schöneren Frau beneidet, einige Stunden des Ärgers und der Erniedrigung zu bereiten.

Wie wir noch sehen werden, wirkten die Weisen Frauen von einst, wenn sie sich mit ihren Kunden auf Gespräche über das ganze Gebiet des Schadzaubers einliessen, sozusagen auf dem Gebiet der seelischen Hygiene: Sie liessen den Menschen, der mit einer derartigen Zumutung zu ihnen kam, z. B. um den Zauber mit der Puppe bat, sich seinen Hass von der Seele reden. Sie zeigten ihm dann seelenruhig so viel der Bedingungen, die man zu beachten habe, damit die «schwarze Kunst» gelinge, dass er selber den Rest seiner Vernunft zusammenfasste und wahrscheinlich häufig von seinem schlechten Auftrag zurückschreckte. Tat er es nicht und verlangte von der Hexe, dass sie ihre alte Wissenschaft zum Schaden seines Feinds anwandte, so hatte er nachträglich sehr viel Schuldgefühl auf dem Gewissen und erwartete wohl von da an wegen seines Unterfangens die sicher meistens berechtigte «Strafe des Himmels».

Lehren der Nacht

«Die Hexe ist gut – zu ihrer Hexenbrut», dies ist eine Redewendung, die uns überliefert wurde. Ähnlich lautet es etwa: «Auch die Hexe ist lieb, aber nur zum Teufelsgesind.» Ein «Jenischer», also ein Nachkomme von «fahrenden» Sippen, die, nach seinen Angaben, seit mehreren Jahrhunderten im hügeligen Vorgebirge des Bernbiets, zwischen Seeland und Emmental herumzogen, erzählte mir zuverlässig: «Es ist ein Blödsinn einer späten Zeit, in der niemand mehr so richtig die Zusammenhänge wusste, von bösen und guten Hexen zu reden. Eine Hexe war eine mächtige Frau, mit viel altem Wissen und auch entsprechenden Kräften. Sie konnte gut und böse sein, also Wohltaten vollbringen und auch Unglück, genau wie das Leben selber oder die Natur, die schliesslich auch Pflanzen verwelken lässt, wenn ihre Frist zu Ende ist. Eine Hexe nannte man gut, wenn man sie kannte, mit ihr verwandt war, von ihr die Unterstützung bekam. Eine Hexe betrachtete man mit einigem berechtigten Misstrauen, wenn sie einem fremd war, zu einem ganz andern Stamm gehörte, also weder Zeit noch Verständnis für einen hatte.»[1]
Der gleiche Gewährsmann erzählte offen, dass man einst glaubte, dass diese Weisen Frauen ganz bestimmte Künste und Wissenschaften besässen, um denen, die ihren Angehörigen Unrecht taten, Misserfolg auf ganz verschiedenen Gebieten anwünschen zu können. Er liess, nach einer Reihe von Anspielungen, die nun einmal den guten Geschichtenerzähler ausmachen, mehr oder weniger offen, ob er von der Macht dieser alten Hexen des Alpengebiets überzeugt sei oder nicht: «Eins ist sicher», sagte er voller Überzeugung, und ich hörte ganz ähnliche Behauptungen auch von einer Reihe alter Bauern, «den Fahrenden, den unabhängigen Handwerkern, die sich überall in den grünen Hügeln, den noch dichten Wäldern und am Rand der damals nicht ausgetrockneten Moore im Land aufhielten, wäre es ohne den Ruf ihrer Hexen noch viel schlimmer gegangen. Als im 18. und 19. Jahr-

hundert der billige Fabrikramsch aus England und andern ausländischen Staaten zu uns kam, hätten viele ungerechte Leute gern auf die bewährten Dienste des Volks der einheimischen Korbflechter, Kesselflicker und Wald-Spengler verzichtet. Aber die gleichen Menschen, die so leicht die alten Beziehungen vergassen, waren, Gott Lob und Dank, sehr abergläubisch und wagten die fahrenden Handwerker doch nicht so ohne weiteres wegzujagen. Gegen ihre Weiber, pflegten sie zu sagen, nützen eben keinerlei geschriebene Gesetze. Die murmeln (brümmeln) so etwas vor sich hin, wenn man nur zu einem aus ihrem Volk ein böses Wort sagt, und schon hat man genau auf dem Gebiet, das einem am wichtigsten ist, Ärger ohne Ende.»

Um was es mir hier eigentlich geht ist, ein urtümliches Gesetz festzustellen, das die alten Fahrenden und Sesshaften «ihre» Hexen (der hier angeführte Jenische nannte sie übrigens mit dem alten Wort «Tschueper-Gäie») nicht vom Standpunkt irgendeiner bestimmten Moral als «gut» und «schlecht» bewerten liess: Brauchten sie für eine der Frauen diese bewertenden Worte überhaupt, so waren dies für sie eigentlich nur Gradmesser der Kraft, der magischen Fähigkeiten, des ererbten Wissens – «Gut» fand man eben den Besitz von möglichst viel von diesen Eigenschaften, «schlecht» galt deren Mangel.

«Die Weise Frau handelt nur in den Augen ihrer Feinde, der Aussenstehenden, der Fremden, die ihre Gründe nicht kennen, böse», erklärte mir der gleiche Kenner der volkstümlichen Kultur des fernen 19. Jahrhunderts, «ihre eigene Familie hält sie gleichzeitig für gut, weil sie ohne ihre Ratschläge, ihre Erfahrungen gar nicht weiterbestehen könnte! Ihre Gaben, von denen, die sie mit Berechtigung fürchten, verleumdet, gelten bei ihrer Familie gleichzeitig als heilige Geschenke des Himmels, ihr in die Wiege gelegt, weil ihre Vorfahren «gut taten», verdienstvoll lebten und damit für ihre Angehörigen den besten Lohn verdienten – das Glück, dass ihnen eine Weise Frau geboren wurde. Wenn eine solche Frau gehext (tschueperet) hatte, war sie überzeugt, dass sie nichts Böses getan hatte, sondern nur Gutes. Sogar wenn sie den Gegnern und Verfolgern ihrer Familie etwas Unerfreuliches anwünschte, dachte sie keinen Augenblick, dies sei eine schlechte Tat – sondern sie sah sich als Beschützerin der Menschen, die sie gut kannte und liebte und denen Unrecht geschehen war, das man mit gewöhnlichen Mitteln gar nicht bestrafen konnte.»

Man hat mir auch immer versichert, dass die Weisen Frauen,

wenn man mit der Bitte um Hilfe gegen böse Beleidigung zu ihnen kam, jedesmal ganz genau erforschten, was überhaupt die Ursache des ganzen schlimmen Handels war. War die Angelegenheit reichlich dunkel, hatte also der Bittsteller sich gegenüber seinem Feind auch etliche Schuld aufgeladen, dann erklärte ihm die Zauberfrau geduldig, aber bestimmt, sie dürfte ihm auch beim besten Willen nicht helfen. Sie könnte ihm selber höchstens einen guten Kräutertee brauen, der ihn gut beruhige und ihm also erlaube, in einen tiefen Schlaf zu versinken. Dieser erlaube ihm dann, seine ganze Angelegenheit am nächsten Morgen ohne grosse Verbitterung zu betrachten ...

Wenn man jemanden verzaubere, den Zorn der Toten (Muli) gegen ihn anrufe, und er doch mehrheitlich schuldlos dastehe, «dann ist er sowieso beschützt». Der Schadzauber, möge er noch so meisterhaft ausgesandt worden sein, der pralle dann von einem solchen Menschen ab, «wie der Ball, den man gegen die harte Mauer wirft»: «Hexen, die wirklich schlechtes Zeug getan haben, die musste man also gar nicht vor das hohe Gericht schleppen, wie man es früher besonders gern mit armen Zigeunerinnen getan hat. Die entsprechenden Weiber bestraften sich durch ihre üblen Taten selber und zerstörten sich viel rascher und gründlicher, als es irgendein roher Henkersknecht mit ihnen hätte machen können. Dass also die Hexen früher so steinalt wurden und sich immer einer festen Gesundheit erfreuten, beweist nur, dass sie immer ein gutes Gewissen hatten und auch von allen Seiten dankbare Segenswünsche zugeschickt erhielten.»

Wenn also einst eine der zauberkundigen Kräuterfrauen, die irgendwelche «Künste» geerbt hatte, sie aus schnöder Geldgier benutzte, mit ihnen einem Schuldlosen Unglück anzuwünschen, «dann seien eben alle die bösen Gedanken, die sie aussandte, auf sie selber zurückgefallen». Nicht ihr Opfer verfiel einem tückischen Siechtum oder hatte einen unerwarteten Unfall – sondern ihr boshafter Kunde und, für ihre gemeine Unterstützung sie obendrein noch selbst. Von den falschen «Hexen», die von jedermann Geld für Rat und Tat nahmen, aber kaum je eine nennenswerte «Wirkung» mit ihren Künsten hervorzurufen vermochten, pflegte darum das erfahrene Volk zwischen Jurakette und Alpen zu behaupten: «Der wurde eben schon längst ‹ihre ganze Kraft genommen›, weil sie sie schon dreimal missbrauchte. Sie wollte jedesmal fremden Leuten, deren Angelegenheiten sie gar nicht genau kannte, gegen deren Feinde helfen – diese waren aber viel weniger Galgenvögel als ihre Kunden, die ihr schönen Lohn versprachen, wenn sie den andern schade.»

Natürlich soll es allerlei schlechte Hilfsmittel gegeben haben, womit diese unwürdigen Hexen, die sich zum Schadzauber «gegen gute Leute» bewegen liessen, sich selbst und ihre tückischen Arbeitgeber zu schützen versuchten. Sie machten um sich und ihren Kunden einen Kreis auf den Boden, den man in die Erde grub. «Später versuchte man auch in abgelegenen Hütten oder Scheunen zu zaubern», wurde mir versichert, «dann wurde der gleiche Kreis mit Kohle, Rötel oder Kreide auf das Holz gemalt. Manchmal sogar mit den drei Mitteln gleichzeitig, weil man glaubte, dass Zauberzeichnungen, die gleichzeitig schwarze, rote und weisse Farbe zeigten, besonders wirksam seien».

Aber ursprünglich vollzog man das ganze Ritual am liebsten auf «nacktem Erdreich», und es soll einst sogar einen uralten Spruch gegeben haben, den man bei dieser Gelegenheit murmelte: Man rief darin die Macht der Mutter Erde an und auch die Erdleute (Härdlütli), die ihre Kinder sind und die alle Schätze unter dem Erdboden und auch die Kräfte und Säfte in den Kräuterwurzeln kennen.

War dann der böse Zauber gesprochen, von dem man fürchtete, er könnte «zurückgeworfen» werden, dann wartete man wohl eine geschlagene Stunde «im Kreis»: Man muss sich aus den Geschichten, die wir vernahmen, vorstellen, dass man die geschilderte Kunst gern um Mitternacht übte und also bis zum ersten Schlag der Kirchenglocke auf die möglichen gefährlichen Folgen wartete. Bis dahin hütete man sich wohl, aus dem schützenden Ring zu treten oder auch nur ein kleines Stück von ihm wegzuwischen.

Sei man aber unvorsichtig gewesen, vergass, den Kreis «gut zu ziehen» oder überschritt man ihn achtlos, dann «Gnade Gott» den glücklosen Sprechern des Schadzaubers, zumindest wenn ihr Opfer durch «seine besseren Taten vor bösen Nachstellungen beschützt war». Dann strömte die «Kraft», vom bösen Willen der Zauberlehrlinge ausgeschickt, auf diese selber zurück: Es soll vorgekommen sein, dass die Hexer auf einmal, wie vom Blitzstrahl gefällt, zusammenbrachen. Ihre Gesichter zeigten dann, wenn man sie später mausetot auffand, erstarrte und schreckhaft verzerrte Züge – ganz als hätten sie eine Flut von scheusslichen Gesichten gehabt und wären durch deren Anblick an Herzschlag gestorben. Es scheint im übrigen, dass die einheimischen Weisen

Frauen, wenn sie solche Geschichten als Warnung herumerzählten, viel weniger an irgendwelche Teufel glaubten als viele andere naturentfremdete Zeitgenossen: «Die schlechten Leute, die die alten Wissenschaften so frevelhaft missbrauchen», so erzählte der schon mehrfach als Gewährsmann angeführte Nachkomme der Fahrenden, «sterben nicht aus Schreck ob irgendwelchen Dämonen»: «Wenn die Kräfte von ihrem Opfer zurückprallen, dann erkennen sie ihre eigene Verkommenheit, so dass sie selber in einen Schock hineingeraten, der ihnen entweder einen schleichenden Schaden oder sogar einen plötzlichen Tod bereiten kann.»[1]

Es gab in dieser Dämmerung des Missbrauchs der Überlieferung einer uralten Kultur noch andere, ausgesprochen verwerfliche Mittel, sich vor den Früchten seiner Untaten zu schützen – wir erwähnen hier nur «die Opferung» eines Haustiers: Eine Ziege (Geiss) oder ein Hahn, beide nach Möglichkeit von dunkler Farbe, wurden von den Schadzauberern mitgeschleppt und ausserhalb ihres Kreises «an einen abgebrochenen Ast» festgebunden. Prallte nun der böse Wunsch vom Opfer ab, weil dieses in der Ferne durch seine guten Taten «geschützt» war, dann soll es vorgekommen sein, dass das unglückliche Geschöpf «wie vom Blitz getroffen» niederstürzte und nach wenigen elenden Zukkungen sein Leben aufgab. Wie man mir aber anschliessend versicherte: «Ob dies nun wahr ist oder nicht, genützt haben diese üblen Bräuche denen, die da die alten Wissenschaften missbrauchten, ganz sicher nicht. Im Gegenteil, wenn sie solches taten, vergrösserten sie nur ihre Schuld und verfielen noch mehr wohlverdientem Unglück in der Zukunft! Man stelle sich vor, sie hatten jetzt nicht nur einem Menschen, der besser war als sie, Unglück gewünscht, sie hatten dazu noch ein unschuldiges Tier gequält.»

Besonders rasch und gründlich seien überhaupt die Flüche von ihrem Ziel abgeprallt, wenn das Opfer, gegen das man da in der nächtlichen Stunde «tschueperte», einen «starken Schutzengel» besass. Ob es sich hier um eine neuere, also nachträgliche Deutung des ganzen Vorgangs handelt oder um eine ursprüngliche Auffassung, ist für mich nicht zu bestimmen. Der Ausdruck wurde mir aber ungefähr folgendermassen erklärt: «Der Schutzengel, das ist eigentlich der Gatte oder die Gattin jenes Menschen, gegen den man den Schadzauber aussendet. Es wird vom gütigen Himmel nicht zugelassen, dass jemand durch Zauber geschädigt werden kann, zu dem jemand anderes auf Gedeih und Verderben steht, sein Schicksal ganz fest mit dem seinigen verbindend. Man stelle es sich doch nur einmal vor – ein Mann würde verwünscht und dadurch schwer krank, der für eine ganze Familie in jeder Beziehung gut sorgt. Sogar wenn er selber je etwas Böses getan hätte und darum Strafe verdienen sollte, kann ihn ein Fluch nicht treffen. Sonst würden doch seine Angehörigen in Mitleidenschaft gezogen, die eigentlich völlig frei sind von seiner Schuld.»[2]

Wenn also früher eine der klugen Frauen von jemand gebeten wurde, durch ihre angeblich sogar in die weitesten Fernen wirkenden Künste einen Feind zu bestrafen, dann pflegte sie sich nicht nur beim Kunden, sondern auch bei ihr bekannten zuverlässigen Leuten nach den häuslichen Verhältnissen dieses Feinds zu erkundigen. Erwies sich dessen Familienleben als einigermassen erfreulich, dann nahm sie «auch für alles Geld und Gold der Welt» den Auftrag nicht an. «Der Mann, dem du schaden willst», erklärte sie etwa, «bei ihm kommen wir nicht durch, er ist gut geschützt».

So hat also das Hexenwesen auch dort, wo es seine düsteren, wirklich abergläubischen Seiten zu besitzen scheint, eine sehr freundliche Grundlage. Diese stammt einwandfrei aus dem ganzen Kreis des in vorgeschichtliche Tiefen zurückreichenden Sippenkults, ohne dessen Erkenntnis wir die ganze Welt der Weisen Frauen gar nicht begreifen können: Die Kraft der Hexe stammt nach übereinstimmenden Auffassungen nicht etwa aus ihren zufällig erworbenen Kenntnissen, sondern aus dem Glauben ihrer ganzen Gemeinschaft, der sie mit ihren Künsten und Wissenschaften ein langes Leben hindurch hilft. Dieser «Kraft» sind nun ganz bestimmte Grenzen gesetzt, nämlich durch die Wirkungskreise von andern Gemeinschaften: Den Menschen, die einer solchen angehören, kann man auf Zauberart nur dann Schaden zufügen, wenn sie sich selber untreu wird, also sich auflöst, ihre einzelnen Angehörigen «nicht mehr zusammenhalten», sondern sich selber gegenseitig alle Übel anwünschen.

Schutzlos und damit vogelfrei gegenüber allen bösen Einflüssen steht im Reich der Vorstellungen dieser Art nur der einzelne, «das isolierte Individuum», wie man heute sagt: «Ihn liebt niemand, weil er sich selber nicht liebt», sagte zu einem befreundeten Sagensammler eine Fahrende. «Kein Lebender oder Toter verteidigt ihn, wenn ihm jemand etwas Böses anwünscht.»

Die Gemeinschaft der Tiere

Ein bejahrter Walliser Holzschnitzer aus dem Geist der uralten Überlieferung pflegte in den fünfziger Jahren in den Städten «von seiner Familie selbstgemachte» Masken zu verkaufen. Nicht ohne Mühen und recht wohlfeil – die Volkskunst wurde damals, während der wirtschaftlichen «Hochkonjunktur», kaum hochgeschätzt ... Als Zugabe zu seiner Ware erzählte er, wie sich einst «verbündete» Leute in solchen Holzlarven, die man möglichst fleissig mit Haaren, Hörnern, Zähnen von allerlei Getier schmückte, in abgelegenen Gegenden «für ihre dunklen Geschäfte» trafen: «Es ging unter ihnen zu wie bei einer wilden Fasnacht, und darum hat man auch früher umgekehrt die Leute, die gern bei den wilden Fasnachtsbräuchen mitmachten, des Heidentums und der Hexerei verdächtigt.»[1]

Solche Erinnerungen waren im Volk überhaupt sehr stark verbreitet. «Schlechtweg Hexen» soll man in Schwaben die «Fasnachtsnarren» genannt haben – sie trieben es angeblich «wie man sich die Hexen vorstellt»[2]. Urtümlicher Brauch mag auch dauernd Auferstehung gefeiert haben: Der gleiche Maskenschnitzer erzählte, wie «zwischen den Weltkriegen» (also wohl in den Zwanzigern) zivilisationsmüde Gebildete und Flüchtlinge im Wallis und Tessin die alten Holzmasken aufkauften und in ihnen in wilden Naturfesten ursprüngliche Unterhaltung suchten.

Die deutsche «Truten-Zeitung», erschienen in Nürnberg 1627, wollte das Volk besonders fanatisch gegen die Hexen aufbringen. Hier wird als bezeichnendes Beispiel von einer unglücklichen Frau erzählt, die ihre Verfolger trotz aller Bemühungen unmöglich zu einem Geständnis zwingen konnten. Also habe man einem Henkersknecht ein Kleid aus Bärenfell gemacht und ihn zu dem Weibe gelassen: Dieses habe ihn nun als ihren Geliebten, gemeint ist offenbar von der letzten Begegnung beim Hexensabbat her, aufgefasst und auch entsprechend angeredet – nun galt sie ihren Richtern als überführt und sei darauf hingerichtet worden.[3]

Dass die Vertreter des Hexenbundes in eigenartigen Masken bei ihren Versammlungen erschienen, ist schon in den alten Berichten wohlbezeugt, und man hat dies meistens aus den Bemühungen einer geheimen Gemeinschaft erklärt, sich vor fremden Beobachtern verborgen zu halten. Da an den Zusammenkünften des Nachtvolks, nach den Berichten der Verfolger, den alten Darstellungen und den noch lebendigen Volkssagen die verschiedensten Tiere «mittanzen», scheinen ganz besondere Masken bevorzugt worden zu sein: An erster Stelle muss man hier den Sabbat-Bock erwähnen, der in den meisten Vorstellungen des Fests sozusagen «den Vorsitz» hat. Zu einem Bericht der französischen Hexenverfolger, die schon im 15. Jahrhundert die Sekte der Waldenser eines entsprechenden Kults verdächtigten, schrieb darum bereits Görres: «Der Bock war die Tierlarve, der die symbolische Verehrung dargebracht wurde.»[4]

Mone, der überzeugt war, das germanische Hexenwesen sei schon im Altertum in den nördlichen, griechisch-skythischen Ufergebieten des Schwarzen Meeres ausgebildet gewesen, verglich den häufig bocksgestaltigen (oder hinter einer Bocksmaske verborgenen) Herrn unserer Walpurgis-Nächte mit dem antiken und orientalischen Rauschgott Dionysos, dem Bacchus der Römer. Auch er sei häufig gehörnt dargestellt worden, in Bocksgestalt oder mit «Gaisfuss» erschienen: «Sein Gefolge bestand aus ziegenfüssigen, gehörnten, geschwänzten Satyren ... Sollten nun die vielen Blocksberge in Deutschland nicht ursprünglich Bocksberge geheissen haben; das heisst Bacchusberge, von dem daselbst begangenen Dionysosdienst?»[5]

Die Zigeuner behaupten gelegentlich, die Nomadenstämme hätten den ganzen Vorstellungskreis aus Asien mitgebracht, zusammen mit den Ziegen, die ihnen auf ihren weiten Wanderungen die Nahrung gaben. Gelegentlich heisst bei ihnen der Herr des Hexensabbats «O buzno», also der Ziegenbock.[6] Die Wahrsagerinnen versichern, er erscheine, um Vorsitz zu halten, genau in der Gestalt, wie man ihn auf der Karte 15 der Tarottrümpfe erblicke, «mit seinen Fledermausflügeln, Adlerklauen, Ziegenhufen und dem Ziegenkopf»[7].

Bei den Germanen, Slawen und Balten lebt der Bock im Volksglauben und in den teilweise bis in die Gegenwart fortlebenden Religionen der einzelnen Stämme als Sinnbild der Fruchtbarkeit; der Zeugungskräfte, die in den Frühlingsgewittern die Erde neu befruchten: «... so, wenn der nordische (Blitz-

gott) Thor in der Edda mit blitzbespanntem Wagen am Himmels-
gewölbe dahinfährt. Auch in Litauen steht der Bock in enger Beziehung zum Donnergott ... Der slawische Gott Triglav wird mit
drei Ziegenhäuptern vorgestellt.»[8] Der amerikanische Dichter
H. P. Lovecraft (1890–1937) erfasste wahrscheinlich den Sachverhalt nicht unrichtig, wenn er annahm, hier seien Erinnerungen
an die Verehrung der Fruchtbarkeit der Natur, der asiatische Nomadenstämme seit Urzeit huldigten und der sie auch in abgelegenen Gegenden Europas das ganze Mittelalter hindurch treu blieben: Die Walpurgisnacht auf den Maianfang und ein entsprechendes Herbstfest (Halloween, Allerseelen) seien den Hexen
vor allem darum heilig gewesen, weil sie in den «herkömmlichen
Zeiten der Fortpflanzung von Ziegen, Schafen und des übrigen
Viehs» liegen.[9]

Unter den vielerlei Geschichten, die den Hexen sowie den
verschiedenen mit ihnen verwandten weiblichen Wesen «in Berg
und Wald» seltsame gemeinsame Rassenmerkmale zuschreiben,
gehören ganz sicher die «stark behaarten Ziegenfüsse»: Dies erzählte mir meine Grossmutter über Südrussland, wo die Weisen
Frauen noch häufig verdächtigt werden, «enge Liebesbeziehungen» zu den Waldgeistern mit Bocksköpfen zu pflegen! Im übrigen galt hier die letztere Verdächtigung mehr als ein roher Scherz
– er war einfach eine Erklärung für die Tatsache, dass die Hexen,
«um stets genug der für sie wichtigen Kräuter zu besitzen», sich
sehr häufig in den Wäldern aufhielten.

Was die «behaarten Ziegenfüsse» angeht, ebenso bekannt
aus Mittel- wie aus Osteuropa, so scheint dies ebenfalls eine Verleumdung zu sein, weil die Hexenfrauen stets bemüht gewesen
sein sollen, «ihre Beine niemandem zu zeigen»: Dies habe, als
man sie zu verfolgen begann, die Verdächtigung erzeugt, «sie täten nur darum so schamhaft», um dann auf dem Hexensabbat im
höllischen Rausch völlig nackt herumtoben zu können. Naheliegend war auch, ihnen nachzusagen, sie seien schon körperlich
keine Menschen, sondern in Wirklichkeit halbe Tiere – dies be-
schwichtigte sicher das schlechte Gewissen der Massen, als man
seit dem Ende des Mittelalters alles zu tun begann, die Hexen, als
vom Teufel selber gezüchtet, mit allen Mitteln auszurotten.

Bei Jenischen, dem Fahrenden Volk im Alpengebiet, hörte ich
noch als Kind, in den dreissiger Jahren, dass die Frauen früher
(also auch bei den einheimischen Sesshaften!) lange Röcke trugen und sich grosse Mühe gaben, «dass niemand, der nicht zu ih-

Die Zigeuner-Wahrsagerin mit «Zauberziege» und Karten beschäftigt
die romantische Kunst.

rer Sippe gehörte», ihre nackten Beine sehen könne. Es galt als nebensächlich, wenn eine Frau, etwa beim Stillen, ihre Brust sehen liess: «Alles unter dem Gürtel gehört aber nur dem einen Mann, mit dem man verbunden ist.»

Ähnliche Vorstellungen werden heute auch von den aus Osteuropa eingewanderten Fahrenden aus Frankreich berichtet, wobei sie nach der Sage aus deren ältester Vergangenheit, den Zeitaltern des Aufenthalts der Nomaden in den indischen und tatarischen Reichen, angeblich noch aus den Tagen des grossen Häuptlings und Ahnengottes Krishna stammen sollen: «Ein Gesetz – es ist eins der ältesten – verbietet der Zigeunerfrau, ihre Beine, ja sogar ihre Knöchel zu zeigen. Deshalb muss der Zuschauer (beim Tanz der Nomadenfrauen) das Stampfen der Füsse mehr erraten, als dass er es sieht, ausgenommen, wenn das Mädchen sich wirbelnd im Kreise dreht und sein weites, buntfarbiges Kleid eine Glocke bildet. Dann bemerkt man, dass die Tänzerin lange Strümpfe trägt, um die Nacktheit ihrer Beine zu verbergen.»[10]

Der romantische Geschichtsforscher und Volkskundler Mone fasste 1839 als spezifische Merkmale des Hexensabbats zusammen, in denen auch er die Reste einer uralten Geheimreligion zu erkennen glaubte: Der Herr der Versammlung, der maskiert erschien, gab den Hexen «mit einem Kuhschwanz das Weihwasser, das aus Kuhurin bestand»[11]. Erzählungen dieser Art hat man gelegentlich als reine Abscheulichkeiten aufgefasst, die von den Ketzer-Verfolgern schon darum ausgestreut wurden, um gegenüber dem verfolgten Nachtvolk, das seine geheimen Versammlungen abhielt, einen möglichst abgrundtiefen Ekel zu erzeugen.

Nun ist aber die Kuh in Indien der Erde heilig, mit der sie den gleichen Namen (go) trägt. Fast alles an ihr gilt aus dem gleichen Grunde für «göttlich», als Geschenke der Grossen Göttin an die Menschen: Auch ihr Urin wird zu mancherlei Zwecken als Heilmittel verwendet, und verschiedene Richtungen des Hinduismus sind überzeugt, dass es für den Kundigen kein Medikament gibt, das gleich dem Kuhharn die Gifte aus Seele und Körper vertreibt.

Der deutschen Volksmedizin ist im übrigen das gleiche Heilmittel bekannt, etwa: «In frischem Kuhurin soll man sich bei spröder Haut am Karfreitag vor Sonnenaufgang waschen.»[12] Von den alten volkstümlichen Ärzten des Emmentals hörte ich mehrfach, dass sie «vielerlei von der Kuh» verwendeten, so neben der Milch auch deren Urin, «der besondere Eigenschaften enthält, wenn sich das Tier vorher im Freien und von frischen Alpenkräutern ernährt hat». Wenn wir noch hinzunehmen, dass dieses Mittel angeblich früher in der Medizin der Maien-Bäder, und besonders von den «fahrenden Doktoren», benutzt wurde, so ist die Vermutung naheliegend, dass wir hier eine Beziehung zur Heilkunst der Hexen und der mit diesen gelegentlich verbundenen Nomaden vor uns haben.

Wieviel die Zigeuner, um wiederum diesen zweifelhaften Sammelnamen für alles «Fahrende Volk» zu gebrauchen, an solchen Vorstellungen aus ihrer Heimat Indien mitbrachten, ist umstritten – es kann ganz sicher auch nicht für alle so bezeichneten Stämme der Vergangenheit und Gegenwart gleich beantwortet werden.[13] Selbstverständlich haben sich auch in unseren ureinheimischen Hirtenkulturen ähnliche Erinnerungen an die Vorstellungen der Heiligkeit der Kuh erhalten, wie wir sie auch in der Religion der indogermanischen Völker von Asien vorfinden: «Der Glaube von der Wiedergeburt aus der Kuh ist in Indien verbreitet. Dem Sterbenden wurde in Mecklenburg eine Kuh zugeführt, damit sie ihn in die andere Welt geleite.»[14]

Die Bedeutung der Kuh bei geheimnisvollen Nachtfesten ist auf alle Fälle in den Sagen der Alpengebiete, wie man sie noch immer mündlich vernehmen kann, ausserordentlich gross: Ein Hirt belauscht seltsames Volk, das da in der Bergeinsamkeit, manchmal auch in einer abgelegenen Hütte zusammenkommt, eine Kuh schlachtet, für die feierliche Mahlzeit zubereitet und verzehrt. Erstaunlicherweise ist dann das gleiche Tier am Morgen lebendig und gesund . . .[15]

In den tibetanischen Maskentänzen, die ihre ziemlich genauen Entsprechungen in den buddhistisch-schamanistischen Kulten von der Mongolei bis Nordindien finden, ist die Stiermaske so beliebt wie die Hirschlarve: Beide gehörnten Tiere werden hier ebenfalls aus den Kulten der Fruchtbarkeit, der Zeugungskraft, ursprünglich besonders ausgeübt nach Ende des Winters, gedeutet. Beide Tiere sind auch Mahakala, dem Herrn der Zeit (kala) heilig, der dem Gott der männlichen Zeugungskraft Shiva gleichgesetzt wird.[16] Menschen (wohl Zauberer, Schamanen, Hexenmeister) mit Stier- oder Hirschhörnern kennen wir schon für die europäische Steinzeit, und der Zusammenhang von übereinstimmenden Maskenbräuchen ist damit wohl über riesige Räume und gewaltige Zeiträume anzunehmen.[17]

Einer bernischen Kalendergeschichte zufolge wird z. B. von einem Weib, dem Balder-Stini, berichtet, das «unweit der Hauptstadt hauste», und «in Pinten und Wirtshäusern ein Lieblingsgespräch der Gäste» war. Man berichtete abergläubisch von ihr, «sie habe eigentlich weder Vater noch Mutter gehabt, sondern sei wie die Sündmutter Eva völlig ausgewachsen (als Usg' wachsni) auf die Welt gekommen»[18]: Auch hier erhält also die Begründung für die Verdächtigung einer einheimischen «Hexe» schon dadurch ihre Begründung, dass man sie in eine möglichst enge Beziehung zu der ersten Frau, zu Eva setzt, die ein entarteter Kirchenglaube für eine Hauptschuldige an allen menschlichen Sünden und damit für alles Unglück in dieser Welt erklärte . . .

Nach der Art der Mitglieder ihres dunklen Bundes sollte sie überhaupt «des Tages auf die höchsten Berge und des Nachts auf die Gräber» ziehen: Das Bild im Kalender zeigt uns überdies sogar die Weise Frau, wie sie, bekleidet in der schmucken einheimischen Volkstracht, auf einer Kuh durch die Lüfte in die Alpen reitet.[18]

Die arme «Hexe» war aber ganz einfach die Tochter eines Älplers, dessen Kenntnisse der Pflanzen sie jetzt in der Stadt zu verbreiten versuchte. Ihren dämonischen Ruf erhielt sie einfach dadurch, weil sie mit der in den Bergen verbreiteten Wissenschaft von den heilkräftigen Wurzeln und Kräutern viel Gutes tat: Von der Mutter hatte sie gelernt, «Trank und Salben bereiten, denn ihre Eltern waren Berg-Küherleute»[18].

Hier wird also die ganze alte Pflanzenwissenschaft als ein besonderes Erbe der in den Alpentälern lebenden Hirten dargestellt, und von hier kommt wohl auch die mythische Vorstellung der Hexe, die auf der Kuh in die Berge «reitet». Zu der Hirtenkultur gehört sicher auch die Vorstellung, die noch heute verbreitet ist, nach der die Zauberfrauen zumindest an ihren Nachtfesten, (oder auch überhaupt!) das Brot meiden.[19] Als ihr Hauptnahrungsmittel gilt die Kuhmilch, die sie freilich nach einer bösartigen Auffassung «durch Teufelskünste» von fremden Kühen stehlen sollen. Wahrscheinlich ist die Überlieferung recht sachlich, dass dieser Aberglaube daraus entstand, dass die Hexen, auch wenn sie keine eigenen Kühe besassen, Milch stets in Hülle und Fülle genossen: Dies soll daher gekommen sein, dass ihnen namentlich die Frauen der Nachbarschaft für ihre Dienste als Ärztinnen und Hebammen im Geheimen Nahrungsmittel zutrugen.

Gerade in den Geschichten um die Hexentiere, noch immer besonders in den Landschaften mit uralter Hirtenkultur verbreitet, erhält sich eine wichtige Tatsache: Trotz aller Verleumdungen und Verteuflungen galten die Weisen Frauen dem Volk, bis in die Gegenwart, als Wesen, die mit der ganzen Natur, darum auch besonders mit allen für den Menschen wichtigen Tieren, in enger Beziehung leben, deren Fähigkeiten gut kennen und sie gelegentlich beschützen.

Fledermaus, Eule und Kröte als Glücksbringer

Als eins der wichtigsten «Hexentiere» gilt noch heute die Fledermaus, und dieser «schlechte» Ruf soll bewirkt haben, dass man dieses nützliche Wesen in den Jahrhunderten der blutigen Verfolgungen gegen die Weisen Frauen vielerorts ebenfalls beinahe ausrottete. Wenn das Tierlein in Mondnächten um eine Hütte oder ein Burggemäuer besonders fleissig flatterte, «nahm man im Volk an, das Bauwerk sei von Hexen bewohnt oder diene ihnen regelmässig für die Sabbatfeste». Auch soll es vorgekommen sein, dass die Besitzer einer so verdächtigten Hütte Angst bekamen, wegen ihres flatternden Nachbarn in einen immer schlechteren Ruf zu kommen, der sie schliesslich auf den Scheiterhaufen zu bringen vermochte: Also taten sie das ihre, die Fledermäuse aus ihrer Nähe zu verteiben.[1]

Damit haben wir einen sicheren Hinweis auf den Ursprung des unter den Kindern in Mitteleuropa noch immer verbreiteten Aberglaubens, dass die Hexenweiber selber «sich gern in die Gestalt dieser Tiere verwandeln, um so zu ihren Festen in alten Schlossruinen zu fliegen – gelegentlich werden sie auch zu Fledermäusen, um ihre Nachbarn auszukundschaften und alles über deren Treiben zu erfahren. Auch in der Ukraine, ich erinnere hier wiederum an die Geschichten meiner Grossmutter, soll man die Fenster in Mondnächten «eng verhängt haben». Liess man sie «ungeschützt», so war man fest überzeugt, dass schon bald eine Fledermaus gegen sie flattere: «Scheuchte man sie nicht weg, so musste man sich nicht verwundern, dass die Dorfhexe auf einmal alles genau wusste, was man im geheimen in seiner Stube getan oder geredet hatte.»

Die Mode magisch-mystischer Filme, die jetzt von Nordamerika und England aus unsere Kinos überschwemmen, mag zur neuerlichen Verbreitung der Vorstellung von der Fledermaus als dem heiligen Tier des Nachtvolks beigetragen haben. Hier handelt er sich selbstverständlich nur um die Wiedergeburt uralter Vorstellungen: Ein Heimatkundler, der noch vor dem ersten Weltkrieg aus der damals fast noch mittelalterlich anmutenden Stadt Bern Sagen vernommen hatte, erzählte uns, dass man damals alle Häuser «mit Fledermäusen» – als vom «Spuk» bewohnt ansah.[2]

Dies scheint ursprünglich aber nichts Schlimmes bedeutet zu haben. Im «Spuk» in bestimmten Häusern sah man ein Zeichen, dass hier vor Jahrhunderten «besonders bedeutende Dinge stattgefunden hatten». Der Ruf eines Bauwerks, «ein Aufenthalt von Hexen und Geistern zu sein, wovon die Fledermäuse nur ein äusseres Anzeichen seien», galt anscheinend häufig nur bei Aussenstehenden, Ortsfremden als abschreckend: Die Bewohner der betreffenden Häuser sahen – anscheinend noch bis ins beginnende 20. Jahrhundert – im besondern Ruf ihres Hauses, welchen es in den Sagen genoss, einen Hinweis auf die besondere, glückbringende Wirkung der ganzen Ortschaft![2]

Die «Wahrsagekunst», die man allgemein Hexen und Hebammen sowie der Gesamtheit aller «fahrenden» Stämme zuschrieb, hat wahrscheinlich einiges zum Volksglauben um die Fledermaus beigetragen. Hier hat sich die Vorstellung, «dass dieses Tier nächtlich alles Verborgene auskundschaftet», mit rein sachlichen Beobachtungen über das Verhalten dieses «Mond-Wesens» verschmolzen: Die Fledermaus überwindet des Nachts, dank einer für uns fast übernatürlichen Wahrnehmungsfähigkeit, bekanntlich die schwierigsten Hindernisse und wird dadurch zu einem Sinnbild für das Zaubervolk der Nacht, von dem man glaubte, «dass es mehr zu spüren und zu fühlen vermag als die faulen Spiessbürger in ihren warmen Betten auch nur träumen können».

Wir erinnern uns, vor über dreissig Jahren in den Vororten von Paris die Wagen von Zigeuner-Wahrsagerinnen und -Legerinnen der Tarotkarten gesehen zu haben, die ihre beweglichen Arbeitsstätten mit gemalten Bildern von Fledermäusen, selbstverständlich mit ausgespannten schwarzen Flügeln, geschmückt hatten. Daneben stellten sie etwa noch die Mondsichel und die Sternbilder dar, so dass wir hier wiederum ein für jedermann verständliches Zeichen für die Wissenschaft der Weisen Frauen besitzen: Wir haben einen Hinweis auf die Künste der Nacht, wie

Der «Herr des Hexensabbats», und überhaupt die «Geister der Nacht», werden noch im 19. Jahrhundert grundsätzlich mit Fledermausflügeln angebildet.

sie an geheimen, «von Fledermäusen umschwärmten Orten» seit dunkelster Vorzeit weitergegeben werden.

Fast ebenso beliebt wie das eigenartige Säugetier, und sehr häufig für den Volksglauben von sehr ähnlicher Bedeutung, ist die Eule: «Sie erscheint in Hexenversammlungen, leistet den Hexen Botendienste, ihre Federn werden von Hexen als Haarschmuck getragen. Eulen fliegen mit dem wilden Heer ... Des Teufels Grossmutter erscheint in ihrer Gestalt.»[3]

«Da dieselbe das Tageslicht scheut und nur bei einbrechender Dämmerung oder des Nachts umherfliegt und sich gewöhnlich in alten Gemäuern aufhält, so hat sie eine dämonische, höllische (infernale) Bedeutung gewonnen.»[4] All diese Tatsachen, wie der offensichtliche Aufenthaltsort dieser Vogelart in Ruinen aus der Vergangenheit, erschien den Menschen der Stadtzivilisationen des 18. und 19. Jahrhunderts bedenklich genug und führten wie bei der Fledermaus zu abergläubischen Versuchen, den «Hexenvogel» gänzlich auszurotten.

Auch in der römisch-griechischen Spätantike, die einer ähnlich entarteten Hexenfurcht verhaftet war wie wir es seit dem ausgehenden Mittelalter sind, hat man die Eule dämonisiert: Immerhin ist es bei den Hellenen deutlich, dass sie ursprünglich als das heilige Tier der grossen Göttin Athene (Minerva) galt, die man als **Herrin** der Weisheit verehrte! In der deutschen Sage wird der Gaukler Eulenspiegel stets mit einer Eule abgebildet, auch er gilt als ein in jeder Beziehung weiser und seinen dummen Zeitgenossen weit überlegener Mann, der viele Künste kennt, um die närrischen Moden der Welt der verdienten Lächerlichkeit preiszugeben.

Auch in der Schweiz, namentlich im Bernbiet, spielte die gleiche Gestalt eine gewisse Rolle bei den Fasnachtsspielen, hier hiess sie mundartlich aber meistens «Huri-Spiegel»: Huri ist der einheimische Ausdruck für Eule, der Name des Gauklers wurde aber vom Volk auch gern mit den Huren, oder «liederlichen Frauenzimmern», in Beziehung gebracht, «die den Gaukler beim Maskentreiben im Frühling immer umgeben haben». Wiederum wurde mir erzählt, dass gerade solche Weiber, «die sich bei der Fasnacht gern mit allerlei Vogelfedern schmückten», nur an die Stelle mit Verachtung gestrafter Hexen getreten seien – dies sei das ursprüngliche Gefolge des Gauklers bei den alten Frühlingsfesten gewesen.[5]

Charles de Coster schildert den Eulenspiegel in seinem berühmten magischen Roman als einen grossen Hexenmeister; von Holländern und Belgiern wird er als der grosse Sammler fast verlorengegangenen Volksglaubens ihrer Heimat angesehen: Eulenspiegel ist bei ihm, dank der Geliebten – der Tochter einer Hexenmutter – ein grosser Kenner der Mysterien mittelalterlicher Frauen wie auch der Kräuterbotanik und -medizin, die das Paar gegen alle ihre grausamen Verfolger zu hüten versuchte.[6]

Die Fahrenden im burgundisch-savoyischen Raum, also diejenigen Sippen, die sich seit Menschengedenken zwischen West-Schweiz, Süd-Frankreich und dem nördlichen Italien bewegten, besassen noch in unserem Jahrhundert die deutliche Erinnerung an den Nutzen von Eulenfedern: Wenn Menschen, «die in der Nacht ihren Geschäften nachgehen», sie tragen, «dann verlieren sie die Angst vor der Dunkelheit, ja einige versichern, dass sie mit der Zeit die Fähigkeit entwickeln, wie Nachtvögel im Finstern zu sehen». Hier mag noch die Erinnerung weiterleben, dass man von einem Menschen mit Eulenfedern annahm, er gehöre zum «Bund der Nacht» und wisse damit alle Wege zu den «vom Mond und seinem Volk» gehüteten Wissenschaften.

Neben Fledermaus und Eule steht die geheimnisvolle Kröte, von der etwa erzählt wird, dass sie ebenfalls an den Hexensabbaten herumtanze oder dass sie zumindest, zusammen mit den dunklen Spielleuten, dafür sorge, «dass das Nachtvolk die richtige Musik hat»[7]: In solchen Behauptungen finden wir zuerst einmal den wichtigen Hinweis auf die Plätze, an denen man unseren Überlieferungen gemäss die geheimnisvollen Feste abhielt. Es geschah offensichtlich stets an Orten, die in der Umgebung als besonders reich an Kröten galten, also in der Nähe von Gewässern, abgelegenen Sümpfen. Hier fand man nicht nur «die Feuchtigkeit voller Erdkräfte», die die Kräuterweiber seit jeher für die magischen Kochkünste für sehr wichtig hielten! Es handelte sich eben um eine für Nicht-Eingeweihte gefährliche Landschaft, die das «Volk der Nacht» brauchte, um sich dank nur ihm bekannten «Krötenpfaden» vor seinen Verfolgern retten zu können.

Zusätzlich ist unbestritten, dass die Kröte als ein Sinnbild der Fruchtbarkeit galt. Hebammen sollen sie sehr gern als die Bewohnerinnen der Gemäuer ihrer Hütten gesehen haben, und das gleiche wird uns von den Hexen erzählt. Die Hebamme, die zu einer Entbindung eilte, soll, wenn sie unterwegs einer Kröte begegnete, angenommen haben, dass die Geburt besonders glücklich sein werde. Die Kräuterfrauen der Alpen näherten sich einer Kröte

In den europäischen Märchen sind die Kröten Lieblingstiere der Erd-
Kobolde (Gnomen), «die gern ihre Gestalt annehmen».

stets leise, um sie nicht zu vertreiben: In der Nähe des Tieres sollte sich ein Kraut befinden, welches für weibliche Fruchtbarkeit
und gegen alle Leiden, die diese behinderten, besonders nützlich
sein sollte.

Solche Sagen sollen bei den alten Hebammen, «die ihren Beruf noch in der Familie erlernten», besonders beliebt gewesen
sein: Eine Frau aus dem Lötschental im Wallis soll als junges
Mädchen ganz und gar grundlos eine Kröte getötet haben. Dies
sei die Ursache gewesen, dass sie von da an viele peinliche Jahrzehnte hindurch kein eigenes Kind haben konnte. Erst nach vie-

len Pilgerfahrten, so zu der schwarzen Madonna von Einsiedeln, sei ihr dies möglich geworden.[8]

Einer Tiroler-Sage zufolge schlief einst eine kranke Wallfahrerin im Grase ein. Da kroch ihre Gebärmutter in der Gestalt eines krötenartigen Tierchens aus ihrem Leib heraus, «watschelte nach dem Bache», badete dort tüchtig und verkroch sich dann wieder in den Körper der Frau. Als die Frau daraufhin erwachte, war sie von ihrem Leiden befreit[9]: «In Süddeutschland stellt sich die Gebärmutter in Gestalt einer Kröte dar, als ein beissendes und schlagendes Wesen, dass sich im Leib der Frau frei bewegen und handeln kann und das auch gefüttert werden muss.»[10]

Die Kröte versinnbildlicht in unserem uralten Volksglauben das weibliche Geschlecht überhaupt, wird geradezu eins der wichtigsten Sinnbilder aller geheimnisvollen Kräfte im Körper der Frau. Nach einem tiefsinnigen Schwank aus dem Mittelalter streitet ein schönes Mädchen mit ihrem Schoss, was an ihrem Leib für dessen glückliches Gedeihen wohl am wichtigsten sei. Der Geschlechtsteil, der aussieht wie eine Kröte (ein kroten), verlässt nun das arme Mädchen und kriecht fort . . .[11]

Die junge Frau, ohne die entsprechenden Organe, wird darauf, wegen ihres offensichtlichen Mangels, trotz ihres anmutigen Aussehens und ihres lauteren Verstandes sehr wenig geschätzt – aber auch gegenüber dem als Kröte lebenden Geschlechtsteil empfindet jedermann Ekel. Beide, das Mädchen und ihr als Kröte verselbständigtes Geschlecht müssen sich dann wieder vereinigen, da sie nur als eine Einheit selber glücklich sein und andere Menschen glücklich machen können[11]: Hier haben wir die wichtige, vorbeugende Predigt des Mittelalters gegenüber unseren Modephilosophien, die das Geschlechtliche bald zum wichtigsten Bestandteil des Menschen erklären, andererseits aber Weltbilder entwickeln, als gäbe es das Sexuelle überhaupt nicht.

Die Kröte symbolisiert in der magischen Naturwissenschaft der Hexen und Hebammen somit die geheimnisvolle Macht im Weib, die sein Grundwesen bestimmt und die dieses, nach seinem freien Ermessen, für Glück und Unglück der Welt verwenden kann. Die Gebärmutter erscheint in «des getreuen Eckharths unvorsichtiger Hebamme» geradezu als ein wildes Tier, das, wenn es «wütend» wird, «alles zerreisst und beisst, welches ebenmassen auch die Mutter (Gebär- oder Bärmutter) tut und verrichtet»: «Was haben die armen Weiber nicht für Plage, wenn die Mutter aufsteigt und gleichsam im Leibe herumwütet und beisst.»[12]

171

Die volkstümlichen deutschen Darstellungen der Gebärmutter in Krötengestalt hat man bereits versucht, auf sehr entfernte Ursprünge zurückzuführen. Es gibt zweifellos sehr alte indische Darstellungen des Weiblichen, wobei versucht wird, die Heiligkeit der Yoni, des weiblichen Schosses, besonders hervorzuheben und sogar zum Mittelpunkt der Religion, besonders im Glaubenssystem um die Grosse Göttin Kali, zu erheben. «Die Yoni wird als heilig, der Verehrung würdig, betrachtet, als Symbol kosmischer Kraft. Sie ist der Urgrund, in dem der Same jeder Schöpfung eingepflanzt und genährt wird. Alles Leben entsteht im Mutterleib und tritt zu seiner Zeit daraus hervor.»[13] Einfache religiöse Kunstwerke, die aus dieser Auffassung entstanden, können auch in Indien genau gleich an die Umrisse einer Kröte erinnern wie die entsprechenden Bilder unserer Volkskunst.[13]

«Bekanntlich stellte Plato den Uterus als ein nach Befruchtung begehrendes Wesen hin, . . . das, wenn ihm die Sättigung längere Zeit versagt sei, ungehalten werde, im Körper herumzukriechen beginne und Krankheiten verursache. Auch Aristoteles huldigte diesem Aberglauben . . .»[14] Jahrhunderte hindurch sah man in solchen inneren Vorgängen, sozusagen im Aufstand der Gebärmutter-Kröte in der Frau, die Ursache der zerstörerischen Ausbrüche der Hysterie, die man darum noch heute in verschiedenen Gegenden Muttersucht, Hebmutter usw. nennt.

Ein Fahrender, dessen Sagen ich auch sonst an entscheidenden Stellen dieses Buches anführe, hatte die vier Ecken seiner Hütte mit bemalten Steinen geschützt, die entfernt Spielzeug-Kröten glichen.[15] Scherzeshalber, wobei er freilich sofort beifügte, «es sei was Ernstes daran», versicherte er uns, «es gehe ihm bei diesem Zauber vor allem gegen die Gefahren, die von den Weibern ausgehen». Auch hier traf ich also das Tier der Sümpfe als das Sinnbild jener Kräfte, die in der Tiefe der Frau bestehen.

Der an sich sehr belesene Mann fügte vollkommen überzeugt hinzu, dass solche «wie Kröten gestaltete und bemalte Steine» früher von den Weisen Frauen an Schwangere verschenkt wurden, «um ihnen eine gute Geburt zu ermöglichen».

Die Macht der Fuchs- und Katzen-Frauen

Zu den Tieren der Wildnis, die man in Alpengebieten mit dem Treiben des «Hexenvolks» in Verbindung bringt, gehört zweifellos der Fuchs. Die volkstümliche Astrologie sieht ihn, vor allem wegen seiner Eigenschaften als Raubtier und «wegen seiner rötlichen Feuerfarbe», als ein Geschöpf des kriegerischen Planeten Mars[1]: Dieser gilt als Sinnbild des Kämpferischen im männlichen Wesen und damit auch der erneuerten sinnlichen Leidenschaften – der Zeugungskraft im Frühling.

Die grossen Raubtiere, die noch immer grosse Bedeutung in unseren Sagen besitzen, Bär, Wolf und Luchs, wurden in Europa deshalb ausgerottet. Der Fuchs, der bis heute zäh überlebte, gilt darum im Volk als ein Symbol des «listigen» Seelenwesens, als ein Geschöpf, das seine Ziele trotz grausamer Verfolgungen durch Erfahrung und Kenntnis der geheimen Pfade durchzusetzen vermag. Angeblich sind die Fähigkeiten der Hexen ähnlich gewesen, die z. B. nach einem fast vergessenen Volksglauben des Frutigtals unzählige Mittel kannten, «bei ihren nächtlichen Geschäften nie erwischt zu werden»: Sie konnten auf ihren «geheimen Wegen» den gewöhnlichen Menschen die Blicke so gründlich «verdrehen», «blenden» oder «abwenden» (alles wahrscheinlich volkstümliche Umschreibungen für die seit altersher bekannten Hypnosewirkungen!), dass diese die an ihnen vorbeihuschenden magischen Menschen nur als rasch vorbeieilende Füchse ansahen.[2]

Es wurde hinzugefügt, solche «Täuschungen» seien wahrscheinlich schon darum leicht entstanden, weil Hexen bei ihren Gängen durch die kalten Bergnächte «sich sehr gern in Fuchsfelle hüllten»: Die rote Farbe dieses Pelzes erinnerte die Menschen, wie wir schon sahen, an die Kraft der Flammen; auch soll er viel Wärme «in sich» enthalten haben und zu jenen Fellen gehören, «die auf dem menschlichen Körper besonders wärmend und heilend wirken»[2].

In den Alpensagen kann die Beziehung des Fuchses zum «Volk der Nacht» besonders deutlich sein: Ein Jäger von Klosters, so wird erzählt, habe im Gespräch sehr häufig die Worte verwendet: «I, dass dich die Hexen ritten!» Also habe ihm einmal ein Fuchs, der sich nach seinen Schüssen zuerst tot stellte und dann spöttisch davonrannte, einen üblen Scherz gespielt.[3]

Gelegentlich wird auch behauptet, dass es sehr häufig Füchse gibt, denen sogar ein Schuss aus kurzer Distanz nichts anhaben kann: Man nimmt an, dass solche Tiere eben «nicht richtig sind»; «es hat mit ihnen seine Bewandtnis», sie seien eben Angehörige des Zaubervolks, die in ihrer Maske meistens zu ihren nächtlichen Versammlungen eilen! Man hat mir gelegentlich versichert, dass es im letzten Jahrhundert bejahrte Jäger gegeben habe, die «zwischen Sonnenuntergang und -aufgang», besonders aber in den Zeiten, «da man den Mond deutlich sah», auf das Abschiessen von Füchsen verzichteten – es gab auf alle Fälle viele anschauliche Geschichten, denen zufolge es ihnen sonst «schlimm genug» erging.

Die Erzählungen über die Fuchshexen im Alpenlande sollten nach unserer Auffassung besonders sorgfältig zusammengestellt werden, weil sie möglicherweise der vergleichenden Sagenforschung weitere wichtige Hinweise auf die Herkunft der Überlieferung insgesamt geben können. In Nordchina, in der Mandschurei, in Korea und Japan ist die Vorstellung von einem geheimnisvollen, zauberkundigen, auch zu Liebesabenteuern (vor allem in Gestalt schöner Mädchen!) geneigten «Fuchsvolk» ausserordentlich verbreitet. Diese können ihren Gegnern ganz üble Streiche spielen, sind aber ausnehmend hilfreich innerhalb ihres Freundeskreises; vor allem auch ländlichen Familien gegenüber, mit denen sie durch Eheschliessungen verwandt sind.[4]

Wenn wir davon ausgehen, dass auch bei den russischen Zauberern «in ihren Waldhütten» immer Fuchsfelle, als besonders wichtig bei gewissen magischen Bräuchen, aufgehängt worden sein sollen, so sind das weitere gute Hinweise auf uralte eurasische Kultur-Verbindungen.[5] Ebenso wenn die Hexen, wörtlich eigentlich Kräuterfrauen (Drabarni), der osteuropäischen Zigeuner «Glücksbringer aus Fuchspelz» empfehlen – sie sollen Scharfsinn und Wendigkeit, dazu auch rasche Beobachtungsgabe verleihen.[6]

Hier noch zwei Sagen über Fuchsfrauen, deren Glaubenskreis sich im Alpengebiet einer recht grossen Beliebtheit erfreut: Ein Mann wanderte von Mels aus über die Felder gegen Sargans. Unweit eines Kreuzes aus Stein erblickte er einen brandroten Fuchs, der seltsamerweise nicht die geringste Anstrengung unternahm, vor ihm zu fliehen! Also steckte er das offenbar völlig zahme, nicht im geringsten menschenscheue Tier in den leeren Sack, den er bei sich trug. Als er jedoch den Stadtgraben von Sargans

Wie ihre indischen Schwestern reiten auch die europäischen Sagen-Hexen gern auf Tigerkatzen.

erreichte, rief auf einmal eine weibliche Stimme von einer wald-bestandenen, bei vorgerückter Stunde im Dunkeln liegenden Felswand her: «Schwester, warum kommst du nicht?»

«Ich kann nicht», antwortete eine ebenfalls weibliche Stimme hinter des entsetzten Mannes Rücken, «ich bin in des Peter Geels Sack!»

Voll Schrecken liess nun der Peter seine Beute fahren, und die befreite Unholdin im Fuchsfell rannte nun, so schnell sie die Beine tragen konnten, ihren Waldbergen zu . . .[7]

Ein anderer wackerer Mann, der fleissig Holz fällte, sah zu seinem Erstaunen an einer Buche eine junge Füchsin fest angebunden. Schon schwang er sein Beil und wollte das rote Tierchen, so niedlich es an sich aussah, totschlagen. Doch dieses schien ihn so flehentlich anzublicken, dass er im letzten Augenblick innehielt, den Schlag zur Seite lenkte und nur den Strick durchhieb, der das Tier festhielt. Dieses wartete selbstverständlich nicht lange und machte sich rasch davon ins dichte Buschwerk.

Einige Jahre später zog der gleiche Mann mit seinem Braunvieh in die Lombardei, besuchte dort einen Markt und wanderte nach abgeschlossenem Geschäft mit einem bedeutenden Geldgewinn wieder in seine Heimat zurück. In einem Wirtshaus wollte er übernachten, dessen geschickt waltende und gleichzeitig sehr schöne Wirtin ihm ausserordentlich gefiel. Diese Zuneigung erwies sich sofort als gegenseitig – kaum hatte ihn die Frau angeblickt, so war sie auf der Stelle bereit, ihrem Gast jede erdenkliche Freundlichkeit und Vergünstigung zu erweisen. Allein Abend- und Morgenessen waren so trefflich, wie es nicht einmal reichste Fürsten häufig vorgesetzt bekommen.

Mit verständlicher Furcht erkundigte sich unser Mann im Anschluss an die Schwelgerei nach der vermutlich entsprechend hohen Zeche. «Die Rechnung ist beglichen», antwortete ihm darauf die schöne Frau Wirtin, «erinnert ihr euch denn gar nicht mehr, daß ihr mich einst befreit habt?» Da erkannte der Marktfahrer in der grosszügigen Gastgeberin jene Füchsin wieder . . .[8]

Das klassische «Hexentier» jedoch, welches stets im gleichen Atemzug mit den Weisen Frauen genannt wird, ist zweifellos die Hauskatze. Sie spielte schon in den uralten Frauenkulten des Orients eine entsprechende Rolle: Der indisch-tibetanische Mondgott Shiva sitzt bekanntlich auf dem ihm heiligen Gipfel des Himalayagebirges auf einem Tiger- oder Pantherfell – und wird in dieser Form noch immer von den Anhängern der magischen Kulte verehrt. Seine Gattin, die Hexenkönigin Kali, die auch unter unzähligen Namen wie Parvati oder Durga auftritt, reitet sehr häufig auf einem Löwen oder einem Tiger.[9]

Die germanische Göttin Freya lässt ihr Gespann von Katzen ziehen, genau wie sich die Hexen unserer Sagen sehr gern in riesige Katzen verwandeln, oder auch auf Katzen, die grösser sind als Menschen, zu ihrem Sabbat «reiten».[10] An dieser Stelle darf man wohl die Vermutung äussern, dass wir es bei solchen Vorstellungen der Ahnen mit der Erinnerung an die riesigen Raubtiere des Morgenlandes zu tun haben, die man später immer mehr missverstand: Zumindest in den Volkskreisen, deren Vertreter kaum je die Gelegenheit hatten, als Kreuzritter, Pilger oder Kaufleute in den Orient zu ziehen und dort die mächtigen Vertreter des Katzengeschlechts kennenzulernen. Immerhin scheint den mittelalterlichen Chronisten der skandinavischen Stämme, die die Künste der Weisen Frauen auf Freya und deren Göttergeschlecht zurückführten, die Erinnerung an bestehenden Zusammenhang sehr gut bekannt gewesen zu sein – die Mythen und Wissenschaften seien vom Schwarzen Meer her und ursprünglich von Asien eingeführt worden.[10]

Die Felle von Tigern oder verwandten Raubkatzen werden in Indien, Indonesien (Bali), Nepal und Tibet bei den Gottesdiensten der Tantriker, bei denen sich «auf heiligen Anhöhen» Männer und Frauen vereinigen, tatsächlich verwendet. Die entsprechenden Bräuche wurden jedenfalls in unserem Jahrhundert in zunehmenden Ausmassen in Europa und Nordamerika bekannt und sie werden, teilweise mit Bezug auf moderne Asienfahrer wie Frau Blavatsky oder Aleister Crowley wiederum auf den Osten zurückgeführt:[11] Einer Sage zufolge, die ich von den russischen Flüchtlingen in Paris vernahm, soll Rasputin, der mystische Frauenheld und Ratgeber des letzten Zaren, das Fell eines «sibirischen» Tigers besessen haben – ein Geschenk seiner aristokratischen Verehrerinnen.

Die neue Beliebtheit alter religiös-erotischer Bräuche, die in den letzten Jahrzehnten die Bewunderung für solche Felle als Boden- und Bettbelag sicherlich förderte, verbindet sich auch mit einer gewissen Liebe zu den entsprechenden Raubtieren, zu Tiger, Löwe und Panther: Die Geschöpfe, so hörte ich ebenfalls in Paris, sind so herrliche Kunstwerke der Natur, dass man ihre Pelze höchstens bei Bräuchen verwenden darf, «die man für heilig hält und in denen man das göttliche Wesen der Welt erkennt». Es wäre eine geradezu strafbare Handlung, die gleichen Felle, wie es heute meistens geschieht, bloss als Schmuck zu gebrauchen, also vor allem, um seinen materiellen Reichtum vorzuführen.

Unsere Kräuterfrauen und Vertreterinnen anderer naturverbundener Berufe sollen die Felle von einheimischen Wildkatzen, z. B. von Luchs oder Wiesel, sehr geschätzt haben – selbstverständlich auch von Katzen, die sie als Hausgenossen hielten: Diese sollen, weil man ihnen viel Liebe entgegenbrachte, sehr alt «und mit den Jahren immer grösser geworden sein» . . .

Von den Weisen Frauen wird jedenfalls berichtet, dass sie sich aus Katzenfellen Gewänder nähten, weil sie diesen «eine grosse Zauberkraft» zuschrieben: Zeitgenössische Sagenerzähler sehen darin einen Hinweis darauf, dass sich die Kräuterfrauen, «die meistens (!) Wahrsagerinnen waren», beruflich häufig im Freien aufhalten mussten und die Felle brauchten, um sich gegen winterliche Kälte zu schützen: «Hätte ich die Katzenpelze gehabt, wie früher unsere klugen Weiber, ich hätte nicht im Alter krumme Knochen», sagte mir ein Nachkomme einer einst «fahrenden» oder «herumzigeunernden» Sippe.[12] Wie man sagt, haben Hebammen früher die Frauen «auf einer Decke aus Katzenfellen» gebären lassen. Darum ist es verständlich, dass bereits frühere Forscher die Vermutung äusserten, dieses Tier sei, nicht zuletzt auch wegen seiner wilden Lebhaftigkeit in der Nacht und seiner Zähigkeit in den Liebeskämpfen, vor allem wegen seiner «magisch-elektrischen» Kräfte den Hexen heilig gewesen. Hier scheinen gewisse, sehr ursprüngliche naturwissenschaftliche Beobachtungen den Ausgangspunkt gebildet zu haben. Immer wieder lesen wir in den alten Büchern, dass, wenn die weichen Haare der Katze gestrichen werden, sie «Feuer im Dunkeln von sich werfen, dadurch manche als einem ausserordentlichen Dinge ohne Not erschreckt werden».[13]

Häufig wurde von den Kilterinnen, jenen jungen Mädchen, die die Burschen «besonders nach dem ersten Mai und dem Maifest» bei sich zu Hause empfingen, die scherzhafte Verdächtigung geäussert, sie könnten sich in Katzen «verwandeln». Sogar die regelmässige Bezeichnung eines Mädchens als «Katze» soll daher rühren: Dies geht möglicherweise auf eine Zeit zurück, als man, seit Einführung einer strengen Moral des Puritanismus, volkstümliche Sittlichkeit immer mehr zu verfolgen begann und jedes Mädchen, das daran festhielt, einer engen Beziehung mit dem «heidnischen» Hexenvolk verdächtigte.[14]

Bekannt im Berner Oberland, sogar in der Stadt Bern selbst, ist die Sage vom Mädchen, welches der Bursche, der es nächtlich besucht, in erstaunlich tiefem Schlaf findet. Später sieht er eine Katze in das Zimmer des Mädchens springen, worauf dieses wieder lebendig wird:[15] Man wollte mit dieser sehr verbreiteten Geschichte andeuten, dass die junge Frau zum Hexenbund gehörte und die Kunst besass, mit der richtigen Salbe oder dem entsprechenden Kräutergetränk ihren Leib «in Katzengestalt» verlassen zu können. In dieser Tiermaske hätten solche Hexenmädchen vermocht, den Hexensabbat zu besuchen oder andere phantastische Abenteuer im Märchenreich zu bestehen.

Natürlich haben wir es hier mit einer Geschichte zu tun, wie sie einst wohl manchem jungen Mann zustiess und die sonst sachlich, ohne jedes übertreibende Beiwerk, erzählt wird: Ein Mädchen im Dorf Schinznach, das bei Nacht recht zutraulich mit einem Burschen umging, habe ihm an einem bestimmten Tag streng verboten, es zu besuchen. Dieser habe darauf bekümmert in der Stadt Brugg herumgezecht und sei erst spät nach Hause gezogen. Im Wald hörte er dann wildes Lachen und Jauchzen und traf dann auch eine übermütige Festgesellschaft, der ein Musikant – oben auf einem Eichbaum sitzend – tüchtig aufspielte. Der heimliche Zeuge sieht nun zu seinem Entsetzen sein Mädchen in der fröhlichen Gesellschaft, und es kommt ihm in den Sinn, dass gerade Walpurgisnacht, also die Nacht auf den ersten Mai ist. Er ist nun, die Sage wird uns übrigens als eine Tatsache aus dem letzten Jahrhundert erzählt, vom weiblichen Geschlecht im allgemeinen schwer enttäuscht! Er verzichtet nicht nur auf das Mädchen, weil es insgeheim in so zweifelhafter Gesellschaft verkehrt. Er suchte von da an auch kein anderes Glück, und er soll unverheiratet gestorben sein . . .[16]

Die Sage von unseren Katzenmädchen scheint zu beweisen, dass in der volkstümlichen Überlieferung die Vorstellung von Hexen als von jungen, schönen, sich offen zur Sinnlichkeit bekennenden Mädchen ursprünglich vorherrschten. Dies steht in offensichtlichem Widerspruche zu den seit dem 15. Jahrhundert immer mehr verbreiteten scheusslichen Darstellungen der Hexenverfolger, die die Weisen Frauen stets als hässlich und abstossend darzustellen versuchten: «Bei uns sind die Hexen eigentlich geschlechtslos an Körper und Geist: die Buhlschaft mit dem Teufel, die ihnen eine spätere Zeit andichtete, entspricht perverser mönchischer Phantasie. Bei Gogol ist die Hexe wild, leidenschaftlich und märchenhaft schön . . .»[17]

Wenn aber gerade in den deutschen Berggebieten, in vielen Beziehungen das Rückzugsgebiet von Stämmen, die ihren ursprünglichen Traditionen treu bleiben wollten, die Hexen- und Katzenmädchen genau so «wild, leidenschaftlich, märchenhaft schön» sind wie in der noch so ursprünglichen Volkskultur der von Gogol besungenen Ukraine, so bleibt uns nur eine Schlussfolgerung: Auch in West- und Mitteleuropa hatten die «Frauen der Nacht», wie schon die Sagen um ihre «Hexentiere» beweisen, mit einer sehr ursprünglichen Verehrung der sich in menschlicher Liebe äussernden Lebenskraft und der Fruchtbarkeit zu tun. Wo sich ausserhalb der Grossstädte und in den für die Zivilisation zunächst schwer zugänglichen Gegenden das Hirtentum (und der mit diesem eng verbundene Stil des Daseins) erhielt, blieb auch die Hexe ein in jeder Beziehung anziehendes, «verführerisches» Wesen, etwa den Feen der ursprünglichen indischen oder keltischen Mythen vergleichbar, überschwenglich ausgestattet mit seelischen und leiblichen Gaben.

Künste der
Hebammen und Baderinnen

Verschiedene Verfasser, die, teils für wissenschaftliche Untersuchungen, teils für Versuche dichterischer Schilderung bestimmter Zeitabschnitte der Vergangenheit, dem Hexenwesen in verschiedenen Gebieten nachgingen, kommen zum überzeugenden Schluss: «So waren fast zehn Prozent der Denunzierten von Beruf Hebammen. Auch dies entsprach vollkommen dem herrschenden Wahn, verkündete doch der ‹Hexenhammer›: «Niemand schadet dem katholischen Glauben mehr als die Hebammen. Denn wenn sie die Kinder nicht töten, dann tragen sie, gleich als wollten sie etwas besorgen, die Kinder aus den Kammern hinaus und opfern sie, in die Luft hebend, den Dämonen . . . Unter den Hebammen befanden sich angeblich die meisten Hexen, weil sie am einfachsten der ungetauften Kinder habhaft werden konnten . . .»[1]

Die Hebammen standen in unserem Land ganz sicher bis weit ins 19. Jahrhundert im entsprechenden Ruf, «mehr zu können als nur Brot zu essen oder Kartoffeln zu schälen». Man weiss, dass sie in früheren Zeiten, als sie ihre hohe Kunst noch nicht in Spitälern und bei wildfremden Leuten, sondern von Mutter oder Grossmutter erlernten, am liebsten ein wenig abseits von den Ortschaften hausten. Sie verabscheuten, wie man es früher von alten Leuten immer wieder vernehmen konnte, das müssige Geschwätz auf den Märkten, wo die Menschen (sogar in der «guten alten Zeit»!) recht herzlos den Stab übereinander brechen – obwohl sie in fremden Angelegenheiten nur selten die wahren Hintergründe kennen. Aus eigener Erfahrung und den Erfahrungen ihrer klugen Ahnfrauen wussten die Hebammen, wie leicht aus nichtigem Missverständnis viel Unglück entstehen kann, «das dann unschuldige Kinder bis zum dritten und vierten Glied auszubaden haben . . .»

Sie waren aber nicht etwa menschenscheu, sondern liebten es, aus ihren Fenstern dem Wachsen, Blühen und Reifen der Pflanzen zuzuschauen und verstanden darum, wie man es noch lange ausdrücklich versicherte, das grosse Lebensgesetz, das hinter Geburt und Tod steht. Auch pflegten sie, weil ihr unregelmässiges Tagwerk ihnen es erlaubte, vor ihren abgelegenen Hütten auf genügsame Art Gemüse und die wichtigsten Heilkräuter zu ziehen, gelegentlich auch ein paar Ziegen zu halten: Diese wurden meistens von einer kleinen Tochter oder einer Enkelin, also von Mädchen gehütet, die von der klugen Frau nach und nach in die ewige Wissenschaft eingeführt wurden. Als diese eigenwilligen und stolzen Hebammen mit ihrem ganzen Anhang, wie es vom 15. bis zum 18. Jahrhundert offensichtlich geschah, immer mehr verteufelt wurden, erklärte man die Lehrmädchen, weil man sie häufig mit Ziegen und in der freien Natur sah, sozusagen zu den minderjährigen und verderbten Bräuten des «Sabbat-Bocks» ...

Ein solcher Lebenswandel erschien den Menschen, die meinten, jedermann, und vor allem Frauen müssten über den gleichen Kamm geschert werden, immer verdächtiger. Hinzu kam, dass die Hebammen besonders stark an die geheimnisvollen Kräfte des Mondes glaubten, weil sie seit jeher beobachtet haben wollten, dass die fruchtbaren Tage des Weibs und auch die Dauer ihrer Schwangerschaft von den Mondphasen abhängig seien.[2] Zum Mond hatten sie auch sonst eine sehr enge Beziehung, die mir ein alter Mann aus Basel, der in seiner Jugend mündliches Volksgut gesammelt hatte, sehr sachlich erläuterte: «Während das abergläubische Stadtvolk, wenn die Tore ihrer Mauern verrammelt waren, aus Angst vor Fledermäusen und Eulen sich nicht aus ihren Häusern zu schleichen wagte, sah man die Hebammen auch bei Nacht über Hügel und durch finstere Waldstücke den Hütten der gebärenden Frauen zueilen.»[2]

Den Überlieferungen zufolge trieb sich damals, als die Landstrassen höchstens vom Licht von Mond und Sternen beleuchtet waren, allerlei verwegenes Nachtvolk herum: Doch auch «der verruchteste Mordbube» soll es nie und nimmer gewagt haben, eine Weise Frau, die ihrer menschenfreundlichen Arbeit nachging, zu belästigen. Die Sage erzählt z. B., dass ein Kapuzinermönch aus dem Luzernischen auf der abgelegenen und für Spuk- und Hexengeschichten so berühmten Alp Seefeld zwischen Berner Oberland und Emmental «den leidenden Geist» eines seit Jahrhunderten verstorbenen Räubers antraf. Winselnd und unter jämmerlichem Wehklagen erzählte dieser dem frommen Mann, er erleide die scheusslichste Höllenstrafe, weil er einst eine Hebamme angehalten und belästigt habe, so dass sie zu spät zu einer Gebärenden kam, der sie beistehen wollte ... Darum behaupten die Leute, dass man sich «viel weniger Schuld auflädt, wenn man ein Dutzend Männer, die schon genug auf dem Kerbholz haben», überfällt, als dass man durch sein unvorsichtiges Tun ein einziges unschuldiges Kind auf seinem Weg in unsere Welt gefährdet.[3]

Geschichten dieser Art wurden früher, wie viele Bauern bis in unsere vergessliche Gegenwart hinein wussten, vor allem darum erzählt, um die Heiligkeit des Hebammenstandes darzulegen und auch überzeugend nachzuweisen, dass ihr ganzes Tun unter der besonderen Huld des Himmels stand. Oberflächliche Jahrhunderte, die immer mehr von der grossen Überlieferung der Völker vergassen, zogen aber aus all den Berichten immer missverständlichere und abergläubische Schlüsse: «Die Hebammen hausten abseits, nicht um weniger von ihren Gedanken abgelenkt zu werden, sondern um ungestört die wilden Waldkobolde zu beschwören und, ohne überflüssige Zeugen zu haben, ihren Liebhaber, den Herrn auf dem schwarzen Ross, empfangen zu können. In Mondnächten streifen sie nicht etwa deshalb umher, um die für ihr Gewerbe nützlichen Wurzeln zu finden oder um einem Weib beim Gebären gute Hilfe zu leisten – sie tun es einfach, weil sie die heidnische Neigung verspüren, den Mond und andere Gestirne anzurufen. Sie haben ihren Beruf gewählt, weil er ihnen die Gelegenheit gibt, zu den unmöglichsten Zeiten in der Natur herumzustreifen, ohne dass man sie dabei des Hexenwesens verdächtigen kann.»

Solche Ansichten über die alten Hebammen hörte ich noch im Winter 1966/1967, als ich im Städtchen Thun den wieder auflebenden Erinnerungen an den Hexenspuk nachgehen durfte! Freilich vernimmt man auch dankbare Erinnerungen an diese einst so wichtigen Weisen Frauen: Ihnen sei kaum je ein Kind gestorben, die häufigen Todesfälle bei Geburten habe es erst später gegeben, als dieser weibliche Beruf verachtet und verteufelt wurde und es kaum noch ein Mädchen gewagt habe, sich der grossen Mühe zu unterziehen, ihn auf alte Ahnenart zu erlernen ...[4]

Selbstverständlich mögen die Hebammen selber ihren Verfolgern und Verleumdern einige Scheingründe gegen sich geliefert haben. So mögen sie in den früheren Jahrhunderten sicherlich eine Fülle von Bräuchen bewahrt haben, die ihr ganzes Treiben an sich schon in den immer gefährlicheren Ruf der engen Beziehung zum Hexenwesen brachte. Doch obwohl sie eine Menge von al-

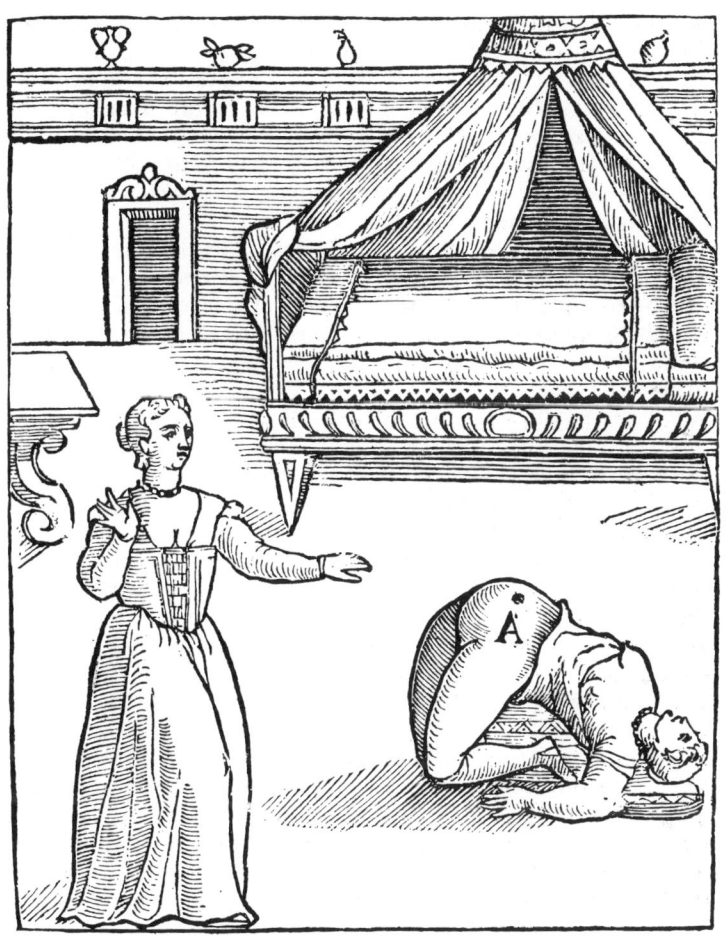

Die Hebammen unterwiesen einst die Schwangeren in der alten Wissenschaft der «richtigen» Geburtsstellungen.

lerlei gefährlichen Säften und wirksamen Stoffen kannten und deren Einflüsse ausgezeichnet zu dosieren wussten, liessen sie sich anscheinend ausserordentlich selten dazu überreden, ihre Fähigkeiten anzuwenden, um eine Leibesfrucht frühzeitig abzutreiben: Dies könnte schliesslich, so hätten sie behauptet, ein besonders gesundes, schönes, starkes, in jeder Hinsicht begabtes Kind sein und man dürfe es, ohne grosse Sünden zu begehen, auf keinen Fall beseitigen.

Hingegen habe es eine Hebamme bedeutend weniger gestört, ein Mädchen, welches seinen Eltern in Gottesnamen nichts von seinem Zustand erzählen wollte, in ihrer abgelegenen Ziegenhütte aufzunehmen und ganz geheim, ohne dass ein gestrenger Sittenrichter davon erfuhr, zu entbinden. Gebar dann eine Frau in geordneten Verhältnissen zur gleichen Zeit ein totes Kind oder erwies sich als zukünftig unfruchtbar – die Weise Frau konnte dann mit einer endlosen Fülle von Möglichkeiten aufwarten, um für jede Seite einen glücklichen Ausweg zu finden. Dann geschahen jene Wunder, die den Nährboden für weitere Sagen abgaben: Das Mädchen, das etwas voreilig schwanger geworden war, kehrte nach einer angeblichen Reise «zu einer Badekur» heim, als sei es noch immer eine unbescholtene Jungfrau. Die wohlhabende Gattin, die in ihrem ersten Schreck irrtümlich geglaubt hatte, ihr Kind komme zu früh und darum nicht lebensfähig auf die Welt, war auf einmal nicht wenig erfreut! Nach tiefem Schlaf, von stärkendem Kräuterwein hervorgerufen, wurde sie unter Tränen der glücklichsten Überraschung gewahr, dass ihre Verzweiflung völlig überflüssig und der Ausdruck eines verworrenen Alpdrucks war! Schon streckte ihr die gute Hebamme ein quicklebendiges Kind entgegen, so gesund und auch sonst gut geraten, dass man auf den ersten Blick hätte schwören können, es habe wohl schon vor etlichen Tagen das Sonnenlicht erblickt.

Der schlimmste Vorwurf, den man den Hebammen gegenüber (genau wie den Hexen!) erhob, war der, dass sie die neugeborenen Kinder «opferten». Wie man noch in den fünfziger Jahren wissen wollte, legten sie diese nach vollzogener Entbindung erst einmal auf den Erdboden; dazu sollen sie jedesmal feierlich ins Freie getreten sein. Dann gingen sie um das kleine Wesen dreimal herum und betrachteten es mit den Blicken der erfahrenen Kennerin, «ob es wirklich wohlgewachsene Glieder und keinerlei Zeichen einer tiefsitzenden Krankheit in sich habe»; Leiden, die es ihm künftig etwa unmöglich machen könnten, zu einem in jeder Beziehung glücklichen Menschen heranzuwachsen. Entdeckten sie dabei mit scharfem Auge irgendwelche Missbildungen, so stellten sie ihr weiteres Sorgen für den Säugling ein, so dass die an sich schon kärglichen Lebenskräfte des unseligen Wurms bald erlöschen mussten. Befanden sie aber das neue Kind in jeder vorstellbaren Beziehung als «wohlgeboren», dann hoben sie es feierlich auf und zeigten es erst jetzt den in Freudenrufe ausbrechenden, bis dahin geduldig wartenden übrigen Familienmitgliedern.

Die Erzähler, die alle Sagen dieser Art kannten, versuchten früher auch die zweifellos sehr alte Berufsbezeichnung der weisen, mit der Geburt beschäftigten Frauen, Hebammen, aus den Bräuchen dieser Art zu deuten: Hebamme komme von heben, was sich auf dieses Niederlegen und dann «Auf-heben» vom Erdboden beziehe. In den Mundarten der alpinen Schweiz hat dasselbe Wort übrigens auch den Sinn von festhalten: «Die Hebammen bestimmten, weil sie in dieser Beziehung unglaubliche Erfahrung gesammelt und gleichzeitig ihr gesundes Gefühl (Instinkt) zum Erkennen der Zusammenhänge stark entwickelt hatten, welches Kind verdiente, ‹festgehalten› und damit der Sippe übergeben zu werden. Das Kind galt damit sozusagen als dreifach geboren, von der leiblichen Mutter, von der Mutter Erde, und, als deren Stellvertreterin, von der Hebamme, die es genau anschaute und dann allen Angehörigen der Gebärerin zur weiteren Betreuung übergab.»[5]

Auch wird versichert, Hebammen, die aus dem Hexenbunde stammten, hätten unmittelbar nach der Geburt zusammen mit dem Kind irgendwelche «Opfer an die Dämonen» gereicht.[6] Ich glaube, es handelt sich hier um den gleichen urtümlichen Brauch, den man gelegentlich auch in der treuen Erinnerung des Volkes aufbewahrt findet: Die weibliche Geburtshelferin trat ins Freie, und wenn sie befand, das Kind werde überleben, verfüge also über die Kraft, ein ganzes Dasein auf unserer Erde zu durchlaufen, dann hob sie es hoch in die Luft und «zeigte ihm die Welt». Sie wies ihm mit leiser Stimme den Himmel und die Sonne, wenn es Tag, und selbstverständlich Mond und Sterne, wenn es Nacht war.

Sie zeigte ihm auch Bäume und Blumen sowie die Haustiere der nahen Umgebung: Kühe, Rosse, Katzen, Ziegen, Hühner. Dann stellte sie dem Kind die Verwandten vor, den Vater und die Geschwister. Die Hebamme war damit nicht nur die Helferin, die dem Neugeborenen mit ihren medizinisch-hygienischen Kenntnissen beistand. Sie war sozusagen eine Priesterin, die es den Mächten der Erde vorstellte und ihm gleichzeitig die ersten Erklärungen gab, in was für einer Umwelt es sich befand. Diese Rolle sei ihr in gewissen Gegenden noch sehr lange geblieben: In allen Angelegenheiten um die menschliche Fortpflanzung und Fruchtbarkeit, zum Beispiel auch in allen Fragen, wie sich die Frau während der Schwangerschaft zu verhalten habe, «damit das Kind gut komme», sei sie dann vom ganzen Dorf befragt worden. Als besonders wichtig galt dabei, «dass man immer die gleiche Hebamme habe», das heisst ein weises Weib, «das wisse, wie sich schon die Vorfahren im gleichen Fall verhalten hätten» – war man doch fest überzeugt, dass sich in einer Familie die gleichen Schwierigkeiten in jedem Geschlecht neu wiederholen. War eine Hebamme sehr jung, hatte aber ihr Wissen von der Mutter oder Grossmutter geerbt, so hielt man sie, «der Erfahrung nach doch für sehr alt», sie habe sozusagen ihre Kenntnisse über das Verhalten der Frauen in den einzelnen Sippen nicht nur von ihrer Lehrerin vernommen, «sondern habe sie im Blut»[7].

Eine junge Hebamme, die aus einer Familie stammte, «die schon die eigene Mutter entbunden habe», die habe es also «im Gefühl», wie man auch deren Tochter richtig behandle – während eine viel ältere Hebamme, die an sich viel häufiger entbunden habe, aber dies in einer andern Gegend tat, «dieses sichere Wissen auf keinen Fall besitze»[8].

Lebenskraft im Frühlings-Bad

Beim Herrn Theophrastus von Hohenheim (1493–1541), welcher als Paracelsus als grosser Fahrender Magier und der Sage als Freund der Feen (Sylphen) galt, finden wir dunkle Andeutungen über das Hexenwesen des ausgehenden Mittelalters. Deutlich wird dabei eines – auch dieser grosse «okkulte Philosoph» des Alpenraums scheint einen urtümlichen Kult der Fruchtbarkeit erkannt zu haben. Anlässlich geheimer Versammlungen, so lehrte er über Hexen, «genesen sie ihrer Kinder und halten ihr Kindbett ab»: «Wie eine Jungfrau, die schwanger ist, und die Geburt verbergen will, in ein Bad zieht ...»[1] Das alte Hexen- und Hebammenwesen rückte, auch für das 16. Jahrhundert noch, in die Nähe des von Sagen begleiteten Treibens um die Bäder, die einst die Mittelpunkte der volkstümlichen Heilkunst waren und das fast bis in die Gegenwart blieben.

Der Zusammenhang zwischen dem Kult der Orte mit besonders wunderbaren Wassern und deren weiblichen Beschützerinnen, die der fortlebende Mythus «wegen ihrer Heilkräften» ursprünglich geradezu als eine Art Göttinnen ansah, sehen wir noch sehr deutlich in der Gemeinde Baden nahe bei Zürich: Schon in der keltisch-römischen Heidenzeit sollen hier die Quellen von drei weisen Frauen ihre Wirkung gegen vielerlei Leiden erhalten haben. Hätten sich die Gäste aber Unreinlichkeiten oder andere Zeichen der Undankbarkeit zuschulden kommen lassen, hätten sie die Wunderwasser versiegen lassen – bis die Verfehlungen wieder gutgemacht wurden und sie bereit waren, den Menschen zu verzeihen. Wer aber die feenhaften Frauen mit eigenen Augen erblicken durfte, der hatte besonderes Glück und wurde sein ganzes Leben lang nie mehr krank ...[2]

Regelmässig erscheinen in unseren Sagen diese weiblichen Hüterinnen der Gesundquellen. Vergass man ihre Heilkunst, beleidigte oder vertrieb man sie, so verschwand auch die Kraft jener Orte, die sie einst zu Pilgerstätten für alle Leidenden gemacht hatte.[3] Was die Alpensagen angeht, stellt darum Herzog fest: «Vorzüglich galt das Wasser der Quellen für heilig, und zumeist solcher Quellen, die an Bergen oder in Höhlen entspringen. Das rührt daher, dass man annahm, in den Bergen lebe so manche Gottheit; das Wasser sprudle frisch aus ihrer Hand, wie das Wasser heiliger Brunnen aus der sie bewohnenden Göttin. Es war aber nur dann heilig, wenn noch kein Sonnenstrahl es beschienen hatte, solange noch die Weihe der Nacht auf ihm lag, und besonders, wenn diese Nacht einem heiligen Tag voranging.»[4]

Die Alpensage weiss darum von Gastwirten, die das «Mai-Bad» ermöglichten, namentlich aber auch von den Wirtinnen, dass sie mehr von den alten Naturwissenschaften gewusst hätten «denn alle gelehrten Bücher zusammengenommen»: «Wer es nicht einrichten konnte, dass er auf den ersten Mai und die darauffolgenden Tage, oder sogar Wochen sich in den Frühlingswassern einer der glück- und gesundheitbringenden Quellen aufhielt, der war überzeugt, dass es mit seiner Lebenskraft im kommenden Jahr sehr leicht bergab gehen könnte.»[5]

Die Frauen der Familie betreuten die Schwangere, unter der Anleitung der erfahrenen Hebamme, vor und während der Geburt: Man glaubte, dass sie ihr die guten Wünsche und die «Lebenskraft» der ganzen Sippe zuleiten!

Die Bademädchen, die dabei die Gäste betreuten und unterhielten, waren nach dem Zeugnis der Volks-Überlieferung sicherlich nicht nur «käufliche Dirnen», wie man es im 18. und 19. Jahrhundert dann nur zu häufig andeutete. Sie gehörten oft zur entfernten Sippe der Badewirte, und die Verfemung des ganzen Bedienungsvolks um die Bäder mag seinen Ursprung in der nachträglichen Verketzerung der magischen Tradition besessen haben – ursprünglich mögen Familien dieser Art wegen ihrer Kenntnisse der Heilkräfte besonders geehrt worden sein[6]: Die Tradition besagt, dass der «richtige» Gebrauch der «guten Wasser» eine echte Wissenschaft war, die man nur beherrschte, wenn man sie «bereits schon als Kind» von den Eltern und Grosseltern angewandt sah. Verbunden damit war nicht nur die Anwendung von kalten und erwärmten Wassern, zumeist unter Zugabe von «Maien-Kräutern» und andern Naturheilmitteln, sondern auch Tanz, Musizieren, Singen und Massage.[6]

Wenn ausgerechnet der magische Wissenschaftler Paracelsus, gleichzeitig Jünger und Lehrer der so häufig wegen ihren Hexenkünsten verdächtigten Bader, über die Heilbrunnen erzählte, erwähnt er besonders auch diejenigen, «welche die Art der Bäume, Schwämme, Pilze und Kräuter der Gegend, des Feldes oder Berges in sich haben»: In ihrer Wirkung «gleichen Paracelsus zufolge manche der Alraunwurzel und dem Bilsenkraut» – in den Wassern von einer solchen Eigenschaft seien darum die Badenden, die es benutzen, in entsprechenden Schlaf versunken![7] Die Nachtschattengewächse, die hier besonders hervorgehoben werden, galten im Jahrhundert des Paracelsus (und teilweise auch noch heute!) als besondere «Hexenkräuter»! Das Benützen von Wassern, in denen sich die geheimnisvollen Kräfte der ganzen Landschaft vereinigen, rückt also durch solche Hinweise ganz und gar in den Bereich der übrigen «okkulten» Künste unserer Weisen Frauen.

Eine bejahrte Zigeuner-Wahrsagerin, deren Sippe nach eigenen Angaben «vor mehr als 200 Jahren über die Alpen aus Osteuropa eingewandert» sein soll, berichtete uns 1962 in der Gegend von Avignon: «Es gab bei uns einen Stamm, der wusste, wie man mit der Verbindung von Kräutern, Musik, Tanz und magnetischen(!) Berührungen im Menschen seine geschwächte Lebenskraft (son ésprit vital, also eigentlich – den Lebensgeist!) erweckt, damit für ihn ein neuer Frühling beginne. Darum waren diese Leute früher bei allen Gesundheitsbädern, Heilquellen und Pilgerorten gern gesehen.»

Auch von den Jenischen, besonders im süddeutschen und räto-romanischen Raum, vernimmt man die Sage, dass sich viele ihrer Sippen einst in der Nähe von Quellen der voralpinen Gebiete aufhielten. Ihre Ahnen sollen hier in der Heilkunst und im früher damit so eng verbundenen Unterhaltungswesen eine bedeutende Rolle gespielt haben. Bei den Zigeunern scheint das sehr deutliche Bewusstsein noch immer vorhanden, dass beide Dinge, die Wissenschaft der Medizin und die Kunst der Lustbarkeiten, einst eine grosse Einheit darstellten: «Sehr wichtig ist», auch das sagte mir die bereits angeführte Weise Frau aus der Umgebung von Avignon, «dass man beim Menschen, der irgendwie auf trübe Gedanken gekommen ist, zuerst einmal die Lebensfreude emporsteigen lässt. Dann erst sind Körper und Geist bereit, von neuem die guten Kräfte der Natur aufzunehmen.»

Die gleiche Frau erzählte mir von den Angehörigen der Stämme ihrer fernen Heimat, die in ihrer Erinnerung geradezu mythische Helden waren, die noch mit «mehr als 100 Jahren» die Zeugungskraft besassen: «Fühlten sie sich ein wenig unwohl, dann warteten sie gar nicht ab, bis sie ganz in die Verzweiflung gerieten, dadurch die Säfte ihres Körper völlig vergifteten und dann nachträglich Opfer irgendeiner bösen Seuche wurden. Ihr Stamm bereitete für die gebrechlichen Alten, wenn sie ihnen so wichtig waren, dass sie sie noch auf der Erde zurückhalten wollten, bei zunehmendem Mond ein schönes Fest. Man musizierte für sie, und die jungen Mädchen des Stammes tanzten für sie. Freuten sich dann die Alten wieder am Leben, lachten sie und tanzten dann gar selbst, dann war die Gefahr zunächst einmal gebannt und sie konnten sich, jungen Leuten gleich, aufführen.»

Auch im Alpengebiet war man ähnlich überzeugt, «dass das Maibad für die Gesundheit», eigentlich für die noch (!) gesunden Menschen, und damit vorbeugend, sei: «Man musste auf die ersten Zeichen der nahenden Krankheit achten, worin die Badewirte und die Bademädchen einst sehr befähigt waren. Ist das Leiden bereits so richtig ausgebrochen, dann ist es meistens schon zu spät. Im übrigen war das Treiben um die alten Bäder, alles mit dem Ziel, die inneren Heilkräfte im Menschen zu wecken, fast zu wild, als dass es ein ‹richtig› Kranker ausgehalten hätte.»[8]

Ins Bad ging man besonders gern im Frühling, «wenn der Maien nahte, das Eis von den Bächen verschwand, wenn Bäume und Sträucher grünten, die Blumen aus dem Boden sprossen und die Vögel ihre Lieder anstimmten»: Man war überzeugt, dass das harte Winterleben – bei den freiheitsliebenden, häufig in engen Räumen eingeschlossenen Nomaden – dumpfe Stimmung und damit die Vergiftung von Geist und Körper fördert. Auch die Lebenskraft des Menschen müsse wieder «geweckt» werden, damit sie sich ebenfalls am Blühen der Welt erfreuen könne.

Aus diesem Einfluss des ursprünglichen Glaubens der Vorfahren an das Erwachen der Natur und die Bräuche, die uns sozusagen erlauben, daran voll teilzunehmen, erklären sich die unzählig erhaltenen Berichte: Im 14. Jahrhundert lesen wir aus Mönchskreisen über die Bäder von Wiesbaden, die offenbar gerade damals einen unglaublichen Höhepunkt erreichten, sie seien «Fest des Bauches, öffentliches Haus der Venus, Spielwerk des Teufels». Es wurde damals geradezu behauptet, dass sogar sehr anständige Frauen von einem Besuch dieser Orte «als Teufelsweiber heimkehrten»[9]. Aber noch im 18. Jahrhundert galt das Theater, das hier vor den Badegästen von Wiesbaden spielte, wegen seines unsittlichen Gehalts als besonders bedenklich[10]: Auch hier wird ursprünglich die Vorstellung bestanden haben, dass sinnliche Darbietungen «die Kräfte und Säfte der Zuschauer in Bewegung bringen».

Wenn wir die Berichte dieser Art betrachten und nur die wahrheitsgetreuen Erzählungen hervorheben, die uns schildern, wie die erfahrenen Bademädchen um die Orte mit den heilenden Wassern Kräuter sammelten, diese in die grossen Kessel schütteten, in denen man die heilenden Wasser erhitzte, auf Waldwiesen vor den Gästen tanzten usw., dann erkennen wir ganz sicher eine Wurzel unserer Hexensage. Gerade in den Alpenländern trat das entsprechende Treiben, «namentlich in den recht abgelegenen und polizeilich schwer zu überwachenden Bädern in Erscheinung»[11]. Es hagelte vom 16. bis ins 18. Jahrhundert Verbote und Bussen, aber anscheinend «ohne grossen Erfolg»[11]. Die noch immer einflussreichen alten Sippen, auch hier offensichtlich die Bewahrer der noch aus dem Mittelalter stammenden Überlieferungen, taten anscheinend alles, um Bäder und Bräuche vor allen Spitzeln der heuchlerischen Moralisten zu bewahren.

Viele dieser übermütigen Festbräuche, die die Leute aus einflussreichen Familien gemeinsam mit dem Landvolk und den unentbehrlichen Bademädchen begingen, erinnern die Verfasser neuerer Untersuchungen an den «ursprünglichen, heidnischen Sonnenwend-Kultus»[12]. In der Stadt Basel und anderswo wandte sich eine immer unduldsamere Obrigkeit wider den um die Badeorte verbreiteten Volksglauben, dass hier die heilende Kraft besonders «auf gewisse Tage» wirksam sei. Sie versuchten mit allen Mitteln zu erreichen, dass zumindest in diesen einst heiligen Zeiten der grossen Volksfeste die Wirte ihre Wasser vor den Gästen verschliessen sollten: Diese wehrten sich selbstverständlich verzweifelt dagegen, weil ihre Quellen sonst die allerbesten Kunden verloren hätten – auch hier waren es besonders die angesehenen Stadtbürger, die an den ihnen heiligen Tagen zu den Bädern eilten. Aus dem 16. und 17. Jahrhundert lesen wir darum immer wieder, hier werde etwa «auf St. Johann-Abend und -Nacht neben grossem Mutwillen, Superstition und Aberglauben getrieben, sonderlich von unsern Leuten (gemeint sind hier die Stadtbasler, S. G.), welche dieses Tags halber dem Bad grosse Kraft zuschreiben»[12].

Was alles in den vielgenannten, verschwiegenen Bädern geschah, darüber geben uns die Aufzeichnungen und übereinstimmend die Sage Aufschluss. Die Orte lagen etwa «umgeben vom Bergwald und Alpenweiden . . . fernab von der staubigen Landstrasse»[13]: «Im Vordergrund habe indessen die ‹naive und oft recht derbe Genussfreudigkeit des Mittelalters› gestanden, meinen verschiedene Autoren. Die Bademädchen, welche oft selber die Kräuter aus dem Boden ‹grübelten›, seien wegen ihres Leichtsinns geradezu berühmt gewesen . . .»[13]

Der Vogt von Trachselwald beklagte 1640 «das ärgerliche und gottlose Wesen mit Tanzen, Singen, Pfeifen» an einem solchen Ort. Es gehe hier dem Badevolk vor allem um die «Vollbringung der Geilheit und grossen Mutwillens»: Hier gebe es nächtlich «ein Auslöschen der Lichter und bei dieser Gelegenheit eine Vermischung . . . der Männer und Weiber.»[13] Immer mehr Verbote richteten sich wider die Bademädchen und auch die Musikanten, die beim Ausüben der Bräuche an diesen vielfach heiligen Orten zugegen waren.

An dem Badebetrieb, der noch lange Zeit Inseln in einer sonst nur an «rationale» Vorgänge glaubenden modernen Welt bildete, glaubten aber vor allem «konservative» Kreise bis ins beginnende 19. Jahrhundert: Bis die alten Geschlechter, verbunden mit dem Treiben um die Badewirtschaften, deren Maibetrieb und deren Festkultur, auch der dazu gehörenden «belebenden» Musik verschwanden, glaubten sie an die Notwendigkeit, «zumindest im Frühling einige Wochen aus dem Leerlauf der Städte aussteigen zu müssen»[14].

Der Arzt Dennler aus Langenthal (1756–1824) lehrte: «Ein Hauptumstand bei der jährlichen vorbeugenden Badekur ist aber der, dass der Badeort immer aufs allerwenigst eine gute Tagereise oder zwei (vom Wohnsitz) entfernt, und allfälliger Kummer und Sorg zu Haus, oder noch besser unterwegs gelassen werde.»[15] Man zog dann nach abgelegenen Orten, an denen man «das Land . . . noch nicht verengländert»[16] glaubte – die Engländer galten damals in den deutschsprachigen Alpengebieten als

Hauptverbreiter einer Weltzivilisation, die in ihrem Bereich alle Eigenarten ausrottete. Man wollte in der Umgebung des Bades eben Leute sehen, die «urwüchsig frisch» waren[16]. Man glaubte nicht nur an das Wasser und die damit verbundene, noch erhaltene alte Naturheilkunde, sondern auch an die von der ganzen Umwelt ausgehende «psychische Wirkung auf alle harmonieverlangenden Gemüter»[16]. Man glaubte noch immer, dass auch der «sanfte Tanz» in einem solchen Kreis häufig zu einer Gesundheit verhelfe, «die man durch kein Heilmittel aus der Apotheke bewirken kann»[17].

Doch langsam verschwand das Heilwissen der Weisen Frauen aus dem Bewusstsein der Europäer, die weniger die Schwerkranken zu retten, sondern eher die Lebenskraft der Gesunden vorbeugend zu steigern versuchten: Damit eng verbunden, verschwand auch die uralte Auffassung von der Gesundheit nicht als die Fähigkeit zum Dahindämmern in einem langweiligen Alltag – sondern als Erfülltsein «mit der grossen Kraft», wie man sie zum Maibeginn und an andern Festzeiten des Jahres in der Natur zu erleben versuchte.

Jugend und Schönheit aus Tau, Kräutern, Milch

Auch wenn die puritanischen, sich gern als Sittenrichter aufspielenden Kritiker das Badewesen im Alpengebiet bekämpften und es gar mit den spätrömischen Orgien und der Prostitution der Grossstädte verglichen, beweisen doch ihre Berichte, dass hier vor allem eine sinnenfrohe Volkskultur nachlebte. Vom Treiben der Bademädchen, die aus Gebieten stammten, in denen die eigenwilligen Liebesbräuche aus dem Kreis des Kiltens, Fensterlns und der Stubeten nachwirkten, vernehmen wir dann etwa folgendes: «Unsere verworfensten hieländischen Mädchen haben darin doch wohl einen Grad von mehr edlem Stolz ... Sie fühlen selbst in einem der Ausschweifung geweihten Lebensstil (in ihrer Débauche) noch etwas von einem besseren Nationalgefühl.»[1]

Es scheint mir darum ausserordentlich wichtig, alle erhaltenen Angaben zur volkstümlichen Medizin zu sammeln, die nicht etwa der Behandlung von Kranken diente, sondern die «Lebenskräfte» der Gesunden so erneuern sollte, dass sie «für ein ganzes Jahr nicht nur nicht erkrankten, sondern ihr Dasein voll geniessen durften». Die Heilung sollte jedesmal, wie die Sage weiss, «zwölf Monde dauern»; der Mondmonat deutlich noch als Kreislauf der vier Mondphasen, also von achtundzwanzig Tagen verstanden: «Dann muss sich der Mensch wieder verjüngen! Sonst kommt nach der strengen und sonnenarmen Winterszeit der dreizehnte Monat, der das Unglück bringt. Der geschwächte Leib ist so empfindlich, dass er gegen die Krankheiten keinen Widerstand mehr leisten kann, es entsteht Frühjahrsmüdigkeit und daraus alle erdenklichen Leiden. Diesen dreizehnten Monat muss man der Gesundheit widmen und alle seine Lebenskräfte im Mai wecken. Dann kann man wieder sicher sein, die darauffolgenden zwölf Monde des neuen Jahres in jeder Beziehung stark und gesund zu bleiben.»[2]

Zu den Kuren, zusammen mit den Erheiterungen durch die Bademädchen, gehörte nicht nur fortgesetztes Baden in den Bottichen «mit reinem Quellwasser», sondern auch die Teilnahme am grossen Bad der Verjüngung, «das sich die ganze Natur selber gewährt, um im neuen Frühling und Sommer mit ihrer Fruchtbarkeit beginnen zu können»[2]. Mit den Erzeugnissen des entsprechenden Volksglaubens, leicht zusammenzustellen für alle keltischen, germanischen und slawischen Stämme, könnte man nun ganze Bände füllen: «So gibt der Maitag Veranlassung zu fröhlichen Ausflügen mit Spiel und Tanz für gross und klein – Ausflüge in einen Wald, auf einen Berg oder an eine Quelle, oft schon in aller Morgenfrühe. Ist doch schon die Luft des Wonnemonats heilsam, heilsamer noch der Morgentau, mit dem man sich wäscht und den man sammelt, wie auch ein Bad in der Mainacht oder in der Frühe des Tages von besonderer Wirkung ist.»[3] Man kann sich gut vorstellen, dass Menschen, die solche Bräuche begingen, von ihren entfremdeten Zeitgenossen «als Heiden- und Hexenvolk» verdächtigt wurden.

Nackte Menschen, die da in der Nacht auf den 1. Mai tanzten oder nackt in den «heiligen» Quellen oder im Tau der Wiesen badeten, galten einer abergläubischen Spätzeit als Angehörige eines unheimlich-magischen Stammes, der seinen «Sabbat» beging oder zumindest gerade von einem solchen zurückkehrte. Dies um so mehr, da die Anhänger der vorbeugenden Volksmedizin vielfach fest überzeugt waren, dass man beim Taubad, «um ein Jahr gesund zu bleiben», nicht reden dürfe, «damit die Heilkraft des

Es gibt keine Vorstellung des «lustigen Lebens» in Barock und Rokoko ohne das Bild der «Bademädchen», dieser berühmten «Venus-Töchter».

Maiens gut wirke»: Nahte also ein Fremder, so durften sie ihn nicht einmal grüssen und verschwanden möglichst rasch in einem nahen und schützenden Gehölz – so dass der ungerufene Zeuge wohl überzeugt war, sie seien aus schlechtem Gewissen «wegen ihrer schwarzen Zaubereien geflohen», oder gar, sie seien «auf einem Ast oder Besen» fortgeflogen...

In ganz Europa scheinen, bis in unser Jahrhundert hinein, wichtige Überreste der «für die Seele lustvollen und für den Körper heilenden» Bräuche der «Walpurgisnacht» erhalten geblieben: «In Ost-Cornwall ist es üblich, an den ersten drei Sonntagen im Mai morgens im Meer zu baden. Kinder werden in heiligen Quellen gebadet. Auf der Insel Syra im Ägäischen Meer waschen sich am Abend des Maitages die Frauen die Füsse im Meer. Auch der Regen in der Walpurgisnacht, am 1. Mai und im Mai überhaupt, ist glückbringend und fördert das Wachstum.»[3]

«Wahrsagerinnen», also Weise Frauen aus dem Zigeunervolk, sollen vorzugsweise an «Walpurgis» das Volk in den «Bedli» aufgesucht haben, eine «Glücksverheissung» in dieser Zeit soll sich immer erfüllt haben. Alle Körperteile, die man im «Tau der Frühe» wusch, sollten «bis zum nächsten Jahr in der gleichen Zeit nicht altern». Wenn die erwähnten Frauen ihre Karten legten, auch im Alpenland vor allem Tarot-Bilder, so galt bezeichnenderweise die Karte 13 als verheissungsvoll: Sie stellt den Tod dar, wie er mit seiner gutgeschliffenen Sense ein Feld mäht. Die Gräser werden von ihm abgeschnitten, aber man sieht auch zwei gekrönte Häupter, meistens Mann und Frau, die fröhlich und ungestört heranwachsen. Die Erklärung der alten Wahrsagerinnen lautete: «Man kann vergängliche Blumen mähen, nicht aber junge Bäume, die so stark sind, dass sie sich vor keiner Sichel oder Sense fürchten müssen. Der, der seine Lebenskräfte im Frühling, im dreizehnten Monat zu wecken versteht, der braucht im kommenden Jahr den Tod nicht fürchten, weil er sich durch die Lebenskräfte der Erde verjüngen und nun noch besser entfalten kann. Darum haben die weisen alten Tarotkünstler alle Tarottrümpfe mit einer Erklärung versehen, bis auf die Karte ‹Der Tod›. Für diejenigen, die die Kräfte im Boden, in den Kräutern und im Lebenstau kennen, existiert er gar nicht.»[4]

Beim «Baden» im Tau oder im Wasser «heiliger» Quellen gilt noch die gleiche Regel wie beim «Holen von Osterwasser» am Ostersonntag, das ebenfalls ausserordentlich glückbringend und ein Heilmittel wider trübe Stimmungen und körperliche Gebrechen sein soll: Im Volk gibt es noch das Bewusstein, dass beide Bräuche aus der Vorstellung stammen, dass im Frühling «frische Wasser von den Berghöhen strömen und überall neues Leben erzeugen». Man darf bei jedem feierlichen Wasserholen im Lenz, zu dem man «vor Sonnenaufgang» aufstehen muss, nicht nur kein Sterbenswörtchen reden: Man darf auch niemals zurückschauen, was als ein Sinnbild dafür gilt, dass man mit neuer Unternehmungslust in die Monate des neuen Blühens und Wachsens schreiten soll, ganz und gar «ohne irgendwelchen trüben Gedanken an irgendwelche Enttäuschungen der letzten zwölf Monde».

Dass man auf der Tarotkarte «Der Tod», «die eigentlich die Erneuerung heissen sollte», zwei Gesichter von königlichen Menschen sieht, die dank Erdenkraft munter in die Höhe wachsen, soll wiederum bedeuten, «dass der Mensch nicht allein sein kann». Er muss nach den Weisen Frauen, die in der Medizin der Badeorte eine so grosse Rolle spielten, «im Maien» jede Müdigkeit und den einhergehenden Lebensüberdruss vergessen, was Hexen und deren Jüngerinnen zufolge nur möglich war, «wenn sie am andern Geschlecht wieder ihre Freude fanden».

Aus diesem Grund wird erzählt, dass treue Vertreter der ursprünglichen Überlieferung an ihren Wänden gern Darstellungen zweier Menschen hatten, die zusammen in einem Bottich das Frühlingsbad nehmen – um sie herum soll man vor allem viel blühende Kräuter und Sträucher abgebildet haben. «Wenn man sich im Herbst und im Winter dann niedergeschlagen, schlecht und alt fühlte, gab einem schon ein Blick auf solche Frühlingswonnen neuen Mut, um bis zur nächsten Oster- und Maienzeit, bis zum Besuch des Verjüngungsbades, durchzuhalten.»

Auch die Tarotkarte «Die Sonne» (Trumpf 19) und «Der Stern» (Trumpf 17) setzen die Wahrsagerinnen mit der Möglichkeit der Erneuerung im Lenz in Beziehung: Auf ersterer sehen wir zwei nackte, junge Liebende, die hinter einem «sie vor unbefugten Blicken schützenden Mäuerchen baden oder tanzen und dabei die neu aufgehende Frühlingssonne begrüssen». Auf Karte 17 sehen wir ein schönes Mädchen, den Morgenstern Venus, «dieses Vorbild aller Bademädchen», wie sie in früher Stunde aus ihren beiden Krügen Heilkräfte in eine Quelle und auf den Rasen giesst.[5]

Ähnliche Sinnbilder der Lebens- und Liebeskraft waren früher im Alpenlande mit seinen zahllosen Möglichkeiten zu Maienbädern überall zu sehen, obwohl die Moralisten seit dem Ende des Mittelalters immer mehr gegen eine so «heidnische» Volkskunst wetterten. Aus dem 18. Jahrhundert vernehmen wir: «Zottige» Sprüche und entsprechende «Figuren» sehe man an den Wänden «in allen(!) Schweizer Wirtshäusern»: «In keinem(!) findet man das so allgemein(!) und mutwillig.»[6]

In Volksliedern finden wir eine Unzahl von heute schwer verständlichen Anspielungen auf die entsprechenden Unterhaltungen, so im berühmten «Vreneli ab em Guggisbärg»: Das liebende Mädchen, ganz offensichtlich eingeweiht in das Wesen damaliger Kräuterhexen, erzählt, dass sie ihrem Jüngling «Muskaten und Nelken (Nägeli)» geben wolle, auf dass er sie nie mehr vergesse! Die Erklärung zu dieser Stelle im «alten Guggisbergerlied» lautet noch heute, dass wir hier einen deutlichen Hinweis auf die uralten Künste der Erneuerung «durch die reinen neuen Wasser und die magische Erdkraft in den würzigen Kräutern» vor uns haben. Ein Kommentar zum Lied lautet darum: «Muskat – vor allem die Muskatblüte – war ein oft verwendetes Rauschmittel. Der Genuss von Muskaten und Nägeli (Nelken) wirkt stark erogen. Bis heute wird das gemeinsame Liebesbad im Sud von Muskat und Nägeli gepflegt.»[7]

Um dem Trübsinn, der Melancholie, welche im Winter vergiftete Körpersäfte (humores) produzieren, entgegenzuwirken, kannte die einstige Kräuter- und Badewissenschaft unzählige Mittel, die, von Aussenseitern angewendet, sogar gefährlich sein konnten. Die Überlieferung der «Alpen-Bäder» weiss noch von wallenden Dämpfen, die zusammen mit der Musik und dem Tanz der Bademädchen die Menschen im Wasser in eine Laune brachten, «dass sie glaubten, sie seien im irdischen Paradies und alles um sie herum sei schön». Dazu gehört offenbar auch eine bayerische Aufzeichnung aus dem 15. Jahrhundert: «Bilsensamen in die Badstube auf den (heissen Stein-)Ofen gegossen, macht die Leute aneinander schlagen mit den Badschifflein.»[8] Sie trieben offenbar jeden Übermut mit ihren hölzernen Badegefässen!

Neben dem «Maientau» und dem «Liebesbad zu zweien», um vor allem die Jugendfrische und Gesundheit des Aussehens herzustellen, soll nach der Sage die Wissenschaft der Bademädchen auch das «Sich-Waschen-mit-Milch» gekannt haben: Selbstverständlich mit der Milch von Kühen, die auf möglichst hohen Alpen weiden «und darum auch die besonders gesunden Kräuter fressen konnten». Es wurde sogar behauptet, dass Milchkuren dieser Art den unzähligen Bedli in den verschwiegenen Tälern der Voralpen viel mehr Ruhm gaben als die gleichzeitigen Milch-Trinkkuren – «bei denen der Maigast am frühen Morgen neben dem Melker stehen musste, um sofort die kuhfrische Milch geniessen zu können»[9].

Es ist möglich, dass es diese Auffassung tatsächlich gab, da sie sich ziemlich lückenlos in die übrigen Bräuche der einheimischen volkstümlichen Heilkunst und Hygiene der Alpen einfügen lässt, wie sie auch heute noch fast ausnahmslos bestehen. Ein mir seit längerem bekannter Alphirt berichtete aus Graubünden: «Die Bauern hören es nicht so gerne, aber ein neuerdings wieder beliebter Sennenbrauch ist, sich im Käskessel (Käskessi) mit Schotte zu baden. Eine alte Gepflogenheit, die aber früher seltener und heimlicher ausgeübt wurde. Man sagte, es sei gut für die Haut. Natürlich wird anschliessend das Kessi wieder peinlich sauber geputzt; ist es doch eine bekannte Tatsache, dass man nur mit Reinlichkeit guten Käse herstellen kann. In verschiedenen Varianten gibt es eine Erzählung, worin der Zusenn im Schottenbad sitzt und in eben diesem Moment Besuch von Alpenwanderern kommt. Der Senn deckt den Badenden mit dem grossen Holzdeckel zu. Während er Milch ausschenkt und mit den Besuchern plaudert, schürt er ein kleines Feuer unter dem Kessi – bis der von Hitze geplagte Zusenn aus dem Kessel und ins Freie springt.»[10]

Wie ausgiebig in den Holzzubern, diesen romantischen Badebottichen der in mittelalterliche Vergangenheit zurückreichenden Heil-Gaststätten, ähnliche Bäder «für gute Haut» geübt wurden, kann man der schriftlichen und mündlichen Überlieferung nicht eindeutig entnehmen. Um aber dem Brauch der seelisch-leiblichen Erneuerung am Maianfang die Weihe zu geben, hat man versichert, dass «gerade die Milch des Viehs gut sei, wenn dieses im Frühling erstmals wieder ins Freie könne und dann die neuen Gräser gefressen habe».

Besonders die Milch der Ziegen, die an steilen Abhängen den ersten Kräutern nachklettern, soll für Trinkkur und Hautreinigung sehr wirksam sein, und die Bademädchen hätten darum lachend festgestellt: «Die Leute ziehen in die Städte und kommen dann im Mai zurück, um für ihr teures Geld das zu erwerben, was in den Bergen jedermann hat.»

Das Fest im Mai

Um den Hexensabbat so zu schildern wie das sagenkundige Volk es tut, führen wir die Geschichte vom Hexenfest auf dem Seefeld an: Es handelt sich um eine Alp über dem Dorf Habkern (Habchere), zu der man vom Städtchen Unterseen, zwischen Thuner- und Brienzersee, gelangt. Heute wird sie wegen ihrer rauhen Witterung nur für begrenzte Zeit des Jahres als Viehweide benützt. Im Mittelalter, in den Tagen der Freiherren von Eschenbach, welche Unterseen erbauten, sei das Seefeld gar Standort einer richtigen Stadt gewesen. Da auch diese untergegangen sein soll, «weil in ihr die Heiden Sonne, Mond und Sterne anbeteten», mag sich auch hier die dunkle Ahnung an eine vorgeschichtliche Kultstätte erhalten haben.[1]

Geschichtlich begründeter scheinen die Nachrichten, dass auf der Alp Seefeld, wegen ihrer Lage zwischen dem bernischen Oberland und dem Emmental, die Jugend aus den verschiedenen Talschaften zusammenkam: In einsamen Hütten wurde getanzt, musiziert, auch wurden gelegentlich die alten Sagen erzählt, «bis es allen Anwesenden gruselte und sie das berühmte Hardermännchen (Hardermandli) und die andern Spukgespenster leibhaftig zu schauen glaubten.»[2] Auch hier scheint es als gesichert, dass die noch immer verbreiteten Berichte über den hiesigen Hexensabbat – der Ort ist in diesem Zusammenhang wohl der bekannteste im westlichen Alpengebiet – mit den nächtlichen Liebesbräuchen der Jugend des überlieferungsbewussten Gebirgslandes sehr viel zu tun haben.

Auch die Sage, die in einer Reihe von ähnlichen Fassungen nachzuweisen ist, beginnt mit einem Kilter-Abenteuer[3]: Zwei wackere Burschen strichen demnach mit ziemlicher Ausdauer zwei hübschen Mädchen um die Röcke, bis diese mit ihnen in einer einsamen Alphütte auf dem Seefeld eine Zusammenkunft vereinbarten. Nach beschwerlichem Weg über Stock und Stein trafen nun die jungen Männer am Ort des Stelldicheins ein, warteten ein wenig auf ihre Freundinnen: Da nun die Jungfrauen, wie alle entsprechenden Geschichten lehren, den Brauch hatten, die Geduld und die Zähigkeit ihrer Liebhaber auf eine möglichst harte Probe zu stellen, beschlossen die Burschen, beim Warten nicht zu sehr in Wallung zu geraten.

Sie legten sich hin, um vom raschen Aufstieg auszuruhen und für die kommenden Abenteuer möglichst frisch zu sein. Bald schliefen sie auch ein: Sie erwachten einige Stunden später, als die Nacht schon fortgeschritten war. Man vernahm jetzt ein immer lauteres Musizieren und auch ein Jauchzen aus unzähligen Kehlen. Wie nun die Männer aufschraken und im Handumdrehen auf den Beinen waren, sahen sie die ganze Gegend wunderbar verwandelt.

Vom Habkern-Tal, aber auch von den Sümpfen und Höhlen des Seefelds her strömte viel fröhliches, festlich gekleidetes Volk zusammen. Überall auf den Steinen und bei den das Gebiet durchziehenden Bächen, die nach kürzlich niedergegangenen Regen angeschwollen waren, brannten Fackeln und sogenannte Tägel, mit Öl gespeiste Lampen, welche die nächtliche Bergwelt beinahe taghell erleuchteten.

Man wünschte sich auch gegenseitig «Guten Tag», begrüsste sich zur beginnenden Feier, fragte sich gegenseitig nach dem werten Befinden abwesender Verwandter und Freunde. Ganze Scharen fahrender Musikanten, in einer Zahl, wie sie die beiden Burschen noch bei keinem Markt, bei keiner Kirchweih, bei keiner sportlichen Veranstaltung der Sennen gesehen hatten, fanden sich ein und stimmten fleissig ihre Geigen.

Endlich ging der Mond hinter den Felsen auf, und mit ihm erschien, als wäre er aus dem Erdboden aufgetaucht, ein ganz dunkler, aber gar prächtig in rote und grüne Tücher gehüllter Kerl. Stolz wie ein König liess er sich auf einem mächtigen bemoosten Stein nieder, von dem aus er das Treiben seines Volkes ausgezeichnet zu überblicken vermochte. Er hob seinen mit vielen Goldringen geschmückten linken Arm – da loderte neben ihm eine blaue Flamme aus dem Felsen empor: Der Dunkle steckte seelenruhig die Hand in das züngelnde Feuer, dieses begann sie auch sofort fleissig zu umspielen. Es war den Zuschauern fast, als lecke nun ein folgsamer Hund mit viel Zärtlichkeit die Finger seines geliebten Meisters.

Mit viel Jubel wurde das Aufleuchten der Lohe auf dem Stein begrüsst. Die Musikanten liessen nun wilde, den zwei heimlichen

Als Mittelpunkt uralter Bräuche dient häufig der Baum auf der Erhöhung, umgeben vom heiligen Kreis.

Zuhörern völlig unbekannte Weisen ertönen, und die Leute suchten die Hände ihrer Gefährten, um mit dem ersten Reigen zu beginnen. Auf einmal waren auch die beiden von den Burschen so sehnsüchtig erwarteten Mädchen da: Sie ergriffen die jungen Männer und rissen sie mit allerlei Scherzen in den gemeinsamen Jubel hinein.

Ein paar Stunden lang hatte man sich nun vor dem mondbeschienenen Thron des dunklen Mannes auf dem Seefeld erheitert. Doch indem man so herumsprang und auf den hellerleuchteten Weiden tanzte und jauchzte, bemerkten die noch unerfahrenen und darum immer mehr erstaunten Burschen, wie sich ihre ganze Umgebung, Hütte, Sumpf, Felsblöcke, Sträucher und Bäume langsam aber sicher verwandelten! Prächtige Giebel reicher Häuser glänzten im unruhigen Licht des Hexenfeuers – immer mehr wurde das Hexenvolk von der Pracht der einst versunkenen Stadt Seefeld umgeben: Hohe Hallen wurden immer deutlicher sichtbar. Mitten darinnen standen Tafeln mit Goldkrügen voll erfrischender Getränke und Teller und Schüsseln mit auserlesenen Speisen, die auf die Gäste warteten.

Unvorstellbar schäumte nun die Lust aller Anwesenden, und zur Feier des Augenblicks stimmten die fahrenden Musikanten den verrufenen Tannen-Hupf an: So soll man den Reigen der Nachtleute genannt haben, bei dem es jedem, der ihn hört, so vorkommt, als sei die Schwerkraft völlig aufgehoben. Den Burschen war es, als flögen sie nun gemeinsam mit ihren Hexenmädchen selig durch den Himmel, durch Felsen und Bäume, den Sternen und dem Mond entgegen.

Doch auf einmal schwiegen die wilden Zaubergeigen. Alles eilte zu den reichgedeckten Tafeln der Zauberpaläste, griff nach den köstlichen Speisen und erhob die goldenen Becher, um dem Herrn auf dem leuchtenden Stein zuzutrinken. Einer von den beiden Burschen, der bisher in seinem bescheidenen Hirtenleben noch nie eine entfernt vergleichbare Pracht erschaut hatte, stiess verständlicherweise einen erstaunten Ruf aus: «Oh, Gott im Himmel!»

Diese wenigen Worte wirkten wie ein plötzlicher Donnerschlag.

Dunkle Wolken schoben sich vor den Mond. Der Glanz auf dem grossen Stein erlosch. Die prächtigen Hallen stürzten in sich zusammen, als wären sie aus Papier. Fackeln und Tägel verschwanden in der undurchdringlichen Schwärze der Nacht.

Überall vernahm man jetzt Stöhnen und Wehklagen und die Schritte von Hunderten von Menschen, die nach allen Seiten flohen. Gleichzeitig rauschten gewaltige Flügel, als wären mächtige Vögel aufgescheucht worden. Ein Zittern durchfuhr den Erdboden – dann war alles grabesstill.

Voller Schrecken, mehr tot als lebendig, fanden sich nun die beiden Burschen mitten in nassem Moos, ungeschickte Bewegungen liessen sie mehrfach bis zu den Knien in kaltem Schlamm versinken. Nur mit viel Mühe und grosser Kraftanstrengung vermochten sie die einsame Alphütte zu finden, in der sie zitternd den Rest der wilden Nacht verbrachten. Erst am frühen Morgen wagten sie sich auf den Pfad, der talwärts führte.

Über das ganze Abenteuer haben sie lange Jahre strenges Stillschweigen gewahrt. Es wäre ihnen ein leichtes gewesen, die beiden Hexen-Jungfrauen bei der strengen Obrigkeit anzuzeigen: Hundertfach hätte ihr Bericht genügt, die Mädchen auf den Scheiterhaufen zu bringen, was damals jedermann erwartete, der sich in Mondnächten auf verdächtigen Bergen und verrufenen Steinen umhertrieb.

Vielleicht besassen die beiden Mädchen aus dem Zaubervolk im Herzen der Burschen noch immer ein warmes Plätzchen. Dazu glaubten die beiden Gäste des Nachtfests, in der tanzenden Menge auch sonst manchen Teilnehmer aus den angesehensten Familien des Tales erblickt zu haben. Wenn man nun solche Männer und Frauen als fleissige Besucher des Seefelds angezeigt hätte – sogleich hätte das Abstreiten und Gegenklagen eingesetzt ... «Wer weiss», dachten darum die beiden vorsichtigen Burschen, «fangen wir erst mit dem Prozessieren an, so stehen wir am Schlusse der dunklen Angelegenheit gar nicht mehr als Zeugen da, sondern selbst als die übelsten der Nachtfahrer und Teufelskünstler!»

So soll denn diese wunderbare Geschichte über das Mondfest auf dem Seefeld ganz ohne gerichtliche Folgen geblieben sein.

Ziemlich jeder Kenner dieser volkstümlichen Sage, der mir die Geschichte dichterisch und lebendig zu erzählen wusste, umschrieb anschaulich den Jubel und das Jauchzen, die die aus verschiedenen Richtungen kommenden Gäste des Hexensabbats veranstalteten: «Sie freuten sich wie enge Verwandte», also berichtete mir ein alter Bewohner aus Habkern (um 1953), «wenn sie sich nach langer Trennung begegnen». Auch dieser Mann bezeugte mir die Überlieferung, nach der die Hexen und mit ihnen eng verbundenes Volk «zwar meistens für sich, also häufig abgesondert vom übrigen Dorfe leben», aber untereinander eine enge Verbindung pflegen: Sie stammen angeblich von den gleichen Gross-Hexenmeistern und Hexen der Vergangenheit ab und kommen regelmässig zusammen, um Erfahrungen auszutauschen und damit das geerbte Wissen nicht zu verlieren.[4]

Die Erinnerung, dass der Hexenbund stets eine untereinander eng verbundene Gemeinschaft darstellt, scheint insgesamt den Kern unserer Hexensagen auszumachen: «Und was geschah nun, wenn eine Hexe auf dem Sabbat eintraf? Die grotesken Details dieser Zusammenkünfte waren nur allzugut verbürgt. Zunächst traf die Hexe, zu ihrer eigenen Überraschung, fast alle (!) Freunde und Nachbarn an, von denen sie zuvor nicht angenommen hatte, dass auch sie zur Hexenzunft gehörten.»[5]

Zu diesem Zug der Überlieferung, die das Volk der Nacht als eine geschlossene Gemeinschaft ansieht, gehört zweifellos auch die Auffassung, nach der es eine ganz besondere, stark auf die seelische Verfassung der Anwesenden wirkende Musik besitzt. Von den Stücken, die da zu den Tänzen aufgespielt wurden, nennt die berühmte Schilderung von de Lancre (1613) an erster Stelle Musik nach Zigeunerart (à la bohémienne): «Weil auch die nomadisierenden Zigeuner halbe Teufel sind»; ihre Unterhaltung sei überhaupt auch sonst «halbwegs wie die beim Hexensabbat» (à demy comme au sabbat).[6]

De Lancre versichert ausdrücklich, dass er unter Zigeunern (Bohêmes) meistens gar nicht nur die fremden Stämme versteht, die aus dem Osten eingewandert sind – meistens redete das Volk damals von deren «böhmischer» oder «ägyptischer» Herkunft: Er versteht unter diesem Sammelnamen alle jene Sippen, unabhängig welcher Herkunft, die sich in abgelegenen Gegenden versammelten, gleichlautenden Berichten jener Zeit zufolge oft zu einer bedeutenden Anzahl verbreiteten und in ursprünglicher Umwelt versuchten, ihrem angestammten Lebensstil treu zu bleiben.[7]

Bezeichnenderweise erkannten schon die gelehrteren unter den Hexenverfolgern, dass das Treiben beim «Sabbat» in mehr als einer Beziehung an die gottesdienstlichen Bräuche erinnert, wie sie diese aus den Schilderungen der vorchristlichen Antike oder den Reiseberichten über aussereuropäische Kulturen nachlesen konnten. Wenn Jean Bodin im 16. Jahrhundert über die «Zauber-Tänz» berichtet, die «die Leute rasend und wütend» machen, weiss er auch: «Die Umzüge (Processionen), so man heute abhält, geben gleichsam noch eine Anzeigung von den alten heiligen Tänzen. Auch gebrauchen ihrer alle (!) Völker bei ihren Opfern und hohen Festen, und Moses Maimon schreibt, dass die persischen Töchter, wenn sie die Sonne angebetet hatten, ganz nackend getanzt und zu den Instrumenten gesungen haben.»[8]

Als ich die Seefeld-Sage 1966 nach verschiedenen Niederschriften erstmals veröffentlichte, schilderte ich, wie das Hexenvolk in Paaren tanzte[9]: Nachträglich wurde ich mehrfach von alten Leuten belehrt, dass dies sicher falsch aufgeschrieben sei – «für das Nachtvolk sei der gemeinsame Reigen bezeichnend, an dem sich alle Anwesenden in einem Kreis an den Händen gefasst hätten». Ausdrücklich berichtet eine Waadtländer Sage, dass sich zum Hexensabbat bei einem runden Hügel (unweit des Dorfes Berolle) eine mächtige kreisrunde Tafel mit köstlichen Speisen erhebe: Hier bilden dann die Angehörigen des Zaubervolks eine gewaltige Runde, die den Hügel vollständig umgibt.[10]

Auf vielerlei Art hebt jede einigermassen ursprüngliche Sage über den Hexensabbat hervor, dass es sich bei den Mondfesten um Versammlungen einer Gemeinschaft handelte, die in allem zeigen wollte, wie sehr sie sich in jeder Beziehung als eng verbundenen Kreis ansah.

Erneuerung durch Tanz

Gerade in der Sage vom Hexensabbat auf dem Seefeld hat man mir mehrfach von jenem «unglaublichen Jubel» erzählt, der während seiner ganzen Dauer herrschen soll. Dies steht im Widerspruch dazu, dass das Hexenvolk sonst alles tat, um sein Treiben vor Aussenstehenden zu verbergen. Um beide Absichten, die Lust am «Heiden- oder Hexenlärmen» und die Lust der möglichst vollständigen Geheimhaltung ihrer Veranstaltungen, zusammenzubringen, seien sie eben gezwungen gewesen, «ihre Veranstaltungen oft stundenweit von jeder menschlichen Behausung abzuhalten». Am liebsten hätten sie eine von gefährlichen Abgründen und Sümpfen umgebene Wiese ausgesucht. Auch wenn ein zufälliger nächtlicher Wanderer sie dann hörte oder ihre Lichter sah, war es ihm unmöglich, sie auf ihren nur ihnen bekannten

Pfaden zu erreichen – so dass dann erst recht wieder einmal die Sage entstand, sie könnten die schwerer zugänglichen Plätze «auf den Hexentieren» fliegend erreichen ...

Besonders wichtig sollen die «Jubelrufe» gewesen sein, die die Hexen beim Tanzen dauernd ausstießen und die für Aussenstehende «völlig unverständlich» waren. Auch hier erklärte man es, ähnlich wie in den volkstümlichen Büchern der Faustgeschichten, die wir noch besonders erwähnen wollen: Die Magie stamme aus fremden Ländern und die Hexen verwendeten «uralte Worte» – im einfachen Volk denkt man etwa an die Sprache geheimnisvoller «sarazenischer», «ungarischer» oder einfach «zigeunerischer» Einwanderer. Diese Worte seien zwar vollkommen unverständlich, aber so stark in ihrer Wirkung, dass auch Uneingeweihte, unvorbereitete Zuhörer, plötzlich vollkommen «verzaubert» würden: So sollen die beiden Burschen, die auf dem Seefeld die Musik und die «wilden Rufe» des versammelten Volkes hörten, schon dadurch «die goldene Stadt aus der Erde auftauchen gesehen haben».

Jean Bodin und andere, die den Hexensabbat schilderten, behaupten: Die anwesenden Weiber sollen, «allweil sie tanzen», stets die gleichen Worte rufen: «Har, Har, Teufel, Teufel, spring hie, spring da, hupf hie / hupf dort, spiel hie / spiel da.» Auch fügt er hinzu – «etliche aber rufen: Sabath, Sabath.» Bodin erläutert dazu: «Welches so viel bedeutet wie das Fest, der Tag der Ruhe.»[1]

Verschiedene Deuter dieser Sage erklären diesen Namen aus der semitischen Bezeichnung des Samstags, des siebten und letzten Tages der Woche, den die alte Astrologie dem Planeten Saturn zuordnete. Im Mittelalter wurde dieses Gestirn «als der älteste der Götter» dargestellt, darum auch häufig mit Sense und Sanduhr, als der Gott der Zeit, der alles Vergängliche beseitigt: Für die Vertreter der mystischen Symbolik ist er aber auch das Sinnbild für die heilige Überlieferung aus glücklicher Urzeit, deren Herrscher er war und in der die Menschen als glückliche Hirten lebten.

Im Zusammenhang mit der Seefeld-Sage hat man mir erzählt, dass «der Herr des Hexensabbats» in dunklem schwarzem Gewand zur Versammlung kam, genau wie die Hexen sich in Tücher hüllten, die sie in der Nacht fast unsichtbar machten: Während eines Festes hätten sie die entsprechenden Lumpen abgestreift und seien in prächtigen Gewändern, «fast wie Edelfrauen und

Junker der alten Schlösser erschienen»: Mehrfach wurde mir die Beliebtheit der grünen Farbe am Hexensabbat genannt, was sicherlich ein Hinweis auf die erwachte Natur, die überall sichtbare Lebenskraft, ihr Wachsen und Blühen sein mag.

Der Romantiker Mone (1839) fasste die Sagen zusammen und war überzeugt, hier einen altgermanischen, im Volke bis in die Gegenwart überlebenden Glauben feststellen zu können: «Die grüne Farbe war im Hexenwesen beliebt. Der Teufel, meist grün gekleidet, heisst in den Sagen Grünrock. Bei den Opferfesten sitzt er auf grünem Sessel (war dies vielleicht nur eine nachträglich verblasste Erinnerung an sein ursprüngliches Thronen auf ‹bemoostem Stein› wie wir es in unserer Geschichte finden? S. G.). Bei den Tänzen (der Hexen) grüne Masken – bei der Trauung ein grünes Messgewand.»[2] Auch bei den Griechen, deren Rauschkult Mone mit dem der Deutschen verglich und als eine ursprüngliche Einheit ansah, fand derselbe Gelehrte den gleichen Kreis von naturmagischen Vorstellungen: «Des Teufels grüne Farbe gehört auch dem Dionysos, ihm sind Wintergrün, Immergrün und Efeu heilig. Mit ihnen wurde er bekränzt, sie wurden ihm als Opfer dargebracht.»[3]

Zu den Schilderungen der «berauschenden» Musik, der ständig ausgerufenen Zauberworte und der eigentümlichen Farbenmagie beim Hexensabbat gesellen sich in unseren Sagen noch die Beschreibungen über den gemeinsamen Trank und die Mahlzeiten der Hexen: Diese Speisen werden in besonders wertvollen, auf jede Art gehüteten Prachtgefässen dargebracht – womit man offenbar ihre besondere Wichtigkeit hervorheben wollte.[4]

Unger (1858) glaubte hier, weil er entsprechende Nachrichten beim fahrenden Volk erhalten fand, wichtige Zusammenhänge aufzudecken: «Unter den Hausgeräten der Zigeuner, so karg dieselben bei diesem stets in Wäldern lebenden Volke sind, fehlt nie ein silberner Becher. Merkwürdig genug wird der (nach Hexensagen) aus der Eiche gelassene Wein immer in Bechern kredenzt.»[5]

Es gibt nun unzählige Volkssagen, in denen der Held der Handlung «im wilden Wald» vom «Waldvolk», Feen, Erdleuten usw. einen Becher, ein Trinkhorn oder einen ähnlichen Gegenstand als Geschenk erhält: Wenn sich nun der Gast der geheimnisvollen Gemeinschaft der Gabe «würdig» aufführt – in der Regel bedeutet das, «dass er nicht weitererzählt, was er des Nachts erlebte», dann bedeutet die ganze Begegnung Glück in allen seinen Unternehmungen ...

Die klassische Vorstellung des «Hexensabbats» enthält mehrere Be-
standteile: Das Spiel der Musikanten auf dem Berg mit dem Baum, den
ekstatischen Reigen, die geheime Beratung der Sippen der Gegend.

Hier ein Beispiel: Mitten in den Wirren des 12. Jahrhunderts kommt ein Goldschmiedemeister aus Burgdorf in die Höhle der Gysnau-Flühe, deren Namen das Volk häufig von Geissen-Au, also Platz der Geissen oder Ziegen, ableitet[6]. Das seltsame Volk des «Bergkönigs» packt ihn, und er kommt nur heim zu seiner Familie, weil er «bei allen Heiligen» schwört – «dass ich nichts verraten werde».

Zum Lohn für seine Verschwiegenheit erhält der Schmied einen Goldkelch, eine so vollkommene Arbeit, wie er sie nie gesehen hatte. Er tritt sie gegen entsprechendes Entgelt an den Herzog Berchtold von Zähringen ab, den in Chroniken und Sagen so berühmten Städtegründer und «Wiederhersteller der guten Ordnung in burgundischen Landen». Der Kelch gelangte dann in das Kloster von St. Ursanne, wo er als Gefäss für das heilige Abendmahl, «jahrhundertelang das besondere Prunkstück der Kirche war».[7]

Der Erzähler war sich, genau wie die übrigen Kenner dieser Sage, des kulturgeschichtlichen Zusammenhangs einigermassen bewusst: «Die Höhle ist seither im Emmental unter dem Namen ‹Bettlerküche› (Bättlerchucheli) bekannt, und noch heute dient sie fahrenden Leuten gelegentlich als Unterschlupf.»[7]

Über eben diesen Ort vernahm ich weiterhin, sozusagen «von der andern Seite», also nicht von den Sesshaften, sondern von einem Nachkommen der Fahrenden, dessen Grosseltern noch häufig in den Schluchten und Höhlen des Flusses Emme ihr Nachtlager aufgeschlagen hatten. Auch er berichtete glaubwürdig darüber, dass unter den einheimischen «Bergzigeunern» häufig Leute aus östlichen und südlichen Ländern waren, die wegen irgendwelcher Umwälzungen und «Türkenkriegen» ihre Heimatländer verlassen mussten: «Sie hatten, oft geschickt unter den Lumpen versteckt, prächtige Heiligenbilder und Kunstgegenstände aus Griechenland oder Italien, die sie den Einheimischen für gute Dienste schenkten, und sie kannten auch geheime Rezepte des Kunsthandwerks, die man bei ihnen erlernen durfte.»

Solche Volks- und Chronistensagen um den wunderbaren Becher des Nachtvolks können also wörtlich wahr sein, auf echten Erlebnissen beruhen. Im übrigen vermutete der Erzähler der Sage vom Goldkelch des «Bergkönigs» in der Zauber-«Küche» des fahrenden Volkes: «Die Geschichte, ob sie sich nun um einen Goldschmied drehte oder das Glück des Zähringer-Herzogs erklären sollte, enthält die Erinnerung, dass es einst bevorzugte

Menschen gab, die keine Angst hatten, dem verrufenen ‹Volk der Nacht› Besuche abzustatten! ‹Küche› hiess der Ort, weil man aus dieser Felsgegend gelegentlich den Rauch der Nomadenfeuer emporwirbeln sieht, auf denen sie nicht nur ihre Speisen, sondern auch ihre heute noch gepriesenen Kräuterträncke kochen. Wenn man von jemandem erzählte, dass er von diesem Zaubervolk ‹einen Becher bekommen hatte›, so bedeutete dies nichts anderes, als dass ihn die geheimnisvollen Bergleute in ihren Kreis aufgenommen und mit ihm zusammen einen Willkommenstrunk genossen hatten! Dies ist bei den Fahrenden sehr wichtig – hat man die Gelegenheit, dieses Ritual mit dem Oberhaupt der Sippe oder der ‹Weisen Frau› zu vollziehen, dann ist man als Gast und Freund angenommen und erhält gelegentlich einen gewissen Einblick in das alte Wissen um magische Kräfte in Pflanzen und Steinen.»

Selbstverständlich schildert die von uns vernommene Sage, ähnlich wie viele andere, wie gefährlich es für habgierige Aussenstehende und Uneingeweihte war, sich denselben verrufenen Plätzen zu nahen. Ein tückischer Landvogt neidet dem Goldschmiedemeister sein Glück und sucht verzweifelt nach der Höhle der Reichtümer, doch er verliert den Verstand: Er lebte von nun an als schmutziger und irrer Vagabund im Walde, kratzte mit den Nägeln das Gestein, weil er so an die Reichtümer zu gelangen glaubte, und lebte ausschliesslich von Pilzen.[7]

Ähnlich wie all den Hebammen und Kräuterweiblein, die vom 15. bis zum 18. Jahrhundert in die Hände der Ketzerrichter gerieten, erging es, will man der Sage Glauben schenken, auch diesem Meister zunächst einmal schlecht – er wurde, weil man bei ihm ein einträgliches Geheimnis vermutete, grausam gefoltert: «Und bei der qualvollen Peinigung gestand der arme Goldschmied doch noch alles ...»[7] So wurden die einsamen Orte, an denen man sich früher mit dem rätselhaften «Bergvolk» treffen konnte, von einer doppelten Gefahr umgeben: Wer von der Zaubergesellschaft nicht aufgenommen wurde, der konnte durch die Schrecken der Wildnis, wohl auch durch seinen eigenen Aberglauben, wahnsinnig werden. Stellte er sich aber mit den Stämmen der Nacht gut, erhielt er von ihnen ein wertvolles Geschenk, ob es sich nun tatsächlich um einen kunstvollen Becher handelte oder dieser als Sinnbild feierlich anvertrauten Wissens gilt, drohte dem Beschenkten in jenen Zeiten eine andere Gefahr: Vermuteten neidische Leute, dass er einen Besitz errungen habe, den er nicht freiwillig mit ihnen teilen wollte, dann konnte es rasch geschehen, dass er mit den Folterknechten Bekanntschaft schliessen musste.

So ist es kaum zu bezweifeln, dass eine der Hauptquellen volkstümlicher Geschichten um «die Nachtfeste der Hexer und Hexen» einer Wirklichkeit entstammt, von der man als Teilnehmer aus Gründen der eigenen Sicherheit nicht gern redete: Es ist die Wirklichkeit der Nomadenstämme, die sich in einem waldreicheren und weniger bevölkerten Europa fast bis in die Gegenwart mehr oder weniger frei bewegen konnten. Sie trafen sich an auffallenden Orten, die selbst in einer weniger vertrauten Gegend verhältnismässig leicht wiederzufinden waren, also auf den Weiden bestimmter Berge, in Wäldern an Quellen, weithin sichtbaren Ruinen usw.

Solche Menschen bestimmten vor allem «den nächsten Vollmond» als Zeitpunkt ihrer Zusammenkünfte, wie ihre Nachkommen noch häufig wissen: Nicht nur, weil seine Kraft menschlicher Zeugungskraft und Fruchtbarkeit förderlich ist, wie auch heute noch von sehr vielen Zigeunern geglaubt wird! Sondern auch deshalb, wie ein rumänischer Khalderasch-Nomade meinem Vater in Lyon berichtete, weil ein solches Datum für in der Natur lebende Menschen, «im Gegensatz zur Abmachung an irgendwelchen Kalenderdaten, nicht leicht verwechselt werden kann». Davon abgesehen, auch dies hat der Mann erzählt, habe Gott diese Nacht nicht darum so schön hell gemacht «wie den Tag», damit der Mensch sie verschlafe. Durch das Licht der Nacht werde grosse Kraft auf die Erde ausgegossen, alle Pflanzen seien zum Bersten mit Saft gefüllt, und Speisen und Getränke, die man anschliessend zubereite, seien ganz besonders schmackhaft und bekömmlich. Wer die Vollmondnacht durchfeste, in ihr tanze und musiziere, der sei am Morgen nicht müde, sondern so frisch wie neugeboren . . .[8]

Wie uns die lebendige Volkssage bezeugt, wurden diese Lagerfeuer, diese «Zigeuner- oder Hexenküchen» in Wald und Gebirge, auch von zahlreichen Sesshaften aufgesucht, die in der unmittelbaren Umgebung wohnten – wahrscheinlich waren es vielfach solche, die sich durch Überlieferung, vielleicht auch durch verwandtschaftliche Beziehungen mit den Nomaden verbunden fühlten. Dies wird durch die in der modernen Volkskunde häufig festgestellte Tatsache erhärtet, dass in einem bestimmten Gebiet plötzlich Eigenarten des Kunsthandwerks, der Musik, Märchen, des medizinischen Wissens und der Wahrsagekünste auftauchen konnten, die unmittelbar vorher in einer weit entfernten Gegend bekannt waren: Fahrende Schüler, junge Ritter auf der Suche nach Weisheit und besonders «nach der grossen Liebe», Gesellen, denen es um das wahre Rätsel der Meisterschaft in ihrem Beruf ging, Hebammen und Kräuterhexen, sie alle trafen sich nach übereinstimmenden Berichten an jenen flackernden Feuern in den Vollmondnächten.

Musik, Farben und Flammen, Tanz und geheimnisvolle Speisen in kunstvollen Gefässen usw., alles erscheint als Mittel aus einer uralten Überlieferung, um die anwesenden Menschen in einen ungewohnten Seelen-Zustand zu bringen, der ihnen «neue Kraft» gab: Sie gerieten in diese gesteigerte Bereitschaft, in der sie überzeugt waren, aus den Gedanken ihrer Gefährten und aus der wieder zunehmenden Lebenskraft ihrer «mondbeschienenen» grünen Umwelt für die Zukunft neuen Mut zu gewinnen.

Vertreibung der «Wilden Weiber»

Oberhalb des Bündner Dorfes Cavreisen liegt eine ebene Wiese. Daselbst soll sich vor einigen Zeiten noch ein einsamer Stall befunden haben: Der Mann, dem die Hütte gehörte, musste oft am frühen Morgen hinaufgehen, um sein Vieh zu füttern. Dann traf er dort gelegentlich eine Gesellschaft in weissen Kleidern, die nach den Klängen einer fremden, zauberhaften Musik tanzte.

Eine schneeweisse Jungfrau kam ihm jedesmal unter der Stalltür entgegen, wünschte ihm einen guten Tag und ersuchte ihn dann um einen Trunk kuhwarmer Milch. Hatte sie das Verlangte erhalten, zog sie sich mit Dank und freundlichem Abschied zurück. Mit dem Klang der Morgenglocken verschwand dann die ganze weissgekleidete Gesellschaft.

Doch obwohl ihm seitens seiner nächtlichen Gäste nichts zustiess, fand der Mann mit den Jahren das Treiben in seiner Alphütte unheimlich, besonders die seltsame Musik. Also liess er den Stall, der jener wunderbaren Gesellschaft als Treffpunkt gedient hatte, niederreissen. Von da an blieben die weissgekleideten Gäste verschwunden – nur der Name der Wiese erinnert noch an sie, heisst diese doch noch immer der Tanzboden.[1]

Solche Sagen gibt es im Alpengebiet unzählige, und sie werden eigentlich wie geschichtliche Tatsachen erzählt, wie Nachrichten über das Ende einer Kultur: Niemand fürchtete sich in den Bündner Bergen vor den Dialen, jenen wunderbaren Frauen, die hohe Künste kannten und in der Wildnis lebten. Sehr viele Geschichten, die noch immer im Volke umgehen, schildern uns ausführlich ihre freundliche und hilfreiche Gemütsart. Gelegentlich wird immer noch behauptet, dass in jenen Zeiten, da sie noch den Menschen halfen, das ganze Dasein in den Alpen viel leichter, lustiger und damit auch lebenswerter war.

Zahllose volkstümliche Erzähler sind sich darin einig, dass es auf den Einzug der allgemeinen Gier nach leicht und meistens unehrenhaft erworbenem Geld und Gut zurückzuführen ist, dass die gütigen Dialen vertrieben wurden. Hier nur als Beispiel eine der meist ähnlichen Geschichten über dieses Unglück: Einst arbeiteten verschiedene Leute auf dem Felde und gewahrten neben sich plötzlich ein schönes Tuch mit erfrischendem Trank und schmackhaften Speisen darauf.

Gleichzeitig vernahmen die Bergler die gewohnten Worte der Dialen, die diese ihnen jedesmal zuriefen, wenn sie sie an ihren köstlichen Mahlzeiten teilnehmen liessen. «Iss und lass», sollen sie ihren Gästen angeraten haben! Mit dem geheimnisvollen Spruch meinten sie, dass man sich an Getränk und Speisen erfreuen, ihr Geschirr und Besteck aber dalassen solle. Nun war aber das habgierige Denken bereits im Alpenland eingezogen, und immer mehr Leute stellten sich vor, dass es für die Essgeräte der Dialen schade sei, wenn man sie nur dazu verwende, lediglich schön und feierlich Durst und Hunger zu stillen.

Also rechnete sich an jenem verhängnisvollen Tage einer der Feldarbeiter den leichten Gewinn aus, den er durch Diebstahl des Geschirrs beim Händler einheimsen könnte. Mit viel Geschick, und damit für gewöhnliche Augen recht unauffällig, steckte er einen der silbernen Dialen-Löffel in die Tasche. Doch die klugen Frauen der Berge hatten die Undankbarkeit und den gaunerischen Diebstahl sofort bemerkt. Im selben Augenblick, da er geschehen war, verschwanden alle Schüsseln, Becher und Speisereste aus den Händen der entsetzten Bergler: Der versteckte Löffel dagegen, der verwandelte sich zum furchtbaren Schreck und Schmerz des silbergierigen Mannes in eine sengende Hitze ausstrahlende Flamme. Diese Bündnersage endet wie viele andere Geschichten aus den Talschaften der Alpenländer: Mit die-

Die vorgeschichtliche «Weise Frau» mit der Schamanentrommel, die bei den ekstatischen Versammlungen den Klang gab, taucht hartnäckig in den barocken Büchern unserer Chronisten und Altertumsforscher auf.

sem Ereignis hatten die Menschen dieser Gegend zum letztenmal etwas von den gütigen und an Heilkräften so reichen Frauen vernommen . . .[2]

Ganz ähnlich schildert auch die Tiroler Volksdichtung die für die Bergler schwerwiegenden Folgen vom Verschwinden der Saligen Fräulein, deren Königin Frau Hulda war: «Sie trugen Trost und Segen in die Hütten der Menschen, brachten Kranken heilsame Bergkräuter, lehrten den Mädchen die Flachswirtschaft, von der Aussaat des Leinsamens bis zum Nähen des Brauthemdes, halfen auch selbst spinnen und brachten Glück in die Häuser, in denen sie weilten.» Sie halfen den Älplern bei der Arbeit, liebten die Musik, beschützten Tiere und Pflanzen. Auch im Tirol gilt das Verschwinden dieser weisen und schönen Frauen als ein wichtiges Merkmal für die zunehmende Schlechtigkeit der Welt.[3]

In den Balmen der Westschweiz, welsch «Baumes», den überhängenden Felsen der Berge, ebenso in darunter liegenden Grotten und Höhlen hausten einst die Feen: Im Berginnern besassen sie auch ihre von Kristall, Gold und Silber glänzenden Stuben. Sie kannten alle Schätze unter dem Erdboden und die Geheimnisse von Wurzeln und heilkräftigen Kräutern – sie kannten sogar das Mittel, den Menschen unverwundbar zu machen. Kopfhaare hatten sie, so lang, dass sie sich ganz in diese einhüllen konnten sowie dunkle Haut.

Auserwählten Menschen gegenüber waren sie ausnehmend freundlich, schlossen mit Hirten, denen sie Zuneigung entgegenbrachten, geheime Ehen und offenbarten ihnen vielerlei der ihnen bekannten Geheimnisse der Natur. Sie verlangten aber, dass man ihrem Geschlecht eine gewisse Hochachtung entgegenbrachte und sollen verschwunden sein, als die Rohheit unter den Berglern zunahm: Ein aufbrausender Hirt vermochte einmal sein gewalttätiges Wesen nicht zu zähmen und wollte seine zarte Fee mit einem Käsebrecher(!) verprügeln. Also verliess sie ihn, unversöhnlich beleidigt, und mit ihr wurden ihre dunklen Schwestern nie mehr in der Gegend gesehen.[4]

Auch in anderen Geschichten aus dem Waadtlande verschwinden die Feen, weil sie von ihren Ehegatten schlecht behandelt, entwürdigt, mit groben Worten bedacht, niederträchtig verdächtigt wurden – die wunderbaren Fähigkeiten der Weisen Frauen, die einst als beneidenswert und heilig galten, erschienen nun als abstossend und teuflisch, und die Männer hatten, wegen des Zusammenlebens mit diesen, offenbar ein zunehmend schlechtes Gewissen. Die Sage betrauert in der Regel das von den Vorfahren verschuldete Verschwinden der Feen, offensichtlich, weil die Leute oberflächlich und voller Habgier bedauerten, dass viel nützliches Wissen und geheime Reichtümer aus den Bergen entschwanden: Eine solche Frau, die wegen einer einzigen Rüpelei ihres Mannes die Hütte verliess, wusste zum Beispiel, dass allein schon der Roc de Dailliy, ein Fels bei Morcles, grössere Schätze berge als die ganze mächtige, in jener Zeit das Waadtland beherrschende Republik Bern ihr eigen genannt habe.[5]

Vielfach versuchen Alpensagen, die den Zank der Menschen mit Feen und ähnlichen Wesen, den Wilden Frauen, Saligen Fräulein, Dialen usw., schildern, das schlechte Gewissen der Bergler zu beschwichtigen: Die geheimnisvollen Weiber, auf die die Überlieferung so viel der einheimischen Volksmedizin und Naturwissenschaften zurückführt, erscheinen dann als Wesen aus dem Sabbatvolk, dem geheimnisvollen Bock des Nachtvolks wesensverwandt, was jede Gemeinheit gegenüber ihnen gerechtfertigt habe.

So sei einem Mann aus Guarda eine von den Dialen erschienen und habe ihm mit viel Freundlichkeit angeboten, ihm zu helfen, sein Fuder zu laden. Der Bergler hielt sie auch während seiner Arbeit für ein gewöhnliches Weib – bis er, als sie oben auf dem Heu stand, die Ziegenfüsse entdeckte: Dieser Aberglaube, dass die Weisen Frauen, Feen, Hexen, «die Wiber der Erd- und Bergleute», lange Röcke trugen, ihre Füsse besonders sorgfältig verbargen, wird häufig mit dem Verdacht erklärt, sie hätten einen «tierischen» Unterkörper.

Die Dialen-Beine, die die Helferin vor seinen Blicken zu verbergen versucht hatte, überzeugten den Mann von Guarda, dass er eine aus dem Verwandtenkreis des Teufels vor sich habe: Als die gemeinsame Arbeit beendet war, stiess der grausame Bergler, der überzeugt war, gegen heidnisches Gezücht sei nun einmal alles erlaubt, der Frau die eiserne Heugabel in den Leib. Voller Schadenfreude fuhr er mit seinem Fuder heim und liess die Diale in furchtbaren Qualen am Boden liegen und Schmerzensschreie ausstossen.

Offenbar konnten sich die Bergfrauen an diesem üblen Mann nicht sonderlich rächen, aber es war ihnen endgültig verleidet, mit dem undankbaren Volk weiterhin freundlich zu verkehren. Sie wollten nicht mehr das geringste mit den Menschen zu tun haben, die sie für Teufelinnen ansahen und ihre guten Taten mit

Schlechtigkeiten vergalten. Sie verschwanden allesamt, und seither hat niemand vermocht, in Wald und Feld eine Angehörige dieses uralten Geschlechts zu erblicken.[6]

Tiefgreifender und kulturgeschichtlich bedeutsamer als diese Sage aus Graubünden beschreibt eine Volksdichtung aus den Waadtländer Alpen das Verschwinden der Feen: Ausdrücklich wird die Ablehnung, die ein Hirt der weisen Frau Nerina entgegenbringt, daraus erklärt, dass er ihre uralte Wissenschaft ebenso verabscheute wie die dunklen Haare und ihr übriges Aussehen, weshalb die Bergler überhaupt dazu neigten, in ihrem ganzen Geschlecht Einwanderer aus den Märchenländern des Orients zu vermuten . . .[7]

«Es ist schwer, das Glück auf Erden zu finden», soll die Fee zum Hirten gesagt haben, sie versprach ihm aber, ihm mit ihren Künsten beim Auffinden dieses wunderbaren Seelenzustandes behilflich sein zu wollen. Sie zeigte sich darauf als Meisterin in der Fähigkeit, in die Lüfte zu steigen; einer Fähigkeit aus dem Bereich magischer Wissenschaft, die alle eng verwandten Hexensagen den Weisen Frauen zuschreiben: Sie hatte sofort aus Blumen ein Luftschiff gezaubert und Hunderte von Schwalben mit Goldfäden davor gespannt.

Der Hirt und die Freundin aus dem Feengeschlecht erhoben sich nun im Mondlicht hoch über die Alpen und sahen Naturschönheiten, wie sie sonst dem menschlichen Auge verborgen sind. Nerina lenkte das Gefährt – stolz stand sie in ihrem weissen Schneekleid neben dem Geliebten, und in ihrem dunkelbraunen Harr funkelten Goldsterne.

Doch der Hirt fürchtete für sein Seelenheil, er wollte auf alle Wunder des Sternenhimmels und der mondbeschienenen Alpen verzichten und versicherte, nur ruhig in seinem Dorf leben zu wollen. Auch schien ihm das Dasein mit einem gewöhnlichen Mädchen aus der Nachbarschaft viel angenehmer als die Abenteuer mit einer Zauberin, fremd an Aussehen und überlegen in uralten Wissenschaften: Also flehte er die Fee an, möglichst rasch wieder auf den Erdboden zu kommen; sie wandte das Luftschiff um, weil sie von ihm enttäuscht war! Auch dies ist eine Sage, wie sie bis in die Gegenwart erzählt wird, um den Zeitgenossen zu erklären, warum die Feen, an deren Herrschaft viele Bergler noch immer glauben, jede Beziehung zur übrigen Bevölkerung abbrachen.[7]

Wir fassen diesen Abschnitt nochmals zusammen: Die Weisen Frauen, Feen, Hexen, Dialen, Holden, Truden usw. erscheinen in der ursprünglichen Sage als ein untereinander verwandtes Geschlecht, was durch die häufige Erwähnung ihrer gemeinsamen Eigenschaften oft besonders hervorgehoben wird. Diese äusseren Zeichen ihrer Herkunft können durch den Aberglauben sehr übertrieben werden, z. B. die Erwähnung ihrer stark behaarten, angeblich aus diesem Grunde «versteckten» Beine («Ziegenbeine»). Diese Merkmale können als echte Rassenmerkmale geschildert werden, die auf Stammeseigenarten hinweisen mögen, wie sie sich tatsächlich auch nach sehr sachlichen Beobachtungen lange in abgelegenen Bergtälern erhielten.[8]

Die Beziehung zwischen den Weisen Frauen und den Alpenhirten erscheint in solchen Sagen recht freundlich, ja viele der wichtigsten Einrichtungen der menschlichen Kultur werden ausdrücklich auf die ererbten Künste und die seherischen Fähigkeiten der Feen zurückgeführt. Die Weisen Frauen verschwinden zum grossen Nachteil der Bevölkerung, weil sie sich von ihnen abwendet und ihr altes Wissen abergläubisch abzulehnen beginnt.

Wahrscheinlich sind solche Sagen des Volkes, um vieles mehr als die so einseitigen Berichte sadistischer Hexenverfolger, Zeugnisse für jene Jahrhunderte, in denen die Weisen Frauen ihren Einfluss verloren. Es bleibt eine unbezweifelbare Tatsache, dass in all den volkstümlichen Erzählungen eine gewisse Trauer mitschwingt: Die Feen wussten von Naturwundern zu berichten, machten Liebschaften zu wahren Märchen, beschützten wilde Tiere und Alpenkräuter. Sie gingen, als das Misstrauen gegen sie und der Missbrauch ihrer Gaben, Grausamkeit und Rüpeleien gegen die Frauen allgemein wurden.

Dritter Teil

Vergessene Weltgeschichte

Ewige Urzeit

Um zu erklären, warum der indische Gott Vishnu, «der Erhalter der Welten», im heutigen Indien, aber auch in den neuen religiösen Bewegungen Europas und Nordamerikas so viel an Beliebtheit gewann, schreibt der Russe Parnow: «In ihm ist die Natur selbst vergöttert, ihre ursprüngliche Macht im Frühling, der unaufhaltsame und alles reinigende Sturm der Erneuerung.»[1] Um dies besser zu veranschaulichen, führt auch dieser Deuter moderner Entwicklungen einen Ausspruch des Gottes an, der in einer seiner grossartigen Mythen überliefert ist: Die Erkenntnis des Grundwesens des Weibs sei demnach wichtiger als jede äussere Beherrschung der heiligen Schriften, der Veden.

Vishnu spricht: «Die Frauen sind die Finger der Natur und die Edelsteine des Weltalls. Die Schöpfung des Schöpfergottes Brahma ist eine Schöpfung der Freuden. Warum bezähmtest du Deine Leidenschaften? Wenn eine Frau plötzlich in Liebeslust zum Manne entflammt und zu ihm kommt, sich sehnend nach einer Vereinigung mit ihm, soll der Mann ... sie nicht abweisen. Wenn er sie aber zurückstösst, so wird er in diesem Dasein verschiedenartiges Unglück auf sich ziehen und im nächsten höllische Zustände.»[1]

Im Srimad Bhagavatam, dieser heiligen Schrift der Anhänger des Vishnu-Krishna, erhalten die Frauen vom Gewittergott Indra den «Segen» und damit die Fähigkeit, den ununterbrochenen Wunsch nach Liebeslust zu empfinden. Sie lasse bei ihnen niemals nach, selbst während der Schwangerschaft nicht, «so lange bis die Vereinigung dem heranwachsenden neuen Lebewesen schaden könnte».[2] Eine Auffassung dieser Art, offenbar aus sehr altem Kult stammend, erfüllt viele Stellen des Kama-Sutra, diesem aus den unmittelbar vorchristlichen Jahrhunderten stammenden Buch über die Welt des Gottes der Liebeslust Kama: «Gegen die lange Jahre vorherrschende puritanisch-heuchlerische Auffassung sieht die zeitgenössische Wissenschaft in dieser

Anleitung zur Liebeskunst ein Lied der Verherrlichung der Gesundheit, Offenheit und Reinheit, die von der westlichen Kultur im Mittelalter eingebüsst wurden ... Trotz den Höhenflügen der Kunstmaler der Renaissance kam die antike Verehrung des menschlichen Leibs nicht mehr an die Ufer des Mittelmeeres zurück ... Nur Indien, wo die Liebe als ein Kult des Göttlichen angesehen wurde, bringt noch immer Blumen auf die Altare von Lingham und Yoni, deren unauflösbare Vereinigung – der Urquell der Fruchtbarkeit gebenden Kraft des Weltalls ist.»[3]

Kama, Gott des Begehrens und der Liebeslust, wird nun gelegentlich dem Gott der Ekstase, Vishnu-Krishna, gleichgesetzt oder erscheint in einem grossen Sagenkreis als dessen Sohn, ihm von der ewigen Gefährtin, Lakshmi, geboren, der Göttin allen Glücks. Zu den beliebtesten, von Malern und Dichtern, Musikern und Tänzern bis in die Gegenwart verherrlichten Mysterien der indischen Religion gehört die Liebesnacht Krishnas, die ohne Abschluss «eine Brahma-Nacht» dauern soll – ein Zeitabschnitt, den die religiöse Astrologie jener Kultur mit der Dauer der Schöpfung, also 4 320 000 000 Jahren gleichsetzt.[4]

Es ist «der grosse Tanz» (rasa-krita), bei dem zahllose Hirtinnen (Gopis), die zum Hirtengott kommen, mit ihm den berauschenden Reigen tanzen und singen und alle Dinge der übrigen Welt als bedeutungslos, und damit auch die menschliche Zeit, vergessen. Die Sternengötter steigen aus ihren Höhen und erscheinen den verzückten Frauen, so dass niemand mehr Sterbliche und Unsterbliche voneinander zu unterscheiden vermag: «Angelockt durch ihre Neugierde erscheinen Hunderte von Götterwesen (suras) mit ihren Gattinnen auf den magischen Wagen im Himmel; himmlische Trommeln ertönen; ein Regen von Blumen fällt von oben; die Spielleute der Feenwelt (gandharven) und ihre Gattinnen singen den reinen Ruhm von Krishna.»[5]

Wenn wir uns vergegenwärtigen, dass dies in den vom Vollmond erfüllten Nächten geschieht und von Anhängern der mystischen Geheimkulte Indiens noch immer als ewiger Vorgang angesehen wird, erinnert uns dies immer mehr an die ekstatischen Naturkulte auch unserer Gebiete. Hinzu kommt, dass die zahllosen Darstellungen Krishna, den göttlichen Einberufer des ewigen Nachtfests, als rätselhaft dunkel, schwarz, violett und dunkelblau abbilden: Gekleidet ist er, dem Rätsel seiner Herkunft entsprechend, bald als halbnackter Kuhhirt, dann wieder als Königssohn mit Edelsteinen und Goldschmuck bedeckt.

Der gekrönte, strahlende Hirtengott Krishna erscheint im indischen Volksglauben am Vollmond-Fest als Mittelpunkt des Tanzes ekstatischer Frauen.

Auch verheiratete Hirtinnen sollen an den Tänzen des Gottes teilnehmen können – ihre Gatten sind sorglos; «durch die hohe Macht des Herrn», also die magische Kunst Krishnas, glaubten sie ihre Frauen stets an ihrer Seite zu erblicken[6]: Wen erinnert dies nicht an unsere europäischen Volkssagen, denen zufolge Hexen nächtlich zum Sabbat fliegen können, dort mit ihren Gefährtinnen tanzen, während ihre Männer ruhig schlafen und bis zu ihrer Rückkehr nichts von ihrer Abwesenheit bemerken?

Die Sage besingt Krishna als einen jungen Helden, der eine entfremdete, für die Hirten, in deren Kreis er lebt, unverständliche Religion stürzt und seinen Stamm (Yadavas) lehrt, das Göttliche im Umkreis seiner unmittelbaren Umgebung zu erkennen und zu verehren: Sie opfern von nun an dem Berge Govardhana, «zu dessen Fuss sie sich befinden», der sichtbaren Verkörperung des Göttlichen, «durch das sie und ihr Vieh beschützt werden». Viele Inder, namentlich die Anhänger der tantristischen Richtungen, sehen die in den entsprechenden Mythen zeitlosen Vorgänge, die vom gläubigen Menschen an jedem Ort und zu jeder Stunde erlebt und gelebt werden können: So das Mondfest mit dem Tanz der schönen Hirtinnen, oder auch «die Zuflucht beim Berg Govardhana»; also das Erkennen seiner unmittelbaren Umgebung als einer Paradies-Landschaft – damit sogar der eigenen Beschäftigung für den Lebens-Unterhalt als einer heiligen, gottgewollten Tätigkeit.[7]

Auf dem Berg sitzend, die Mondsichel in den Haaren, den Dreizack in den Händen, so zeichnen die indischen Sagen den Gott Shiva, der genau wie Vishnu oder der Schöpfergott Brahma eine Seite des Göttlichen versinnbildlicht: Er ist der Herr der Kobolde (Maha-Bhuta, Bhutesvara), die ihn umtanzen; als «grosser Magier» (Maha-Siddha), ist er der Lehrer des Zaubervolkes, namentlich auch jener Frauen, die alle geheimen Wissenschaften kennen, also der Devis, Yoginis oder Dakhinis.

Die Vorstellung ist zweifellos uralt – schon ein Bild von Mohenjo-Daro, schätzungsweise viereinhalb Jahrtausende alt, heute im Nationalmuseum von Delhi, zeigt einen im Kreis von sechs wilden Tieren sitzenden Gott mit gewaltigen Hörnern.[8] Wenn wir die Bilder aller vorgeschichtlichen «Gehörnten» anschauen, etwa des keltischen Cerunnos, des baltischen Blitz- und Donnergottes Perkun, die entsprechende Gestalt in norditalienischen Felsbildern, die tanzende Gestalt der Höhlenmalereien, dann erkennen wir das Alter des Sagenkreises[9]: Die Hörner, ob es sich nun um Hirsch- oder Bockhörner handelt, erinnern an Tiere, deren ungestüme, scheinbar unerschöpfliche Zeugungskraft man bewunderte. Wie wir aus den Hinweisen auf die Mondhörner auf indischen Shiva-Bildern erkennen, werden sie zu einem Sinnzeichen für die Lebenskraft überhaupt – weil man das heilige Nachtgestirn mit den monatlichen Perioden der Frau und damit mit der Fruchtbarkeit in Menschen, Tieren und Pflanzen, selbstverständlich auch mit Ebbe und Flut der Ozeane in Verbindung brachte.

Mit den vedischen Dichtungen, die nach Auffassung der indischen Religion aus dem Zeitalter der ältesten Urvölker stammen, von den Göttern den Sehern als ein wunderbares Vermächtnis aus noch früheren Welten offenbart, finden wir auch alte Zeugnisse über die «Wissenschaft der Weisen Weiber». In den Liedern wird erzählt, wie die Frau «das Kraut» sucht, welches mit dem Soma, also der geheimnisvollen Pflanze des Unsterblichkeits-Tranks der Götter, identisch ist, «und auch der Sonne». Sie braucht es, um den Mann zurückzugewinnen, der sich von ihr abgewandt hat. Die Frau singt nun den starken Zauber, der gar nicht viel anders ist als der Wortlaut der Beschwörungen der Hexen späterer Jahrhunderte: «Und wärst du, wo kein Mensch mehr ist, / Ob drüben überm Stromgebiet, / Dies Kraut fürwahr bringt dich zu mir: / Du kommst wie ein Gefesselter.»[10]

Der vedische Liebeszauber soll den Mann wieder «wahnsinnig» vor Liebeslust machen und zu der Frau, welche die Magie einsetzt, in massloseste Sehnsucht versinken lassen. Ein «Liebeszauber» wird ausdrücklich, genau wie andere Hexen-Anleitungen, auf eine Apsara zurückgeführt[11]: Der Name dieser Frauen, die in den Feen der mittelalterlichen Märchen ihre Entsprechung finden, bringt sie mit dem Sanskritwort für Wasser in Zusammenhang – meistens schilderte man sie als die Nymphen der «himmlischen Gewässer», die dem Erdreich ihre Fruchtbarkeit darbieten. Sie sind die «Hofdamen» des Blitzgottes Indra, die Tänzerinnen bei den Festen der Götter und auch die Begleiterinnen des Soma, der gelegentlich dem Mond gleichgesetzt und als Hüter oder «Gott des Unsterblichkeits-Krauts» gepriesen wird. Sie baden häufig auch in irdischen Wassern und nehmen dann, ähnlich den Schwanen-Jungfrauen der germanischen und slawischen Märchen, gern die Gestalt von Wasservögeln an. In herrlichen Wagen entführen sie die gefallenen Helden durch die Lüfte in paradiesische Behausungen, ziemlich genau wie die Walküren der nordeuropäischen Götterlieder der Edda.[12]

Aufgrund der europäischen Märchen, die dank den Weisen Frauen, den Grossmüttern und Ammen der Kinderstuben, allen Verfolgungen zum Trotz treu erhalten sind, können wir genau verfolgen, wie aus «lichtglänzenden» Göttinnen und Feen der Urzeit die Vorstellungen unseres Hexenglaubens entstanden: Die deutsche «Weisse Frau», «Frau Holde oder Holle», die im Märchen mit ihren treuen Dienerinnen das Wetter macht und ihnen zur Ehe mit Prinzen verhilft, ist noch für das 18. Jahrhundert eine jener Gestalten, die «im Heydenthume als Hausgötzen verehrt worden sind».[13] Die baltischen Völker behaupteten ähnlich lautend: «In den Wolken ist ein grosses Königreich. Die Königin des Reiches ist eine weisse Jungfrau.» Wir vernehmen dazu: «In den Wolken fahren (!) die Wolkenfrauen um, welche gern schwangere Frauen oder Kinder entführen.»[14]

Diese Mitnahmen von Frauen und Kindern bei den «Fahrten» der Wolken-Feen wurden in die Neuzeit hinein immer gründlicher «verteufelt» und als Menschenraub durch dämonische Wesen dargestellt: Ursprünglich wurzelten sie aber, wie wir aus dem Vergleich europäischer Märchen mit indisch-tibetanischen Märchen erkennen, in einer freundlicheren Vorstellung. Der Geist empfänglicher Menschen kann sich der Welt der göttlichen Kräfte annähern und mit deren Hilfe den Reichtum des Wissens und der heiligen Überlieferung der Ahnen erkennen.

Völkerwanderung ohne Ende

Den modernen Einbruch der Beschäftigung mit den Religionswerten aus dem indisch-buddhistischen Kreis erkennen verschiedene Beobachter der modernen Kulturgeschichte als das eigentliche Ereignis der Gegenwart. Der bereits mehrfach angeführte russische Erforscher zeitgenössischer Magie und Mystik behauptet sogar: «Wir konnten uns davon überzeugen, dass die ‹Amerikanische Religion der Gegenwart› weder gegenwärtig noch amerikanisch ist, sondern ihren Wurzeln nach ganz und gar zu den religiös-mystischen Vorstellungen des uralten Morgenlandes zurückgeht.»[1]

Ähnliche Wellen der verwandten «Moden» können wir nach

Die grosse Göttin (Devi, Durga, Amba, Kali, Parvati usw.) gilt als die
Herrin aller kosmischen Energien: Maha-Shakti.

Belieben für die Vergangenheit feststellen, etwa für die Romantik, die während des Chaos' der Französischen Revolution und des Weltreiches von Napoleon nach einem Lebenssinn suchte; für die letzte Jahrhundertwende, als sich eine allgemeine Lebensmüdigkeit und entsprechende Weltuntergangsstimmungen auszubreiten begannen, und zwar unmittelbar vor dem Ersten und Zweiten Weltkrieg. Dass diese Erscheinung nach den Hippie-Jahren (etwa 1966 bis 1972) eher mehr Unruhen und Bewegungen erzeugte als ihre Vorläufer, geht zweifellos auf den zunehmenden Zerfall der nordamerikanischen und westeuropäischen Ideologie zurück, die in unserer Zivilisation einen unübertreffbaren Höhepunkt der menschlichen Entwicklung zu sehen glaubte. Oder wie es ein wissenschaftlicher Beobachter dieses Vorgangs sachlich ausdrückt: «Die Bereitschaft, sich dem Einfluss fremder Religionen zu öffnen, wächst mit der Desorientierung einer Gesellschaft hinsichtlich ihrer überkommenen gemeinsamen Wertvorstellungen.»[2]

Was aber die meisten solchen Beobachter der neuzeitlichen Umwälzungen in ihren Schriften regelmäßig zu wenig berücksichtigen ist die Tatsache, dass der gebildete Teil der modernen Jugend in diesen Einflüssen gar nicht «das Fremde» zu sehen glaubte, sondern eine Wiederbegegnung mit dem Ur-Eigensten, den Vorstellungen, «die unseren Ahnen gehörten und an die wir uns auch heute noch in unseren schönsten Träumen erinnern».[3]

Für die deutsche, schweizerische und französische Jugend wurden besonders die Geschichten wichtig, wie sie die Zigeuner, die sie wiederum von ihren aus dem europäischen Osten eingewanderten Vorfahren gehört hatten, den wagemutig nach neuen Wegen suchenden Europäern weiter erzählten: «Die Stämme (im Himalayaraum) nannten sich Yadon, ein Name, der sich so wenig geändert hat, dass wir heute noch Yado sagen. Der Anführer und Herrscher über alle Yadon nannte sich Krishna.»[4] Aus diesen Zeiten, aus dem Gebiet der heiligsten und höchsten Berge, also aus der Tiefe der Jahrtausende, hätten Nomaden und ihre Nachkommen in aller Welt, ihre «Weisen Frauen», magische Bräuche, mancherlei an Schmuck und Trachten, was sich bis heute erhielt.[4]

Die wache Jugend ging zu den Raststätten der verfemten Nomaden zwischen Pyrenäen und Alpen, vor allem in die Provence, sozusagen «um sich selber zu suchen»! Die Veröffentlichungen der jungen Dichter und Forscher der sechziger Jahre wimmeln darum von Gedankengängen dieser Art: «Dann kommen wir am Zigeunerlager vorbei, wo die Gitanos noch Mandoline spielen, die Kastagnetten klappern lassen, und die Rotweinflaschen kreisen ... Wir sind wie sie und sie wie wir ... Nur ans Leben engagiert ... durch die Zeiten gewandert, mit den Tramps, Gammlern, Hippies, fahrenden Sängern, Scholaren, Vaganten – glückliche Nichtschader, Lebemänner, Millionäre der Freiheit, nahe Verwandte der Götter.»[5]

Man suchte, oft abenteuerlich-naiv, die «Weisen Frauen» der Fahrenden neu zu entdecken, deren Wissen noch aus jenen Urzeiten am Himalaya stammen sollte, da ihre Grossmütter mit dem göttlichen Magier Krishna tanzten und in den Ekstasen die kosmische Weisheit erkannten: «Krishna Govinda, der Kuhhirt, der Flötenspieler, der ekstatische Tänzer, Spielgefährte der Hirtenmädchen – ein Feind der Tyrannen, ein Heros der freien Liebe.»[6]

Aus diesen Märchen der sechziger Jahre entstanden selbstverständlich auch eine Reihe von Missverständnissen: Die einen verstanden diese «freie» ekstatische Liebe der neuerwachten Mythen rein äusserlich – sie stürzten sich in das Wirrwarr rasch wechselnder Liebesbeziehungen in Wohngemeinschaften ... Andere suchten den religiösen Gehalt der Überlieferung zu begreifen und versuchten möglichst genau die Rituale der sich in Europa und Nordamerika ausbreitenden indischen Sekten zu übernehmen. In der Regel entstand eine langweilige Nachahmerei ohne wirklich verstandenen Sinn.

Was die in Europa einströmenden Nomadenstämme mitbrachten, war der Urglaube an die Verkörperung des Göttlichen in der männlichen Zeugungskraft und der weiblichen Fruchtbarkeit, bei den Indern immer noch als die aufragende Säule dargestellt, die eine Schale durchdringt – Lingham und Yoni: Sie sind Shiva und seiner Gattin heilig, und auch der göttliche Hirt und Prinz Krishna soll stets das gleiche Sinnbild geehrt haben.[7]

In den Anmerkungen zum bekannten Werk Knights, eine der wichtigsten Quellen der modernen Hexenkulte im 19. und 20. Jahrhundert, schildert ein gewisser Richard Turner (1850): «Ich begegnete einer Zigeunerin, die um den Hals einen aus Elfenbein köstlich geschnitzten Glücksbringer trug ... Sie kam aus Florenz. Es waren Lingham und Yoni vereinigt.» Dieser wichtigen Beobachtung wurde hinzugefügt: «Diese Tatsache ist darum bemerkenswert, weil sie einen einleuchtenden Beweis für die bestehenden Beziehungen der westeuropäischen Zigeuner mit denen von Indien gibt.»[8]

Neuere Berichte scheinen solche Angaben aus dem letzten Jahrhundert zu bestätigen. Der Lingham-Kult wird heute besonders von den südeuropäisch-slawischen Zigeunern bezeugt und wiederum mit dem Kult aus Indien zusammengebracht: Stäbe, Keulen, Hörner usw. werden von ihnen als Sinnbilder der männlichen Zeugungskraft verwendet und darum bevorzugt an den Wohnwagen und anderen Behausungen als Glückszeichen abgebildet.[9]

Die Verbindung des Männlichen und des Weiblichen, die Zeugung und Geburt als ewige, göttliche Tatsache, ist für Indien die Ursache für die Unsterblichkeit des Lebens. Dieses siegt diesem Weltbild zufolge «ewig» über den Tod: Mag auch das einzelne Wesen, wenn es schwach, krank, alt oder verbraucht ist, in den Tod sinken, in neuer Gestalt tritt es wieder in die Wirklichkeit ein. Bereits der englische Gelehrte Georges Borrow, der sich in der ersten Hälfte des 19. Jahrhunderts mit zahlreichen Nomaden anfreundete, stellte mit einigem Erstaunen fest, dass viele von ihnen von der Wirklichkeit der Seelenwanderung, der Reise ihres Bewusstseins durch eine Unzahl von verschiedenen Körpern überzeugt sind: «Wie die Nachfolger des Buddha», schliesst er.[10]

Der gleiche Borrow fragt den Angehörigen eines Nomadenstammes, wie in ihrer Sprache «Gott» heisse – «Devel» war die Antwort. Als der staunende Forscher feststellte, im Englischen heisse der Teufel praktisch genauso, vermutete der kluge und humorvolle Zigeuner, beide Worte seien wahrscheinlich gleichen Ursprungs.[11] (Deva ist der Sanskrit-Ausdruck für Gott als ein strahlendes Wesen! Maha-Deva, grosser Gott, Gott der Götter nennt man etwa Shiva; Devi, das wäre die weibliche Form des Wortes Deva, also Göttin, ist seine Gattin, sonst als Kali = die Schwarze, Dunkle bezeichnet.)

Die modernen Hexenbünde von England und Nordamerika lieben offensichtlich die Vermutung, dass die ganze abergläubische Vorstellung der Ketzerverfolgung, an ihren nächtlichen Versammlungen sei der «Teufel» (englisch eben «devil») verehrt worden, zumindest teilweise hier ihren Ursprung besitze: Der uralte Gottesname der einwandernden Stämme sei folgerichtig missverstanden worden und habe durch Feinde – als Bezeichnung für etwas ganz und gar Schreckliches – seine boshafte «Erklärung» erhalten.[12]

Die Vorstellungen vom einheimischen Hexenwesen scheinen sich auch sonst mit den Vorstellungen der naturverbundenen, von Asien her in Europa einwandernden Stämme verbreitet zu haben. Schon Leland hob hervor, dass all die Elementargeister, wie wir sie bei den europäischen Magiern, bei Paracelsus, den Rosenkreuzern, Graf Gabalis vorfinden, ziemlich übereinstimmend auch in der «indischen» Vorstellungswelt der Zigeuner vorkommen.[13]

Die «Yakshas» aus den Himalayas stehen beispielsweise mit Shiva mit den Mondhörnern, dem Herrn des asiatischen Hexensabbats und dem «Meister aller Magier» (Mahasidha) in unmittelbarer Beziehung. «Yakshas» sind mythische Wesen, die in Bäumen, Wäldern, Bergen wohnen sollen. Gleich den Kobolden unseres Volksglaubens sind sie «Hüter der Schätze» und die Beschützer von Fruchtbarkeit und Kindergeburt. Auch sie kommen in frühmittelalterlichen Darstellungen West-Indiens, Afghanistans und Mittelasiens vor, wo sie von der gewaltigen Ausdehnung der indisch-buddhistischen Kultur zeugen: Sie haben, wie die auf unsern Bildern am Hexensabbat herumhüpfenden Naturwesen, wiederum «spitze Ohren» und mit Ziegen- oder Antilopenhörnern besetzte Köpfe.[14]

Weise Frauen der fahrenden Stämme, aber auch der Sesshaften, erzählen auch heute noch, wo sie nicht fürchten müssen, ausgelacht zu werden, von der «Begegnung» mit «gehörnten, spitzohrigen» Kobolden. Sie deuten an, dass solche Gesichter (in der Regel bereits in der Kindheit!) «und die Fähigkeit, sich vor ihnen nicht zu fürchten», einem Mädchen seine Anlage – eben zur Weisen Frau – gelegentlich erst offenbaren: Hier haben wir es zweifellos mit den Bildern der lebendigen Phantasie besonders empfindlicher Menschen zu tun, die noch immer glauben – ganz im Sinn der indischen Mythologie – ihre nähere Umgebung sei von denkenden, naturnahen, dem Menschen helfenden Wesen erfüllt.

Besonders die volkstümlichen Schilderungen vom Treiben um die Zigeunerlager im Bergwald, wie wir sie gerade in Österreich, Bayern, Graubünden usw. sehr leicht zusammenstellen können, unterscheiden sich im wesentlichen eigentlich kaum von den sagenhaften Berichten über «das Mondfest des Hexenvolks». Auch im Mittelpunkt des Nomadentreibens wird stets «gekocht»: Es geht um eigenartige Speisen, aus östlichen Ländern zu uns gekommen und mit viel Verständnis für «magische» Kräuterwissenschaft mit den «richtigen» Pflanzen des einheimischen Waldes gewürzt.[15] Noch heute glaubt die einheimische Landbevölkerung, dass es gerade diese «Kochkunst» ist, die den

Fahrenden ihre bewundernswürdige Lebenskraft, «die Fruchtbarkeit und Zeugungskraft bis ins hohe Alter» verleiht ... Hinzu
kommt ihre eigentliche «Heidenkunst», die sie aus fernen Heimatländern mitgebracht haben sollen: «Dort in der ‹Zigeunerkü-
che› bereiten sie mit ihrer Schwarzkunst allerlei Tränklein und
Pflästerchen für ‹Leute und Vieh› (Lüt und Veh), für Liebeskran-
ke und andere Bedürftige; für Wunderfitzige ...»[16]

«Zu guter Letzt griff eine alte Vettel nach ihrer Zither, ein Bu-
be nach seiner Pfeife, und schon tanzten einige zerlumpte Mädchen und Burschen wild im Kreise herum ... Da fehlten denn
auch die neugierigen Zuschauer (gemeint aus dem Kreis der
zigeunerfreundlichen Sesshaften! S.G.) nicht ...»[16]

Die Schilderung des ekstatischen Treibens eingewanderter
Nomaden und ihrer Gefährten aus den Bergdörfern ist die einer
märchenhaft empfundenen Wirklichkeit: «Sinnverwirrend war
es, ihren Tänzen zuzusehen, mit denen ihre Mahlzeiten gewöhnlich endeten. Unwillkürlich wurde man gepackt von der wunderbaren Musik, die sie nur nach dem Gehör spielten, und eigen
wurde einem zumute bei dem rasenden Reigen der Paare, die seltsam verschlungen sich auf dem freien Plane drehten, so schnell,
als hätte ein Wirbelwind sie erfasst.»[16]

Aus dem Erlebnis solcher sehr wirklichkeitsnahen Feste der
Fahrenden hat man schon mehrfach festgestellt, dass die Musikanten des Hexensabbats, von denen die Ketzerrichter fabeln,
die «auf Geige, Pfeife, Hackbrett, Bass, Trompete usw.» zum wilden Reigen aufspielen, der alle Teilnehmer in fantastische
Traumvisionen hineinreisst, echten Nomadenkünstlern gleichen!
«Die Beschreibung des Teufels (gemeint sind die angeblichen
‹Höllengeister›, mit denen sich die Hexen bei ihrem Bergfest ‹be-
lustigen› sollen! S. G.) passt oft haargenau auf einen gelbbrau-
nen, in Lumpen gekleideten Zigeuner, so dass man keinen Augenblick an dem bei dieser Vorstellung vorschwebenden Bilde
zweifeln kann.»[17] Dutzendfach kann man belegen, wie sehr gerade die in der Bündner Überlieferung genannten «Wunderfitzi-
gen», also Menschen voller Neugier nach mehr Wissen, die «Hexenküchen» der von Osten ankommenden Stämme insgeheim besuchten, so dass die Behörden erstarrter Kirchen und Staaten seit
dem ausgehenden Mittelalter das Auftreten von «Ketzereien»
befürchteten. Ein deutsches Buch des 17. Jahrhunderts erzählt etwa über die Einwanderung von Zigeunern in England: «Nun
wurden etliche leichtsinnige Menschen ... gefunden, die sich zu

solchen Künstlern (des Wahrsagens) begaben, um von ihnen die Sprache (!) und danebenst dergleichen Phantasey zu erlernen.»[18]

Die Hexensage, so verrückt-romantisch ihre Schilderungen auch tönen mögen, enthält also praktisch vor allem nur die von Verfolgern entstellten Berichte über den Glauben und das Treiben ursprünglicher Menschen: Also der in Europa neu ankommenden morgenländischen Stämme und auch «der Alteingesessenen», aus früheren Völkerwanderungen stammend, die sich in ihrem Brauchtum jedoch bewusst zur Überlieferung ferner Ahnen bekannten.

Ankunft der Ahnengötter

Der Kult «der Grossen Göttin des Lebens» ist für den gesamten europäischen Osten bis in die Gegenwart sehr gut belegt. Bei den deutschen Kennern des böhmischen Volksglaubens finden wir etwa über den Monat Mai: «Maj, majka bedeutet im Tschechischen nicht nur ein junges Bäumchen, gleichviel als Birke, Linde, Sperberbaum oder Tanne, sondern in der gewöhnlichen Redeweise auch wie im Serbischen Mutter oder Mädchen, Mutter oder Weib»: «Das Wort könnte wohl auf die im Mai sich zeigende Naturkraft des Schaffens und Hervorbringens deuten.»

Eine alte Bezeichnung des Mai (Siban), die sich im gleichen uralten Kulturgebiet findet, «bezieht sich nach Hanusch und Kollar auf ‹Schiva› (von den Mythologen des 18. und 19. Jahrhunderts u. a. auch gern Ziwa oder Sieba geschrieben! S. G.), die Göttin des Lebens und der Fruchtbarkeit, welche die alten Slawen, wie die Chronik des Prokop berichtet, im Anfang des Mai verehrten.»[1]

Das grosse deutsche Wörterbuch von 1743 versichert über den gleichen Kult, der bis ins Mittelalter grosse Teile Ost-Europas erfasste: «Ihr grösster und vornehmster Gott war Bog, und diesem gesellten sie eine Göttin zu mit dem Namen Siwa, welche beide Götzen mit Apollo und Diana eine Ähnlichkeit zu haben scheinen.»[2] Bog oder Boch ist der allgemeine slawische Ausdruck für Gott, der mit der entsprechenden indischen und iranischen Wortwurzel (bagha) übereinstimmt: Er kennzeichnet die schöpferische Urkraft der Welt als die Erzeugerin, als Auslöserin

Die Romantiker des 18.–19. Jahrhunderts sahen auch in der Bezeichnung «Truden» oder «Druden» für Hexen – eine erhaltene Erinnerung an die altkeltischen Hohepriesterinnen, die Druidinnen.

aller Fruchtbarkeit, allen Reichtums. Eine russische Zigeunerin in Paris erklärte mir beim Wahrsagen, das russische Wort für reich (bog-at) bedeute «nah bei Gott», arm oder elend (u-bog) hingegen bedeute eigentlich «fern vom Göttlichen». Einer der bekannteren Sanskritforscher sah in den geheimnisvollen «Bökken», bis in die Sagen und Hexenakten des Rheinlandes und der Alpen, «die seltsamsten Missverständnisse»: Von Osten einwandernde Stämme hätten die göttliche Kraft angerufen, und dies habe zumindest einen Beitrag dazu geleistet, dass man sie als Anbeter des Tieres Bock verstand![3] Die angebliche Geliebte des Zeugungs- und Schöpfungsgottes, «Schiva», erklärte man in der Regel aus der slawischen Wurzel «schiv» (lebendig), aus der auch das Wort «schiv-ot» stammt – dies vor allem mit der Bedeutung «Leben, das Erworbene, der Besitz». Der tiefe Zusammenhang von Leben und Liebeslust soll auch diesen östlichen Stämmen geläufig gewesen sein: Mythologen weisen darauf hin, dass die Südslawen den «dies Veneris», den Venus-Tag der Romanen, als «Sibne dan», den Tag der Siba (oder Siva) bezeichneten[4] – so, wie er in der deutschen Sprache immer noch der Freitag ist, der Tag der grossen Göttin Freya . . .

Es ist ungeheuerlich, was in den letzten Jahrhunderten von örtlichen Chronisten und Sagensammlern alles über diese «grosse Göttin des Frauenvolkes» zusammengetragen und spekuliert wurde. Man ging gelegentlich soweit, der deutsche Ausdruck «böse Sieben» für ein zänkisches Weib gehe ebenfalls auf diese Sieba oder Siva zurück und stamme aus einer Zeit, als man die Göttin selbst wie auch ihre Verehrerinnen auf jede erdenkliche Art zu schlimmen Wesen zu verketzern versuchte! Schliesslich habe man sie «mit flatternden Haaren», sozusagen als Herrin der Hexenekstasen, dargestellt.[5]

Die Sammler von Altertümern aus den verschiedenen deutschen Ostgebieten haben, besonders im 18. Jahrhundert, eine ganze Reihe von Schiva-Darstellungen abgebildet, die gelegentlich stark an alchimistische und astrologische Sinnbilder erinnern. Sie zeigen die «grosse Göttin» «nackt oder bekleidet, von Schlangen umwunden und zuweilen mit dem Haupt des fabelhaften Greif sowie einer flammenden Fackel, dem uralten Symbol des Lebens, in der Hand». Da man sie gelegentlich zusammen mit einem Affen abgebildet fand, ähnlich wie den zur etwa gleichen Zeit gefundenen «Zerne-Bock», wörtlich übersetzt den «Schwarzen Gott», waren die Romantiker des 18. und 19. Jahrhunderts überzeugt, der ganze Kult weise «deutlich genug zurück auf den Orient».[6]

Der Böhme Hanusch fasste die Niederschriften mehrerer Hunderter von älteren, heute fast unzugänglichen Schriftstellern zusammen und versuchte, aus unzähligen Belegen zu beweisen, dass man den Namen Shiva, selbstverständlich unterschiedlich ausgesprochen, für zwei eng miteinander verbundene, verschieden geschlechtliche göttliche Wesen gleichzeitig verwendet habe. Auch dieser Gelehrte war, wie sein Vorgänger, der hochgebildete Dichter Jan Kollar, überzeugt, dass bis hier, im Herzen von Europa, fast das ganze Mittelalter hindurch ein Kult überlebte, der mit den ursprünglichen Vorstellungen der indischen Religion zusammenhing, ja fast in allen Einzelheiten übereinstimmte: Shiva und seine Gattin, heute in der Regel unter den Namen Parvati, Kali oder Durga bekannt, sind für viele Inder sozusagen ein Wesen. So wird der Name Shiva (ebenfalls Schiva ausgesprochen!) gelegentlich auch verwendet, um die grosse Göttin zu bezeichnen.[7]

Spätere Forschung des 19. Jahrhunderts hat im übrigen all die eigenartigen Bilder der Lebens- und Fruchtbarkeitsgötter in Ost-Europa mehr oder weniger für Fälschungen der früheren, in die Sagen ihrer Heimat verliebten Altertumsforscher erklärt, welche erst nach Abschluss des Mittelalters entstanden. Ähnlich urteilte die Kritik über verschiedene andere, ebenfalls mit Sinnbildern reich verzierte Abbildungen «keltischer» Götter, wie sie zeitweise in Frankreich oder im schweizerischen Alpenland Aufsehen erregt hatten. Nicht besser ging es all den Planetengöttern «der alten Deutschen», die z. B. bei Arnkiel (1691) viele der schmukken Tafeln seines Werkes füllen.[8]

Heute muss man mit der Möglichkeit rechnen, dass diese eigenartigen Gestalten in alten Büchern früher einmal tatsächlich in bestimmten Kreisen der Verehrung dienten – und gleichzeitig jedoch nicht so alt waren, wie man es zunächst vermutet hatte. Schliesslich hat man auch während der Goethe-Zeit und in der Romantik Bilder des «Baphomet», auch dies eine seltsame Verbindung männlicher und weiblicher Symbole, als aus dem «Geheimkult der mittelalterlichen Ritter des Templer-Ordens» stammend vermutet: Sie seien angeblich aus der Begegnung europäischer Morgenlandfahrer mit uralten orientalischen Überlieferungen entstanden, die während der Kreuzzüge stattfand.[9]

Auch findet man im ausgehenden Mittelalter und der beginnenden Renaissance bei ernsthaften Schriftstellern Schilderungen von Göttern und Göttinnen vor – angeblich aus der römisch-griechischen Vorzeit – die man heute beim besten Willen für die Antike nicht nachweisen kann[10]: Lange Zeit konnte man nur annehmen, dass viele der Gebildetsten Europas sich jahrhundertelang ein Vergnügen daraus machten, unermüdlich «Götzen» der Griechen, Germanen, Slawen, Kelten, Ägypter usw. frei zu erfinden, um sie ihren Zeitgenossen dann als «echt» zu verkaufen . . . Andererseits hält sich die Vermutung, dass es jederzeit Kreise gab, denen es Freude bereitete, für Sippenfeste nach bestem Wissen und Gewissen Bilder «der Götter ihrer Ahnen» darzustellen, sie mit allen ihrer Philosophie heiligen Sinnbildern zu versehen und sie dann als wichtiges Vermächtnis an die Nachkommen weiterzugeben. Der Streit um diese Bilder, wie er dann während der «Aufklärung» und besonders im 19. Jahrhundert entbrannte, erscheint uns deshalb teilweise überholt – hatten möglicherweise beide Parteien recht: Die «heidnischen Götzen» des 15. bis 18. Jahrhunderts waren in dem Sinne «falsch», wenn man glaubte, sie seien tatsächlich Überbleibsel aus vorchristlichen Jahrhunderten. Sie sind teilweise in dem Sinne «echt», weil sie zu verschiedenen Zeiten zum Zweck der Verehrung hergestellt worden waren und bei heiligen Handlungen Verwendung fanden.

Gerade für Ost-Deutschland, Polen und Südrussland hat man mir mehrfach die Sage erzählt, dass man dort in abgelegenen Türmen und andern verschwiegenen Räumen der alten Landsitze für die Zusammenkünfte von Kreisen befreundeter, oft versippter «Wahrheitsfreunde» wiederholt «Bilder von ewigem Sinn darstellte, deren Symbole nur jene begreifen und verehren konnten, die dazu gehörten»:[11] Ob nun diese von Bildhauern und Kunstmalern erschaffenen Gestalten mehr an griechische oder z. B. germanische Mythen erinnerten, entschied der Geschmack der Auftraggeber – selbstverständlich auch deren Stammesmythos, also die Auffassung, aus was für Völkern, Kulturen und Religionen der Vergangenheit sie die Herkunft ihrer Ahnen ableiten.

Im riesigen, für eine Gleichschaltung der Geister trotz aller bürokratischer Versuche ungeeigneten eurasischen Raum überlebten entsprechende Kulte bis ins 20. Jahrhundert. Wir lesen von den immer noch ekstatisch begangenen Frühlingsfesten in Russland: «Für den Gottesdienst wurde eine auf einer Waldlichtung freistehende Birke ausgewählt . . . Man legte ihr Frauenkleider an und hing ihr ein Kultlinnen an die Zweige, welches in Rotstik-

Die Romantik veröffentlichte neu die Mythologie um die vorgeschichtlichen Hexen der Völkerwanderungen.

kerei das Bild der Grossen Götter, ihrer Diener und Attribute zeigte. War ein passender Baum nicht zu finden, trat ein junges Mädchen an seine Stelle. Man steckte ihm Birkenzweige ins Haar und führte es in die Mitte einer Waldlichtung. Das Kulttuch hängte man an einen nahen Zweig. Dann bildete das Volk einen Kreis um die ‹Göttin›, tanzte und stampfte den Boden, um das Geräusch rennender Pferde nachzuahmen.»[12]

«Das Zeremonientuch galt als Familienerbstück. Schon die Vorfahren hatten es sorgsam gehütet, und gemeinsam mit den Ikonen zählte es zu den wertvollsten Besitztümern des Hauses. Seine Stickmuster folgten uralten Vorbildern. Die Göttin bildete auf jeden Fall das Zentralmotiv.» Viele Einzelheiten der zeitgemässen Darstellungen osteuropäischer Volkskunst entsprechen genau denen auf vorgeschichtlichen Funden skythischer Wandervölker, die einst die enge Beziehung zwischen den Völkern Europas und den Räumen der asiatischen Hochkulturen herstellten: «Der Hintergrund des kultischen Tuches zeigt Sonnensymbole wie Hahn, Pferd, Ente, Hase und Feuervogel. Nach der Verlobung war die junge Slawin verpflichtet, ein derartiges Kulttuch für ihren Bräutigam als Mitgift zu arbeiten. Sie musste auch ihr Brautkleid selbst nähen und bestickte es mit Mustern, die durch die Tradition geheiligt waren.» Es wird versichert, dass auch hier die Sinnbilder gelegentlich nicht nur aufgrund zunehmender Unwissenheit der Volkskünstler entstellt wurden, sondern auch, weil man ihren Sinn vor den Verfolgern der Überlieferung verbergen wollte![12] Es ist unbezweifelbar, dass solche Feste im Frühling mit wildem «Waldtanz» um Lebensbaum und «Göttin», umgeben von den Symbolen von Sonne, Mond und Sternen und den tierischen Sinnbildern der Fruchtbarkeit, bei Aussenstehenden abergläubisches Entsetzen auslösen können, nicht weniger die verwandten geheimen Hexenbräuche westlicher Gegenden!

Mit den skythischen Völkerwanderungen hörte die Brücke zwischen abendländischen und indischen Vorstellungen in keinem Jahrhundert auf. Die Tataren beherrschten vom 13. bis 18. Jahrhundert die Verbindungswege von der Mongolei und Tibet bis nach Südrussland, zur Krim, Polen und dem Balkan: Staunend sahen sich westeuropäische Reisende in den Nomadenlagern des Mittelalters Auffassungen gegenüber, die denen der Geheimkulte ihrer Heimatländer sehr genau entsprachen.[13]

Noch unter den Zigeunerstämmen, die von Asien kommend nach Europa zogen, fanden russische Gelehrte ursprünglich indische Mythen, so um die grosse Göttin Laki: Leland, der wichtigste Anreger der gegenwärtigen englischen und amerikanischen «Hexenbünde», hat diese Informationen dank der von ihm gegründeten Gesellschaft zur Erforschung der Zigeuner-Überlieferung verbreitet.[14] Wenn wir weiterhin bedenken, wie häufig der osteuropäische Adel bis in die Gegenwart Nomaden-Frauen ehelichte, so wird verständlich, dass urtümliche religiöse Auffassungen bis weit nach Europa hinein immer wieder Auferstehung feierten.[15]

Entsprechend der Einwanderung unzähliger Familien solcher Kulturen in Nordamerika, besonders während der Weltkriege und Revolutionen des 20. Jahrhunderts, begreift man, warum in «modernen Hexenkulten» auch dort bei feierlicher Anrufung, beim Maifest und ähnlichen Gelegenheiten, der grossen Göttin der Welt häufig auch Namen wie der der «Schiva» gegeben werden:[16] Man kannte zahllose Bezeichnungen, bei jedem Volksstamm andere, es handelt sich aber immer um die gleiche, das All gebärende Kraft des Lebens. Entsprechend seiner Herkunft gebraucht man am liebsten jene Namen, die den unmittelbaren Vorfahren «bei ihren Wanderungen durch die Länder der Welt teuer und heilig waren». Ein slawisches, vielleicht ursprünglich auf eine indogermanische Wurzel zurückreichendes Wort (Shiva, Schiva) erscheint damit in heiligen Familienbräuchen in den USA unserer Gegenwart . . .

Wissen und Wahn
des Mittelalters

Es scheint vermerkenswert, dass die steigende Flut der Verfolgungen wider die unglücklichen «Hexenweiber» erst am Ende des eigentlichen Mittelalters einsetzt. Die oft nachträglich von ideologisch-politisch verblendeten «Historikern» des 18. und 19. Jahrhunderts missverstandene «Demokratisierung» der damaligen Städte erzeugte die Masse: Also die neue Wirklichkeit grosser Menschenballungen, wie sie Babylon oder Rom im Altertum erlebt hatten, die im Frühmittelalter aber mehr oder weniger verschwanden. Jahrhundertelang gab es dann höchstens die befestigten Dörfer am Fuss einer wichtigen Fürstenburg oder zum Schutze eines Markt- und Festplatzes als des Versammlungsorts einer Gegend.

Wenn die Hetze gegen Hexenversammlungen und entsprechende Schreckensgerichte wider die verdächtigten Frauen im Alpengebiet des einstigen Burgunderreichs beginnen, dann darf man diese geschichtliche Erscheinung keinen Augenblick von den gleichzeitigen Niederlagen des Adels in Bernbiet und Waadtland trennen.[1] In der Gestalt des nach der Überlieferung auch von der «weisen Königin Bertha» abstammenden grossen Minnedichters Otto von Grandson, wird durch dessen Ermordung (1396) der ursprünglichen Ritterkultur ein Todesstoss versetzt. 1470 stürzt der Metzgermeister Peter Kistler, unterstützt vom heuchlerisch aufgehetzten Berner Pöbel, den edlen Ritter Adrian von Bubenberg, den Herrn von Stretlingen und Spiez, und errichtet eine in ihren Folgen verhängnisvolle «Volksherrschaft»: Bezeichnenderweise wird die entstellte Geschichte dieses Ereignisses als Anregung zu Massenerhebungen noch im 18. Jahrhundert, am Vorabend der Französischen Revolution verbreitet – und auch Lenin, der Kopf beim Sturz der russischen Zaren-Herrschaft (1917) unterrichtete sich an der Berner Stadt- und Hochschulbibliothek über die Geschichte des zerfallenden mittelalterlichen Adels.[2]

Neben traditionsbewussten Handwerkern tauchte nun, zunächst vor allem im Mittelmeerraum, mit den Erinnerungen der Verfallszeit von Rom und der spätgriechisch-ägyptischen Städte einhergehend, die Masse, der Pöbel auf: Zugewanderte «Volkstrümmer», teilweise Nachkommen von Menschen, die wegen irgendwelcher Vergehen aus ihren Gemeinschaften ausgestossen worden waren. Sie fristeten ihr Dasein im Umkreis barmherziger Klöster und mit leichter Gelegenheitsarbeit bei Bauern.

Diese Massen wurden dann mehr und mehr von den Städten angezogen. Hier wurden sie von den neuen, bei «Umwälzungen» häufig wechselnden Machthabern gebraucht, vor allem als leicht aufhetzbares Druckmittel bei dem jährlich aufflackernden Streit der Parteien[3]: Mit ihrer Zustimmung wird in der Folge dann der Versuch unternommen, die Städte immer mehr zu «erheben», das heisst, ihren stetig wachsenden Einfluss auf die auf ihren Landsitzen nach und nach verelendenden Edelleute und auf halbwegs unabhängige Hirten und Bauern auszudehnen.

Nach Umwälzungen und Wirtschaftskrisen können die Versprechungen der neuen Machthaber an die von ihnen umschmeichelten Massen häufig genug nicht eingelöst werden. Dann treten die apokalyptischen Schrecken auf – der Mangel an leichter, keinerlei Ausbildung benötigender Arbeit, Hunger, Seuchen, der Aufruhr aller gegen alle. Nun braucht es immer mehr Sündenböcke – bereits in den Städten des ausgehenden Mittelalters, wie auch während der Revolution, wechseln die benötigten Blitzableiter «für den Volkszorn» ab: Die Pfaffen in den reichen Klöstern, die Gebildeten überhaupt, der Adel, die wohlhabenden Juden, ein durchziehender Nomadenstamm mit unverständlichen Bräuchen, sie sollen auf einmal «für alles schuld» sein. Besonders häufig sind es zwischen 15. und 16. Jahrhundert jene Frauen, die sich als Bewahrerinnen einer zeitlosen volkstümlichen Überlieferung fühlen, eben die Hexen, die Weisen Frauen, die man zu Sündenböcken erklärt.

Es ist nun sehr wichtig, dass gerade dort, wo sich die alten Geschlechter, trotz ihres allmählichen Niedergangs, als Hüter ihrer Umgebung und deren Bräuchen empfinden, die Macht der Hexen- und Ketzerjäger noch sehr lange beschränkt bleibt. In diesem Zusammenhang ist es weiterhin wichtig, auf Erasmus von Rotterdam hinzuweisen, der im Jahre 1500 das Hexenwesen ein von den entsprechenden Verdummern abergläubischer Massen «neu erfundenes Verbrechen» nannte![4] Im 16. Jahrhundert konnte dann

Das Kochen von Zauberkräutern und der Kelch mit dem Wundertrank
fehlt selten auf den Bildern des Hexensabbats.

der Gelehrte Johann Weyer, der mutig und selbst als Hexenmeister verdächtigt gegen den ganzen Irrsinn kämpfte, eine ganze Reihe von deutschen Fürsten und Grafen anführen, die in ihren Ländern die blutrünstigen Verfolger nicht aufkommen liessen: «Überhaupt», meint Weyer, «gilt bei jenen Fürsten der alte vortreffliche Grundsatz, lieber zehn Schuldige laufen zu lassen, als einen Unschuldigen zu strafen.»[5]

Hinter diesen hervorragenden und willensstarken Gestalten der Geschichte, die im Dienst ihrer Völker Dämme gegen den Massenirrsinn aufzurichten versuchten, werden die später ebenfalls totgeschwiegenen Gestalten ihrer Frauen erkennbar, bedeutender Bewahrerinnen einer seit der Vorzeit von Geschlecht auf Geschlecht überlieferten Weisheit. Gerade sein «Artzney-Buch» widmete der mutige Arzt Johann Weyer der Gräfin Anna von Tecklenburg. Sie verfügte nicht nur über grosse Erfahrung in der Regierungskunst, sondern wurde von ihren Zeitgenossen auch wegen ihrer tiefen Kenntnisse in den Wissenschaften, besonders in der Medizin, geradezu «wie Isis bei den Ägyptern, Minerva bei den Griechen» geehrt und geliebt[6]: «Die Gräfin Anna ... verstand sich auf die Bereitung von allerlei feinen und köstlichen Wassern und Ölen, übte sich gern in der Darstellung der Extracte und Salze, sie kannte auch viele Krankheiten und deren Zufälle genau und interessierte sich besonders für die neuen Seuchen. Sie behandelte mit Erfolg viele Bresthafte an äusserlichen und inneren Schäden, und Gottes Segen schien mit ihr zu sein ...»[6] In der Nähe einer solchen erfassbaren «echten» Weisen Frau wird uns das Hexenwesen verständlich[7]: Der Hass gegen diese Meisterinnen weiblicher Künste und Wissenschaften konnte noch lange nicht in jenen Schichten aufkommen, die entsprechende Frauen in ihrem Lebensumkreis selbst noch kannten und diese, wie wir bei Weyer sehen, sogar während der Renaissance und Reformation gleich den Göttinnen und Feen der Mythen des Altertums verehrten. Die Hetze gegen Hexen, verbunden mit tiefer Verachtung für die Frau und ihre Fähigkeiten, flackerte nur in den Massen auf, die jede Verwurzelung in einer Volkskultur ihrer Umgebung verloren hatten und die sich spielend leicht durch abergläubische Teufelsfurcht lenken liessen.

Im Umkreis einer Oberschicht, die auf eine ungebrochene Beziehung zu der geistigen Welt der Vorfahren stolz war und ihren Einfluss in ihrer Umgebung auch zu halten vermochte, scheint darum die Kultur der Weisen Frauen lange überlebt zu haben. Solche Vertreter der örtlichen Regierung hätten einer wichtigen Quelle von 1658 zufolge bewusst nach der Volksweisheit «Wo kein Kläger, da sei auch kein Richter» gehandelt.[8] Inmitten übelster Frauenverfolgungen wird uns darum versichert, dass «an etlichen Orten, wie zu Basel, man denselben (den Hexen) nicht bald etwas tue»[8]. Man habe hier wohl Angst gehabt, bei der gerichtlichen Befragung einer solchen «Zauberin», wenn es darum ging, wer ihre «Gespielen» seien, jene berühmte Antwort zu erhalten: «‹Gehet heim um fraget eure Weiber!› Darum heisst es wohl, wie das alte Sprichwort ausweist: ‹Was ich nicht weiss, macht nicht heiss.›»[8] Wie wir anhand eines solchen Zeugnisses des 17. Jahrhunderts folgern dürfen, überlebten die Kulte der Weisen Frauen in mancherlei Gegenden, aber alle die, die dazu eine unmittelbare Beziehung besassen, schwiegen lieber, um sich und allen Beteiligten jeglichen Ärger zu ersparen. Die widerlichen Anzeigen gegen Hexen, aufgrund derer jede Frau beim geringsten Verdacht als «Hexe» verleumdet werden konnte, nahmen in jedem Land erst mit den gesellschaftlichen Auflösungserscheinungen der neueren Jahrhunderte zu: Die Grossfamilien, das Gefühl für verwandtschaftliche Beziehungen über gewaltige Gebiete hinweg, die unauflösbaren Bande der gegenseitigen Hilfe zwischen Nachbarn usw., dies alles löste sich in den Städten auf. Der einzelne Mensch konnte aus Neid, oder eben weil man in Notzeiten nach einem wehrlosen Sündenbock suchte, sehr leicht als Teufelsbündler verdächtigt werden, ohne dass eine starke Verwandtschaft zu seinem Schutze auftrat. In einer aus dem 17. Jahrhundert stammenden Schilderung der Alpengebiete wird in der Gegend von Lenzburg die Frage erörtert, «ob man den Waldgötzen noch hie zu Land zu opfern pflege?». Es geht hier um die «Waldfeste», zu denen die Jugend offenbar immer noch in grosser Zahl pilgerte. Wir vernehmen dazu: «Sie pflegen sich an solchen Tagen in den Wäldern zusammenzufügen, da sie miteinander tanzen, spielen, und sich nach ihrem Humor erlustigen . . .» Weiterhin vernehmen wir: «Weil das Tanzen verboten, täten sie sich in die Wälder begeben, damit man nichts von ihnen wissen solle.»[9]

Der ritterliche v. Bonstetten vernahm noch im 18. Jahrhundert aus der Gegend um den Thunersee, in welcher das Volk noch sehr lange gegen die städtischen Verbote der Lustbarkeit und die düsteren, gegen jede weltliche Lustbarkeit wetternden Sekten trotzte: «Nun flohen sie bei der Nacht ins Felsengebirge, um in einsamen Wäldern zu tanzen . . .»[10] In einem handschriftlichen Bericht, der sich offenbar auf den gleichen Gebirgsraum und die angrenzenden Gebiete bezieht, erfahren wir, welche Rolle die herumziehenden Musikanten und Geschichtenerzähler bei solchen geheimen Anlässen spielten: Die Leute, die «in Städten und Dörfern als Bänkelsänger» das Volk erfreuten, seien dieselben gewesen, die «bei den sogenannten Waldtänzen aufspielten»[11]. Es sei dabei «so schamlos» zugegangen, dass die armen «Bänkelsänger» mit der Zeit (und wie wir ergänzen müssen, der folgerichtigen Verketzerung der Volksfeste!) «allgemein verachtet» wurden – «so wie die öffentlichen Lustdirnen»[11].

Ausdrücklich wird betont, wie in den abgelegenen Grenzgebieten der Reiche – handle es sich um die Basken in den Pyrenäen, um die Provence, den burgundischen Jura oder die keltische Bretagne – solche Sitten noch lange, teilweise bis in die Gegenwart hinein überlebten: Einmal konnten die Vollzugsorgane der wachsenden Bürokratie nur mühsam in jene Gegenden gelangen. Überdies hing die Jugend dieser Talschaften besonders eifrig an Bräuchen dieser Art fest, weil sie in ihnen gefühlsmässig die Grundlagen eigener Unabhängigkeit und ursprünglicher Eigenart verteidigte.

Von Jean de Wattenville, einem starken Mann des «burgundischen» Jura, vernehmen wir etwa, dass er noch im ausgehenden 17. Jahrhundert, als jene Landschaft endgültig vom französischen König erobert wurde, der Jugend «seines» Landes den uralten Tanz um die Linde erlaubte: Wohlverstanden, dieser Herr war seinem Amt nach ein Mann der Kirche, ein Abt – hatte aber in Jugendtagen im Gebiet des türkischen Islam gelebt, lange dessen Kultur genossen und wohl damit eine gesteigerte Duldsamkeit gegen Bräuche jeder Art erlernt![12]

Selbstverständlich überlebten die Sitten in gewissen Gebieten noch sehr lange, auch wenn sie zum grossen Teil ihrer tieferen Bedeutung beraubt wurden, und man könnte, vor allem dank den zuverlässigen Zusammenstellungen romantischer Volkskundler, ganze Bände füllen: Ein bernischer Schulmann wettert noch 1866(!) wider «das Fasnachtsfeuer, das alljährlich unsere Jugend in ungewöhnliche Bewegung versetzt und von allen(!) Höhen herabzündet». Ausdrücklich fügt der erzürnte Mann hinzu: «Das ganze bietet einen grotesken Anblick, der unwillkürlich an den Blocksberg gemahnt.»[13]

Wächter der heiligen Überlieferung

Die Sitze der alten Geschlechter des Mittelalters waren nicht nur die festen Orte, in deren Schutz sich das Volk der Umgebung in wilder Kriegszeit zurückzog, sie waren auch die Achsen des geistigen Lebens. Ihren Bewohnern schreibt man noch sehr lange, in abgelegenen Gegenden sogar über die Zeit der Französischen Revolution und das europäische Kaiserreich Napoleons hinaus, den Besitz «von magischen Kräften» zu. Für diese Tatsache, leicht aus der Sagenkunde zu belegen, gibt es praktisch nur eine Erklärung: Wir finden diese in der Überlieferung, derzufolge die Vertreter solcher Sippen bei jährlich wiederkehrenden Volksbräuchen eine wichtige Rolle spielten.

Noch heute finden wir in den gedruckten Sammlungen Informationen über die alchimistischen und astrologischen Künste

Der Ritter oder Prinz, der die vom abergläubischen Pöbel gehetzte Frau
rettet, ist ein Wunschbild unserer Volksdichtung.

der alten Burg-Bewohner. Die märchenhaften Feen, wie sie etwa
im Alpenlande den Hirten das «alte Wissen» vermitteln, sind
«von Band orientalische Schönheiten mit warmen Farbentö-
nen»[1]: Erinnerungen an Damen aus jenen Familien werden
wach, deren Bildung bis ins Morgenland reichende Wurzeln hatte. Überhaupt betrachtete man ja bis ins 19. Jahrhundert alte Burgen – als einst «von übernatürlichen Wesen mit übernatürlichen
Kräften bewohnt»[2].

Besonders deutlich werden die Zusammenhänge auf dem
Bild «Schilderung und Darstellung des Hexen-Sabbats» des
Franzosen de Lancre (1613), bei dem der ganze Kult als ein ge-
schlossener Kreis von Brauchtümern scheint, dem besonders die
Basken anhingen – die verzweifelt ihre Wesensart gegen die zu-
nehmende Macht der Verwaltung in Paris verteidigten.

Nackt abgebildete Hexen bilden hier, im Gegensatz zu Darstellungen, die auf keinerlei Kenntnis der Zusammenhänge ba-
sierten und den Massen höchstens das Gruseln beibringen wollten, eine Minderzahl[3]: Die Musikanten, die auf einer Erhöhung
zum Tanz um einen Baum aufspielen, sind bekleidet, genauso

wie die meisten an der Festtafel Feiernden, Mahlzeit Geniessenden. Bekleidet sind auch die Hexen, die in der Mitte des Bildes kochen, selbstverständlich auch die beiden priesterlichen Frauen, die rechts und links neben dem Herrn des nächtlichen Fests sitzen[3].

Nacktheit scheint nur bei der Ausübung ganz bestimmter Bräuche vorgekommen zu sein. Nackt sind einige (nicht alle!) der Tänzerinnen, die um einen heiligen Baum Reigen tanzen. Nackt ist die schöne Hexe, die vor dem «Gehörnten», vor seinen beiden Frauen und deren heiligem Feuer kniet und ihnen ein Kind (das eigene?) vorstellt, wahrscheinlich damit es ebenfalls in die Gemeinschaft aufgenommen wird.[3]

Unterhalb des Baums mit den Musikanten erblicken wir eine Menge von Leuten, die so vornehm und feierlich angezogen sind, als nähmen sie an einem Hofball teil. Ausdrücklich erklärt de Lancre: «Das sind die grossen Herren und Damen, und die andern wohlhabenden und machtvollen Leute, die die wichtigen Angelegenheiten des Sabbats verhandeln, wo sie verschleiert (voilez) erscheinen und die Frauen mit Masken, um sich stets bedeckt und unerkannt zu halten.»[3] Wohlverstanden, der Adel der Umgebung bildet nicht nur die auffallendste, sondern auch zahlenmässig die bedeutendste Gruppe in dieser Darstellung.

Hier wird der Hexensabbat also endgültig zu etwas wie dem Thing der Landgemeinde, einer religiös-politischen Zusammenkunft, an der die Menschen in «heiligen Zeiten» teilnahmen, um «über ihre wichtigen Angelegenheiten» Beschlüsse zu fassen. Es liegt auf der Hand, dass eine Regierung, die den Willen dieser Landbewohner brechen wollte, die halbgeheimen, für Aussenstehende unzugänglichen Versammlungen der Stämme an deren heiligen Orten zu beseitigen versuchte. Man bekämpfte, indem man eine erstarrte Kirchenreligion missbrauchte, einen angeblichen «Teufelskult» – in Wirklichkeit ging es wider den eigenen Willen, die Selbstverwaltung, die uralte Überlieferung der kleinen Völker. Die alten Geschlechter der einzelnen Landschaften, die sich lange als Erhalter und Hüter der einheimischen Kultur fühlten, wurden nun stufenweise vertrieben oder durch sanften Druck gezwungen, ihre sagenumwobenen Landsitze in abgelegenen Gegenden zu verlassen, um in der Hauptstadt zu wohlüberwachten, immer oberflächlicheren und damit nutzloseren Hofschranzen zu werden.

Damit verloren viele Landschaften, einmal ihrer traditionsbewussten, gebildeten Schicht beraubt, die Zentren, die Bräuchen und Festen den tieferen Sinn und die entsprechende Bedeutung verliehen hatten. Die unzähligen kleinen Höfe, von denen Lebenslust und Bildung eigener Prägung ausgestrahlt hatten, gab es nicht mehr, dafür aber die Gerichtssitze, von rasch wechselnden, nur noch juristisch-bürokratisch geschulten Beamten der Zentralbürokratie verwaltet. Die einzelnen Landschaften, einst stolz auf einen eigenen Lebensstil und die aus ihnen geborene Geschichte, versanken seit de Lancre immer rascher in Bedeutungslosigkeit, wurden zu langweiligen, unterentwickelten Provinzen.

Es gibt im 15. und 16. Jahrhundert eine Fülle sehr beachtenswerter Berichte über die Weisen Frauen der alten germanischen Stämme, genau wie über deren vorgeschichtliche Wanderungen und Beziehungen bis nach Asien und in die asiatischen Hochkulturen hinein – häufig verknüpft mit der Überlieferung über alte Geschlechter, deren Herkunft ins frühe Mittelalter oder in noch frühere Zeiten zurückreichen sollten. Die Geschichtsschreiber, denen wir die entsprechenden Angaben verdanken, gehörten zu den gebildetsten und sprachkundigsten Männern jener Zeit, und sie haben häufig die von ihnen benutzten Quellen angegeben: Weil man diese nach den Religionskriegen der Reformation und dem Niedergang von Adel und Klöstern in der Regel nicht mehr auffand, haben die Vertreter einer seichten «Aufklärung» diese Gelehrten in der Regel als «primitive Fälscher» dargestellt.

Dem grossen bayrischen Historiker Aventin verdanken wir beispielsweise den Hinweis, dass sogar der Name der Hexen aus vorchristlicher Zeit stamme, offensichtlich aus dem Kreis der Weisen Frauen, die auf die Vergangenheit Einfluss hatten, den man gar nicht überschätzen könne. Der Chronist ist weiterhin überzeugt, dass seine Vorfahren «auch Indien durchzogen», wobei er sich stets auf «vorhandene Chroniken» und auf Lieder beruft.[4] «Will man etwa auch ihn einer Lüge bezichtigen, wenn er sagt, er habe zu St. Emmeram in Regensburg eine Handschrift gesehen, worin die Taten des Tuisto, des gottgesandten Mannes, des Hermio usw. enthalten gewesen? ... Vielleicht hat man sich in den letzten Jahrhunderten des Mittelalters doch mehr mit der ältesten deutschen Geschichte beschäftigt, als man gemeinhin annimmt.»[5]

Die gleiche Vermutung könnte man sicherlich auch gegenüber dem Geschichtswerk des grossen Abtes Tritheim äussern, der, auf der Grundlage ihm angeblich vorliegender frühmittelalterlicher Aufzeichnungen, über die Einwanderung der fränkischen Stämme aus dem Osten schrieb. Auch bei ihm erscheinen weise Königinnen und Seherinnen der Frühzeit. Diese Hinweise haben noch Wissenschaftler der Romantik, etwa Görres und Mone, sehr stark angeregt. «Seine unverschämten Fälschungen haben bis in die Neuzeit den deutschen Quellenforschern Pein bereitet», erklärte dagegen das kritische 19. Jahrhundert – schon als «Fahrender Schüler» habe Tritheim «wie andere seinesgleichen(!) den Sinn für Ehrlichkeit verloren . . .»[6].

Ähnlich urteilte man über die «Stretlinger Chronik», immerhin bereits während der Kindheit Adrian von Bubenbergs (gestorben 1479), des Herrn von Spiez und Stretlingen, verfasst, offenbar, um in diesem – angeblich auch durch das Hinzuziehen alter schriftlicher Quellen – den Sinn für die Bedeutung seiner eigenen Heimat zu wecken: Demnach sei der Thunersee das Herzgebiet des Burgunderreichs des 10. Jahrhunderts gewesen, und König Rudolf habe um ihn zwölf Kirchen erbaut, auf dass die paradiesische Landschaft «möge gleichen den zwölf wie Sterne strahlenden Edelsteinen an der Krone seiner Gemahlin» (dass sich das möcht gelichen den zwölf sternen an den kronen des gespons).[7] Bei dieser also verewigten Gattin handelt es sich um die bereits erwähnte Königin Berchta (oder Bertha), die in den Volkssagen der deutschen und französischen Alpengebiete als grosse «Weise Frau» weiterlebt: Einst habe sie den Mädchen alle Künste der Hauswirtschaft beigebracht, so dass zu deren Jahrhundert «die Goldene Zeit auf Erden war». Auch heute noch soll die Königin auf geheimnisvolle Art «ihre» Ländereien beschützen.

All die volkstümlichen Märchen von den Weisen Frauen und die grossen, mit ihrem Wirken verbundenen, vom Volke lange vergötterten Geschlechter mussten verschwinden. Jede Information über die geheime Tradition der Völker schien immer «störender» für einen Zeitgeist, dessen Vertreter alle Bereiche des menschlichen Daseins «rational», nach kalt berechenbaren Regeln gestalten wollten.

Auf dem ersten perversen Höhepunkt der allgemeinen Ketzer- und Hexenjagden während dem Verfall der mittelalterlichen Bildung und Kunst behauptete der Chronist Mutius von Basel: «Wir leben in einem so schlimmen Zeitalter, dass es niemals(!) in irgendeinem Jahrhundert weniger sicher gewesen ist, sogar über dasjenige zu sprechen, worüber man vor hundert Jahren überall geschrieben und gelesen hat.»[8] Unter einem solchen Druck fanden nun die «Prozesse» gegen die unglücklichen Hexen statt: Ihre einstigen Verbündeten, die Häuptlingsgeschlechter der ehemals nahezu unabhängigen Landschaften, verloren immer mehr an Einfluss und Bedeutung. Der gesamte Sagenschatz um die Weisen Frauen der Urzeit und des Mittelalters, der ihre Nachahmerinnen und Erbinnen für das gemeine Volk mit entsprechendem Glanz umgeben hatte, geriet in Vergessenheit. Verehrte man in früheren Zeiten die Vergangenheit der Ahnen und die Überlieferung ihres Brauchtums, galt das Mittelalter nun als eine einzige «gotische» Barbarei, erfüllt von teuflischem Heidentum.

Die Aufzeichnungen der meist ungebildeten Richter stimmen ziemlich wörtlich mit dem juristischen «Hexenhammer» überein: Es ging ihnen in der Regel um keinerlei Wahrheitsfindung, sondern darum, die Opfer in die Enge zu treiben, sie zu Geständnissen zu zwingen, aufgrund derer man sie als Feinde der Religion und als Vergifterinnen von Mensch und Vieh usw. überführen konnte. Die Hexensabbate, deren Teilnahme sie «gestehen» mussten, wurden zu einer Ansammlung abscheulicher Vorgänge. Die Vermutung eines zeitgenössischeren Schriftstellers scheint berechtigt, «dass die Sabbaterlebnisse wahrscheinlich sehr viel angenehmer und ekstatischer abliefen, als die Hexenverfolger und ihre Auftraggeber es jemals an die Öffentlichkeit hätten dringen lassen können»[9].

Auch scheinen in den verschiedenen Ländern Versuche unternommen worden zu sein, einen Grossteil der Urkunden dieser europäischen Kulturschande verschwinden zu lassen. Gerade im Gebiet von Bern, aus dem der Dominikaner Johannes Nider in seinem «Formicarius» die ersten Hexenverfolgungen auf deutschem Sprachgebiet schildert, stellt der neuere Forscher bekümmert fest: Die «eigentlichen Protokolle der Hexenprozesse sind verschwunden, und aus den vorhandenen, meist kurzen Notizen lässt sich wenig für die Psychiatrie Verwertbares gewinnen»[10].

Wenn wir ein Bild davon gewinnen wollen, was sich in den nächtlichen Zirkeln tatsächlich ereignete, bleibt einem kaum etwas anderes übrig, als andere Quellen zu suchen. Einen Weg wies Goethe im 18. Jahrhundert, einem Jahrzehnt, in dem die Furcht der Frauen vor möglichen Strafverfolgungen nicht völlig abgeklungen war: Obwohl er sich mit erstaunlicher Gründlichkeit mit verschiedenen Quellen beschäftigt hatte, rückte er die seit dem 16. Jahrhundert beim Volk so allgemein beliebten Volksbücher über den Magier Faust in den Mittelpunkt seiner Betrachtungen.

Rückzug in die Hexenküche

«Die Salbe gibt den Hexen Mut», schrieb Goethe im «Faust»: Er muss auf alle Fälle die Zusammensetzung dieses Wirkstoffes gekannt haben, denn in den Büchern, die er benutzte, um das Hexenwesen seines Landes besser zu verstehen, sind die gefährlichen und nur für Kenner der alten Überlieferung einigermassen benutzbaren Rezepte der «Salbe» aufgeführt! So in den Werken von Giovanni Battista Porta und bei Praetorius; letzterer will die Anleitungen noch von Paracelsus haben.[1]

Auch sonst war im 18. Jahrhundert das Wissen um die naturwissenschaftlichen Grundlagen der Hexenträume, trotz aller vorangegangenen Verfolgungen, recht gründlich verbreitet: «Ehelose Pfaffen (hier haben wir die für den damaligen Zeitgeist bezeichnende Verdächtigung der katholischen Priester in ihrer Gesamtheit! S. G.) und andere Liebhaber spielten an langen Winterabenden zweifellos die Rolle der irrenden Teufelsritter am glücklichsten, und die bekannte(!) Hexensalbe aus Bilsensamen, Stechapfel usw., womit sie (die Hexen) die Klitoris einrieben, entzückte die an dergleichen Geisterumarmungen gewöhnte(!), und durch die täglichen(!) Geschichten von den verliebten Sylphen überspannte... Einbildungskraft zu den natürlichen Träumen... Hier wirkte die Betäubung all die Phantome, welche die Opiumschlucker unter den Türken... an den Tag legen.»[2]

Die Rezeptbücher, in denen wir die Anleitungen dieser Art nachlesen können, sind überhaupt weit verbreitet. Ein anderer volkstümlicher Kräuterarzt schreibt, ebenfalls noch im ausgehenden 18. Jahrhundert: «Es gehet zwar hierbei auch sehr viel Aberglauben vor, wie bei der Hexen-Salbe, obgleich auch viel natürliche Kraft dabei ist...»[3] Auch diese offenbar in der Zeit Goethes und der Romantik sehr verbreitete Schrift nennt als Verfahren, «schöne und liebliche Dinge zu Nacht im Schlaf zu sehen», die sehr vorsichtige Benützung von Nachtschatten-Gewächsen: Man musste sie, offensichtlich zu einer Salbe verarbeitet, an empfindlichen Stellen der menschlichen Haut, «Puls-Adern, die Schläfe und Stirn», auftragen. So konnte sie langsam in den Blutkreislauf eindringen, das Gehirn erreichen und dort die ersehnten Traumbilder auslösen.[4]

Diese Kunst ist in Mitteleuropa selbstverständlich nie ganz ausgestorben. Gustave Le Rouge (1867–1938), ein hochgebildeter französischer Kenner des geheimen Volkslebens, erstaunte seine Zeitgenossen mit seinen Schilderungen: Das Zaubervolk habe, so Le Rouge, in den Landschaften seiner Heimat, von den Alpen bis zur Normandie und Bretagne, Aufklärung, Revolution und das oberflächlich-rationalistische Spiessbürgertum des 19. Jahrhunderts mehr oder weniger überstanden – und es habe einen wesentlichen Teil seines vorgeschichtlichen Wissens und der entsprechenden Macht bewahrt.

Die Dörfler umgaben das Zaubervolk mit einer Aura aus abergläubischem Misstrauen, auch wenn sie es von Zeit zu Zeit brauchten, und sei es nur, um den wohlgewürzten Wein für die Hochzeiten zu mischen, auf dass die darauffolgende Nacht tatsächlich vom Rausch unvorstellbarer Liebesekstasen erfüllt sei.[5] Mit Hilfe der entsprechenden Kräuter war der «Zauberer» befähigt, auf Wunsch im nächtlichen Feenreich zu leben, noch immer den Hexensabbat zu besuchen und «geliebt sein von den schönen Damen, die er auf den Balkonen ihrer Paläste erblickte»[6].

Ein deutscher Gelehrter stellte, ebenfalls beim Besprechen der Rauschmittel der einheimischen Hexen im ausgehenden 19. Jahrhundert, fest: «Ich kann es euch aus den heutigen medizinischen Erfahrungen belegen, dass bei solchen akuten Vergiftungen mit betäubenden Stoffen unter den Frauen – das Träumen sinnlich durchlebter Ereignisse eine Rolle spielt.»[7] Mindestens diese geheime und gefährliche Seite des Hexenwesens hatte also überlebt: Aktive Weiber flohen aus einer Zivilisation, die sie von ihrer alten Stellung als heilkundige Sippenmütter verdrängt hatte, in nächtliche Feenträume.

Sogar einige der äusseren Erscheinungen des Hexensabbats, vor allem, wie wir sie aus den masslos übertriebenen und missverständlichen Schilderungen der Ketzerverfolger kennen, werden von hier aus gesehen noch begreiflicher. Der Arzt Alfred Martin versuchte wohlfundiert nachzuweisen, dass im magischen Badewesen berauschende Dämpfe aus Pflanzensamen in deutschen Gebieten eine ähnliche wichtige Rolle spielten, wie Herodot (IV, 75) über das altertümliche Nomadenvolk der Skythen berichtet: «Damit wäre die Badestube dem Geisterglauben und dem Zauber weit offen gewesen.» Ein anderer Beleg verweist darauf, dass unter dem Einfluss des Bilsensamens «die Weiber nakkend aus dem Bade gingen»[8]: Die berauschende Wirkung des «Hexenkrauts» war offensichtlich so stark, dass Mädchen und Frauen durch seine Nachwirkung häufig vergassen, ihre Kleider

Die Anfänger-Hexe versuchte ihren «Flug» mit Hilfe der Lehren der alten Bücher und von Räucherungen.

auf schickliche Art in Ordnung zu bringen; wahrscheinlich war ihr Geist noch immer im Reich der Phantasien, bei Sylphen und anderen Feenwesen. Solche Geschichten über die Gleichgültigkeit der Frauen, was die Kleidung während ihrer ekstatischen Zustände betraf, führte teilweise wohl zu jenen lüsternen Vorstellungen und Verallgemeinerungen über «die Nacktheit» der Hexen bei Ausübung ihrer Bräuche: Sie wurden selbstverständlich seit dem ausgehenden Jahrhundert, eigentlich bis in unsere unmittelbare Vergangenheit hinein, immer mehr ausgeschlachtet, weil man das «Hexenvolk» immer folgerichtiger verdächtigte, den Körper nicht so sehr als «verdammenswert und sündig» anzusehen, darum sogar vor dem Ehepartner sorgfältig zu verhüllen, wie die Vertreter der nun vorherrschenden heuchlerischen Prüderie[9] es taten.

Es haben sich in der Kräuterkunde des Volkes verschiedene Mittel erhalten, die «beruhigend» wirken sollen, mit deren Hilfe man den «Hexenrausch» angeblich beenden und aus dem Reich der Phantasien «zurückkommen» könne. Man hat diese Pflanzen in der Neuzeit deshalb sogar als «hexenwidrig» bezeichnet. Dies scheint falsch: Wurden sie doch – z. B. Baldrian – einer Alpensage zufolge gerade von den Weisen Frauen empfohlen und sogar selbst verwendet![10] Waren doch die einheimischen Kräuterweiber selber überzeugt, dass zu lange Ausflüge in die Traumwelten der Feen und Elfen es ihnen mit der Zeit unmöglich machen würden, sich «in der irdischen Wirklichkeit» zu bewähren und auch den Fallen der Verfolger zu entkommen. Eine Reihe der alten Namen des Baldrians verweist auch deutlich auf die Begriffe, die die Kräuterfrauen in ihrer heiligen Wissenschaft so gern verwendeten: Mond-Wurz, Magdalena-Wurz, Marien-Wurzel, Katzen-Kraut, Theriak-Wurz, Wend-Wurzel usw.

Wie andere Pflanzen, die besonders zum Schatz der Weisen Frauen gehörten, gilt auch der Baldrian als «wichtiges Liebeskraut». Brunfels schrieb darüber: «Macht holdselig, einig (eyns) und friedsam, wo zwei des (aus dem Baldrian destillierten) Wassers trinken.»[11] Hierin liegt keinerlei Widerspruch zum Vorhergesagten, «dem Brechen von Gesichtern, geboren aus sinnlichen Leidenschaften, durch das gleiche Pflanzenmittel, namentlich durch dessen stark riechenden Wurzelstock». Oder wie mir ein Kenner des Weltbilds der Kräuterweiber und Wahrsagerinnen des Berner Oberlandes berichtete: «Sie kannten die Mittel für ‹wilde› Träume und zum Entfachen von starken Lüsten zwischen den Geschlechtern. Sie wussten aber auch, dass die gegenseitige Liebe, wenn sie fest und dauerhaft stark sein soll, in einer vollkommen ruhigen Verfassung wachsen, gut überlegt und beschlossen werden soll. Darum empfahlen sie den Paaren, beim guten Wein, mit Baldrian darin, zusammenzusitzen.»[12]

Ein weiteres Kraut, das man gegen «die schweren Träume bei Nacht» verwendete, ist die Melisse (Melissa officinalis) oder Mutterkraut und Frauenkraut bei Brunfels.[13] Eins der wichtigsten deutschen Bücher des 18. Jahrhunderts, welches uns auf die damalige Verbreitung der teilweise sich noch auf Paracelsus und die Hexen berufenden Botanik hinweist, berichtet, im Anschluss an die Schilderung der gefährlichen Traumkunst, hervorgerufen durch die Mischungen aus Nachtschatten-Gewächsen: «Wenn man ganz nach dem Abend-Essen, da man bald will schlafen gehen, von Melissen isset, so kommen einem im Schlafe allerlei Vorstellungen in das Bewusstsein (Vorbildungen für), die man sich nicht lustiger wünschen sollte, denn da sieht man Felder, Lust-Gärten, Bäume, Blumen, Wiesen, und es erscheint (däucht) einem, das ganze Land sei grüne worden, mit lieblichen allgemeinen Schatten untermischt, und wenn man umher siehet, so ist gleichsam die ganze Welt im Frühling.»[14]

Diese Wissenschaft hatte zum Ziel, «nicht nur im Wachen, sondern auch im Schlafen fröhlich sein zu können»[15]: Es setzte also einen langen Verfall von Lebenslust voraus, dass die Hexen des 15. bis 18. Jahrhunderts, aus ihrer ursprünglichen Rolle als lebenslustige Ärztinnen, Hebammen, Beraterinnen des Volkes zunehmend abgedrängt, ihren einzigen Trost im immer massloseren Gebrauch der auch von ihnen immer weniger verstandenen Drogen suchten ...

Johannes Weyer, Schüler des Magiers Agrippa von Nettesheim, verwies bereits im 16. Jahrhundert auf die Schilderung der Wirkung der Hexensalbe beim Neapolitaner Johann Battista Porta. Porta zufolge sahen die Benützerinnen dieses Geheimmittels in ihren Rauschträumen: «Herrliche Mahlzeiten, Musikspiel, Tänze und schöne junge Knaben.»[16] Eine ähnliche Wirkung schildert Hieronymus Cardanus (1501–1576), der, ebenfalls unter Verwendung von Nachtschattengewächsen, ähnliche Salben herstellte. Die Hexen erblickten vor allem: «Spielhäuser, grüne Lustplätz, herrliche Mahlzeiten, viel und mancherlei Gezierde, hübsche Kleider, schöne Jünglinge, Könige, Oberherren.»[16] Oder wie ein Gelehrter des 18. Jahrhunderts die Wirkungen der Hexensal-

Der magische Flug, so häufig in den deutschen und romanischen Volksbüchern, wird in Europa ganz ähnlich geschildert wie in den schama-
nistisch-tantristischen Mythen von Asien.

be zusammenfasst: «Alles (auf dem geträumten Sabbat) drückt
eine fröhliche und ausgelassene Begeisterung aus, nach welcher
sie (die Zauberfrauen) sich die folgende Nacht wieder sehen.»[17]

Die Nachtfeste, zu denen solche Hexen im Geiste «fliegen»
wollten, können darum in vielerlei Schilderungen wie höfisch-
aristokratische Zusammenkünfte anmuten. Nach Praetorius
sieht man am Hexensabbat «auch hohe Standspersonen, Kaiser,
Fürsten, Freiherrn, Edelleute und dergleichen»[18]. Abbé de Mont-
faucon de Villars schrieb in einem Jahrhundert der übelsten Unterdrückung und Verfemung der entsprechenden Überlieferungen sein eigenartiges Werk «Graf von Gabalis, oder Gespräche
über die geheimen Wissenschaften» (1670): Der Hexensabbat bedeutet für ihn eine Begegnung der Wissenden mit Sylphen und
anderen Feenwesen; die Offenbarung einer herrlichen Märchenwelt, die den Gott nahestehenden Ahnen bewusst, ihr «empire
naturel» gewesen war. Hier würden von den Eingeweihten der
Geheimkulte als Wirklichkeit neu erlebt – «diese Helden, diese

Liebesverbindungen mit Nymphen, diese Reisen zum irdischen Paradies, diese Zauberpaläste und Zauberwälder . . .»[19].

Unzählige zeitnahe Schilderungen zeigen, wie nach dem Zerfall der letzten Inseln mittelalterlicher Kultur – im deutschen Sprachgebiet klar erkennbar eingeleitet nach dem 30jährigen Krieg – gerade die Volksschichten, die vorher eine bedeutende Rolle spielten, immer mehr in Märchenträume fliehen. Hier glaubt man durch die Steigerung der Kräfte des Geistes zu jenem Anger kommen zu können, «wo wider jedes Siechtum ein Genesungskräutlein wächst»[20]. In ihrer Schau sehen die letzten Erben des Mittelalters wie auch die Vorläufer der Romantik: «Die unsichtbaren Jagden in den Wäldern, die Feen, die des Nachts auf den Fluren im Kreise tanzen.»[21]

Es erschien (bedünkte) also nur den Benützern der Hexenmittel, dass «sie durch viel weiter, seltsamer Länder reisen»[22]! So werden auch in den Volksbüchern die abenteuerlichen Flüge des Doktor Faust geschildert, die er gar bis in die jenseitigen Reiche unternommen haben soll. Er «entschlief», also heisst es am Anfang seiner Luftfahrt, «wie (als) wenn er in einem warmen Wasser oder Bad sass». Dann gerät er in eine Fülle von Gesichten, die ihm so wirklich erscheinen wie den zeitgenössischen Hexen: Er sah «viel stattliche Leute, Kaiser, Könige, Fürsten und Herren . . .». Am Schluss der magischen Reise schildert ihn das Buch des 16. Jahrhunderts wieder «im Bett liegend» und über die Wirklichkeit des Gesehenen nachdenkend: «Bald schien es ihm, das Erlebnis sei echt, dann zweifelte er darob, (und neigte zur Annahme) der Teufel hätte ihm eine Verblendung vor die Augen geführt, was auch die Wahrheit ist.»[23]

Wenn die in orientalischen wie auch abendländischen Kulturen des Mittelalters einst hochangesehenen magischen Menschen ihren Einfluss mehr und mehr einbüssten und im äusseren Elend versanken, so konnten sie doch die Überlieferung vom einstigen Glanz immer wieder in sich auferstehen lassen. Ihre Hütten erschienen ihnen dann als funkelnde Paläste, zu Ruinen zerbröckelnde Schlösser als Schauplätze von paradiesischen Festen des Feenvolkes, sich selber sahen sie als unsterbliche Prinzen und Prinzessinnen.

Doktor Faust
und die deutsche Romantik

Ein «fahrender» Zauberer Faust scheint für die erste Hälfte des 16. Jahrhunderts recht gut nachgewiesen zu sein. In der «Zimmerschen Chronik», verfasst in jenem Jahrhundert der religiösen und wirtschaftlichen Umwälzungen, versichert der Verfasser aus uraltem Geschlecht, der grosse «Schwarzkünstler» sei wohl der wunderbarste, also wohl fähigste unter den Zauberern der deutschen Länder gewesen, «der auch soviel seltsamer Händel hin und wieder gehabt, dass sein in viel Jahren nicht leichtlich wird vergessen werden».[1] Unzählige, vielfach heute noch nachgedruckte Zauberbücher nennen ihn ihren Verfasser, und Geschichten aus dem Leben von andern durch die Welt «nach Wahrheit» wandernden Magiern, den grossen Erben der mittelalterlichen Überlieferung wie Theophrastus von Hohenheim (Paracelsus) und Agrippa von Nettesheim wurden ihm zugeschrieben.

Es ist auch unbestreitbar, dass die Sage von seinem Leben, das so zahlreiche Dichter und Geschichtsforscher anregen sollte, dann gerade jenen Menschenschlag beschäftigte, den man fortlaufend als Hauptträger des Hexenwesens verdächtigte. Der Jurist Johann Reiche behauptete 1704, dass sich mit den «törichten Fratzen und Fabeln» um Faust «die Kinder-Muhmen und Mägde in den Spinn-Stuben schleppen». Und 1737 versicherte ähnlich verächtlich der Kanzleirat Johann Benedict Scheibe, hier sei eine verwirrte Erfindung, die höchstens von «einigen alten Weibern» ernst genommen werde.[2]

Wenn also Sagenkenner aus altem Adel, wie der Graf von Zimmern, oder Frauen, die auch noch im Jahrhundert der Aufklärung die ursprünglichen Sagen und Märchen behüteten, so hartnäckig an Doktor Faust dachten, kommt uns noch eine zusätzliche Vermutung: Unabhängig, was in der Sage an echten biographischen Tatsachen von einem wirklichen Magier enthalten sein mag, mögen in ihr viele der ursprünglichen volkstümlichen Überzeugungen und Überlieferungen ihren Ausdruck gefunden haben.

Wir werden noch kurz sehen, dass, wie man heute annimmt, dann Johann Wolfgang von Goethe, als er den Mann aus der Zeit des ausklingenden Mittelalters zur Hauptgestalt seines wichtigsten Werks werden liess, in diesem viel seiner geheimsten und ehrlichsten Überzeugungen ausdrückte. Er tat dies zweifellos, weil er gefühlsmässig spürte und dies in sehr gründlichen Geschichtsstudien bestätigt sah, dass er hier echte und ursprüngliche Überlieferung fand: Ungenannte Volksdichter, sagenkundige Grafen und die erwähnten «alten Weiber» erzählten seit dem 16. Jahrhundert in den Faust-Sagen, was sie noch von einer verfemten Tradition wussten.

Gleichgültig, ob wir annehmen, dass Faust sein Hauptwissen in der Hochschule von Krakau oder von den zigeunerischen – oder tatarischen? – Nomaden des Ostens erwarb, als sehr bedeutend schildert schon die Sage des 16. Jahrhunderts seine Kenntnisse der alten und besonders auch der morgenländischen Kulturen: «Zudem fand Doktor Faust seinesgleichen (also Menschen, die die gleiche magische Bildung suchten oder bereits besassen! S. G.). Die gingen um mit chaldäischen, persischen, arabischen und griechischen Worten ...» Dadurch habe er nach und nach die ganze Wissenschaft der «Bücher, Wörter und Namen der Beschwörung und Zauberei» erworben.[3]

Ausdrücklich wird schon in der alten deutschen Faust-Überlieferung hervorgehoben, dass es dem Hexenmeister bei seiner Ausbildung zum Magier in erster Reihe nicht um äussere Bereicherung oder Macht ging. Gerade durch seine Kenntnisse «nahm er sich Adlers-Flügel, wollt alle Gründe des Himmels und Erden erforschen».[4] Die vorwiegend orientalischen Sprachen und Überlieferungen in den magischen Büchern, wie sie seit dem ausgehenden Mittelalter nun auch gedruckt verbreitet werden, erbringen nach den alten Faust-Büchern den Beweis von der morgenländischen Herkunft all dieser Wissenschaften: «Aus diesem ich schliesslich mit Berechtigung schlussfolgern (judicieren) muss, dass solche Kunst in Persien und Chaldäa ausgebreitet worden.»[5]

Schon der Iranier Zarathustra (Zoroaster) habe schliesslich, ganz offensichtlich genau «wie auch dem Doctor Fausto»(!), den Bund mit dem «Teufel» geschlossen. Dieser habe ihm – gemeint ist aus dem Zusammenhang offensichtlich ganz genau wie dem späteren, dem Vorbild der asiatischen Magier folgenden Hexenmeister in Deutschland – versprochen: «Er wäre würdig, dass er

Auch die «Hexenbünde» des 19. und 20. Jahrhunderts nehmen die Schriften des Theophrastus von Hohenheim (Paracelsus 1493–1541) zu ihren Grundlagen.

unter die Götter gezählt würde, wie (als ein) Bacchus, Pan, Ceres
...»[5] Es ist hier beachtenswert, dass im 16. Jahrhundert bereits
genau die gleichen «heidnischen Götter» der Antike sozusagen
als Wesensverwandte des Doktor Faust bezeichnet werden, deren
«Mysterien», vielfach nächtlich (und sehr häufig von Frauen!)
befolgte Bräuche, die neuere Forschung seit Goethe und der Romantik dauernd mit den mittel- und westeuropäischen Hexenkulten zu vergleichen versucht.

Bereits Zarathustra, so weiss das Faustbuch, sei schon «in die
Luft über sich geführt worden, allda (er) die Götter und Gestirn
hat sehen wollen» – davon stamme eben sein Name «Zoroaster»,
«das ist ‹ein lebendig Gestirn›».[5] Genau gleich wird uns dann
auch vom einheimischen Magier erzählt, dass er «das Paradies
gegen (Sonnen-)Aufgang» zu erblicken gewünscht habe. Dadurch sei er, offensichtlich dank dem Flug aus Zauberkraft, auf
den Kaukasus gekommen, dessen «Gipfel alle andern über-
trifft».[6]

Man darf diese Geographie nicht ganz wörtlich nehmen und
muss sich nur daran erinnern, dass die alten orientalischen Märchen und Reiseberichte, die unserem Mittelalter reichlich bekannt waren, ihren Weltenberg «Kaf», den Wohnsitz der mythischen Feenwesen (Djinne, Peris), sehr gern dem Kaukasus gleichsetzen. Ebendiesem Vorstellungskreis entstammt auch die russische Bezeichnung dieses Gebirges, «Kaf-kaz». Diese Sage vermischt sich vollkommen mit der indisch-buddhistischen Vorstellung des Himalayas als des Umkreises der Götterburg und Urheimat der Menschenrassen, «Meru», als dessen Fortsetzung und
Vorgebirge hier der «reale» Kaukasus häufig gilt.

Bezeichnenderweise heisst es ausdrücklich, Faust habe auf jenem Sagenberg «das Land Skythien und Indien gegen Aufgang»
überblicken können und habe auch den Ort des Paradieses, der
göttlichen Urheimat des Menschen, erkannt. Die magische Überlieferung schildert hier im übrigen genau die gleichen Vorstellungen, wie wir sie auch sonst in den Büchern der volkstümlichen,
damals regelmässig von den Phantasien der Hexer und Hexen beeinflussten Naturwissenschaft vorfinden: «Kaukasus ist gelegen
in Indien, nach dem Norden hin, und sondert Indien von Sky-
thenland (die Skythen, die Nomaden der griechischen Schilderung des südrussischen Raumes, werden später regelmässig mit
den die gleichen Gebiete bis ins 18. Jahrhundert beherrschenden
Tataren gleichgesetzt! S. G.). Dieser Berg ist so hoch, dass es auf

demselben niemals Nacht wird.»[7] Auf diesem geheimnisvollen asiatischen Himmelsberg soll nun Faust das Geheimnis der Schöpfung und der Wanderungen der menschlichen Völker erkannt haben: «In solchem Gesicht, so er gesehen, hätte er gern die Grundlagen seines innersten Wesens (sein Fundament) und seinen Ursprung gewusst.»[8]

Neben seiner Liebe zur Wahrheit, die ihn jeder Gefahr trotzen liess, soll der Hauptgrund für seine Fahrten «in viele Königreiche» das Suchen nach den richtigen Frauen gewesen sein, die ihm in allen seinen Werken helfen sollten: Seine Lebensauffassung sei ganz und gar «türkisch» (!) gewesen, und so habe er «sieben Weiber» gehabt, von denen jede in den Ländern, aus denen sie stammte, ein Vorbild der vollkommenen Schönheit war. Entsprechend seinem orientalischen Traum soll er alle diese Frauen «sein Lebtag», also während seines ganzen Daseins als Magier, bei sich besessen haben.[9]

Sie seien überhaupt «so trefflich schön» gewesen, «dass mancher (von Fausts Zeitgenossen und wahrscheinlich von jenen Erzählern über sein Leben, die ihn auf alle Arten verleumdeten! S. G.) darob geärgert wäre worden»: Sie seien auch grundverschieden gewesen – «eine anders denn die andere gestaltet ward»[9]: Wenn nun die sieben ausdrücklich als Hexenwesen («die Sieben Teuflischen Hecubas») erscheinen, so haben wir hier wahrscheinlich sehr deutlich, im Mitteleuropa des ausgehenden Mittelalters, das Aufleben eines uralten astrologischen Mythos: Nach diesem gibt es eben unter den Menschen «sieben Richtungen der seelischen Begabungen», die mit den sieben Planeten übereinstimmen und die, wie noch heute die Wahrsager unter den Zigeunern überzeugt sind, schon aus äusseren Merkmalen von jedermann, «zumindest wenn ein Typus ausgeprägt ist», zu erkennen sind.

Die orientalische Sage will, dass es nun ein Ziel iranischer, indisch-tatarischer (moghulischer) und sogar noch türkischer Herrscher war, als ihre Eheliebsten und Beraterinnen die sieben Frauen, «je eine aus den grundverschiedenen himmlischen Anlagen», um sich zu vereinigen und damit alle die möglichen verschiedenen Begabungen in ihrem Umkreis zu besitzen. Jeden der sieben Tage der Woche, von denen bekanntlich wiederum jeder einem andern der Planeten zugeordnet ist, hätten sie dann mit der entsprechenden Gattin verbracht und sich mit ihr vor allem jenen Geschäften gewidmet, die die Astrologie wiederum dem betreffenden Gestirn zuschreibt: So habe man z. B. den Freitag in der Regel mit der Venus-Frau verbracht und sich mit der «von der Venus regierten» Liebe und den mit ihr zusammenhängenden «schönen Künsten» beschäftigt; der Dienstag, der Tag des Mars, sei für die Marsfrau bestimmt gewesen und damit den Angelegenheiten des Kriegs und des Kampfsports, usw.[10]

Wahrscheinlich um die ganze offen «türkische» Auffassung eines Magiers des 16. Jahrhunderts zu erklären, behauptet die alte Faustsage, dass der Hexenmeister von Krakau aus, also der Stadt, die häufig als der Studienplatz seiner Jugend genannt wird, durch «viel Königreich, Städte und Landschaften», durch Thrazien zum türkischen Kaiser kam. Etwas zurückhaltend ob solcher Reisen in Reiche, vor deren «Heidentum» die Kirchen während dem Niedergang ihrer Bedeutung in den damaligen Religionskriegen so verzweifelt warnten, berichtet darob der Erzähler: «Vollbracht da viel Abenteuer ...»[11]

Eins, das er aber dann doch recht ausführlich erzählt, ist für jeden, der sich mit den orientalischen Bräuchen und Märchen von damals zu beschäftigen versucht, bezeichnend genug. Faust sei in ein Schloss eingedrungen, «darin der Türke seine Weiber hat». «Dieses Schloss verzauberte er mit einem solch dicken Nebel, dass man nichts sehen konnte.»[11]

Die schönen orientalischen Frauen hätten ihn dann, offenbar sogar mit Einverständnis des türkischen Kaisers, für einen Gott (!) angesehen und ihn fleissig geliebt. Man habe geglaubt, «es würde aus seinem Samen ein grosses Volk und streitbare Helden entstehen» ... [11] Diese Geschichte gehört nun ganz sicher in einen gewaltigen morgenländischen Märchenkreis, dessen Fassung mit dem verständlichsten Inhalt wiederum in Altindien zu finden ist: Ein Mann kann dort durch ein Fluggerät in Vogelgestalt (!), das ihm ein geheimnisvoller Kunsthandwerker herstellt, nächtlich in das wohlgehütete Gebäude mit einer feenhaft schönen Prinzessin eindringen. Er gibt sich ihr gegenüber als der Gott Vishnu-Krishna aus. Er habe sie schon in früheren Leben treu geliebt, bringt er ihr bei, sie sei damit seine ewige Ehegattin, und er brauche jetzt darum, da sie für alle Zeiten verbunden seien, gar nicht erst zu heiraten, um mit seinen leidenschaftlichen Umarmungen weiterzufahren! Die nächtlichen Besuche des magischen Liebhabers werden später von den Eltern belauscht, die aber im Verlauf der köstlichen Handlung zum Schluss kommen, dass auch ein sonst «gewöhnlicher» Mensch, der ein solches Abenteuer wagen und einigermassen bestehen könne, ganz offenbar doch in seinem Wesen ein wenig vom Gott Vishnu-Krishna besitze. Also wird der kühne Liebhaber der glückliche Ehegatte der Schönen und der Erbe des Königreichs.[12]

Im Indischen gehört dieses beliebte Märchen ganz deutlich in den Umkreis der tantristischen Bräuche, bei denen sich die Liebhaber beim Vorspiel ihrer ekstatischen Vereinigung als Masken der ewigen Gottheiten erkennen, «die immer wieder Menschengestalt annehmen, um sich auch körperlich lieben zu dürfen». Im Islam, der jede Annahme von der engen Beziehung von Gott zu irdischen Menschen, auch die Möglichkeit, dass dieser einen sterblichen Leib annahm, als üble «Ketzerei» ansah, wurde der entsprechende Mythos unverständlich: Wenn wir aber davon ausgehen, wie beliebt die indischen Frauen und ihre Liebeskünste im Kreis um die türkisch-tatarischen und iranischen Fürsten waren, sehen wir, dass entsprechende Vorstellungen das ganze Morgenland durchdrangen. Fassungen des Märchens, die gleichermassen an die Geschichte um Vishnu und die Prinzessin wie an die um Doktor Faust und seine Türkinnen erinnern, kann man auch für das mohammedanische Morgenland und das christliche Europa genug nachweisen. Beliebt scheint die entsprechende Dichtung besonders bei den Zigeunern gewesen zu sein, so dass man ruhig vermuten darf, dass diese Stämme von indischem Ursprung das Märchen in Mittelalter und Neuzeit mit sich durch die Welt trugen.[13]

Zweifellos gehört diese Geschichte um Faust, der einen orientalischen Gott spielt, um seine Geliebten zu beglücken, schon zu seiner Sage im 16. Jahrhundert und gewann in den Büchern und Schauspielen über sein eigenartiges Lebensabenteuer im Volke eine besonders starke Beliebtheit.[14] Dieser Sachverhalt bildet für uns einen weiteren Hinweis auf die Wahrscheinlichkeit, dass in dem ganzen Kulturkreis des Hexenwesens sehr starke Beziehungen zu den verwandten Erscheinungen in Asien nachzuweisen sind. Die Behauptung der europäischen Ketzerrichter und auch der noch lebendigen Sagen, dass die Frauen am nächtlichen Maifest glaubten, in ihrem Liebhaber, «dem Herrn der Walpurgisnacht», eine unsterbliche göttliche Kraft zu erkennen, wird viel verständlicher, wenn wir annehmen, dass zu ähnlichen Vorstellungen im Osten Brücken bestanden: Mochten sie auch dauernd durch Kriege unterbrochen, von den Schriftstellern sich bitter bekämpfender Zivilisationen totgeschwiegen werden, wir haben jeden Grund zu glauben, dass diese Beziehungen dauernd neu angeknüpft wurden. Nomadenreiche dehnten sich mehrfach von Indien und China bis nach Osteuropa aus. Noch Ende des 17. Jahrhunderts reichte die Macht der türkischen Sultane bis vor die Tore von Wien, und auch das nördliche Russland war den Tatarenherrschern vom Schwarzen Meer untertan und «tributpflichtig». Asiatische Frauen wurden aus dem gleichen Raum, vor allem durch die listigen Venezianer, tausendfach nach Europa vermittelt.[15] Zigeunerstämme wanderten mit ihren «alten Künsten» aus Indien nach dem Westen. Vor allem aber erzählten kühne Morgenlandfahrer wie Faust ihre östlichen Mythen dafür empfänglichen, heute würde man sagen «romantischen» Volksschichten, und es entstanden dadurch auch im Herzen von Europa Geheimkulte, in denen phantasievolle Männer und Frauen auf ihre Weise ihre Umwelt als ein Spiel göttlicher Kräfte erkennen wollten.

Goethes Walpurgisnacht

Als Vorläufer von Goethes Dichtung über den Besuch des Magiers Faust am Hexensabbat gibt es ein kleines Versepos «Die Walpurgis-Nacht» von Johann Friedrich Löwen (1756). Der Ort des Nachtfestes wird hier als für Nicht-Eingeweihte fast unauffindbar geschildert: «Der Weg ist ungebähnt, und mühsam zu besteigen,/ Der leicht den Wandrer täuscht, wenn ihn nicht Führer zeigen.»[1] Es ist möglich, dass bei all den geschilderten Schwierigkeiten, den geheimen Versammlungsort der Hexen auf dem Blocksberg aufzufinden, wir auch ein Sinnbild für die geistigen Mühen besitzen: Nach den irrsinnigen Verfolgungen des 15.–18. Jahrhunderts «wider alles Ketzer- und Hexengesindel» schienen die Schwierigkeiten, den Sinn der ursprünglichen Volksüberlieferung aufzufinden, fast unüberwindlich.

Goethe kam zu seinen entsprechenden Studien auf dem Gebiet der lange verfemten magischen Traditionen sehr früh, durch den Einfluss des Fräuleins von Klettenberg, das man wahrscheinlich früher leicht als ein Hexenmädchen verdächtigt und zum Scheiterhaufen geschleppt hätte. Wie es der Dichter in «Dichtung und Wahrheit» bezeugt, sah sich die Dame «nach einem Freunde um, der ihr in diesem Wechsel von Licht und Finsternis Gesellschaft leistet». Also begaben sich die beiden in das Abenteuer der Suche nach dem roten Faden in der spannenden Welt der mitteleuropäischen Geheimüberlieferungen.

Zusammen lasen nun die beiden die Werke der europäischen Schriftsteller, die noch immer die besten Führer sind, wenn wir die «okkulten» Vorstellungen im deutschen Sprachraum seit dem ausgehenden Mittelalter zu begreifen versuchen, die umfangreichen Bücher der Paracelsus, van Helmont, Welling. Ausdrücklich erklärt uns Goethe, dass er diese seine Arbeiten auf dem verfemten Gebiet «sehr heimlich betrieb», sie besonders gegenüber Herder zu verbergen versuchte. Man muss sich dazu nochmals vergegenwärtigen, dass der sagenhafte Name «Faust» seit dem 16. Jahrhundert «der Sammelbegriff nicht nur der Schwarzkünstler, sondern der Schriftsteller über Schwarze Kunst» geworden war.[2] Man gab sie gern den verschiedensten Verfassern der zahllosen «neu erfundenen oder aus alten Traditionen ... zusammengefassten Zauberbücher»[2]: So mag der Magier Faust für Goethe und das mystische Fräulein schon sehr früh, genau wie für die andern deutschen Anhänger der einheimischen Geheimlehren des 16.–18. Jahrhunderts, geradezu ein Sinnbild für die Überlieferung der volkstümlichen Magie geworden sein.

In seiner gewaltigen Faust-Dichtung zeigt uns Goethe deutlich die verschiedenen Anregungen auf, die ihm dann ermöglichten, sein gewaltiges Gemälde der verfolgten mitteleuropäischen Tradition zu malen. Wir dürfen nicht vergessen – als er im 18. Jahrhundert das ganze mittelalterliche Hexenwesen studierte, standen ihm nicht nur die zahllosen Berichte der Bücher zur Verfügung: Magische Menschen, von Sagen schon während ihrer Lebzeiten umgeben und gleichzeitig selber Träger der mündlichen Überlieferung, spielten im damaligen Mitteleuropa noch immer eine sehr bedeutende Rolle. Wir wissen z. B. von des Dichters und Wissenschaftlers Begegnung mit dem «Bergdoktor» Micheli Schüppach von Langnau, die während der folgenschweren Alpenreisen stattfand. Der Mann machte auf Goethe, wie er selber an Frau v. Stein schrieb, einen ausserordentlich starken Eindruck: «. . . doch ist sein Auge das gegenwärtigste, das ich glaube gesehen zu haben. Blau. Offen, vorstehend, ohne Anstrengung beobachtend.»[3]

Die deutschen Volksbücher des 16.–19. Jahrhunderts zeigen den Hexenmeister Faust als den Helden geheimnisvoller Liebesabenteuer bis in den
romantischen Orient hinein.

Ein zeitgenössisches Bild dieses Arztes im Geist einer uralten Volksmedizin, das ich im Historischen Museum von Bern ansehen durfte, zeigt ihn auch als grossen Magier und wirkt fast wie ein Bild zu Goethes «Hexenküche» in dessen Drama um Doktor Faust. Über dem Kopf von Micheli Schüppach sehen wir die Eule, dieses Sinnbild der tiefen Weisheit und (weil sie eben ein Nachtvogel ist!) der geheimen Überlieferung. Der Hexenmeister ist von einer Unzahl astrologischer und alchimistischer Sinnbilder umgeben. Im Kamin steht ein Gefäss auf dem Feuer, über dem Fledermäuse schweben. Auf dem Rand eines Mörsers sitzt ein mit einem Pelz bedeckter, gehörnter Kobold, der dem Zauberer offensichtlich beim Bereiten von dessen Heilmitteln hilft. Schädel und Bücher liegen auf dem Boden, zweifellos Hinweise darauf, dass die Medizin des Naturarztes aus der Vergangenheit stammt. Eine wichtige Bedeutung unter den Gegenständen der Hexenküche des «Bergdoktors» besitzt offensichtlich eine grosse Sanduhr: Man deutete sie als einen Hinweis, dass dieser ländliche Faust des 18. Jahrhunderts, besser gesagt seine noch allgemein bewunderte Wissenschaft, «über aller irdischen Zeit steht».[4]

Goethe hat sich im übrigen sehr genau mit der Zauberwelt um die Lager des fahrenden Volkes beschäftigt, wenn er auch, wie nachweisbar ist, etliche Stellen über die entsprechenden Überlieferungen in seinem Spätwerk tilgte. Deutlich werden uns die Zusammenhänge auch an jener Stelle, an der er die Wanderung seines Magiers Faust auf den Blocksberg schildert: «Die Landschaft ist nicht mehr verzaubert, sondern die beiden Wanderer gelangen in eine Art Zigeunerlager. Es brennen Feuer. ‹Man tanzt, man schwatzt, man kocht, man liebt.› Die Entmythologisierung ist durchgeführt, der Kern der Walpurgisnachtsage bloss gelegt. Es sind Fahrende, die ihr Frühlingsfest feiern.»[5]

Wir müssen es uns hier nochmals vergegenwärtigen: Was man seit dem ausgehenden Mittelalter immer mehr unter «Zigeuner» und unter ähnlichen Sammelbezeichnungen verstand, waren nur teilweise Vertreter der vom Osten her neu einsickernden indischen Nomadenstämme. «Nach Braudel fand im 16. und 17. Jahrhundert ein Verelendungsprozess statt.»[6] Teile der ländlichen Bevölkerung wurden durch solche Umwälzungen, die die moderne Zivilisation erst ermöglichten, «jeweils rasch zu herumziehenden Bettlern und Vagabunden», die nun auch entsprechend behandelt wurden! «In Österreich wurden die Vaganten massenhaft samt ihren Kindern als Hexen und Zauberer verbrannt.»[6] Das «Fahrende Zigeuner-Gesindel», das sich also nach unseren Sagen bei den Nachtfesten versammelt und in seinen uralten Bräuchen Trost sucht, war sicher zu einem wichtigen Teil ureinheimisch: Es war nur durch die neuen Entwicklungen verelendet und entwurzelt und suchte im Kreis seiner Überlieferungen Kraft und Hoffnung auf eine bessere Zukunft.

Dabei konnten es offenbar gerade Angehörige von Geschlechtern sein, die einst in ihren Lebenskreisen eine grosse Bedeutung besessen hatten, nun aber gestürzt worden waren. Mephisto selber erscheint bei Goethe in der Szene mit der Hexenküche als Baron, Freiherr, Junker, ähnlich wie in vielen Volkssagen. Die marxistische Goetheforschung sieht darum in ihm «den adeligen Intellektuellen», der mit seinen Mythen und Märchen den Einfluss auf das Volk zu bewahren versucht.

Gegen Ende der Walpurgisnacht schildert Goethe einige alte Herren an einem verglimmenden Feuer. Sogar Mephisto selber wird in ihrem Kreis bekümmert und fühlt sich alt, weil er fürchtet, dass eine ganze Welt zu verschwinden beginnt. «Die Faustforschung deutet sie (diese alten Herren) als Flüchtlinge aus Frankreich», vertrieben vom Revolutionsterror: «Jetzt müssen sie sich zu den Fahrenden gesellen und beklagen die verlorene Macht und Geltung.»[8]

Wenn man diese Überlegungen für richtig erachtet, muss man darauf hinweisen, dass ja der zu Goethes Zeiten gestürzte französische Adel überzeugt war, Nachkomme von Stämmen zu sein, die einst in den grünen Wildnissen Germaniens gehaust hatten. Auch ihr Feind, der revolutionäre Abbé Sieyès, lehrte damals geradezu: «Warum soll man nicht alle jene Familien in die fränkischen Wälder zurückjagen ...?»[9] Goethe lässt darum solche gestürzten Sippen auf dem Brocken zusammenkommen, um zu versuchen, in einer Welt der ursprünglichen Mythen wieder die Hoffnung auf einen neuen Mai, also den Aufstieg zu neuem Glanz zu finden.

Johann Wolfgang von Goethe neigte dazu, im Hexenfest die Versammlungen jener Teile des Volkes zu vermuten, die aus vorgeschichtlicher Zeit ihren Glaubensvorstellungen treu geblieben waren. In einem Brief (1812) stellt er fest, dass ein Altertumsforscher gelehrt habe, «dass nämlich die deutschen Heidenpriester und Altväter, nachdem man sie aus ihren heiligen Hainen vertrieben und das Christentum dem Volke aufgedrungen hatte, sich in das Gebirge des Harzes begeben, um dort nach alter Weise Gebet und Flamme zu dem gestaltlosen Gott des Himmels und der Erde zu richten. Ihre abergläubischen Widersacher aber hielten sie dabei durch angelegte Teufelsfratzen fern.»[10]

Diese Auffassung vertrat Goethe dann auch in seinem grossartigen Gedicht «Erste Walpurgisnacht», das wir immer in unserer Erinnerung behalten müssen, wenn wir uns mit seinem Faust-Werk auseinandersetzen. In der Nacht auf den 1. Mai fand er den Ausdruck des erhabenen Gottglaubens der keltisch-germanischen Druiden. Alles Hässliche, Abschreckende daran war nach ihm nur ein Maskentreiben, ein Spuk, von den Vertretern des uralten Volksglaubens bewusst veranstaltet, um die entfremdeten Verfolger in die Irre zu führen und sie die Orte der nächtlichen Versammlungen fliehen zu lassen: «Diese dumpfen Pfaffenchristen,/ Lasst uns keck sie überlisten!/ Mit dem Teufel, den sie fabeln,/ Wollen wir sie selbst erschrecken/ Kommt Mit Zacken und mit Gabeln/ Und mit Glut und Klapperstöcken/ Lärmen wir bei nächtger Weile . . .»

An der klassischen Walpurgisnacht erklärt im übrigen Goethe durch den Mund des Hexenmeisters Mephisto: «Es ist ein altes Buch zu blättern:/ Vom Harz bis Hellas alles Vettern!» Vom keltischen und germanischen Mitteleuropa bis nach Griechenland, diesem Tor zum Orient, erkannte der grosse Dichter und Erforscher der einheimischen Überlieferung überall die Sage und den ekstatischen Kult aus dem gleichen Urprung. Hinter den verwandten Sitten, verteidigt und weitergepflegt von Stämmen mit den Erinnerungen an die gleichen Ahnenzeiten, ersteht vor dem Magier Faust der gleiche vorgeschichtliche Glaube an die göttlichen schöpferischen Kräfte in der Natur: «Und ringsum ist alles vom Feuer umronnen:/ So herrsche denn Eros, der alles begonnen!. . ./ Heil dem Wasser! Heil dem Feuer! Heil dem seltnen Abenteuer.» Und der Chor stimmt ein: «Heil den mildgewognen Lüften! Heil geheimnisvollen Grüften!»

Im Hexensabbat des Altertums erscheint bei Goethe die Hexen-Überlieferung sogar viel reiner und ursprünglicher, denn hier wird der Mensch «zu heitern Sünden» verlockt: «Die unseren wird man immer düster finden.» Ähnlich hat schliesslich auch der junge Hegel, in seiner Berner Zeit (1793–1796) Hauslehrer bei einer alten Familie mit einer durch Generationen gehenden Tradition der Beschäftigung mit den Kulturen des Altertums, die antiken und die mittelalterlichen Hexen verglichen. Genau wie

Goethe glaubte auch er, zu den älteren Bräuchen und Überlieferungen gehen zu müssen, um den Sinn des Nachttreibens, also die
Lust der Frau an den in unserer Zivilisation verteufelten und vergessenen Urkräften ihrer Seele, besser zu begreifen: «Wenn die
Phantasie griechischer Bachhantinnen überschnappte bis zum
Wahn, die Gottheit selbst gegenwärtig zu sehen, und zu den wild-
esten Ausbrüchen einer regellosen Trunkenheit – so war dies eine
Begeisterung der Freude, des Jubels . . .»[11] In den Hexensagen er-
kannte auch Hegel zwar eine gegenüber ihren ursprünglichen
Äusserungen in alten Kulturen durch abergläubisches Beiwerk
unglaublich verschmutzte Tradition, aber immerhin noch im 18.
Jahrhundert «Reste einer versuchten Selbständigkeit»[12].

Dies wollte offenbar auch Goethe in seinem Faust deutlich
machen. Durch allen Spuk, den nun einmal das 15.–18. Jahrhundert mit dem Maifest der Hexen in Zusammenhang brachte, führt
bei ihm Mephisto den Magier zu einer Waldbühne, wo er «den
Walpurgisnachtstraum oder Oberons und Titanias Hochzeit»
schauen kann. Diese Stelle betrachteten bekanntlich «viele
Faustforscher als eine willkürliche Zugabe zur Zaubernacht»[13]:
Uns erscheint aber die Schilderung dieses Schauspiels geradezu
als der Schlüssel der Beschäftigung des Dichters mit der Welt der
mittelalterlichen Vorstellungen! In der Mitte des Treibens der
Walpurgisnacht steht der «Traum» der Teilnehmer von der
Hochzeit von König und Königin des Feenvolkes. In der Vorstellung der naturverbundenen Menschen unserer nahen Vergangenheit ist eben der Beginn der warmen Frühlingszeit ein Freuden-
fest, das die Natur selber feiert und bei dem sich die Kräfte der
neuen Fruchtbarkeit in die noch von der dunklen Jahreszeit des
Winters geschwächte Welt ergiessen. Die unsterblichen Götter
feiern nun ihre jährliche Vereinigung, und das Hexenvolk ahmt
sie bei ihrem Treiben der masslosen Lust nur nach.

Auch Shakespeare, dessen «Mitt-Sommernachtstraum» Goethe bei seiner Darstellung des Spiels der Walpurgisnacht besonders anregte, vermischte bereits griechische und heimatliche, keltisch-germanische Sagen und Glaubensvorstellungen. Er liess
seine Phantasie noch weiter schweifen, wenn er den Feenkönig
Oberon aus den fernen Gebirgen Indiens ankommen lässt: Von
Shakespeare bis zur deutschen Romantik haben wir in solchen
dichterischen Bildern kaum nur «willkürlich» Spielereien der
grossen Poeten.

Für die gebildeten Menschen, die sich damals mit den Bräuchen und Sagen ihrer unmittelbaren Umwelt beschäftigten, scheint es klar gewesen zu sein: In den Naturfesten und den mit diesen verbundenen Vorstellungen der verschiedenen Kulturen, sogar wenn sie zeitlich oder räumlich weit auseinanderliegen, sahen sie den Ausdruck eines wesensverwandten Fühlens und Glaubens des ursprünglichen Menschen.

In den Überlieferungen der Volkskulturen glaubten darum Goethe und die Romantiker eine Kraft verborgen, aus der für das erstarrte Gesellschaftsleben immer wieder die Erneuerung kommen kann.

Das geheime 19. Jahrhundert

Es war also schon für die Goethe-Zeit sehr auffallend, dass die Berichte über den alten Volksglauben, so auch über die seit dem ausgehenden Mittelalter zunehmenden Hexenverfolgungen, oft sehr oberflächlich in Gemeinplätzen und Allgemeinheiten schwelgen – auf wichtige Dinge aber bewusst nicht eingehen! Ganz offensichtlich werden sie auch von deren guten Kennern bewusst nicht mitgeteilt, weil man mit der Niederschrift der entsprechenden Ketzereien das Volk nicht anstecken wollte: Man gab zu, dass allerlei Sachen «verschwiegen werden, damit (durch solche Mitteilungen) niemand in den bösen Zustand hineinkomme (gebösret werde)».[1]

Ausdrücklich wurde auch vermerkt, dass man wider die Hexen, deren Treiben besonders hartnäckig in den Gebirgsgebieten war, wegen «ihres unreinen falschen Glaubens» vorging: «Es waren auch etliche unter ihnen, die fuhren nachts in die Schulen, an heimliche Stätten, zusammen. So kam der böse Geist in der Gestalt eines Meisters (in eins meysters wyse), und predigte dann ihnen . . .».[2] Der Mittelpunkt und der eigentliche Sinn der Hexenversammlungen, meistens auf Waldbergen, ist im Lichte der entsprechenden Berichte der Empfang und die Weitergabe einer uralten Überlieferung.

Wie sehr die lebendige Hexen-Überlieferung dank Kulturinseln des deutschen Sprachgebiets noch in Goethe-Zeit und Romantik, also zu Beginn des 19. Jahrhunderts lebendig war, darüber lässt sich selbstverständlich streiten: Wir werden noch lesen,

Je langweiliger breite Volksschichten ihre Gegenwart empfanden, desto mehr flohen sie in ihrer Phantasie in eine sinnliche Märchenwelt.

wie ein russischer Dichter des 20. Jahrhunderts seine entsprechenden Erlebnisse in der Gegenwart in einem Roman schilderte, dessen Schauplatz das 16. Jahrhundert ist; dass auch früher Dichter und Chronisten «zur Vermeidung des Ärgers mit unduldsamen Zeitgenossen» ähnlich handelten, ist leicht zu vermuten.

Als Heinrich Heine 1847 «seinen» Faust schrieb, konnte er bei der Schilderung der Abenteuer des Helden und besonders bei denen des Nachtfests der Hexen noch auf mündliche Überlieferungen zurückgreifen, wie sie in keinem gedruckten Buche standen: «Ich hielt mich auch in den Details ganz gewissenhaft an die vorhandenen Traditionen, wie ich sie zunächst vorfand in den Volksbüchern, die bei uns auf den Märkten verkauft werden, und in den Puppenspielen, die ich in meiner Kindheit tragieren sah.»[3]

Wenn Faust auch bei ihm den Sucher darstellt, der zu den Überlieferungen aus uralten Götterzeiten vorstösst, so war Heine überzeugt, dass es Volksschichten gab, in denen die Mythen dieser Art den höchsten Wert darstellten. «In dem Zauber- und Hexenwesen» seiner deutschen Gegenwart sah er noch immer uralte Überzeugungen lebendig, und aus diesen kämen immer wieder die Anregungen auf die bedeutendsten Künstlerwerke der Zeit: «Wie man behauptet, gibt es greise Menschen in Westfalen, die noch immer wissen, wo die alten Götterbilder verborgen liegen; auf dem Sterbebette sagen sie es dem jüngsten Enkel, und der trägt dann das Geheimnis im verschwiegenen Sachsenherzen. In Westfalen, dem ehemaligen Sachsen, ist nicht alles tot, was begraben ist.»[4]

Solche und ähnliche Erfahrungen mit der Volksüberlieferung waren nach ihm damals noch sehr leicht zu machen. Wo man sie damals vollständig ausrottete, zerstörte man nach ihm auch die allgemeine Gläubigkeit überhaupt. Im Vorwort zum berühmten und einflussreichen Werk «Die Götter im Exil» (1836 und 1853) schildert er, offensichtlich auf ähnliche Zustände in den «zivilisierten Ländern» anspielend, auch die geistige Lage der Eskimos nach dem Wirken der Missionare. Auf die Frage nach der Religion erhalte man dort jetzt etwa die Antwort: «Früher glaubte man noch an den Mond, aber heutzutage glaubt man nicht daran.» An Stelle des völlig ausgerotteten Volksglaubens könne also nur die langweilige Abwesenheit von Glauben jeder Art treten.[5]

Die Bedeutung, die das weibliche Element auf dem «Hexensabbat» besitzt, indem eine Frau hier als «Grosse Göttin» die Gattin «des Meisters mit den Mondhörnern» spielt, war im übrigen auch schon der deutschen Romantik bewusst. So lehrte schon Schrader in seiner einst vielbeachteten Arbeit «Die Hexen des Brockens», erschienen in Oldenburg im Jahre 1839: «Namentlich spielen in der Sage von den Hexen des Brockens nur die Priesterinnen der Frau Holle eine Rolle. Der sonst noch vorkommende Hexenmeister dagegen ist ursprünglich der Vorsteher der Dienerinnen der Frau Holle.»[6]

Heinrich Heine, dank dem dann auch sehr viele Ideen der Romantik in die Künstler- und Flüchtlingskreise nach Paris und London strömen sollten, stellte im gleichen Jahrzehnt fest, wobei er sich auf sein Erlebnis eines Jahrmarkt-Theaters in einem hannoverischen Flecken stützte: «Der Dämon, welcher (Doktor Faust) erschien, nannte sich nicht Mephistopheles, sondern Astaroth, ein Name, welcher ursprünglich vielleicht identisch ist mit dem Namen Astarte, obgleich letztere in den Geheimschriften der Magiker für die Gattin des Astaroth gehalten wird. Diese Astarte wird in jenen Schriften dargestellt mit zwei Hörnern auf dem Haupte, die einen Halbmond bilden ... König Salomon der Weise hat sie jedoch heimlich angebetet, und Byron hat sie in seinem ‹Faust›, den er ‹Manfred› nannte, gefeiert. In dem Puppenspiel, das Simrock herausgegeben, heisst das Buch, wodurch Faust verführt wird: Clavis Astarti de magica.»[7] Faust ist also nach einer alten Überlieferung der Sucher nach dem geheimen Schlüssel der Magie, den offenbar die grosse Göttin Astarte hütet und ihren Eingeweihten zu vermitteln vermag.

Den Schauspielern der deutschen Märkte scheinen auch diese Zusammenhänge bewusst gewesen zu sein, und ihr «Astaroth», der treue Begleiter des verwegenen deutschen Magiers, wurde auch gern zur Begeisterung der Zuschauer entsprechend dargestellt: «Er ritt (in den volkstümlichen Schauspielen) wirklich allerliebst und war ein schlankes, hübsches Mädchen mit den grössten schwarzen Augen der Hölle.»[7]

Entsprechend dieser Herkunft aus orientalischen Mysterien sieht Faust in der ursprünglichen Fassung seiner Geschichte «den Teufel», den er beschwört, zuerst in der Gestalt der verschiedensten Tiere, dann endlich als einen Menschen von vollkommener Gestalt. Er erhält auch die Deutung dieser Gesichte: «Es ist nichts Entsetzlicheres und Grauenhafteres als der Mensch, in ihm grunzt und brüllt und meckert die Natur aller andern Tiere, er ist so unflätig wie ein Schwein, so brutal wie ein Ochse, so lächerlich wie ein Affe, so zornig wie ein Löwe, so giftig wie eine Schlange, er ist die zusammengesetzte Einheit (Kompositum) der ganzen Tierwelt (Animalität).»[7] Auch Heine verwunderte sich über die «sonderbare Übereinstimmung» dieser Lehre im Theater von fahrenden Schauspielern «mit einer der Hauptlehren der neueren Naturphilosophie», nach der ja der Mensch aus unvollkommeneren Geschöpfen entstand, deren Anlagen er in sich trägt: Ähnliche Auffassungen haben wir bekanntlich schon im Indischen, mit all den gewaltigen Mythen über die

Die weiblichen Künste des Wahrsagens – z. B. die Beschäftigung mit der Spiegelmagie – finden wir in jedem Jahrhundert.

Wanderung des Bewusstseins durch Jahrmillionen, durch sämtliche tierischen Stufen zu immer höheren Vollkommenheiten des Denkens: Dass man entsprechende Auffassungen auch bei verschiedenen aus dem Morgenland eingewanderten Zigeunerstämmen vorfindet, ist an sich unbestritten.[8]

Bezeichnenderweise ist auch Faust, dieser fahrende Ritter der geistigen Abenteuer, gemäss seinen Beziehungen zu entsprechenden Mythen also ein Wesen, das das Tierische in sich erkannt hat, ein leidenschaftlicher Minnesänger, der die vollkommene Liebe sucht. Es wird damit möglich und einleuchtend, dass sogar bei Goethe die Suche seines Helden nach dem Göttlichen mit der Hilfe des «Ewig-Weiblichen» aus der Überlieferung der einheimischen Fahrenden des 18.–19. Jahrhunderts stammt. Es scheint, wie man heute feststellt, «dass der Zigeuner-Faust (also der Faust der damaligen Puppenspiele und Jahrmarkttheater), ein naher Verwandter des Don Juan» ist, also eines mythischen Helden der ewigen Liebesgeschichten.[9]

Ob nun die bei den Hexenfesten verehrte Göttin Astarte oder Frau Holle hiess, die Sagensammler der Romantik glaubten nach deutscher und slawischer Überlieferung die Gewissheit zu haben, dass es «bei den Hexen des Brocken» um einen ekstatischen Kult der Energien der Liebeslust ging. Schrader (1839) und Nork (1849), beide sehr fleissige Sammler und Deuter der mündlichen Sagen, bezeugen uns, um den Namen der Hexengöttin Holle oder Holda zu erklären: «Der Name ‹hold› wird nämlich noch jetzt in der alemannischen Mundart ausschliesslich von der gegenseitigen Liebe zwischen Jüngling und Mädchen gebraucht, und Holderstock ist die Benennung der oder des Geliebten.» Entsprechend seien noch die Bräuche, die die Frauen bei ihren Nachtfesten mit dieser «Göttin der Liebe» zu verbinden pflegen. Ihr heilig seien noch immer die Moos- oder Schlafrosen, von ihr selbst durch ihre Magie zum Geschenk für ihre Anhänger hergestellt: «Wer sie unter sein Schlafkissen legt, wird von ihr zu ihren Gelagen abgeholt, oder in die Arme desjenigen geführt, der erwünscht wird.»[10]

In den erotischen Kulten des geheimen Frankreich scheinen deren Beobachter während der Romantik das gleiche Treiben wiedererkannt zu haben wie am Hexensabbat der einheimischen Faustsage. Heinrich Heine schrieb recht witzig darüber, als seien ihm beide Vorgänge aus ureigenem Augenschein auf das allerbeste bekannt: Höhepunkt des sagenhaften Fests sei der Tanz des

Sabbat-Bocks mit seiner «Oberbraut», der Archi-Sposa, der Hexenkönigin, die auch «Domina (Herrin) mit dem goldenen Schuh» genannt werde: Er wolle aber dessen Einzelheiten lieber nicht schildern, aus dem gleichen Bedenken, wie auch der Verfasser des alten Volksbuchs über den Doktor Faust.[11]

Die «Traditionen» dieses wildsinnlichen Tanzes seien aber von entsprechenden Weibern seit dem alten Orient «gerettet» worden, «und haben sich bis auf heutigen Tag erhalten, wie ich denn selber jenen Tanz sehr oft tanzen sah zu Paris, Rue Saint-Honoré No 359, neben der Kirche der heiligen Assomption»: «Erwägt man nun, dass es auf dem Tanzplatze der Hexen keine bewaffnete Moral gibt, die in der Uniform von Munizipalgardisten die bacchantische Lust zu hemmen weiss, so lässt sich leicht erraten, welche Bocksprünge bei oben erwähntem Pas de deux zum Vorschein kommen.»

Die Hexensagen wurden also nun von den Romantikern mit viel Begeisterung ausgegraben und mit den erotischen Kulten in Paris in Verbindung gebracht. Hier entstand nun der berühmte, für die aufmerksame Beobachtung der eigentlichen Kulturgeschichte und namentlich der Künste des 19. Jahrhunderts so wichtige sinnlich-übersinnliche geheime Kreis: Während Paris äusserlich als die Stadt der rationalen Aufklärung, der Herd der Grossen Revolution von 1789 galt, hatte sie für viele Menschen des vergangenen Jahrhunderts ein noch ganz anderes Gesicht: In nach aussen unscheinbaren Häusern feierten hier in verschwiegenen «Logen» Damen und Herren aus der allerbesten Gesellschaft und erst noch aus den verschiedensten Ländern Europas ihre «Schwarzen Messen».[12]

Wenn wir die entsprechenden Schilderungen nachlesen – Tatsachenberichte, die aus verständlichen Gründen als «reine Dichtungen» veröffentlicht wurden, oder umgekehrt frei erfundener Unsinn, den man als «echte Zeugnisse» anpries – merken wir bald den wahren Sachverhalt: Entartete Sinnlichkeit einer materialistischen Zivilisation mag bei solchen Festen eine Rolle gespielt haben, genau wie gelegentlich ganz einfach die Langeweile in einer Umwelt, die das Geschehen der Welt nur noch aus wirtschaftlichen Gesetzmässigkeiten zu erklären suchte. Der «gotische» oder «orientalische» Schmuck all der Bräuche beweist uns aber, dass sich hier einfach jene Leute zusammenfanden, die sich in Zeiten und Räume zurückträumen wollten, da Leben und Liebe von heiligen Geheimnissen umgeben war. Seit dem 19. Jahr-

hundert besitzen wir – selbstverständlich mehr oder weniger um-
strittene – Berichte über mehrere Pariser «Heiligtümer» von Gemeinschaften dieser Art, bei denen dank dichten Räucherungen
der Hexenkräuter und rasendem Tanz am Ende wohl niemand
richtig herausfand, was er während dieser Veranstaltungen wirklich erlebte oder auch nur erträumte.[13]

Hexenbünde der Gegenwart

Jakob Lorber (1800–1864), ursprünglich Musiklehrer in Graz, verfasste eine Reihe von religiösen Büchern, angeblich dazu unmittelbar von Gott selber angehalten: Schon als Kind hatte ich mehrfach Gelegenheit, Leute zu treffen, deren Eltern diese eigenartigen Werke studiert und damit ihren Umkreis entscheidend geprägt hatten. Diese Veröffentlichungen erleben noch heute eine Unzahl von Neuauflagen und bilden sehr häufig die offenen (fast noch häufiger von selbsternannten «Hohepriestern» geheim abgeschriebene . . .) Quellen für die zahllosen Sekten des Alpenlandes.

Gerade Lorbers Werk beweist uns, wie sehr in den damals einigermassen eigenständigen Tälern der mitteleuropäischen Berggebiete das Hexenwesen noch immer das Volk beschäftigte. Dieser religiöse Dichter und Seher lehrte, dass der übermässige Genuss von schweren und verderbten Speisen in der Zivilisation, namentlich auch die übertriebene Fleischkost, den Menschen immer unbeweglicher machen, «träg und schläfrig»: «So dann die Seele über Hals und Kopf zu tun hat, solche eine schwerfällige Maschine in der Bewegung zu erhalten, geschweige, dass sie sich neben solch einer Arbeit noch mit etwas anderem beschäftigen könnte.»[1]

Bei den Menschen, «die sich an Bergen ihre Wohnstätten aufgerichtet hatten», habe sich aber der ursprüngliche, «einfache» Lebensstil erhalten, nicht etwa, weil sie so arm waren, sondern weil ihr kluger Teil, von den Abergläubischen nachträglich als das Hexenvolk verleumdet, genau wusste, dass so die hohen geistigen Kräfte in ihrem Wesen frei wirken können: «Dadurch aber gab es denn auch eine Menge Weiser, namentlich auf den Bergen, welche mit den geheimen Kräften der Natur . . . in der grössten Vertrautheit lebten –, aber diese Kräfte oder Geister standen ihnen sozusagen fast allezeit zu Gebote.»[1]

Von diesen «Weisen» der Alpen, wie sie der wunderbare

Österreicher noch etliche hatte kennenlernen dürfen, schrieb er 1847: «Diese Menschen hatten denn auch beständig das zweite Gesicht, hatten bei Tag und Nacht einen ganz natürlichen Umgang mit den Geistern und liessen sich von ihnen in den mannigfachsten Sachen belehren. Die Geister zeigten ihnen die Wirkungen der Kräuter und zeigten ihnen auch an, wo hie und da das eine oder das andere edle oder unedle Metall in den Bergen verborgen lag, lehrten sie auch das Metall aus den Bergen zu bekommen und durch Schmelzen und Schmieden zu allerlei nützlichen Dingen brauchbar zu machen.»[1]

Die Hexenverfolger erklärte nun auch Lorber seinen Gläubigen als «Menschen aus den tieferen Gegenden, aus grösseren Dörfern, Märkten und Städten», die aus irgendeinem Grunde auf diese «weisen Gebirgsmenschen» eifersüchtig geworden waren. Aus diesem Neid, dem Minderwertigkeitsgefühl wegen der eigenen Naturentfremdung und Unwissenheit seien sie dann zu entsprechenden Pfaffen gerannt, die in der damaligen Verfallszeit «entweder noch dümmer oder doch wenigstens boshafter als der Kläger» waren.[1]

Auch dieser Prediger einer volkstümlichen Mystik stellte für Kärnten, Steiermark, Tirol, Schweiz, Savoyen eine Reihe von Bergen zusammen, die für die einheimischen «Weisen» und für ihre Verfolger eine besondere Bedeutung besassen. Er erzählt, aus Sagen und seiner eigenen schöpferischen Fantasie entnehmend, wie für die Massen unverständliche Künste, z. B. Wettermachen oder das Tanzen auf dem hohen Seil, einst in der alten Landessprache «schögeln» hiessen und der betreffende magische Künstler darum Schögler: dies sei «ein gar uraltes asiatisches Wort, nach welchem die dortigen Zauberer auch Jongleurs, Jogles (Lorber meint offenbar die Yogis! S.G.) heissen».[2] Dieser Mann, den sein Kreis nun mehr als ein Jahrhundert für einen Offenbarer göttlicher Weisheiten ansieht, war überzeugt, dass allein in der Steiermark «ein paar hundert» von Bergen schon in ihren Namen «noch das bergen, was sich in der früheren Zeit zutrug».[2] Die Kenntnis der volkstümlichen Überlieferung wie auch die echte Beziehung zu der natürlichen Umwelt blieb also für die religiösen Menschen des 18. und 19. Jahrhunderts, für die Jakob Lorber ein besonders beachtenswertes Beispiel sein mag, Weg und Pforte zu einer zeitlosen heiligen Wissenschaft.

Noch wichtiger als dieser Erhalter der Überlieferung aus dem deutschen Sprachraum scheint der sehr bedeutende nordamerikanische Sagensammler Leland (1824–1903), der einer alten, für ihre Beziehung zur Altertumsforschung bekannten englischen Sippe entstammte.[3] Er gewann die Freundschaft italienischer Hexen, bei denen er von ihrem «Evangelium» vernahm: Er schrieb zahlreiche Dichtungen aus ihrem Munde nieder, in denen er eine Fülle von Sagen und Beschwörungen an die Götter zu finden glaubte – viel ursprünglicher noch als in den Religionen der antiken Staaten.[4]

Leland und seine Hexen redeten von der «vecchia religione», und es scheinen von seiner Tätigkeit Einflüsse ausgegangen zu sein, die schon bald in England und Amerika zu Kreisen eines sehr ähnlichen «Alten ursprünglichen Glaubens» (Old Religion) führten. Nicht zuletzt, weil der begeisterungsfähige Forscher wohl wider seinen Willen zum Auferwecker einer Überlieferung werden sollte, wurden etliche Versuche unternommen, seine Sammlung zur ureuropäischen, angeblich bis in die Gegenwart so lebendigen Religion für eine reine Dichtung zu erklären.

Nun haben aber die Kritiker übersehen, dass Leland in seinem «Hexen-Evangelium» auf eine Reihe von volkskundlichen Forschern und auch Verfassern von zeitgeschichtlichen Romanen des 19. Jahrhunderts verweist, die das Bestehen von Gemeinschaften mit entsprechenden Überlieferungen bestätigen, so G. Pitré, J. H. Andrews und andere. Es gab auch damals in Italien «eine grosse Anzahl von Streghe, Wahrsagern und Hexen, die Karten legten, fremdartige Zeremonien veranstalten, an denen Geister beteiligt sein sollen, die Amulette herstellen und verkaufen . . .». Von den echten Hexen von Rom schrieben damals die Verfasser Nicefero und Sighele, dass sie eine verborgene Klasse (!) bilden, so dass «selbst der römischste Römer vielleicht nicht die geringste Ahnung von ihrer Existenz besitzt».[5] In seinem Buch «Neapel in den neunziger Jahren» versicherte gleichzeitig ein E. Neville Rolfe, dass die Zauberer bestimmter italienischer Gegenden «sogar sehr seltsame magische Dokumente und kabbalistische Karten besitzen». So war eben Leland von den Hexen aus dem ganzen Raum südlich der Alpen überzeugt: «In den meisten Fällen entstammen sie einer Familie, in der ihre Kunst seit vielen Generationen ausgeübt wird. Ich habe nicht die geringsten Zweifel, dass es Fälle gibt, wo die Ahnenreihe bis ins Mittelalter, zu den Römern, oder vielleicht sogar zu den Etruskern zurückgeht. Als Folge davon hat sich in solchen Familien eine ungeheure Tradition angehäuft.»[5]

Aus den Geheimkulten der vorherigen Damensalons übernahm die Goethe-Zeit die Mythologie der Sylphen (Feen).

Besonders für Osteuropa wird es auch bei einer oberflächlichen Betrachtung der Kulturgeschichte deutlich, wie sehr das Unwohlsein im starren Panzer einer seit Peter dem Grossen, also dem Anfang des 18. Jahrhunderts übernommenen westeuropäischen Zivilisation die wachsende Bewegung zur Suche «nach dem Sein aus dem eigenen Grundwesen» (samobytnost) erzeugte. Die vorherige Oberschicht aus den Zeiten der engen Beziehung mit den Halbnomaden in Südrussland und jenseits des Ural wurde nun zugunsten einer «rational verwaltenden Bürokratie» gestürzt; in ihren rasch verelendenden Landgütern suchten ihre Nachkommen in der Beschäftigung mit Sagen und Bräuchen den eigentlichen Sinn der Welt: Gurdjieff, der Mystiker aus dem Kaukasus, zeichnet in seinen so wichtigen Lebenserinnerungen das Bild des Prinzen «Ljubovedski», der jeden Besitz bei seiner Wahrheitssuche aufgibt und nach asiatischen Klöstern, den Orten der Aufbewahrung der Urweisheit der Menschheit wandert. Der symbolische Name dieses Fürsten bedeutet ungefähr «Liebhaber des Wissens», und Gurdjieff selber deutet an, wie es mir mein Vater (der ihn in Paris mehrfach traf) erzählte, dass er diese Gestalt als Sinnbild einer ganzen Menschengruppe wählte.[6]

Eine ganze Schicht solcher Menschen wandte sich seit dem 19. Jahrhundert dem buddhistisch-indischen Tantrismus zu, worüber ich unter ihren Nachkommen, den russischen Revolutionsflüchtlingen, sehr viele der Sagen hörte. Auch hier wurde in der Regel versichert, dass es sich dabei nicht etwa um eine damals als Gegengewicht entstandene Modereligion handelte – sondern um Geheimkulte, die von Vorfahren vater- oder mutterseits in den Sippen überlebten: Der Stolz gerade auf Ahnen aus «eingeborenen» Stämmen war hier sehr gross, und in einigen von ihnen, z. B. Kalmücken oder Burjat-Mongolen, lebt tatsächlich der Buddhismus noch heute.[7]

Neben (oder gerade durch!) entsprechende «Familien-Religionen» entstand eine dauernde Aufwertung der in den Volksmythen enthaltenen Überlieferung. Die Amme oder die Kinderfrau, die von den Eltern aus alten Geschlechtern «bewusst unter denen ausgewählt wurde, die noch die Traditionen am besten wussten», erzählte jedem heranwachsenden Geschlecht von der alten Verehrung der Mächte der Fruchtbarkeit und des Frühlings: Es ist bezeichnend, dass die Vergötzer des technologischen Fortschritts, wenn sie gegen die «konservative Grundhaltung» im Lande wetterten, sehr häufig daran «die Schuld» bei einer solchen Erziehung «durch alte (?) Hexenweiber» sahen.[8]

Die Beschäftigung mit den Wurzeln der entsprechenden Volkskultur erreicht unmittelbar vor dem Ersten Weltkrieg, deutlich vor den ihn eigentlich einleitenden und abschliessenden russischen Revolutionen von 1905 und 1917–1921, ihren Höhepunkt. «Mediumismus», die ekstatische Hingabe an kosmische Kräfte, wurde nach dem damals wichtigen Dichter Andrej Belyj sozusagen ein Gesellschaftsspiel der Gebildeten. Er verstand darunter «die Hingabe an den Fluss der inneren Bilder, die dem Verstand unfassbar erscheinen»: Daraus kamen unzählige Versuche der Wahrsagerei und die allgemeinen schwer fassbaren Ahnungen einer gewaltigen Umwälzung.[9]

Bezeichnend für solche «Ahnungen» ist z. B. ein kleines Theaterstück von S. Kissin (1885–1916), das die wachsende Hysterie der Zarenhauptstadt Petersburg (heute Leningrad) zeigt:

Frau und Katze (Panther, Tiger usw.) lebt in der stark von magischen
Ideen beeinflussten Malerei der Jahrhundertwende.

Mitten in der «zivilisiertesten» Umgebung erscheint hier mehrfach, als Vorbote der kommenden «Ereignisse», ein geheimnisvoller Neger, schlägt die Trommel und erklärt: «So kann es nicht weitergehen. Ich werde umstürmt.»[10] «Graf Alexej Tolstoi, damals ein wichtiges Mitglied in diesen Kreisen der Sucher und später wohl der wichtigste Berater und Hofdichter des Diktators Josef Stalin, schilderte als Hauptgestalt jener Jahrzehnte die junge Frau, die ziemlich jeden Rahmen der angestammten Kultur verloren hatte und suchte: «Im grossen und ganzen war sie ein unbefriedigtes Mädchen, das immer auf irgendwelche ‹Umstürze› und grässliche ‹Ereignisse› wartete, die das Dasein spannend machen würden, damit man in vollen Zügen leben könnte und nicht am regengrauen Fenster dahinzudösen brauchte.»[11]

Brjussow, der als ein Hauptanreger der Dichtung jener Zeit gilt, beschäftigte sich sehr ausführlich mit allen Zeugnissen des einheimischen und namentlich auch des deutschen «Hexenwesens» (vedowstwo): «Wahrscheinlich, nicht glaubend an alle diese Dinge im wörtlichen Sinn, aber glaubend, dass diese Beschäftigungen eine Tätigkeit darstellen, die eine ganz bestimmte Bewegung der Seele ausdrücken.»[12] Seine entsprechenden Erfahrungen drückte er in einem umfangreichen Roman aus, der im 16. Jahrhundert, im Deutschland des endenden Mittelalters spielt. Dieser Dichter und Forscher verschwieg nicht, wie es nachträglich eine seiner nach der Revolution nach West-Europa geflüchteten Freundinnen ausposaunte, dass es sich um seine eigensten Erfahrungen handelte – die er der Einfachheit wegen in anderen Zeiten und Räumen ansiedelte.[13]

Die Heldin des Romans ist eine Hexe mit hohen angeborenen Begabungen und etwas chaotisch erworbenem Wissen aus erhaltenen Schriften. Enttäuscht von ihrem Liebhaber, in dem sie ein göttliches Wesen verehrte, einem durch den geistigen Wirrwarr der Reformationszeit haltlos gewordenen Edelmann, versinkt sie in Hysterie. Die gewaltigen Kräfte ihrer Seele finden damit keine Möglichkeit zur schöpferischen Betätigung und werden zu einem Unglück für ihre unmittelbare Umgebung und (vor allem) für sie selber. Für die immer mehr naturentfremdete Gelehrsamkeit jenes Jahrhunderts gibt es, damit «die Hexen» mit ihren so schwer steuerbaren schöpferischen Energien des Weibes endlich verschwinden, nur ein «Heilmittel»: «Denn die Frau ist ein schwaches Geschöpf, wie schon die Bezeichnung ‹mulier› andeutet, welches Wort nach Varro von ‹mollis› ‹zart› abzuleiten ist.» Da gebe es als sichersten Weg, mit dem Unfug aufzuhören: «Man müsste ihnen beruhigende Tränke geben.»[14]

Es war nun eine Überzeugung solcher Dichter und Forscher, dass dies eine Sackgasse war. Man zog den Schluss: «Wenn die Hexen des 16. Jahrhunderts ‹im Licht der Wissenschaft› als Hysterikerinnen erschienen, so hielt es Brjussow im 20. Jahrhundert für wertvoll, den Versuch zu unternehmen, die hysterische Frau in die Hexe zurückzuverwandeln.»[15] Das Hauptwerk Valeri Brjussows (1873–1924), der es fertigbrachte, gleichermassen im Verlagswesen der Zarenzeit wie auch unter Lenin eine Machtstellung innezuhaben, wurde ziemlich sofort nach dessen Erscheinen in russischer Sprache (1908) auch in die deutsche übersetzt: Wie man mir mehrfach erzählte, regte es in den wesensverwandten Kreisen, namentlich in München und Ascona an, ähnliche Gedankengänge zu verfolgen. Die deutschen Faustsagen, die Werke von Agrippa von Nettesheim und Johannes Weyer usw., auf die sich Brjussow vor allem beruft, werden nun vermehrt als Pforten zu Zeitaltern angesehen, «da man die magischen Kräfte der Frau noch viel besser verstand».

«In grossen Teilen von Russland dauerte das Mittelalter noch viel länger als im westlichen Europa – teilweise bis ins 20. Jahrhundert. Gebildete Menschen aus diesem Raume konnten darum wie Brjussow sehr leicht die Zustände aus ihrer Umgebung ins 16. Jahrhundert versetzen, weil sie im geistigen Leben ihrer Gegenwart den gleichen Zusammenbruch von uralten Überlieferungen erlebten, wie er während der Reformation in Mitteleuropa stattfand – gleichzeitig aber auch ähnlich die zahllosen, selbstverständlich masslos-verzweifelten Versuche, zu einem neuen Verständnis ‹der grossen Ordnung der Welt› vorzustossen.»[16]

Die Beschäftigung des Kreises um Brjussow mit den Grundlagen der Hexensage, also der Volkskundler und Dichter der ausgehenden russischen Zarenzeit und den Jahren der Herrschaft Lenins, wirkte im übrigen ebenfalls sehr stark auf den Westen: Teilweise durch die persönliche Wirkung gebildeter Flüchtlinge, dann auch durch die musikalische Gestaltung des Werks durch den Komponisten Prokofieff.[17]

Angelsächsische Besinnung

Das eigentliche Hexenwesen bildet in unserem ganzen Kulturkreis eine wunderbare Einheit. Wenn Goethe, wie wir schon sahen, zu seinem Besuch des Faust am Fest auf dem Brockengipfel allerlei Anregungen von Shakespeare verarbeitete, so hat der grosse Engländer, wie man beim Studium seiner Quellen einleuchtend lückenlos nachweisen konnte, zu seiner Szene mit der Beschwörung der Hexen im «Macbeth» die damalige Überlieferung der Alpen verwendet![1]

Der geistreiche englische Offizier Edward Sellon lernte dann bei indischen Frauen in der ersten Hälfte des 19. Jahrhunderts die Bräuche der geheimen Gottesdienste des Tantrismus, des Kults von Shiva und Krishna. Nachträglich verfasste er, als bewusste Verhöhnung des heuchlerischen Puritanismus der Zeit der Kaiserin Victoria, seinen Roman «The New Epicurean», angeblich nach Aufzeichnungen von 1740: Er verunsicherte darin seine Zeitgenossen, indem er andeutete, wie sehr damals die Edelleute in paradiesischen Landsitzen, umgeben von den Bildern der erotischen Gartengötter, aus ihrer drückenden Umwelt der zunehmenden Religionskriege und Klassenkämpfe geistig auszuwandern verstanden.[2]

Mag Sellon hier dieses erotische England des 17.–18. Jahrhunderts von seinen in Indien erworbenen Ideen aus erfunden haben, so wurde heute seine Auffassung von Wichtigkeit, die ihn die ekstatischen Religionen Indiens, die den Verkehr zwischen den Geschlechtern nicht als «hässliche Sünde», sondern als Gottesdienst begriffen, sozusagen als die Urreligion ansehen liess: Auch für abendländisch-griechische Mythen fand er vom Indischen her geistreiche Erklärungen, und er verband bereits den Tantrismus mit dem europäischen Hexenwesen. Für das Bestehen der Kulturbrücken bringt er in einer abschliessenden Fussnote zu seinem Werk nur ein italienisches Beispiel, aber nach verschiedenen Vermutungen wohl nur, um nicht eigene Vorfahren oder lebende Verwandte der schmutzigen Gesellschaftshetze des Victorianismus auszuliefern: Er erwähnt kurz die «Erinnerungen» eines Herrn Scipio di Ricci von Pistoja, die nach ihm sehr gut beweisen sollen, wie sehr die indisch-magische Auffassung, dass die Frau Shakti (also eine Verkörperung der Kräfte der Grossen Göttin!) sein könne, auch noch im 18. Jahrhundert in Europa verbreitet war.[3]

Medien, Hellseherinnen, Wahrsagerinnen beherrschen bis ins 19. Jahrhundert die menschliche Phantasie.

Der emporkommende spiessbürgerliche Industrialismus hatte in England seine ersten Triumphe errungen. Man hat richtig festgestellt, dass von hier aus die ganze Zunft der Weisen Frauen unendlich folgerichtiger unterdrückt wurde als durch die Staatsmacht und die verfallenen Kirchen seit der Reformation. Man verbrannte die «Hexen» zwar immer seltener, aber steckte sie – nachdem man ihnen immer mehr die Möglichkeit zu ihren gewohnten Berufen geraubt hatte, «als Irre und Arme in die Internierungshäuser»: Die Hexen von England sind «am ökonomischen Fortschritt zugrunde gegangen». Vorsichtig hat man dazu freilich ergänzen müssen: «Einige haben vielleicht in entfernte Wälder entkommen können...».[4]

Die Geheimkulte der alten ritterlichen Familien haben sich, solange sie nicht selber zur völligen gesellschaftlichen Bedeutungslosigkeit verarmt waren, noch lange mit solchen Trümmern der einstigen Sippenkultur verbündet. Von Walter Scott, dem grossen Dichter und Schilderer der mittelalterlich-romantischen Überlieferung seines Landes, lesen wir z. B., wie er auf seinem Landgut «wie ein alter Clan-Häuptling» lebte: «Wie die alten Clan-Mitglieder liebt er die kleinen Leute, er ist entzückt vom unverfälschten Leben des Volkes...»[5] Scott bewunderte das Geheimwissen der einheimischen Fahrenden, der schottischen Zigeuner, wobei er überzeugt war, dass in diesem viel der Traditionen seiner eigenen Ahnen weiterwirkte. Er traf hier Anlagen und Gewohnheiten, die sie «von den Männern, die aus dem Norden des Landes zu ihrer Bande gestossen waren, übernommen hatten». Hier überlebte eben, wie wir weiter oben sahen, das Mittelalter «in entfernten Wäldern».[6]

Wenn er darum die Hexen der Fahrenden schildert, ist dies für ihn gleichzeitig eine Begegnung mit den Weisen Frauen aus der eigenen «Vorzeit»: «Sie stand auf einer jener hohen steilen Wände... und ihre hohe Figur, die sich am klaren blauen Himmel abhob, erschien auf diese Weise von übernatürlicher Grösse. Wir haben bereits gemerkt, dass in ihrer Kleidung, oder vielmehr in der Weise, wie sie dieselbe trug, etwas Fremdartiges lag, das sie vielleicht künstlich annahm, um die Wirkung der Zauberformeln und Prophezeiungen zu erhöhen, vielleicht auch nur, um die Tradition zu bewahren... Ihr langes, geringeltes schwarzes Haar fiel in dichten Locken und Zöpfen aus den Falten ihres sonderbaren Kopfputzes herab. Ihre Haltung war die einer verzückten Sibylle, und mit der rechten Hand streckte sie einen jungen Baumzweig aus, der eben erst gebrochen zu sein schien.»[7]

In diesen verschwiegenen englischen Gebildetenkreisen verschmolz man damals, wie etwa das Rosenkreuzer-Buch von Hargrave Jennings (erschienen schon 1870!) beweist, die aus den Tarot-Arkanen der Zigeuner-Wahrsagerinnen übernommenen Ideen mit den Sagen der aristokratischen Ritterbünde.[8] Auch die von Sellon geschilderte «Shakti-Puja», die Verehrung der göttlichen Energie in der Geliebten, wurde als Wiederentdeckung des ureigenen Glaubens an die Feenkräfte in der Frau gefeiert.[9]

Während der weltweiten Auseinandersetzung mit dem nationalsozialistischen Deutschland bestätigten die damals schon vorhandenen «Hexenkreise» von England den Ruhm ihrer «heimattreuen» Gesinnung. Es verbreitete sich schon gegen das Ende des Zweiten Weltkrieges die Sage, dass sie mit ihren Beschwörungen Wind, Wetter und Meerfluten um ihre Insel so aufgewühlt hätten, dass es für Deutschland unmöglich gewesen sei, mit Hilfe der Flotte oder der Luftwaffe einen entscheidenden Angriff auf Britannien durchzuführen.

Es gibt noch genug Augenzeugen, dass solche magischen Bräuche tatsächlich durchgeführt wurden.[10] Die beschworenen «Kosmischen Energien» in Ehren, so scheinen diese Anrufungen der Mächte der Natur auch einige sehr verständliche Wirkungen auf den Durchhaltewillen des englischen Volkes ausgeübt zu haben: Die Hexen verbreiteten das Gerücht, dass sie schon ganz ähnliche Anrufungen und Opfer «um Hilfe» in den anderen Notzeiten der Geschichte durchgeführt hätten – z. B. als die «Armada» des spanischen Königs oder dann auch die Kriegsflotte von Kaiser Napoleon ihre Heimat bedrohte.[10] Dies wurde anscheinend ziemlich rasch bekannt, nach halbwegs zuverlässigen Sagen auch in andern Ländern nachgeahmt und bestätigte einen guten Teil des Volkes in der Annahme, «dass die alten Götter und Elfen der Ahnen noch immer auf unserer Seite sind»: «Auch wenn man solches Zeug nicht glaubt», meinte eine Amerikanerin, die mir sehr viele solche Geschichten erzählte, «bestätigt und ermutigt wird man doch, wenn man es vernimmt.»

Auch sonst waren die gleichen Kreise der Angehörigen der Anhänger der «Alten Religion» fest überzeugt, dass durch ihr Wissen jene Kräfte «geweckt» worden seien, die ihren Landsleuten den ungebrochenen Widerstand ermöglichten. Wie man weiss, machte Lord Winston Churchill, der die Abwehr leitete, das V-Zeichen, das er durch die emporgehobenen Zeige- und

Mittelfinger der rechten Hand machte, zum Sinnbild des Widerstandes. Es wurde zu einem allgemeinen Grusszeichen.

Öffentlich galt es als Hinweis auf den ersten Buchstaben des Wortes «Victory», deutsch – Sieg. Die Hexen waren aber überzeugt, dass dieses Hand-Symbol aus dem Kreis ihrer Bünde übernommen worden sei:[11] Sie fassten es allgemein als Anspielung auf «ihren» Gott mit den Mondhörnern auf und sie versichern, dass sie schon seit vielen Jahrhunderten die gleiche Gebärde gemacht hätten. Sie bedeute die Gewissheit, «dass genau wie der Mond nach seinem Verschwinden stets von neuem zunehme, so auch unsere Energien endlos seien und uns, wenn wir auf sie voll vertrauen, aus jeder Schwierigkeit heraushelfen».

Die gleichen Kreise, deren Einfluss angeblich heute in England, Wales, Schottland, Irland fast eine Million (!) meistens sehr aktiver Menschen erfassen soll (1982), versagten aber teilweise den herrschenden Partei-Ideologen ihres Landes die Gefolgschaft, als diese nach dem Zweiten Weltkrieg ihre unbeschränkte Wirtschaftsmacht über ihre Kolonien» zu erneuern versuchten: Auch sie selber, dies lehrten viele der sich auf keltisch-germanische Traditionen berufenden Anhänger der «uralten und ewigen Religion», seien schliesslich im eigenen Land lange genug von den Anhängern eines langweiligen und dogmatischen Puritanismus unterdrückt worden. Sie seien darum nicht bereit, grausame Kriege gegen Stämme in Indien oder Südamerika führen zu helfen, denen es schliesslich ebenfalls nur um ein Leben in Eigenart und Heimatliebe gehe.

Chaos und Hippies

Die Versuche, «das Wissen der Weisen Frauen» wiederzufinden, gelten also in unserem Jahrhundert als Weg, der Auflösung aller Grundlagen der volkstümlichen Kultur entgegenzuwirken: Hinter all den so verwirrend verschiedenen Bestrebungen stehen Gefühl und Glaube, dass ein Dasein ganz ohne jede Begründung von einer religiösen Grundhaltung her, ohne Familienbräuche und eine Beziehung zur Natur gar nicht mehr lebenswert ist.

Der englische «Hexenmeister» Aleister Crowley mag ein ge-

Die Hexenbünde von heute sehen in gewissen mittelalterlichen Darstellungen den Beweis für Geheimkulte der Frauen um Mond und Gestirne.

legentlich sogar geschmackloser Bürgerschreck und Witzbold gewesen sein, aber auch er erklärte 1924 nach der ersten Erschütterung durch Weltkrieg und Revolutionen, dass es ohne die Neuentdeckung der magischen Überlieferung keinen «Wiederaufbau der Gesellschaft» geben könne:[1] «Der Kampf ums Überleben zwischen den Kapitalisten und den Roten hat sich dauernd gesteigert und hat nun überall eine Krisis erzeugt. Sogar England, diese Hochburg der auf Erhaltung gerichteten Gedanken, ist beinahe bereit, dem Beispiel von Russland zu folgen. Die einzige Hoffnung, dem schlussendlich verhängnisvollen Zusammenstoss zu entgehen . . . liegt in der geistigen Umwälzung.»[2]

Ideen der modernen Jugendkultur von Amerika und England, deren Einfluss sich durch Film und Schallplatten auf der ganzen Welt ausbreiteten, sind ohne das Wissen um ihre Herkunft aus der Welt der Jünger und Jüngerinnen der magischen Überlieferung kaum noch zu begreifen: Die Sagen erzählen z. B. stets von der «rasenden» Musik bei den Hexenfesten und auch vom «wunderbaren» Anblick von deren «Berg- und Waldtänzen»: Eine Schilderung, erschienen in London 1673, weiss vom Tanzen Rücken an Rücken, gegenseitigem Hochheben vom Boden, seltsamen Kopfbewegungen und irrsinnigem sich Drehen, die dabei stattfanden. Mit Berechtigung behaupten die Kenner des modernen englisch-amerikanischen Hexenwesens, dass dies sich «wie eine sehr genaue Beschreibung» der ekstatischen Tänze unserer Gegenwart anhöre.[3]

Die entsprechenden «wilden» Musikarten und -tänze haben nun sicher einige Wurzeln, die tief in die gleiche Welt gehen, aus der unsere Hexenmythen kommen. Die Anhänger der «Alten Religion» sind überzeugt, dass viele der verfolgten Ketzer und Hexen in Westeuropa, teilweise Angehörige aus altadeligen Familien, nach dem karibischen Raum flohen. Dort, vor allem in der ursprünglich französischen Kultur von New Orleans und Haiti, habe im Voodoo-Kult auch einiges aus unserem Mittelalter überlebt – z. B. die augenscheinlich feste Überzeugung, dass menschliche Sinnlichkeit und Liebeslust mit Kunst und Religion eine schöpferische Einheit bilde: Das Wort Jazz besitze geradezu die Bedeutung «Geschlechtsakt», als Tätigkeitswort könne man es als «schwängern» übersetzen. Das Wort «Rock 'n' Roll», dann ziemlich der Oberbegriff für die ganze Musikwelt, die sich daraus entwickelte, war ursprünglich «nichts als eine bildhafte Umschreibung des Geschlechtsakts».[4]

Elvis Presley, der eigentliche Klassiker der ganzen Richtung, der ihr dann durch den ganzen Ausbruch seiner erstaunlichen Begabung in Amerika und Westeuropa zum unvorstellbaren Durchbruch verhalf, erinnerte verschiedene seiner Freunde und Gegner «an einen auferstandenen Musiker des Hexensabbats»: Seine Kunst riss, durch die modernen Mittel unglaublich verstärkt, Tausende von Anwesenden, vor allem dafür besonders empfängliche Frauen, in Rausch und Raserei. Schilderungen von entsprechenden Festen der Vergangenheit, die man für reine Phantasie gehalten hatte, erscheinen im Licht solcher Erscheinungen der Gegenwart als eher blasse Untertreibungen.

Elvis Presley war nun, wie wir aus den Erinnerungen seines Kreises wissen, tatsächlich von den Werken der «deutsch-russisch-kalmückischen Hexe» Helena Blavatsky-v. Hahn beeindruckt. Er studierte ihr Werk und das ihrer zahlreichen amerikanischen Erben und wagte sich auch an deren asiatische Quellen, wie das tibetanische «Totenbuch». Besonders beschäftigte ihn die Lehre der Völker des Himalaya und deren in alle Welt ausgewanderten Nachkommen, von einer einheitlichen Rasse der Urzeit und deren von den verschiedenen Völkern geerbte «uralte Weisheit» (Ancient Wisdom). Er glaubte auch, entsprechend den ihm wesensverwandten Kreisen auf der ganzen Erde, dass es eine Gemeinschaft gebe, die dieses ewige Wissen bewahre und weitergebe.[5]

Der Rock-Star Mick Jagger von den Rolling Stones bekannte sich offen als ein Fortführer der Überlieferungen des Hexensabbats aus den romantischen Zeiten von Europa und auch von dessen Gegenstück im amerikanischen Voodoo-Kult: «Natürlich wecke ich dann und wann Urinstikte ... Und es macht mir Spass. Es ist einfach ein Spiel, nicht wahr? Diese Mädchen (also die Mehrzahl seiner Zuhörerinnen! S. G.) machen sich doch selbst verrückt; sie sind alle aufgeladen. Es ist eine Art Energieaustausch. Sie geben dir eine Menge Energie und nehmen dir eine Menge ... Auf der Bühne habe ich ein merkwürdiges Gefühl. Ich spüre die Energie, die vom Publikum ausgeht ...».[6]

Viele Texte von Mike Jagger und den Rolling Stones zeigen auch einwandfrei die Ursprünge einer Hauptkraft der ekstatischen Musik. Wie der Schamane, der Hexenmeister des mittelalterlichen Sabbat ruft in einem seiner besten Lieder der moderne Sänger: «Ich bin der Mann auf dem Berge, komm zu mir herauf.» Er fährt dann fort: «Gib mir einen kleinen Schluck aus deinem

Becher mit Liebestrank,/ Nur einen Schluck und ich falle trunken nieder:/ Ich fühle mich so friedlich mit dir heut nacht, nur weil wir am Feuer sitzen/ Und ich sehe dein Gesicht in den Flammen tanzen ...» Alles löst sich durch den Zauber der Bergnacht in dem Rausch der überschäumenden Empfindungen, im «beautiful buzz».[7]

Oder der Sänger erinnert sich offen an die Ekstase-Sinnbilder aus den europäischen Hexen-Überlieferungen, so boshaft entstellt in den widerlichen Aufzeichnungen der Ketzerverfolger, z. B. «den Belladonna-Trank in der Allerheiligen-Nacht». Er folgt in seinem Rausch dem Reigen des «Tanzenden Gottes» (Dancing Lord) zu den Gräbern – und schildert ihn gleich dem Shiva der tantristischen Bräuche von Nepal und Tibet bis Bali – «um dessen Hals eine Kette von Menschenschädeln baumelt».[8]

Sogar der eigentliche Grundsatz der Hippies, dieser Jugendbewegung, die vor allem dann 1966–1972 eine Unzahl der Veränderungen auf allen Gebieten der Kultur auslösen sollte, wird von hier aus erklärt: «Liebe ist der Name für alles was du brauchst» (Love is all you need), dies war ein Satz, den man in den entsprechenden Jahren fast an der Wand jeder Wohnung der neuen Sippen lesen konnte: «Liebe ist das Grundgesetz», hatte der erwähnte okkulte Weltenwanderer Crowley gelehrt, und er wollte die Lehre, dass sich in der Liebe auf Erden das Göttliche verkörpert und der Sinn der Welt erkennbar wird, aus den ältesten Überlieferungen seiner Vorgänger geerbt haben: Sah er in öffentlichen Gärten ein Liebespaar Zärtlichkeiten austauschen, zog er darum vor ihm jedesmal feierlich seinen Hut.[9]

Die grosse nordamerikanische Jugendbewegung der Hippies bekannte sich seit 1966 offen zu allen diesen Einflüssen, sah sich als ein Aufstand gegen eine Zivilisation ohne Religion und Tradition und versuchte die Rückkehr zu einem Dasein in Sippen und Stämmen. In Bräuchen, Festen voll Tanz und Musik, Trachten sahen sie aus, «als seien sie die Fortsetzung uralter Völkerwanderungen und soeben erst aus den iranischen und indischen Gebirgstälern angekommen».[10] Diese Versuche einer «keltischen Wiedergeburt» wurden vielfach von sehr äusserlichen Jugendmoden nachgeahmt und darum missverstanden: Sie bestätigten aber in der ganzen Welt eine Fülle von wesensverwandten Gruppen, deren Mitglieder nun erkannten, mit ihren Träumen nicht mehr allein zu sein, überall Wesensverwandte zu besitzen.

Der nordamerikanische Zigeuner Lee lässt z. B. in seinen Aufzeichnungen, die auch sehr viel zum uralten Wissen seines Stammes enthalten, verständlich werden, wie viel die Jugendbewegung der Hippies aus den Lebensweisheiten der letzten Nomaden entnahm. Umgekehrt beweisen aber auch seine Veröffentlichungen, wie sehr die Suche der gebildeten jungen Europäer und Amerikaner in den sechziger und siebziger Jahren den gleichen «fahrenden» Stämmen selber bestätigte, ihren aus der Urzeit stammenden Gewohnheiten und Künsten neu die Treue zu schwören – also nicht noch mehr dem Bann der Stadtzivilisationen zu verfallen. Sich besonders auch wieder auf die Tarot-Sinnbilder, entsprechend deren Deutungen durch die Wahrsagerinnen seines Volkes besinnend, behauptet Lee: «... Wir leben in einer Zeit der Veränderung ... Genau wie einst Rom, Byzanz und all die andern dekadenten Zivilisationen. Glauben Sie mir, es geschieht nichts Neues, der alte Zyklus wiederholt sich nur. Auch in Ägypten gab es Hippies, bevor es zerbrach.»[11]

Während dem Anstieg der nordamerikanischen Hippie-Bewegung schrieb der junge, vom Buddhismus zur Suche des Eigenen angeregte Dichter Gary Snyder für die Zeitschrift «Buzoku». Der Beitrag erscheint uns schon darum so wichtig, weil er z. B. während der Tagung der mitteleuropäischen Jugendbewegungen beim Schloss Waldeck im Hunsrück (1969) vervielfältigt und verbreitet und allgemein auch für einen wichtigen Teil der dortigen Sucher als «repräsentativ» anerkannt wurde: «Das wahre Zeichen (an dem sich die Sucher nach dem neuen Lebensstil erkennen, S. G.) ist ein gewisser leuchtender und sanfter Blick, eine gewisse Ruhe und Herzlichkeit, eine Frische und Gelöstheit im Benehmen. Männer, Frauen und Kinder – die alle miteinander hoffen, den zeitlosen Pfad der Liebe und Weisheit zu beschreiten, um in herrlicher Gemeinschaft mit den Gestirnen, Wind und Wolken, Bäumen, Wasser, Tieren und Gräsern zu leben – das ist die Sippe.»[12]

Die Hippies und wie sie sich damals auch nennen mochten, waren überzeugt, aus ihrer Nachkommenschaft kämen die schöpferischen Menschen der Zukunft. Sie schätzten die Gesamtheit ihrer Bewegungen auch recht hoch, wie man heute freilich feststellen muss, kaum übertrieben ein: «Eine Million Menschen in Amerika, eine weitere in Europa. Ein riesiger ‹Untergrund› in Russland ... liegt jetzt noch im Stillen, seine Zeit abwartend.»[12]

Während man in den Schlagworten der Zeitungen die Neuentdecker der Sippenkultur zu einer seltsamen Mode abzustempeln versuchte, sahen sich diese selber als die Fortsetzer der ewigen eurasischen Überlieferung, die zu allen Zeiten im Himalayaraum ihr heiliges Herzgebiet besass: «An diesem Punkte nochmals eingehend die Geschichte sowohl des Ostens wie des Westens betrachtend, fanden einige von uns bedeutende Ähnlichkeiten in gewissen kleinen aber einflussreichen unorthodox-ketzerischen, halbketzerisch-esoterischen ‹Außenseiter›-Bewegungen. Diese Aussenseiter-Schulen des Denkens und der praktischen Ausübung (der gewonnenen religiösen Erkenntnisse, S. G.) wurden gewöhnlich unterdrückt, in welcher Gesellschaft sie auch erschienen waren, oder sie wurden stark verwässert und unwirksam gemacht, sei es als ‹Hexerei› in Europa oder als ‹Tantrismus› in Bengalen . . .».[12] Entsprechend dieser Grundauffassung konnten an der Waldeck-Tagung von 1969 als die ewigen Lehrer festgestellt werden, bei denen auch die Hippies des deutschen Sprachgebiets nach den überlieferten Grundlagen für die neue Kultur suchen wollten – ebenso die fahrenden Stämme der in Europa von Osten her einwandernden Nomaden (was etwa der Vorliebe der amerikanischen Hippies für die Indianer entspricht!), wie die Gemeinschaften der Hexenkulte.[13]

Europäischer Traum

In den fünfziger Jahren erlebten wir noch eine alte Blumenver-
käuferin, die den Menschen in den Wirtschaften der Hauptstadt
Bern Geschichten erzählte – zumindest denen, die sie anhören
wollten. Sie wusste von der ekstatischen Musik, die bis in unser
Jahrhundert die fahrenden Musikanten in den Dörfern gespielt
haben sollen, und bei denen es genau so zugegangen sein soll wie
beim sagenhaften Hexensabbat. Ein heimatkundlicher Schriftsteller, dem ich auch sonst eine Reihe der lebendigen Sagen des
Alpengebiets verdanke, benutzte diese Nachrichten für eine
schon damals niedergeschriebene Erzählung: «Unermüdlich
stürzten die Töne durch den Krug und jagten den jungen Wald-
wuchs von den Sitzen auf. Ketten bildeten sich und wendige Rin-
gel, und bald tanzt und tobt der steifste Bauernschwengel,
jauchzt und johlt und springt und sprüht, als ob er nur diese stür-
mische, aufwühlende Musik und nichts sonst zum Glücke mehr
brauche.»[1]

Selbstverständlich fehlte in den Geschichten des auch von
mir noch vielfach erlebten «Blumenmütterchens» (Bluememüet-
ti) auch die «Hexe», «die Weise Frau» nicht, das Weib, das die
nach dem Morgenland weisenden Überlieferungen der Stämme
kennt und im übrigen die alpinen Waldbauern mit seiner Wahrsagerei bezaubert. Ich benütze wiederum die barock dichterische,
aber nach meinen Erfahrungen im Kern zuverlässige Gestaltung
der Geschichte durch den gleichen Heimatkundler: «Die Alte hat
ein Feuer angefacht und tieft fremde Zeichen in den uferfeuchten
Sand. Irgendein unbekanntes, bildliches Alphabet, bedeutungs-
schwere Zahlen, ein Teufelseinmaleins. ‹Hier sind die Flammen-
geister, die sieben feurigen Kreise›, so redet sie zu sich, raunt vor
sich hin und rechnet, ‹und hier sind die Planeten...›».[1]

Der gleiche Schriftsteller hat im übrigen die geerbten Geschichten in der Freien Schule im Schloss Vallamand am Murtensee, damals Schauplatz unzähliger Jugendtagungen mit Besu-

chern aus den deutschen und sogar angelsächsischen Ländern (1956–1960), mündlich wiedererzählt oder aus seinen verschiedenen Niederschriften vorgelesen. Der damalige Kampf für eine lebendige Heimatkunde erzeugte eine Unzahl von Ausstrahlungen, die sich selbstverständlich erst in den darauffolgenden Jahrzehnten auswirken sollten, als man immer mehr von den grundverwandten Bestrebungen in den andern Ländern vernahm: Aber auch echte «Weise Frauen», Kennerinnen von Teilen einer nach ihnen uralten Überlieferung konnte die damalige Jugend noch kennenlernen!

Eine grosse schweizerische Frauenzeitschrift brachte den Bericht über eine Frau, die fast ihr Leben lang nahe einer Industriestadt am Fuss der Jura-Hügel, zusammen mit ihrer Familie und einer Herde der kleineren Haustiere, im Walde (!) gehaust hatte. Aussen ein wenig den Vorschriften der mitteleuropäischen Zivilisation angeglichen, lebte sie eigentlich in fast jeder Beziehung dem uralten Brauch. Sie lehrte etwa: «Ein Mädchen wird also nicht etwa ‹Sonja› gerufen (weil man es so nach den herrschenden Vorschriften bei den Behörden einschrieb, S.G.), sondern ‹Aarela› – weil es in der Nähe der Aare (Alpenstrom!) geboren wurde.»[2]

Ihren Freunden und Kunden lehrt sie seit jeher ihre Lebensphilosophie, überzeugt, dass die Menschen, namentlich die Frauen, rasch altern, wenn sie ein wachsendes Leid «mit sich herumschleppen»: «Man muss leben wie ein Vogel. Der macht sich auch keine Sorgen um den morgigen Tag; denn alles kommt so, wie es kommen muss.» Sie lächelt über den Aberglauben der Städter, «dass alles möglichst geordnet, versichert und abgesichert sein müsse».[2] Sie glaubt fest an eine grosse Ordnung, aber eine, von der noch die letzten fahrenden Stämme zwischen Jura und Alpen wissen, aber auch die teilweise handschriftlichen Rezeptbücher im Volke, die man nur richtig begreifen muss, um lange lebenslustig, jugendlich, gesund und gutaussehend auf der Erde wandeln zu können. Sie ist stolz, überall entfernte Verwandte, Sippengenossen zu kennen: «Wir haben studierte Leute, Ärzte, Advokaten und Pfarrer. Sie halten ihre Herkunft geheim, aber wir kennen sie und haben Verbindung mit ihnen.» Wegen einem solchen Kreis wisse sie vielerlei, was bei einsamen und entfremdeten Städtern geradezu abergläubische Vorstellungen erzeugen könne – «auch ohne Telephon werden Nachrichten blitzschnell verbreitet», erklärt sie mit Stolz. Gerade diese Frau erlebten wir

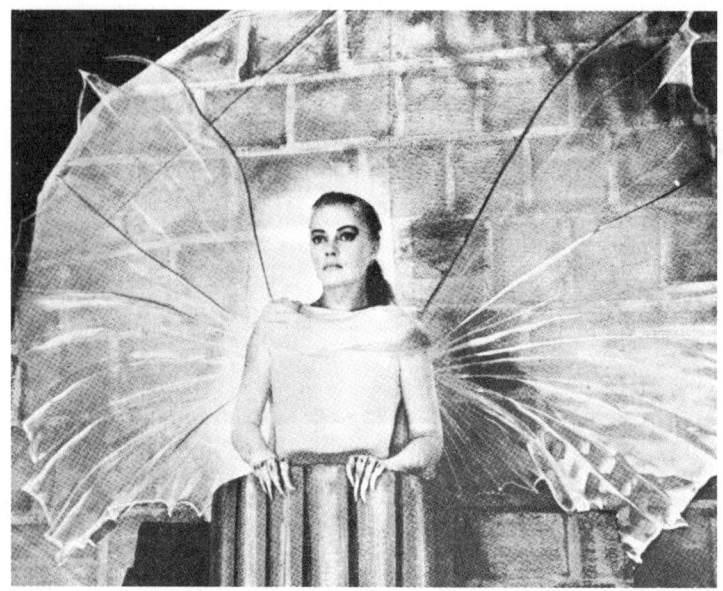

Die mystischen Frauen aller Kulturkreise beeinflussen über Film, Fernsehen, Comics unsere Phantasie: Jeanne Moreau als Sphinx von Theben

in den sechziger Jahren als vielaufgesuchte Wahrsagerin und Kennerin der vergessenen Wirkungen der einheimischen Kräuter; wir sahen Dutzende von jungen Menschen sie besuchen und dadurch zur Begeisterung und Liebe zur volkstümlichen Überlieferung angeregt werden.

Von hier übernahm die Jugend den Glauben, den ich bei solchen letzten einheimischen Weisen Frauen, die sich noch bewusst als die Erben einer grossen Vergangenheit sahen, ausgeprägt fand – und der nach Zigeunerforschern besonders stark noch bei den selbstbewussteren Nomadenstämmen von Europa vorhanden ist: «... es sind immer Frauen, die bei den Zigeunern die Sterndeutung ausüben. Das entspricht dem Glauben, dass Frauen – der Welt, der ‹All-Mutter›, die es schon immer gab, näher sind als der Mann. Folglich verstehen sie auch ‹deren Sprache besser›.»[3] Wenn man überhaupt in den Erinnerungen der Generation, die nach den Weltkriegen und Weltrevolutionen von 1914–1945 heranwuchs, nachgräbt, findet man in den zahllosen winzigen Dichter-Kellern, Klein-Verlagen, Buchvertrieben für Aussenseiter eine langsam anwachsende Bewegung «zu der ewigen Welt in uns». Wir erlebten selber 1951-1953 den Wiener Dichter H. C. Artmann, der in die einigermassen verschonte Schweiz kam, weil er hier die Überreste der «Alpen-Überlieferung» erhaltener glaubte als etwa in Bayern und Österreich nach all den Verheerungen durch Massen-Ideologien und Massen-Armeen.[4]

Möglicherweise als erster erzählte er dem Kreis, der sich um ihn bildete und dessen Ideen dann nach und nach eine gewisse Ausstrahlung weit über alle trennenden Grenzen erhalten sollten, über den seltsamen «neuenglischen» Phantasten und Erzähler H. P. Lovecraft (1890–1937): «Gleich uns musste er der Vergangenheit seines Landes nachgeträumt und auf einsamen Wanderungen ohne Ziel die Hexenhöhlen und Druidensteine des amerikanischen Küstengebiets erwandert haben. Diese Orte waren ihm genau wie uns nach stundenlangen Gesprächen mit dem eigenartigen Volk der alten Gaststätten, ‹rätselhafte Pforten nach andern Zeiten und Welten› ...»[4]

Wie wir also bereits sehen, bestätigen solche damals sehr seltene Kenntnisse einer sonst totgeschwiegenen, hier fast vollkommen unbekannten englisch-nordamerikanischen Dichtung nur das eigene Suchen nach den scheinbar verlorenen Wurzeln: «Alte Arbeiter und Bauern, Scheren- und Messerschleifer, Nachkommen der letzten Fahrenden sassen auf einmal neben uns. Wir vernahmen von ‹Heidenlöchern›, in denen die Nomaden überwinterten und ihre Feste feierten, von Schwarzkünstlern, die in Kräuterdämpfen alle Geister erscheinen liessen ...».[5] Es gab schon damals wieder Wanderungen zu den Riesen- und Hexensteinen der Umgebung, samt den Versuchen, um sie herum wieder in Mondnächten Bräuche aufleben zu lassen: Die letzten alten Träger der uralten Überlieferungen übergaben ihr von den Ahnen erhaltenes Wissen an eine Jugend, die nach einem gewaltigen Kultur-Zusammenbruch, zumindest auf dem Gebiet einer schöpferischen Kunst, wieder in kleinen Kreisen anzufangen versuchte.

In den Erinnerungen über diese Lebensversuche in den Jahrzehnten nach dem Ende des Zweiten Weltkriegs, zuerst wegen dem Lärm der Massenmoden des «Wirtschaftswunders» sehr wenige beachtet, konnte man später viel Widersprüchliches vernehmen: «Lange vor der Hippiewelle» versuchten sich hier, mitten in Europa, Sippen zu bilden und «die alten Jahresbräuche und Folksongs wiederzubeleben».[6] Einer von diesen damals ganz jungen Menschen schrieb etwas später nieder: «Ich kann mich gut erinnern, wie wir 1963 zu jeder Tages- und Nachtzeit den Friedhof besuchten, um dort mit verstorbenen Menschen, das heisst mit ihren Seelen, zu kommunizieren.»[7] Auch dieser Zeitzeuge wusste, dass er und seine Freunde zu ihren «neuen» Bräuchen von den Geschichten um ähnliche religiöse Gewohnheiten der Vorfahren angeregt worden waren: Er pflegte zu erzählen, wie die Weisen Frauen der einheimischen Nomaden, genau gleich denen der Sesshaften der Alpengebiete noch immer «wenn die Tage kürzer und dunkler werden», besonders um Allerseelen, auf den Gräbern der Ahnen gedenken. In solchen Jugendgruppen wurde geradezu erklärt: «So lange der freie Geist die Überlieferung nicht spielerisch erfasst, bleibt sie totes Material. Uns ist die Feen-Märe dynamische Wirklichkeit, die Grundbedingung zum schöpferischen Tun.»[8]

Die Einzelheiten solcher Erscheinungen, wahrscheinlich Hinweise auf an sich wichtige gesellschaftliche Vorgänge der Gegenwart, wurden bereits von einer ernsthaften Ethnographie in den Kreis ihrer Beobachtungen einbezogen. Während also der oberflächliche Tourist etwa in Japan, Russland oder Amerika überall nur die völlig übereinstimmenden Betonblöcke als Wohnbunker, Hotels mit lächerlich übereinstimmenden und nur nach Preisen verschiedenen Einrichtungen, Kinos mit den gleichen Filmen – und Slums erblickt, dürfen wir in unserer unmittelbaren Nachbarschaft bereits deutliche Ansätze von Lebensstilen entdecken, die aus fernen Jahrhunderten einer vergessenen Vergangenheit, vielleicht auch einer utopischen Zukunft zu stammen scheinen: «Es gibt verschiedene Anzeichen dafür, dass dahinter kulturelle Bewegungen stehen, die der Religionsgeschichte Gelegenheit bieten, die Herausbildung von Kulten sozusagen ab ovo zu beobachten.»[9]

Hier entstehen, zumindest nach der Ansicht von deren Anhängern, nicht etwa die Urzellen von Sekten mit gleichen Geboten und Glaubenssätzen, von denen es in unserer chaotischen Zeit immer mehr gibt, sondern sozusagen die ersten Ansätze von neuen Sippen oder Stämmen: Also Gruppen von lebendigen Menschen mit dem festen Willen, möglichst viel des Gemeinsamen zu besitzen – dann mit den Jahren auch die Kinder «zusammen» in die Welt einer überlieferten Kultur einzugliedern. Hier entsteht in jedem Fall der Kreis von Bräuchen, in jeder Gemeinschaft abweichend von denen der andern, der ihre jeweils ungeduldig erwarteten Zusammenkünfte umgibt und dieser die Schönheit schenkt: Häufig sind selbstverständlich vor allem die Feste, bald an den kirchlichen Feiertagen wie Ostern, Johannis, Allerheiligen, Weihnachten begangen, von andern aber grundsätzlich an denen der Tag- und Nachtgleichen oder den Tagen mit der kürzesten und längsten Nacht. Recht häufig scheint das gemeinsame Begehen «der jährlich dreizehn Vollmonde» zu sein, was häufig und tatsächlich romantisch genug «als Brauch der echten Zigeunerstämme» gepriesen wird – es ist aber gerade in diesem Fall wahrscheinlich, dass es sich hier um einen Einfluss der amerikanischen, englischen und französichen Hexenbünde handelt, der durch die gegenseiten Besuche der Hippie-Gruppen 1966–1972 auch in Mitteleuropa immer stärkere Verbreitung fand.

Bei allen solchen Festen, die tatsächlich sehr häufig an Orten stattfinden, die bereits der überlieferten Volkssage als Plätze «der alten Berg- und Waldtänze» bekannt sind, spielen Gesang und Reigen, das Erzählen von Helden- und Hexengeschichten eine wichtige Rolle. Wir finden sogar bereits in den Veröffentlichungen eines jungen wissenschaftlichen Beobachters die leider kurze Erwähnung «eines seit etwa sieben Jahren bestehenden Kults mit komplizierten Schwitzbadritualen, Gebeten, Pfeifenzeremonien (ohne psychoaktive Substanzen), Fastengeboten, Räucherungen, Opferhandlungen und Musik in einem speziell hergerichteten Raum mit zentralem Altar.»[9]

Entsprechende Beobachtungen «lassen sich heute durch Informationen aus verschiedenen Bevölkerungsgruppen, darunter z. B. Alphirten, ergänzen; es scheint also, dass wir es mit einer sich ausbreitenden Bewegung zu tun haben.»[9] René König vermutet sogar: «Hier handelt es sich eindeutig um Überbleibsel (Survivals) aus alten Hexenkulten, die man selbstverständlich ernst und zur Kenntnis nehmen muss.»[10]

Von diesen «Hexenkulten», besonders von denen in Süddeutschland, behauptet nun ein Verfasser, der freilich leider ganz verschiedene Vorgänge der Gegenwart im gleichen Atemzuge erwähnt: «Die Öffentlichkeit, gierig und sensationslüstern, erfährt davon nichts.»[11] Selbstverständlich behaupten, wie wir immer wieder sehen, viele jener «die Wurzeln der eigenen Kultur» suchenden Sippen, für die von ihnen mit Eifer erneuerten und verbreiteten Bräuche entsprechende Vorbilder – die von ihnen gefundenen und gesammelten Überlieferungen der alten Volkskultur, zu besitzen.

Eine allgemeine Ablehnung von solchen Kreisen, irgendwie in den Mittelpunkt der erwähnten «gierigen Sensationslust» der Massen zu gelangen und damit in der Eigenart ihres Daseins, der ganzen Selbstentfaltung eingeschränkt zu werden, verhindert jeden Beobachter von Zeiterscheinungen ziemlich gründlich, einigermassen beweiskräftig zu überprüfen, wie sehr entsprechende Jugendbewegungen tatsächlich mit ihren Vorgängern, den Kreisen der Träger der echten Überlieferungen, Vertretern alter Geschlechter, den Stämmen des einheimischen Fahrenden Volkes zusammenhängen. Wie Adrian Linder berechtigt feststellt, ist damit kaum von Fall zu Fall festzustellen, ob es sich bei all den Berichten von Menschen der Gegenwart über von ihnen erhaltene Unterweisungen durch Vertreter von geheimen alten Gemeinschaften – um verständliche Wunschträume von Anhängern der «neuen Kulte» handelt oder sogar um eine «gesicherte Quelle über tatsächliche frühere Verhältnisse»: «... da gegenwärtig viele solche Erzählungen im Umlauf sind, ist es schwierig, das eine vom andern klar zu trennen.»[12]

Magische Medizin gegen Krebs und Altern

Kenner all der modernen amerikanischen und europäischen Bewegungen um die Weisen Frauen betonen, wie stark deren Wiedergeburt und Zunahme mit der Ausbreitung der Suche verbunden sind, aus dem Morast der neuzeitlichen Zivilisationsleiden herauszukommen. In diesen Kreisen wird gelehrt, dass hier der Mensch der Gegenwart daran ist, einige der grundlegenden Gedankengänge der ländlichen Kräuterärzte, Badefrauen und Hebammen neu aufzunehmen und zu überdenken.

Ein Erforscher der immer zahlreicher werdenden amerikanischen Hexenbünde der sechziger Jahre fasst z. B. zusammen: «Der Besitz von Geschlechtskraft und der guten Gesundheit stehen zweifellos in Verbindung, das ist der Grund, warum im Hexenwesen die Notwendigkeit hervorgehoben wird, gleichzeitig die Kraft des Geistes und des Leibes zu erhalten. Viele der Hexen und Hexer nehmen nur pflanzliche Nahrung zu sich. Sie kennen sehr gut die Eigenschaften der einzelnen Speisen und sind sehr häufig ausgezeichnete Köche. Sybil Leek (die sich damals sogar als echte ‹Hexe› am amerikanischen Fernsehen vorstellte und damit nach eigener Behauptung einen starken Einfluss auf die Jugend gewann! S.G.) ist die Verfasserin von zwei Büchern über die Ernährungskunst, und es ist offensichtlich, dass die gesteigerte Erkenntnis der schöpferischen Kräfte der Umwelt die Ernährungswissenschaft unterstützt . . . Was die Tanzbräuche (des neuen Hexenvolkes) angeht, die während den festlichen Veranstaltungen stattfinden, so besitzen sie häufig einen heilenden Einfluss auf den Körper, weil sie die Spannungen beseitigen und die Entspannung fördern.»[1]

Allgemein in den Hexenkreisen ist der Glaube an die Lebenskraft, die Aura, die Strahlung, die aus dem Innern des Leibes kommt und die ihn ganz und gar durchfluten soll, und man ist überzeugt, dass diese «Urenergie der Schöpfung» durch eine Steigerung des Lebenswillens so sehr zunehmen kann, dass sie sogar für die Augen von empfänglichen anderen Menschen sichtbar wird – selbstverständlich auch die wesensverwandten «Kräfte», die von allen Gegenständen der Umwelt ausgehen.

Schon in den alten Hexensagen finden wir den eigenartigen Hinweis, nach welchem der ganze Tanzplatz, der Ort der geheimen Zusammenkünfte des Nachtbundes, für alle Anwesenden von einem seltsamen Leuchten umgeben erschien. Der sich mit den magischen Überlieferungen beschäftigende Pole Przybyszewski fasste schon 1897 zusammen: «Der ganze Sabbat wird von seinem Lichte besser wie vom Vollmond beleuchtet.»[2] Auch gewisse der volkstümlichen Naturärzte und Wurzelsammler des letzten Jahrhunderts, die es um die erwähnten Badeorte der Alpen gab, waren ganz ähnlich überzeugt: «Wer keine abergläubische Angst hat, sich viel in der Natur und besonders auch in Mondnächten herumzutreiben, dessen Sinne werden nach und nach besonders scharf. Bald ist er fähig, unter günstigen Bedingungen einen Schimmer zu erblicken, der von besonders ‹wirksamen›, also von Lebenskraft erfüllten Gegenständen ausgeht.»[3]

Es ist nun zweifellos erstaunlich, wie häufig auch ganz ähnliche Eindrücke in ziemlich neuen Schilderungen vorkommen. Die magischen Bilder, die z. B. der moderne Forscher Mrsich sah, als er gefährliche Selbstversuche mit der «Hexensalbe» anstellte, «sind wie in fortwährenden fliessenden Flammen begriffen, wie

C 7007 C
Nr. 17
35. Jahrgang · DM 3,50
20. April 1981

DER SPIEGEL

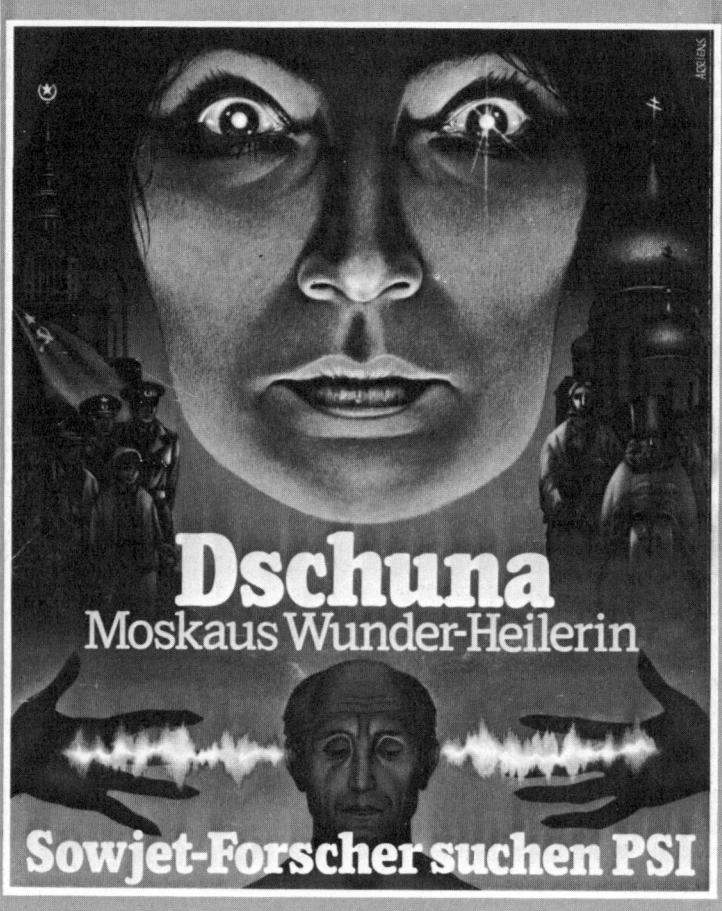

Dschuna
Moskaus Wunder-Heilerin

Sowjet-Forscher suchen PSI

Die Wiederentdeckung der «magischen Energien» der Frau beschäftigt
die neue Wissenschaft in Ost und West.

quirlende, schillernde Dämpfe». Auch dieser Sucher nach der Wirklichkeit des Hexenwesens schildert seine entsprechenden Eindrücke als «schreckenerregend aber doch grausig schön. Es ist kaum zu beschreiben . . .».[4]

Aus dieser ekstatischen Überzeugung «von der Welt der strahlenden Kräfte, von deren richtigem Strömen das Gedeihen, Wachsen und die Gesundheit des einzelnen Wesens abhängt», entstand auch heute eine eigenartige Heilkunst: Durch Berührung, Auflegen und Streichen mit den Händen soll der Mensch, «der daran fest glaubt», auf den andern seine Energie übertragen und ihn so heilen können. «Heilen» heisst hier im übrigen nicht nur das Beseitigen einer bestimmten, bereits ausgebrochenen Krankheit! In Kalifornien und in Paris erzählte man mir glaubwürdig von der «Kosmetischen Massage»: Durch sanfte Berührungen der entsprechenden Stellen des Gesichts soll die Weise Frau bei ihrer Kundin deren «innere Kraft» so anregen können, dass die «geweckten Lebenskräfte und Säfte» die Körperzellen zu einer neuen Tätigkeit bringen. Dies soll sich dann auf das allgemeine jugendliche Aussehen und damit die Zunahme der Körperschönheit sehr günstig auswirken.[5]

Wie im Zeitalter der alten Heilkundigen und ihrer berühmten «Mai-Bäder» wird auch von den modernen Weisen Frauen empfohlen, sich solchen Behandlungen in der Frühlingszeit, «da sich die ganze Natur erneuert», zu unterziehen. Ebenso bezeichnend für den wiedererwachten Glauben über den entscheidenden Einfluss des menschlichen Geistes auf den Körper ist in den gleichen Kreisen die Auffassung, dass solche äussere Behandlung nichts nützt, wenn sie nicht mit einer «inneren Erneuerung» zusammengeht: «Nur dann kann unser Körper die ihm von aussen zuströmenden Lebenskräfte aufnehmen und im guten Sinn für die Wiedergeburt seiner Zellen benutzen, wenn in seinem Geist eine gestärkte Lebenslust, eine wachsende Freude, eine wache Neugier gegenüber allen kommenden Abenteuern des Daseins entsteht.»

Nach der Sage war ein wichtiger Grund der Hexenverfolgungen des 15.–18. Jahrhunderts die angebliche Tatsache, dass diese Frauen, ihre Verwandtschaft und ihr Freundeskreis beim mörderischen Siegeszug scheusslicher Seuchen «völlig verschont blieben»: Die abergläubischen Massen, die einen Sündenbock suchten, waren dann überzeugt, dass entweder die Weiber auf ihren Tanzbergen «vom Teufel heilende Zauberkräuter erhalten hatten» – oder gar, dass sie in ihren «Heidenküchen» die Seuchen für ihre Mitbürger gekocht hätten, selber aber im Besitz von Gegenmitteln seien . . .

Der polnische Wissenschaftler Georges Stempowski, der in der Schweiz der fünfziger Jahre sehr viel von den Überlieferungen seines Landes berichtete, erzählte auch über die besondere Gesundheit der Huzulen-Hirten in den Karpathen – er vermutete im übrigen den Namen dieser Stämme aus dem der Goten entstanden! Die Tatsache («von Sage kann man nicht reden, weil dies noch jedermann wusste»), dass sich die Kräuterärzte und -ärztinnen der Huzulen «in Mondnächten» auf den am höchsten gelegenen Kuhweiden dieses Hirtenlandes trafen, erklärte nun dieser Forscher aus deren tiefen («vielleicht Jahrtausende alten») Erfahrungen. Stempowski war überzeugt, dass diese Höhen, «sei es nun durch die dünnere Luft, sei es nun wegen dem stärkeren Einfall der kosmischen Strahlung», besonders heilsam seien: Diese Wirkungen soll nun der Mensch nach den Heilkundigen der Huzulen entweder unmittelbar durch seinen ganzen Körper aufnehmen können, namentlich wenn er sich in Mondnächten unter dem Sternenhimmel bewegt, z. B. tanzt, was ihn zu einem besonders starken Einatmen der Bergluft zwingt. Oder er kann auch die Tränke von den Gebirgskräutern zu sich nehmen, die besonders heilkräftig sein sollen, weil diese sich unter verhältnismässig harten Lebensbedingungen durchsetzen müssen «und auch alle besondern Einflüsse von Erde, Luft und Strahlungen ihrer Natur in sich aufnehmen».

In solchen Erfahrungen, die der polnische Gelehrte grosszügig an die Studenten und Künstlerkreise weitergab, die sich in den fünfziger und sechziger Jahren gegen allen Materialismus der Zeit mit den Resten der lebendigen Überlieferung befassten, sah er sogar eine Erklärung für eine eigenartige Erscheinung: In den Rückzugsgebieten der uralten Kultur, zu denen die von ihm bereisten Karpathentäler zweifellos zählten, fand er viel mehr der hundertjährigen Menschen als in den Gebieten der gleichzeitigen Stadt-Zivilisationen. Er verglich dies mit den Berichten über die überdurchschnittlich alten Männer und Frauen in gewissen Teilen des Kaukasus (Daghestan) und auch in den schwer zugänglichen Dörfern des Himalaya.[6] Aus seinen Gesprächen mit russischen und asiatischen Medizinern war er überzeugt, dass in allen diesen Gebieten ziemlich die gleichen uralten Überlieferungen der Heilkunst vorherrschten, wie wir sie auch in den ältesten vedischen Dichtungen nachweisen können.

Diese und ähnliche Forschungen waren damals übrigens nach Stempowski in Osteuropa zum «Geheimtip» geworden: Der Diktator Josef Stalin, selber im tiefsten Grunde seines Bewusstseins ein auf die Überlieferung stolzer Kaukasier, tat alles, um «das Geheimnis der alten und bis in das höchste Alter zeugungsfähigen Menschen in den Bergen zu lüften», selbstverständlich weil er hier eine «Geheimwaffe» wider seine Gegner verborgen glaubte – die Aussicht, die Lebenskraft von sich selber und die seines Gefolges nach Möglichkeit zu steigern. Trotzdem der polnische Flüchtling in den ausgehenden Vierzigern recht schmeichelhafte Angebote erhalten hatte, seine Erfahrungen in der Huzulei in den Dienst entsprechender Forschungen zu stellen, erklärte er dann stolz, sie lieber als Anregungen dem unternehmungslustigsten Teil der Jugend von Mitteleuropa weiterzugeben, mit dem er oft in den damaligen Diskussionskreisen (Kerzen-Kreis, Tägel-Leist, Junkere 37) zusammensass.

Ein anderer seiner damaligen Zuhörer erinnert sich sogar: «Er (Stempowski) habe als Arzt vor seiner Emigration in Polen einige Spontanheilungen bei Krebs beobachtet. Erklärungen dafür hatte er keine. Es fiel ihm auf, dass die geheilten Personen an einem bestimmten Berghang spazierengegangen waren.»[7] Er habe dann bei seinen Patienten ähnliche Wanderungen empfohlen, anscheinend mit durchschlagendem Erfolg. Er setzte sich darauf über die ganze Angelegenheit mit einem bekannten Krebsforschungslabor in London in Beziehung, das ablehnte, ihm aber während dem 2. Weltkrieg einige Bestätigungen für seine Forschungen zur Volksmedizin der Berghirten und Hexen liefern konnte: Verschiedene krebskranke englische Piloten hätten sich freiwillig zu besonders gefährlichenEinsätzen gemeldet, weil sie es vorzogen, im Kampf und nicht im Bett zu sterben. Als sie wieder heimkamen, hätten sie staunend festgestellt, dass sich ihr Leiden wesentlich gebessert hätte.[7] Dies alles scheint zu bestätigen, dass ein körperlich-geistiger «Höhenrausch», verbunden mit einem starken Wunsch nach der Steigerung der eigenen Lebenskraft, tatsächlich ein guter Arzt des Menschen sein kann.

Entsprechend den Volksüberlieferungen, als deren treueste Hüter sie sich ansehen, glauben die neuzeitlichen Hexen, dass schon ihre Feste «im Kreis», selbstverständlich in der Regel durchgeführt an den «seit jeher besonders heiligen und heilenden, von Lebenskräften erfüllten, wirksamen Orten», die Gesundheit aller Anwesenden zu erneuern vermögen. Die Ausstrahlung aller Beteiligten soll sich dann sozusagen mit denen der Umgebung in einem Wirbel verschmelzen und damit auch die Kräfte jedes Einzelnen, so abnehmend, schwach, «verlöschend» sie sein mögen, von neuem steigern.

«Folgerichtig gesteuert durch den Gedanken (also die guten Wünsche, die alle Beteiligten für einander entwickeln und hegen! S.G.) sollen die wirksamen Strahlungen der Gemeinschaft durch den festlichen Tanz, die Lieder und Schreie die kranken Stellen des Einzelnen, der im Kreis leidet, ‹verbrennen› . . .».[8] Dieser neuzeitliche Glaube, so fleissig von den zunehmenden Hexenkreisen der sechziger Jahre gepflegt, wurde dann bekanntlich in der Jugend-Bewegung der Hippies übernommen, und es gab bald Wohn-Gemeinschaften, in denen das Sitzen im Kreis mit einander gegebenen Händen oder der ekstatische Reigen «auf grünen Hügeln» als ein echtes Heilmittel empfohlen wurde.

Auch bei den Nachkommen des Diktators Josef Stalin, masslos gläubig an die alte Weisheit seiner kaukasischen Heimat, was Kräuter und menschliche Lebenskräfte angeht, schliefen die halb öffentlichen Forschungen um die Volksmedizin keinen Augenblick ein.[9] Die Zeitungen schlachteten z. B. weidlich die Nachricht von der «Weisen Frau» Dschuna aus, die dem Stalin-Nachfolger Breschnew durch ihre magische Massage so viel «Lebens-Energie» übertragen haben soll, dass der greise Herrscher nochmals einige Jahre sein unruhiges Amt auszuüben vermochte. Unendlich mehr als die ersten Nachrichten durch Flüchtlinge wie Stempowski bestätigten solche Berichte die Jugend in Westeuropa und Nordamerika, auf dem richtigen Wege zu sein – in den erhaltenen Volksweisheiten Möglichkeiten zu einer erweiterten Naturwissenschaft der Zukunft zu suchen.

Der deutsche Psychologe Wolfgang Bauer, der schon in den ausgehenden sechziger Jahren die volkskundlichen Forschungen der mitteleuropäischen Hippies beachtete, stellt heute fest: «Selbst Sowjetmenschen lassen sich gern von Feen verzaubern.»[10] Er verweist u. a. auf die parteiamtliche Zeitung der russischen Jung-Kommunisten (Komsomolskaja Prawda), die schrieb: «Wenn wir ein Photo von Dschuna betrachten, sehen wir, wie ihre Hände Licht ausstrahlen und wie es über ihrem Kopf ein Leuchten gibt.»

Materialismus und Stammes-Mütter

Asketische Gruppen gab es im Mittelalter ebenso im Raum des Christentums wie in dem der orientalischen Religionen. Die sichtbare Welt, das Irdische, die Materie wurde von ihnen als das Teuflische, Böse, «das Schlechte an sich» dargestellt. Das Diesseits erschien ihnen als ein höllisches Jammertal, alles was dessen Fortdauer dient als verdammenswerte Sünde: Das Geschlechtliche, die Fortpflanzung, alles Sinnliche, das Weib überhaupt.

Da sich diese Gruppen gelegentlich in Orden zusammenschlossen, in nach Möglichkeit von der Aussenwelt abgeriegelten Klostergemeinschaften (die man mit der verwirrend-bunten Gesamtheit der verschiedenen Richtungen des Mönchslebens in keinem Fall gleichsetzen darf!) ihre weltfeindlichen Philosophien studierten, haben wir von ihrem Wirken eine Fülle schriftlicher Dokumente: Dies ermöglichte einer späteren einseitigen, teilweise bewusst böswilligen Betrachtung, die Dogmen dieser lebensfeindlichen Aussenseiter zu verallgemeinern, ihre Schau geradezu mit jener der mittelalterlichen Kirche, des Christentums überhaupt, des ganzen Mittelalters zu verwechseln.

Im 19. Jahrhundert zeigte immerhin der französische Geschichtsschreiber Michelet, wie sehr die «Hexen», obwohl die schriftlichen Urkunden über ihr Denken (im Gegensatz zu dem ihrer Feinde!) schlecht genug erhalten sind, folgerichtig einen andern Standpunkt vertraten[1]: Die Welt war für sie kein Höllenpfuhl, sondern ein Wunder überschäumender Lebenskräfte; die Tiere erschienen ihnen nicht als Masken dämonischer Mächte, sondern sozusagen, wie es mir einmal eine Zigeunerin ausdrückte, «als jüngere Brüder und Schwestern des Menschen». In den Pflanzen erkannten sie sogar unter den Giftkräutern eine Fülle von Heilkräften, deren Geheimnisse sich dem Kenner offenbaren. Das Weib war nicht «die Quelle des Sündenfalls und der Versuchung», sondern, schon durch seine Fähigkeit zu Schwangerschaft und Geburt, die Hüterin des Lebens. Die Nacht erschien ihnen nicht als «das Reich der bösen Geister», sondern als die Zeit der Entspannung der Natur, während der sich alle Energien der Schöpfung durch Sternen-Einfluss erneuern.

Der grosse Naturforscher Theophrastus Paracelsus, der Herr von Hohenheim, übernahm in seinem Werk viel aus diesem Weltbilde – er schreckte nicht zurück, sich offen als einen Schüler des

Da gab es eine Rekordzahl hübscher Mädchen im Gypsy- und Flower-Power-Look. Burschen und Mädchen musizierten mit merkwürdigen Instrumenten aller Kontinente und Zeiten.

Druiden und Druidinnen beschworen die Kräfte der Erde und der Luft, des Feuers und des Wassers über das junge Paar. Mit einem Athamen (Hexenmeister) wurde das Blut des Paares vermischt. Und es wurde ihm ein nach alter Kräuterweisheit bereiteter Braut-Trunk gereicht. Dann wurde gegessen und getrunken, gespielt und getanzt durch die Sommernacht bis in den Morgen.

Das Erstaunlichste: All dies wirkte echt, natürlich, als einfache Rückkehr zu Längstvergessenem, als Wiederfinden von Verlorenem. Es wirkte echt, weil das Festvölklein keine Pseudo-Hippies, keine Ausgeflippten, keine Zeitflüchtige umfasste.

Ein Bergbäuerlein wunderte sich: «So haben früher die gnädigen Herren gehochzytet...»

Friedrich Dürrenmatt hatte es vor Jahren anders formuliert: «Es gibt nichts Schöneres, als junge Leute, die wieder Trachten tragen und alte Bräuche leben...»

In Stadt und Land entsteht – in Scherz und Ernst – Beziehung zum Brauch, den das letzte Jahrhundert fast vergass.

In indischen und keltisch-germanischen, uralten und modernen Märchen erklären Weise Frauen (oder «Feen») dem Kind die Wunder der Welt.

uralten Wissens der Weisen Frauen, der volkstümlichen Naturärzte, der fahrenden Stämme zu bezeichnen[2]. Seine Schüler, man fasste sie gelegentlich als die Rosenkreuzer zusammen, kämpften siegreich für diese Weltbetrachtung, deswegen selber häufig genug als Hexenmeister und Magier gehetzt. Doch ihr Kampf für die Heiligkeit der Welt führte, als er Erfolge zu zeitigen begann, zu einer neuen Entartung – diese war seit dem 18. Jahrhundert im Abendland einflussreicher als die um jene geschwätzigen Materiegegner im eigentlichen, an sich endlos lebenslustigen Mittelalter: Die Stoffwelt wurde nun verherrlicht, aber man vergass immer mehr, dass sie gerade Paracelsus und dessen Vorgänger nicht nur als eine Zusammenballung toter Stoffe ansahen, sondern als ein beglückendes Kunstwerk göttlicher Kräfte[3].

Von den alten Hexen hat man, um deren Verfolgung seit dem ausgehenden Mittelalter zu erklären, im Sinne der Forschungen von Michelet festgestellt: «Vor allem verstiess die Hebamme gegen die biblische Forderung ‹unter Schmerzen sollst du gebären› und die Vorstellung von der Unreinheit der Körperfunktion, die sich vor allem auf die Frau als Verkörperung der Natur bezog.»[4] Der Hauptvorwurf gegen alle Gruppen, die sich auf irgendeine Art als Fortsetzer der uralten Überlieferungen der einstigen Weisen Frauen und der Stammeskulturen ansehen, ist nun vielfach der, dass sie die jetzt «entgötterte» Natur noch (oder wieder) als den Ausdruck einer göttlichen Ordnung ansehen.

Marquis de Sade, der folgerichtig den Materialismus und die auf das Dasein angewandten Ideologien unmittelbar vor und während der Französischen Revolution zusammenzufassen wagte, erklärte jede von ihm verhöhnte Achtung gegenüber Frau und Familie – aus der ursprünglichen Angst des primitiven Menschen gegenüber der angeblichen engen Beziehung des Weibs zu den Göttern[5]. Die völlige Beseitigung des religiösen Aberglaubens ermögliche endlich, die Weiber richtig zu betrachten – «deren Schwäche und Bosheit nur ihre (der fortschrittlichen Männer) Verachtung verdienen!»[5] Liebe sei überhaupt ein Rest der mittelalterlichen Mystik, und die Benützung der Frau bei bestimmten körperlichen Bedürfnissen habe nur die gleiche «Zweckmässigkeit» wie der Gebrauch des Abtritts bei andern . . .[6]

Gegen die Entwertung der Welt in den Zirkeln der «vergeistigten» Asketen der Vergangenheit und unter den modernen «aufgeklärten» Materialisten, nach denen die Natur in ihrer Gesamtheit höchstens einer rücksichtslosen Ausbeutung zu dienen hat, bildet der Rückgriff auf die Überlieferung der Volkskulturen wieder ein Gegengewicht: Diese Tatsache kann jeder wache Beobachter der Vorgänge der Gegenwart sozusagen auf jedem Gebiet verfolgen, auf dem innerhalb der Völker unserer Zivilisation der modische Pessimismus und die Zukunftsangst langsam zurückgehen, hingegen Lebenslust und der Glaube an einen Zweck des Daseins an wachsendem Einfluss gewinnen. Hier scheint es mir wichtig, dass vor allem die Jugend sich vor irgendwelchen «Utopien der idealen Gesellschaft», die man besonders im 19. Jahrhundert wie Opium genoss, abwendet: Ihr geht es nicht mehr um den intellektuellen Trost, den Versuch, aus allen

Schwierigkeiten, allem eigenen Versagen in der Gegenwart, in die Hoffnungen einer paradiesischen fernen Zukunft zu fliehen. Wie in den Kreisen um die grossen Stammeskulturen sucht hier der Mensch nach der Aufwertung der ursprünglichen Grundlagen des Lebens, der Liebe zwischen den Geschlechtern, der Geburt, des Kindes, des Beziehungskreises der Sippe, des Umkreises der näheren Heimat.

Unter den zahlreichen Bewegungen, die in diese Richtung gehen, erinnern wir nur an die Menschen mit der neuen Überzeugung, dass, wenn die werdende Mutter wieder zum Mittelpunkt einer lebendigen Familie wird, die Schwangerschaft ein glücklicher Zustand ist, sogar die Geburt selber ein lustvoller Vorgang zu sein vermag. Der französische Arzt, der vor allem in den siebziger Jahren diese Auffassung und die Wege zur seelisch-körperlichen Vorbereitung dazu unter der wachen Jugend verbreitete, erklärte bewundernswürdig offen, die entsprechenden Hinweise im Umkreis der indisch-buddhistischen Kulturen Asiens gefunden zu haben: «Es sieht nur so aus, doch es wandelt sich nichts. Aus dem Orient kommt uns noch immer das Licht . . . Nicht einmal die Idee dazu wäre mir gekommen.»[7]

Als sich Wissenschaftler ganz verschiedener Richtungen aus dem sibirischen und europäischen Russland kurz vor und nach der Revolution (1917–1921) mit den Möglichkeiten der «schmerzlosen Geburt» zu beschäftigen begannen, verwunderten sie sich vor allem an den Berichten über die leichte Entbindung bei den in ihrer Nachbarschaft lebenden Nomadenvölkern des Ostens. Dort wo die asketisch-perverse Idee von der Sündigkeit der Frau noch nicht ausgebreitet war, gab es darüber erstaunliche Zeugnisse: Unabhängig ob die Stämme islamisch, orientalisch-katholisch wie viele Zigeuner, buddhistisch wie etwa Kalmücken oder Burjäten waren, empfing bei ihnen die Mutter ihr Kind häufig in einem ekstatisch-glücklichen Zustand, als ein erhabenes Geschenk «von Gott und den Ahnen».[8]

Die Jugend in West- und Mitteleuropa beeindruckten ähnlich in den Fünfzigern und Sechzigern, gleichzeitig wie die bereits erwähnte Romantik von der Herkunft der Stämme aus dem Himalayaraum, die Geschichten über die von den Häuptlingsfamilien der Zigeuner geheim gehüteten Bilder der schönen indischen Götter: Sie sollten diese den Frauen der Stämme bei den Schwangerschaften anvertrauen, damit sie diese regelmässig betrachten könnten und darum leicht und glücklich zu ihren Entbindungen kämen – von Kindern mit den gleichen erhabenen Fähigkeiten an Geist und Leib wie die dargestellten höheren Wesen.[9]

Bezeichnenderweise sahen die materialistischen Dogmatiker in der Ausbreitung von wesensverwandten Auffassungen der Mutterschaft eine wachsende Gefahr für ihre «rationale» Weltschau: Durch entsprechende Ideen unter den für die neue Bedeutung ihres Urberufs kämpfenden Hebammen und den mit diesen verbundenen Heilkundigen, die wieder an die schöpferisch-göttlichen Kräfte in der Natur glaubten, fürchteten sie das Aufkommen einer modernen religiösen Haltung. «Die Annahme der vorgespiegelten Möglichkeit der Rückkehr zur Reinheit und Urzeit, also das, was man eine Abkehr von der Zivilisation (décivilsation) bezeichnen könnte.»[10]

Man kann es kaum bestreiten, wenn man sich schon damals mit den Bewegungen dieser Art beschäftigte: Unter den ersten modernen Anhängerinnen einer Zeugung, Schwangerschaft und Geburt als «heiligen» Vorgängen befanden sich sehr häufig Frauen, die sich immer mehr wieder als Erbinnen des Wissens der Weisen Frauen empfanden – in der Regel, weil sie selber aus Familien stammten, in denen der Sinn für volkstümliche Überlieferung stark war.

Sie besuchten wieder während der Schwangerschaft Landschaften, die im Volk besonders mit Elfen- und Feensagen erfüllt waren, also schon in Urzeiten «als mit Wunderkräften erfüllt galten».[11] Sie wanderten an alte Pilgerstätten, weil sie glaubten, dass in ihnen noch etwas von der alten Auffassung lebendig sei, dass göttliche Wunder zu allen Zeiten in unserer Welt stattfinden. Sie bschäftigten sich in den gleichen Monaten ihrer Schwangerschaft schöpferisch, mit Musik und Kunsthandwerk, weil dies nach ihnen «die innere Harmonie» erzeuge, die das Wesen in ihrem Leib für seine erfreuliche Entwicklung brauche.

Als solche Gedanken in den neuen Jugendbewegungen, namentlich seit den Hippies von 1966, wieder volkstümlich wurden, erzählten viele der jungen Männer und Frauen diese Geschichten: Sie waren vielfach überzeugt, bereits von Eltern zu stammen, die sich «besonders» auf ihre Geburt vorbereitet hatten. Die ganze Erziehung zur Neigung zum «neuen heiligen Wissen» hätten sie also schon vorgeburtlich erhalten!

Über die neueste «Hippie-Mode» der ausgehenden sechziger Jahre konnte man z. B. als Ausspruch des Direktors des Haight-Ashbury-Krankenhauses nachlesen: «Die Hippies glauben, dass die Antwort auf alles Liebe ist. Und der beste Weg für eine Mutter, ihrem Kind gegenüber die Liebe auszudrücken, ist das Stillen.» Wohlverstanden, dies stammt aus dem Bericht einer deutschen Zeitschrift über die Seltsamkeit der kalifornischen Jugendkultur von damals, geschrieben in Jahren, wo man die Möglichkeit der künstlichen Ernährung der Kinder mit irgendwelchen industriellen Präparaten, wenn möglich von der Geburt an, für den «Ausdruck des Fortschritts» hielt ...

In der gleichen Zeit, in der Ideologen noch die Überflüssigkeit der Klein-Familie (von der Gross-Familie, Sippe, dem Stamm gar nicht zu reden!) predigten und damit von der Notwendigkeit für den Staat, schon die Säuglinge fern von den Eltern zu «erziehen», war dieses Verhalten der Jugend eine offene Ketzerei. Doch die «Hippies» beriefen sich nicht nur auf das Vorbild der Weisen Stammesmütter der mexikanischen Indianer oder der indischen Zigeuner, sondern sie fanden auch ihre Bestätigung in den zeitgenössischen Forschungen, so in denen des Amerikaners Harlow, der Affenkinder kurz nach der Geburt von ihren Müttern trennte und selbstverständlich ebenfalls künstlich ernährte: «Als er die Versuchstiere nach einem halben Jahr mit Artgenossen aus dem Zoo zusammenbrachte, zeigten sich schwere Verhaltensstörungen. Die Versuchs-Tiere waren aggressiv, fanden keinen Kontakt zu Spielgefährten und zum andern Geschlecht. Als die mutterlos aufgewachsenen Affen (ihrerseits) Nachwuchs bekamen, hatten sie keinerlei Gefühl für ihre Kinder. Sie schlugen und bissen sie zu Tode.»[12]

«Wer zu wenig Liebe bekommt, braucht später Gewalt», berichtete 1969 das selbstgedruckte Flugblatt einer jungen deutschen, von der Überlieferung der Volkskulturen begeisterten Grossfamilie: «Ein Kind, das in seinen ersten Lebensmonaten die körperliche und seelische Kommunikation mit seiner Mutter vermissen muss, ist in seinem Verhältnis zur Umwelt gestört. Es wird später vielleicht morden und vergewaltigen und unsere Kurve der Verbrechen weiter in die Höhe schnellen lassen. Es wird vielleicht auch, um seine aus einem Mangel geborenen Minderwertigkeitsgefühle zu kompensieren, sich jeden Mist aufschwatzen lassen, und doch unterbewusst merken, dass es ewig zu kurz kommt, dass man vielleicht Sozialprestige kaufen kann, aber ganz sicher keine Liebe.»[13]

Bekannt wurden damals auch die Tatsachen aus der Geschichte und Volkskunde der einheimischen Alpenstämme, die alle damaligen unabhängigen Jugendbewegungen wegen ihrem beispiellosen Kampf für die freie Entfaltung ihrer Kultur besonders begeisterten und anregten[14]: Aus der engen Bindung der Kinder an ihre ganze Sippe und besonders an ihre Mütter, einer Beziehung, die ihren Ausdruck gerade in der jahrelangen Dauer des Stillens fand, erklärt man heute die ausgeprägte Heimat- und Stammesliebe dieser Völker.[15]

Wo sich ein ähnlicher Kreis der ausgeprägten Familienbräuche bis in die Gegenwart erhielt, dies betonen in ihren Veröffentlichungen und in Gesprächen die modernen Weisen Frauen und die von ihnen angeregten Jugendbewegungen, finden sich die wieder bewunderten Herde des geistigen Widerstandes gegen jede Unterdrückung der Eigenart: Wir erinnern nur an die ihrer Treue zur Tradition wegen wieder als Vorbilder betrachteten Stämme der Zigeuner und Indianer, aber auch an die Tibetaner, Mongolen, Afghanen, Nepalesen.

Vor uns entsteht, wenn wir unsere Betrachtung nicht durch irgendwelche Nebenerscheinungen verwirren lassen, das Bild einer bewussten Besinnung auf den Lebenskreis der Sippe als der eigentlichen Keimzelle jeder höheren Kultur: Auf eine neue, überdachte Beziehung zwischen den naheverbundenen Menschen und gegenüber dem Schatz der Erfahrungen der Ahnen. Auf die Erkenntnis der lebendigen Umwelt und der erhaltenen Bräuche, die auch dem Alltag die Verbindung zum Ewigen und die zeitlose Schönheit schenken können.

Anhang

Abkürzungen

AMW M. Adler, Drawing Down the Moon, Witches, Druids, Goddess-Worshippers, and Other Pagans in America Today, New York 1979.

AT   J. N. v. Alpenburg, Mythen und Sagen Tirols, Zürich 1857.

BF   J. Bodin, Vom ausgelasnen wütigen Teuffelsheer . . ., Deutsch J. Fischart, Strassburg 1591.

BS   A. Büchli, Sagen aus Graubünden, Aarau o. J.

DT   H. P. Duerr, Traumzeit, Über die Grenze zwischen Wildnis und Zivilisation, Frankfurt 1978.

GS   S. Golowin, Das Reich des Schamanen, Basel 1981.

HA   Handwörterbuch des deutschen Aberglaubens, Hrsg. E. Hoffmann-Krayer/H. Bächtold-Stäubli, Berlin 1927–1942.

HG   Hundertachtunddreyssig . . . Bewährte Geheimnisse . . ., Frankfurt 1729.

HK   Hexen, Katalog zur Ausstellung, Hrsg. T. Hauschild (u. a.), Hamburg 1979.

HL   U. Hostettler, Anderi Lieder, Von den geringen Leuten, ihren Legenden und Träumen, Bern 1979.

HS   H. Herzog, Schweizersagen, Aarau 1882.

HV   O. Henne-Am Rhyn, Die deutsche Volkssage, 2. Aufl., Leipzig 1879.

JG   D. Jecklin, Volkstümliches aus Graubünden, Neuaufl., Chur 1916.

K   F. Keller, in: Ordo humanus, 3/4, Luzern 1980.

KP   R. P. Knight, Le culte de Priape, Hrsg. E. Losfeld, Paris o. J. (Nach der englischen Ausg. v. 1865).

L   A. Lütolf, Sagen . . . aus den fünf Orten . . . Luzern 1865.

LA   C. G. Leland, Aradia . . ., Deutsch München 1979 (1. Ausgabe London 1899).

LG   C. G. Leland, Gypsy Sorcery . . ., N, New York 1963 (1. Ausgabe London 1891).

N   Neudruck (in wichtigen Fällen ist anschliessend das Jahr der Erstausgabe beigefügt).

NS   F. Nork. Die Sitten und Gebräuche der Deutschen u. ihrer Nachbarvölker, Stuttgart 1849.

P   T. Paracelsus, Sämtliche Werke, Hrsg. B. Aschner, Jena 1928–1932.

S   A. Schöne, Götterzeichen, Liebeszauber . . ., München 1982.

UB   F. X. Unger, Die Pflanze als Zaubermittel, N 1858, Hrsg. W. Bauer, Allmendingen 1979.

V   D. Valiente, An ABC of Witchcraft, Past and Present, New York 1973.

VA   F. T. Vernaleken, Alpensagen, Wien 1858.

W   J. Weyer, De praestigiis daemonorum, Von Teuffelsgespenst . . .,
       Frankfurt 1586.
WW H. Wahlen, Sagen von Saas-Fee und Umgebung, Solothurn o. J.
       (Sonderdruck aus: Wir jungen Bauern).

Erster Teil
Entdeckung einer Gegenwart

Oasen im Weltkrieg
Lenin und die Hebamme
Verlorenes Erbe

Hinweise auf die (meistens sehr übertrieben geschilderten . . .) «Hexenkulte» im unruhigen Paris der dreissiger Jahre u. a.: R. Thimmy, La magie à Paris, Paris 1934 (Vor allem Kapitel «Une cérémonie vaudoo». «La
papesse noire», «Une messe noire luciférienne» usw.); P. Geyraud, Par-
mi les secrets et les rites, Les religions nouvelles de Paris, Paris 1937, 157
ff; P. Geyraud, L'occultisme à Paris, Paris 1953.

    Hinweis auf Lenins Beteiligung bei den berühmten Tessiner «Rei-
gentänzen», vgl. H. Müller, Der Dichter u. sein Guru, Hermann Hesse –
Gusto Gräser . . ., Wetzlar 1978, 44. Zum geschilderten «alten Mann von
Burgdorf», Albert Minder (1879–1965), stellte man u. a. fest: «Unter an-
derm erlangte er . . . ein grosses Wissen von der Magie der letzten Alpen-
Nomaden . . . Während seiner Asyljahre in der Schweiz war Minder ein
Freund der russischen Revolutionäre um Lenin . . . Bis er sich . . . das Leben nahm, erzählte er manchem jungen Burgdorfer seine Geschichten
und regte sie fürs ganze Leben an . . .» HL, 147 f.

Indisches Europa
Sternengesetz der Völker
Zigeuner-Weisheit im Überleben

Ländliche «altertümliche» Hexen (wie auch die modernen Hexenbün-
de) nennen die Tarot-Überlieferung der Nomaden als Hauptquelle ihres
Wissens! «The gypsies themselves claim to see in some of the pictures on
the cards, the sad history of their wanderings and persecutions.» V, 310 f.
Besonders ausführlich schildert die entsprechenden Herkunftssagen der
«Weisen Frauen» bei den südfranzösischen Zigeunern: W. Starkie, Auf
Zigeunerspuren, Von Magie u. Musik, Spiel u. Kult d. Zigeuner . . .,
München 1957, 251–261 u. 305 ff. (Neben den Büchern des Zigeuners M.
Maximoff war gerade dieses Buch der Hauptanreger der «Zigeuner-Ro-
mantik» bei den deutschsprachigen «Gammlern und Hippies», den Ju-
gendbewegungen der Sechziger!)

Amerikanischer Untergrund
Kalifornische Wandlungen
Die neuen Indianer

Die angeführten Zahlen über die Lage der Familie in der sich wandelnden Industriegesellschaft finden sich in amerikanischen Büchern, die jetzt auch in deutscher Sprache verbreitet sind: A. Toffler, Die Zukunftschance, München 1980; M. Ferguson, Die Sanfte Verschwörung, Basel 1982.

Eine mögliche Unterwanderung durch die Mexikaner und andere Volksgruppen und ihr «magisches Denken» fürchtete bereits der geniale aber hysterisch-puritanische Schriftsteller H. P. Lovecraft (1890–1937) – er sah in ihnen «Halb- oder Dreiviertel-Indianer». Angeführt: L. Sprague de Camp, Lovecraft, New York 1975, 254. Auf die offensichtlich zunehmende nordamerikanische Mode des Besuchs von Wahrsagern, als Zeichen der wachsenden Sehnsucht gegenüber deren noch erhaltenem Sippenleben aus alter Überlieferung verwies schon der Franzose J. P. Clébert, Tsiganes et Gitans, Paris 1974, 187. Zum neuen Sippenkult in den USA (tribal heritage), vgl. AMW, 340 ff.

Wiederkehr der Berg-Hexen
Spuk wird modern
Nachtvolk in den Alpen

In seiner wichtigen Untersuchung über das Hexen-Wesen im Friaul-Gebiet redet C. Ginzburg, Die Benandanti, Frankfurt 1980, 14, von einem «grösseren Komplex von Traditionen . . . in einem Gebiet, das vom Elsass über Hessen bis nach Bayern und in die Schweiz reicht.»

«Die alpinen Gegenden Europas, die Alpen und die Pyrenäen, wurden hauptsächlich deshalb zu Zentren der Verfolgung (der Hexen im 15.–18. Jahrhundert), weil die Ketzer dorthin fliehen mussten und die Inquisitoren ihnen nachjagten.» Die Hexen d. Neuzeit, Hrsg. C. Honegger, 2. Aufl., Frankfurt 1978, 84 u. 162 (Hinweis auf die Forschungen von Lea, Hansen, Murray, Trevor-Roper, Runeberg, Günzburg.)

Nach von ihm vernommenen Zeugenaussagen schilderte eine moderne «Hexenbeschwörung» in den Alpen der Geistliche Felix Flückiger, Im Zwielicht, Langnau 1971, 7 ff. (Auch diesen Sammler der geheimen Bräuche der Gegenwart durfte ich dank dem «Thuner Spuk» kennenlernen!)

Die ausführlichsten Darstellungen dieser «modernen Hexengeschichte» (1966–1967), die überhaupt erst zu einer allgemeinen Besinnung auf ähnliche Vorfälle in der ersten Hälfte des 20. Jahrhunderts führte, finden sich: F. A. Volmar, Berner Spuk . . ., Bern 1969, 177–194; T. Locher/G. Lauper, Schweizer Spuk u. Psychokinese, Freiburg Br. 1977, 17–31.

Der Journalist G. A. Bourquin, L'invisible nous fait signe, Moutier 1968, 122 u. 187, ebenfalls sehr bei den Untersuchungen im «Fall Thun» beteiligt, sah geradezu in der «leuchtenden Energie» um die drei Frauen – die gleiche «Kraft von den Sternen», von der die Camargue-Zigeuner reden!

Jugend und Neue Wirklichkeit
Pilger zu Felsbildern
Mondtöchter im Tessin

Die Jugendtagung von Waldeck im Hunsrück (1969) fand einen starken Niederschlag in einigen der Dokumentationen zu den damaligen (oft gründlich ideologisch verzeichneten!) Jugendbewegungen des deutschen Sprachgebiets, vgl. R. U. Kaiser, Fabrikbewohner, Protokoll einer Kommune . . ., Düsseldorf 1970 (u. a. 135 f auch hier Hinweise auf Sippen- und Hexenkulte!); R. Schwendter, Theorie der Subkultur, Berlin 1971 (S. 182 das Bekenntnis von Waldeck-Gruppen zu «Zigeunern, Fahrenden, Indianern» und «Hexen» – als Anregern eines umweltverbundenen Lebensstils und treuen Erhaltern von Traditionen.)

Die Walliser Alpentagungen (1971–1973) waren Hauptbühnen von wichtigen Untersuchungen zu den damaligen Jugendbewegungen: R. Herzog, Kommunen in der Schweiz, Basel 1972; Religion im Untergrund, Hrsg. Schweiz. Beratungsdienst Jugend/Gesellschaft, Luzern 1975, 113–125. (Beide Untersuchungen verweisen auf den Rückgriff der Gäste der Berglager auf die «reiche Symbol- und Mythenwelt der Vergangenheit». Religion im Untergrund, 176.)

Gerade die Sinnbilder im norditalenischen Camonica-Tal als Anziehungspunkt der Hippies der ganzen Welt vgl. A. Pilgrims Guide to Planet Earth, Vorwort von Alan Watts, San Rafael/California 1974, 125: «Amerikanische Indianer verstanden hier neulich viele der eingravierten Sinnbilder . . . Du kannst die Nacht unter den Sternen verbringen und die Erfahrung der Energien des wilden Tales machen.» Zum modernen Mythos, nach dem die Zeichen des Camonica-Tals (genau wie die vergleichbaren Felssymbole von Usbekistan und Kasachstan) von den «Sternengöttern» stammen, vgl. U. Dopatka/E. v. Däniken, Lexikon d. Prä-Astronautik, Düsseldorf 1979, 121 ff. Der «gehörnte Gott» in den Alpen ist u. a. abgebildet: E. Süss, Rock Carvings in the Valcamonica, Milan 1954, 33. (Das Felsbild der tanzenden Frauen, Süss, 39.) Vgl. dazu die ähnliche vorgeschichtliche Darstellung des Gehörnten mit Gabel («scena del diavolo»): E. Anati, Capo di Ponte, Centro dell' arte rupestre comuna, 4. Aufl., Luglio 1968, 57.

Das Buch über die geistigen Grundlagen der Flüchtlinge nach 1900, das die Tessiner Tagung (1978) anregte, wurde bereits erwähnt: H. Müller, Der Dichter und sein Guru, Wetzlar 1978.

Zum «warnenden Spuk» auf den Autobahnen des Alpengebiets, mit dem sich in den letzten Jahren sehr häufig die Zeitungen beschäftigen, vgl. Ordo humanus, Organ der internationalen Gemeinschaft f. Psychologie . . ., Jg 8, H. 3/4, Luzern 1980, 68 ff; Luzerner Neueste Nachrichten, Nr. 254, 31. Oktober 1980.

Zweiter Teil
Lebendige Sage als Zeugnis

Wiedergefundenes Volk

1 R. Schwendter, Theorie d. Subkultur, 3. Aufl. Frankfurt 1981, 377, schätzt allein die Zahl der Landkommunen der USA auf 20–30 000!
2 Aus einem Flugblatt der Waldeck-Tagung im Hunsrück, 1969. Vgl. in diesem Buch Abschnitt – «Jugendbewegung zur Neuen Wirklichkeit».
3 Hans Steffen (Heimiswil), in: Burgdorfer Dichter-Begegnungen, 3, Burgdorf 1968, 32.
4 Abgedruckt (mit zahllosen andern Leserbriefen zum Alpenspuk!) in: Blick, Zürich 13. April 1967.
5 Prof. Dr. H. Bender, nach: Blick, 89, Zürich 18. April 1967.
6 Dr. T. Locher, in: Vereinigung f. Parapsychologie, Orientierungsblatt 3, Biel Juni 1967.
7 Prof. Dr. R. Leuenberger, in: Kontakt, Zeitschrift d. Jungen, 4/5, Petit-Lancy August 1967, 21 f.
8 Okkultismus, Sonderdruck d. Berner Zeitung, Bern 1980, 13.
9 H. J. Wolf, Hexenwahn u. Exorzismus, Kriftel 1980, 615.
10 U. Greiner, in: Die Zeit, 11, Hamburg, 12. März 1982.
11 Die Woche, 16/17, Zürich 25. Dezember 1981, 57.
12 R. D. Schürch, in: St. Galler Tagblatt, 27. Februar 1982.

Das geerbte Wissen

1 Solche Sagen vernahm im Alpengebiet u. a. der bernische Parapsychologe und Volkskundler Maurice Schaerer (Bern, mündlich, um 1951): Er versicherte, ähnliche Aussagen ebenfalls während seinem längeren Aufenthalt in Brüssel auch unter den Flämen («dem Volk von de Costers Eulenspiegel») vernommen zu haben.
2 C. Binz, Johann Weyer . . ., 2. Aufl. (N. 1896), Wiesbaden 1969, 14.
3 M. Lauber, Häb Sorg derzue, Frutigen 1946, 12.
4 M. Lienert, Die Wildleute, Zürich 1902, 76 ff.
5 F. Kuenlin, Historisch-romantische Schilderungen aus der westlichen Schweiz, 1. Zürich 1840, 228 ff.

6   AT, 256.

7   S. Liechti, Zwölf Schweizer Märchen, Frauenfeld 1865, 19.

8   E. Attenhofer, Sagen ... aus einem alten Marktflecken, Lenzburg 1961, 14.

9   E. Lambelet, in: Schweiz. Archiv f. Volkskunde, 12, Basel 1908, 118 f.

10 A. Cérésole, Légendes des Alpes vaudoises, Nouvelle éd., Lausanne 1913, 43 ff.

11 Vgl. P. 4, 233.

12 Attenhofer, 14.

13 S. Nichols, Jung and Tarot, An Archetypal Journey, New York 1980, 275 f.

14 Dreizack (trident) in den Händen der Gestalt auf Tarotbild 15, vgl. u. a. P. Huson, The Devil's Picturebook, London 1972, 211 f.

15 HL, 18 f. Vgl. L. Tobler, Schweizerische Volkslieder, 2, Frauenfeld 1885, 159; L. Erk/F. Böhme, Deutscher Liederhort, 1, Leipzig 1893, 46.

16 M. P. Baumann, Hausbuch d. Schweizer Volkslieder, Bern 1980, 17.

17 NS, 684.

18 P, 4, 233.

Verfemte Eigenart

1   AT, 255.

2   Dr. R. Marti-Wehren (Bern), mündlich: Er nannte dies «eine um 1900 geradezu allgemeine Alpensage». Chronisten zur Abkunft der Aelpler von «Hunnen und Goten». Vgl. GS, 243–254.

3   Vgl. E. L. Rochholz, Tell u. Gessler in Sage u. Geschichte, Heilbronn 1877, 102 ff.

4   K, 109.

5   WW, 14.

6   WW, 16.

7   Auf «Dunkle Gerüchte» in gleicher Richtung verwies dazu Simon Gfeller. Vgl. Schweizer Volksleben, Hrsg. H. Brockmann-Jerosch, 2, Erlenbach 1931, 85.

8   D. Meili, Hexen in Wasterkingen, Basel 1980, 83 f.

9   AT, 256.

10 HL, 72.

11 BG, 1, 26.

12 Vgl. F. A. Volmar, Berner Spuk, Bern 1969, 100 f.

13 P, 4, 221.

14 AT, 256.

15 Alfred Bärtschi (Burgdorf, aufgewachsen in Adelboden), mündlich.

16 P, 4, 221.

17 Vgl. nach Wilhelm Schütz, bei: H. Trachsel, Diemtigtal, Bern 1979, 36 ff. (Auch mündlich.)

Im Schatten des Schad-Zaubers

1 Der schädigende Blick kommt bereits im vedischen Indien vor, vgl. u. a. S. Seligmann, Der böse Blick . . ., 1, Berlin 1910, 38 f. Zu den äusseren Kennzeichen solcher «Hexenaugen», Seligmann, 1, 66 ff.

2 Eine naturwissenschaftliche Deutung des 18. Jahrhunderts erklärte sogar die «roten Augen» der Hexen durch den «Gebrauch» von Wirkstoffen aus Nachtschattenpflanzen durch solche Frauen, bereits «in der Jugend». J. H. Helmuth, Volksnaturlehre . . ., 6. Aufl., Braunschweig 1810, 136.

3 Ähnlich auch vom polnischen Flüchtling Dr. Georg Stempovski (Bern, 1956), in der Jugend bei Huzulen und Zigeunern in den Karpaten vernommen.

4 Werner Boss (Burgdorf), mündlich.

5 U. a. Hans Steffen (Heimiswil), mündlich.

6 Vgl. W. R. Rishi, Multilingual Romani Dictionary, Chandigarh 1974, Vorwort, u. 50 f.

7 Vgl. Golowin, Adrian v. Bubenberg . . ., Bern 1976; Golowin, Frei sein, wie die Väter waren, Bern 1979.

8 W. In der Maur, Die Zigeuner, Wien 1969, 193 ff.

Schwarze Künste mit Puppen

1 Vgl. M. Stutley, Ancient Indian Magic . . ., London 1980. Zum indischen Puppenzauber, schon NS, 590.

2 Aufgeschrieben während dem angewandten Volkskunde-Unterricht in der Freien Schule im Schloss Vallamand am Murtensee (1956, zusammen mit dem Heimatkundelehrer René Neuenschwander).

3 Gadon Krebs (Habkern), mündlich. Die Anrufung des «Astaroth» (sehr häufig in gedruckten und handschriftlichen Zauberbüchern, die ich noch als Bibliothekar sah!) ist auch in alpinen Sagensammlungen erwähnt. Vgl. u. a. VA, 247 f.

4 Vgl. LA, 60, zum italienischen Hexenwesen um 1900: «Der Austausch von Haarlocken bei Liebenden ist wahrscheinlich mit Magie verbunden.»

Lehren der Nacht

1 Albert Minder (1879–1965), mündlich. Verwandte Lehren sind angedeutet beim (sich davon selber offensichtlich lösenden!) Zigeuner-Schriftsteller M. Maximoff, Die siebente Tochter, Zürich 1969.

2 Mehrfach in Gesprächen von Rom-Zigeunern und Jenischen ge-

hört. U. a. vom spanisch-südfranzösischen Musiker José e Los Reyes (kennengelernt in der Camargue und dann anlässlich der Aufnahme seiner Schallplatte «Gitan Poète», Zürich 1977, dank Wladyslaw Glowacz).

Die Gemeinschaft der Tiere

1 Jakob Tannast (Lötschental), 1952–1956 mündlich. Vgl. K. Meuli, Schweizer Masken, Zürich 1943, 13 ff.
2 H. Fischer, Schwäbisches Wörterbuch, 3, Tübingen 1911, 1570.
3 Angeführt: W. Mannhart, Zauberglaube und Geheimwissen, (N) Wien 1936, 245. Vgl. Verkleidung einer Hexe mit «einem alten Pelz». HB, 11.
4 NS, 594.
5 NS, 681.
6 R. Lee, Verdammter Zigeuner, Weinheim 1978, 89. (Sprachlich sehr nahe verwandt mit dem iranischen Wort «boz». Rishi, 9.)
7 W. Starkie, Auf Zigeunerspuren, München 1957, 260.
8 H. Bertsch, Weltanschauung, Volkssage u. Volksbrauch, Dortmund 1910, 358–367.
9 «The Supernatural Horror in Literature», abgedruckt in: H. P. Lovecraft, Dagon . . . , (Panther Book) London 1969.
10 O. Daettwyler/M. Maximoff, Tsiganes, Zürich 1959, 18.
11 Abgedruckt: NS, 670.
12 HA, 5, 785.
13 UB, 34 ff.
14 HA, 5. 781.
15 L, 457; weitere Belege HA, 5, 782 f.
16 Vgl. H. Lucas, Lamaistische Masken, Kassel 1962, 37 u. 43.
17 Lucas, 43 ff.
18 Historischer Kalender, Bern 1863.
19 Zur Abneigung der Alpenhexen gegen Brot und neue (!) Kornfelder, vgl. L, 204 f.

Fledermaus, Eule und Kröte als Glücksbringer

1 Hedwig Correvon (Bern), mündlich. (Die gleiche Verfasserin stellte überhaupt fest: Der Hexenglaube habe sich «nicht bald in einer Stadt noch so lebendig erhalten wie in Bern». Schweiz. Volkskunde, 10, Basel 1920, 1.)
2 Dr. Otto Breiter (Bern), mündlich.
3 HA, 2, 1073 ff.
4 J. B. Friedrich, Die Symbolik u. Mythologie d. Natur, Würzburg 1859, 548.

5 Hedwig Correvon, mündlich.
6 Vgl. C. de Coster (1827–1879), Uilenspiegel u. Lamme Goedzak, Leizpig 1921.
7 «Die Kröten bewahren einen bevorzugten Platz im Hexenwesen.» J. Collin de Palancy, Dictionnaire infernal, Paris 1963, 117. Vgl. Friedrich, 616.
8 Der Maskenschnitzer Jakob Tannast (Lötschental), mündlich.
9 R. Kriss, Das Gebärmuttervotiv, Augsburg 1929, 33 f.
10 Kriss, 36 u. 47.
11 H. v. d. Hagen, Gesamtabenteuer, 2, Stuttgart 1850, 21 ff.
12 Kriss, 34 f.
13 A. Mookerjee, Tantra asana, Basel 1971, 69. Vgl. Sagen, nach denen die heidnischen Ostsachsen einen «Krötenteufel» anbeteten, Friedrich, 617.
14 Kriss, 35.
15 Albert Minder (Burgdorf), mündlich.

Die Macht der Fuchs- und Katzenfrauen

1 Nach H. C. Agrippa v. Nettesheim, Magische Werke, 1, 4. Aufl., N, Meisenheim-Glan o. J., 147 gehört alles «Feurige, Rötliche» zum Mars.
2 Fritz Leibundgut (Zürich) 1964 mündlich – aus den Geschichten seiner Grosstante, die einen Spezereiladen im sagenumwobenen Berner Mattenquartier besass.
3 HS, 2, 164; JG, 217.
4 R. Eisler, Orphisch-dionysische Mysteriengedanken in d. christlichen Antike, Leipzig 1925, 285 f.
5 Nach dem russischen Flüchtling und Schriftsteller Alexei Remizow (Paris 1956), mündlich.
6 Stanislav v. Vincenz, polnischer Schriftsteller und Volkskundler (Grenoble 1958), mündlich.
7 HS, 147. Vgl. Golowin, Menschen u. Mächte, Zürich 1972, 261.
8 HS, 147 f.
9 Zur modernen indischen Ikonographie von Shiva-Kali vgl. V. G. Vitsaxis, Hindu Epics, Myths ... in Popular Illustrations, Delhi 1977.
10 Mittelalterliches Bild der Hexe auf einer gestreiften Riesenkatze vgl. DT, 193. Zur skandinavischen Chronistensage über die «asiatische» Einwanderung der Hexerei vgl. GS, 71 ff.
11 Vgl. freilich auch die Benützung von Panther-(Tiger-)fellen im Dionysoskult. Eisler, 281 ff.
12 Auch die Tiroler Waldfrauen tragen «Schürzen aus Wildkatzenfell» – ähnlich wie schon ihre antiken Vorgängerinnen! Eisler, 283.

13 J. C. Wiegleb, Onomatologia curiosa, artificiosa et magica, oder na-
    türliches Zauber-Lexicon . . ., Nürnberg 1784, 726 f.
14 Zur Ableitung «Ketzer» von Katze, Katharer von Kater vgl. u. a. J.
    L. Mosheim, Versuch einer unparteiischen . . . Ketzergeschichte,
    Helmstedt 1746, 364.
15 H. Correvon, Gespenstergeschichten aus Bern, Bern 1919, 44 f.; F.
    A. Volmar, Berner Spuk..., Bern 1969, 61. Von den Hexen – «in
    Gestalt einer Katze...», HB, 10.
16 E. L. Rochholz, Schweizersagen aus dem Aargau, 2, Aarau 1857,
    175.
17 B. Diederich, Von Gespenstergeschichten . . ., Leipzig 1903, 203.

Künste der Hebammen und Baderinnen

1 M. Kunze, Strasse ins Feuer, Vom Leben u. Sterben in d. Zeit des
   Hexenwahns, München 1982, 322.
2 Dr. Albert Brüschweiler (Thun, 1955), mündlich.
3 Hans Schwarz (Köniz), mündlich.
4 Ähnliche Überzeugungen führten in den siebziger Jahren auch im
   deutschen Sprachgebiet zur Aufwertung der Hausgeburt durch Hebammen, vgl. u. a. J. Sommermatter, Handbuch f. werdende Mütter,
   Haldenwang 1981.
5 Dr. Werner Kupferschmid (Burgdorf, 1960), als Aussage einer alten
   Frau von Lützelflüh im Emmenthal.
6 Schon «die ungeborene Leibesfrucht» sollten die Hexen den Mächten der Nacht «weihen». Vgl. Binz, 14.
7 Walter Wegmüller (Basel), nach den 1954 gehörten Geschichten
   «einer alten Frau aus dem Gebiet von Gurzelen» (Berner Oberland): «Ganz ähnlich» vernahm es der gleiche Gewährsmann bei
   Bergamo von einer norditalienischen Wahrsagerin.

Lebenskraft im Frühlings-Bad

1 P, 4, 233.
2 HV, 447.
3 VA, 233
4 HS, 2, 24.
5 Gadon Krebs (Habkern), mündlich.
6 Bibliothekar Dr. Bernhard Schmid (Bern), mündlich.
7 Das Bader-Büchl des Paracelsus, Hrsg. O. Stöber, Wien 1958, 43.
8 Fritz v. Steiger (Bern), aus Erinnerung seines Grossvaters. Auch im
   alpinen Schwefelbergbad galten «allfällige Gebresten» – «wohl
   eher als hinderlich». Puritanische Geistliche wetterten darum «we-

gen gottlosem Unwesen». R. Neuenschwander, in NZZ, 164, Zürich 17. Juli 1980, S. 41.

9   A. Martin, Deutsches Badewesen in vergangenen Tagen, Jena 1906, 231 ff.
10 Martin, 353.
11 A. Lüthi, Die Mineralbäder des Kantons Bern, Diss., Burgdorf 1959, 19. (Der Verfasser zählt übrigens nur für dieses alpennahe Gebiet 96 Mineralbäder auf – «weggelassen sind einige unbedeutene Lokalbäder». Lüthi, 25 ff.)
12 O. Neracher, Bader u. Badewesen in der Stadt Basel . . ., Diss. Basel 1933, 55 f.
13 Der Bund, 186, Bern 11. August 1980.
14 Hedwig Correvon (Bern), mündlich.
15 A. Dennler, Bürger Quxots aus Uechtland sämtliche Werke, 1, London (vorgetäuschter Druckort!) 1817, 277.
16 Vgl. E. A. Türler, Das Rüttihubelbad bei Bern . . ., 2. Aufl., Bern 1887.
17 F. W. Gohl, Die Mineralquelle von Worben, Bern 1854, 58.

Jugend und Schönheit aus Tau, Kräutern, Milch

1   J. G. Heinzmann, Beschreibung d. Stadt Bern, 2, Bern 1796, 246.
2   Walter Marti (Oberburg), mündlich.
3   P. Sartori, Sitte u. Brauch, 3, Leipzig 1910, 180.
4   Papus, Tarot d. Zigeuner, Schwarzenburg 1979, 135, erklärt diese Karte: «Gott als Umwandler».
5   Neben der Stern-Frau sehen wir auf alten Karten die Blume mit einem Falter – nach der Deutung des 18. Jahrhunderts Zeichen der «Wiedergeburt und Auferstehung». Vgl. C. de Gébelin, Le monde primitif, 8, Paris 1781, 375.
6   J. G. Heinzmann, Kleine Schweizerreise . . ., Basel 1797, 23 f.
7   HL, 67.
8   HA, 1, 828 f.
9   Erzählungen im Reust-Gebiet (Berner Oberland), 1954: Dank Hinweisen von Robert H. Seiler (Ins).
10 U. Gwerder, Bräuche im heutigen Bündner Alpwesen, in: Bündner Monatsblatt, 9/10, Chur 1981, 191 f.

Das Fest im Mai

1   Zur ganzen Sage über die Hexenversammlung auf dem Seefeld: L, 202 f.; H. Schraner, Bergsagen (Schweiz. Jugendschriften, 53), Bern 1925, 16 ff; F. J. Begert, Die Lombachschule, Zürich 1951, 50 ff. M.

Sooder, Habkern, Basel 1964, 83 f. u. 112 f. Selbstverständlich verschiedene Ergänzungen von Ortskundigen und Lehrern aus der Gegend wie Oskar Michel aus Bönigen (1925–1927 in Habkern), Martha Michel; auch von Albert Streich, Hans Trauffer (Brienz) usw.

2 Gadon Krebs (sagenkundiger Bergbauer an der Grenze von Unterseen-Habkern), 1950 mündlich.

3 «Die Kilter waren überhaupt die Helden der Alpensagen.» Fritz Ringgenberg (Meiringen), mündlich.

4 Sagen, vom Lehrer Hans Schraner (Interlaken), noch in den zwanziger Jahren «über Schüler» vernommen.

5 Die Hexen d. Neuzeit, Hrsg. C. Honegger, 2. Aufl., Frankfurt 1979, 192 f.

6. KP, 214 f. (Die englische Ausgabe dieses Buchs von 1865 gilt als sehr wichtig für die Kulte des 19. Jahrhunderts!)

7 Auch sonst verstehen die Berichte des 15.–18. Jahrhunderts unter «Zigeunern» ein bunt «zusammengerottetes Gesindel, so meist aus Siebenbürgen, Walachei, Tatarei (als Tataren bezeichnete man damals die Stämme, die den Raum von Polen bis China und Indien beherrschten, S. G.) oder aus der Moldau und Ungarn gebürtig». H. R. Grimm (1665–1749). Buch d. Natur, oder Planeten-Buch . . ., Burgdorf 1716, 59.

8 BF, 111.

9 S. Golowin, Sagen aus dem Bernbiet, Basel 1966, 78–89.

10 HV, 459.

Erneuerung durch Tanz

1 BF, 110. Die «modernen» Hexen vergleichen mit diesen Anrufungen die Wirkung der dauernden Wiederholung von vishnuistischen Götternamen (Hare Krishna, Hare Rama) beim ekstatischen Tanz der indischen Gemeinschaften! V, 298.

2 NS, 674 ff.

3 NS, 681.

4 Bei einem Hexensabbat in der Nähe von Vaduz wird als Gefäss ein Kuhhuf verwendet – ebenfalls Erinnerung an ursprünglichen Kuhkult? Vgl. HS, 461.

5 UB, 40 ff.

6 «Geissenau heisst diese Fluh.» H. R. Grimm, Neu-vermehrte . . . Schweitzer Cronica . . ., Neue Ausg., Basel 1796, 42.

7 E. Leutenegger, in: Burgdorfer Dichter-Begegnungen, 3, Burgdorf 1968, 46 ff.

8 Nomadensagen nennen gelegentlich den Mondgott «Beschützer des Zigeunervolkes während der Zeit ihrer Vertreibung» (gemeint ist offenbar während ihrer Wanderungen fern ihrer indischen Urheimat, S. G.) E. B. Trigg, Gypsy Demons . . ., London 1975, 202.

1   JG, 393.
2   VA, 220.
3   AT, 4 ff.
4   HV, 346.
5   Cérésole, 54 f.
6   VA, 221. Vgl. HA, 2, 193.
7   M. Savi-Lopez, Alpensagen, Stuttgart 1893, 40 ff.
8   Phantasievolle Vermutungen (unterstützt durch die Chronistensagen seit dem 15. Jahrhundert!) sind hier sehr häufig: A. K. Fischer, Die Hunnen im schweizerischen Eifischtale, Zürich 1896, 248, wollte z. B. in den Alpen Menschen von «tscherkessischem Typus» nachweisen, usw.

Dritter Teil
Vergessene Weltgeschichte

Ewige Urzeit

1   E. Parnov, Bogi Lotossa (Lotos-Götter), Moskau 1980, 57 f.
2   Srimad Bhagavatam, Canto 6, Teil 2, Kapitel 9–19, Hrsg. A. C. B. Prabhupada, Vaduz 1981, 7.
3   Parnov, 150.
4   Vgl. u. a. W. Eidlitz, Die indische Gottesliebe, Olten 1955, 245 f.
5   J. Herbert, Le Geste de Krishna, Le Yoga de l'amour, Paris 1973, 249.
6   Herbert, 252.
7   Herbert, 191 ff.
8   A. Mookerjee, Tantra Asana, Basel 1971, 93 (Tafel 60).
9   Vergleich des keltischen Cerunos und des baltischen Perkun (Perun der Slaven) vgl. E. Krause, Tuisko-Land..., Glogau 1891, 251 ff. Vorgeschichtliche Bilder gehörnter Götter (oder maskierter Schamanen) vgl. u. a. J. B. Russell, A History of Witchcraft, London 1980, 37 ff.
10 J. Grill, 100 Lieder des Atharva-Veda, 2. Aufl., Stuttgart 1888, 59 (VII, 38).
11 Grill, 58 (VI, 130).
12 Vgl. u. a. M. Stutley/J. Stutley, A Dictionary of Hinduism, London 1977, 16 f.
13 C. U. Grupen, Anmerkungen aus den teutschen ... Rechten u. Alterthümern, Halle 1763, 185.
14 E. Veckenstedt, Die Mythen ... d. Zamaiten, 1, Heidelberg, 1883, 204.

Völkerwanderung ohne Ende

1 E. Parnov, Bogi Lotossa (Lotos-Götter), Moskau 1980, 231.
2 R. Hummel, Indische Mission u. neue Frömmigkeit im Westen, Stuttgart 1980, 197.
3 Flugblatt von der Waldeck-Tagung, Hunsrück 1969.
4 C. Daettwyler/M. Maximoff, Tziganes, Zürich 1959, 7 f.
5 R. E. Mueller, Engel d. Strassen, Bern 1976, 107.
6 M. Genner, Spartakus, Eine Gegengeschichte . . . nach den Legenden d. Zigeuner, 1, München 1979, 83 f. (Ähnliche Geschichten, ebenfalls nach verschieden gedeuteten Nomaden-Überlieferungen vgl. J. A. Valliant, Les Romes, Paris 1857; F. de Ville, Tziganes, Témoins du temps, Brüssel 1956).
7 Vgl. u. a. F. Kittel, Über den Ursprung des Lingakults in Indien, Magalore 1876, 8.
8 KP, Vorwort zur Ausgabe von 1865.
9 E. B. Trigg, Gypsy Demons . . ., London 1973, 204 f.
10 Vgl. V, 162 (Vor allem nach LG und G. Borrow, The Zincali . . ., London 1841).
11 Vgl. deutsch: G. Borrow, Lavengro, Zürich 1959, 84.
12 V, 161. Die Ableitung des Wortes Teufel (engl. devil) von Deva findet sich auch während der deutschen Romantik bei F. Nork, Braminen u. Rabbinen, Meissen 1836.
13 LG, 46.
14 Bilder dazu: Iconography of Religions; Buddhism in Afghanistan and Central Asia, Hrsg. S. Gaulier/R. Jera-Bezard/M. Maillard, 2, Leiden 1976.
15 Moderne, für die Jugend wichtige Kräuterbücher beziehen sich gern auf die Räte von Zigeunern, z. B.: T. Müller, Wildgemüse u. Wildfrüchte, Ittigen 1978, 9.
16 BS, 2, 125 ff.
17 UB, 43 ff.
18 E. Welper, Das zeitkürzende Lust- u. Spiel-Haus, N. d. Ausg. 1690, Leipzig 1975, 32 f. (Diese Neugierigen wurden durch Parlaments-Beschluss zu «Missetätern» erklärt!)

Ankunft der Ahnengötter

1 O. v. Reinsberg-Düringsfeld, Fest-Kalender aus Böhmen, Prag 1864, 205.
2 Zedlers Universal-Lexikon, 38, Leipzig 1743, 32.
3 H. Brunnhofer, Die schweizerische Heldensage, Bern 1910, 79 f.
4 A. H. Krappe, in: Mythologie universelle, Paris 1930, 1887.
5 Der Bund, 432, Bern 1931. Hinweis von Dr. Arnold H. Schwengeler (Bern).
6 G. T. Legis, Alkuna, 2, Leipzig 1831, 32 ff.
7 I. J. Hanusch, Die Wissenschaft des slawischen Mythos, Lemberg 1842. Vgl. The Shiva-Purana, Delhi 1970.
8 T. Arnkiel, Cimbrische Heyden-Religion, Hamburg 1691.
9 Vgl. J. v. Hammer-Purgstall, in: Fundgruben des Orients, Wien 1810–1819.
10 Vgl. u. a. J. Seznec, La survivance des dieux antiques, Diss. London 1939.
11 Vor allem wiederum Hinweise durch die polnischen Schriftsteller und Kenner der östlichen Adelskultur Stanislav v. Vincenz u. Georg Stempovski.
12 T. Talbot-Rice, Die Skythen, Köln 1957, 191 f.
13 Vgl. GS, 92 f. (vor allem nach den für das 14.–17. Jahrhundert so wichtigen Aufzeichnungen des Jean de Mandeville!).
14 LG, 230–254.
15 Nach K. Bercovici, The Story of the Gypsies, 3. Aufl., New York 1928, 194, gibt es keine russische Fürstenfamilie ohne Zigeunerblut!
16 Anrufung angeführt: AMW, 392 f. (Nach «The Druid Chronicles», Berkely 1976).

Wissen und Wahn des Mittelalters

1 Zum Hexenwesen im Waadtland und angrenzendem Alpengebiet vgl. u. a. J. Hansen, Quellen u. Untersuchungen zur Geschichte des Hexenwahns . . ., N, Hildesheim 1963.
2 Hinweise durch die Bibliothekare Dr. Bernhard Schmid, Dr. Werner Juker, Prof. Dr. Hans Strahm (Bern). Vgl. Golowin, Frei sein, wie die Väter waren, Bern 1979.
3 Vgl. GS, 163 ff. (Teilweise mit Benützung der lebendigen Nomadenüberlieferung und der Deutung des römischen «Proletariats» bei K. Marx).
4 E. Binz, Doctor Johann Weyer . . ., 2. Aufl., N, Wiesbaden 1969, 11.
5 Binz, 61.
6 Binz, 150 f.

7 Über Skandinavien schrieb z. B. Strinnholm: «. . . sogar angesehene, ahnenreiche, vornehme Frauen kannten die Geheimnisse der Kunst. . ., unterwiesen auch ihre Töchter darin.» NS, 598.

8 H. F. Veiras, Heutelia, Hrsg. W. Weigum, München 1969, 175 f.

9 Heutelia, 97 f.

10 Briefe über ein schweizerisches Hirtenland (v. Bonstetten), Basel 1782, 108.

11 Berner Burgerbibliothek, Handschrift Mss. HH XXI b 361, 302.

12 T. Borel, L'abbé de Watteville . . ., Basel 1923, 454.

13 Neue Berner Schul-Zeitung, 10, Bern 10. März 1866, 38.

Wächter der heiligen Überlieferung

1 M. Savi Lopez, Alpensagen, Stuttgart 1893, 40.

2 Raoul-Rouchette, Lettres sur la Suisse . . ., 2, 4. Aufl., Paris 1828,

3 Vgl. Tafel bei P. de Lancre, Tableau de l'inconstance du mauvais anges . . ., 2, Paris 1613, 118 f; KP 197 ff.

4 J. Aventin, Bayerische Chronika . . ., Frankfurt 1580, 42 b.

5 G. Mentz, Ist es bewiesen, dass Trithemius ein Fälscher war? Diss. Jena 1892, 44 f.

6 G. Freytag, in «Neues Reich», 1872, nach Mentz.

7 Die Stretlinger Chronik, Hrsg. J. Baechtold, Frauenfeld 1877, 65 ff.

8 Nach: K. E. H. Müller, Die Chronik des Baseler Professors H. Mutius, Prenzlau 1882, 32.

9 H. A. Hansen, Der Hexengarten, Hrsg. W. Bauer, München 1980, 149.

10 W. Morgenthaler, Bernisches Irrenwesen, Bern 1915, 37.

Rückzug in die Hexenküche

1 S, 137 f.

2 J. S. Halle, Fortgesetzte Magie, oder die Zauberkräfte der Natur . . ., 1, Wien 1788, 495 ff. Vgl. HK, 37. (Besonders jetzt DT!)

3 V. Kräutermann, D. Thüringische Theophrastus Paracelsus, Wunder- u. Kräuterdoctor . . ., 3. Aufl., Arnstadt 1730, 130 f.

4 Kräutermann, 129.

5 G. Le Rouge, La mandragore magique, Paris 1967, 77.

6 Le Rouge, 82.

7 Binz, 37.

8 HA, 1, 829.

9 Man staunte im ausgehenden Mittelalter über die «heidnischen» Nomaden, weil sie auch den Körper als göttliches Kunstwerk ansahen; GS, 94.

10 Hedwig Correvon (Bern), mündlich.

11 H. Marzell, Geschichte u. Volkskunde d. deutschen Heilpflanze, 2. Aufl., Stuttgart 1938, 255 f.
12 Alfred Bärtschi (Burgdorf), mündlich – aus Frutigtal. Vgl. HA, 1, 856.
13 Marzell, 205 (Nach J. J. Becher, 1662).
14 Kräutermann, 128. Auch Gadon Krebs (Unterseen), mündlich.
15 Kräutermann, 128.
16 W, 192 f.
17 Halle, 1, 495 ff.
18 S, 158.
19 Benützte Ausg.: Voyages imaginaires, songes, visions et romans cabalistiques, Tome 34, Amsterdam 1788.
20 V. Weber, Sagen d. Vorzeit, 4, Berlin 1791, 59 ff.
21 C. M. Wieland, Don Sylvio (1764), in: Wieland, Sämtliche Werke, 11, Leipzig 1795, 18.
22 W, 129 f.
23 Das Faustbuch nach d. Wolfenbüttler Handschrift, Hrsg. H. G. Haile, Berlin 1963, 69 ff.

Doktor Faust und die deutsche Romantik

1 H. Birven, D. historische Doktor Faust, Gelnhausen 1963, 11 ff.
2 G. Mahal, Faust, Bern 1980, 14.
3 Faustbuch/Haile, 32.
4 Faustbuch, 33.
5 Faustbuch, 28 f.
6 Faustbuch, 86.
7 J. R. Grimm, Buch d. Natur, oder Beschreibung des grossen Welt-Gebäus . . ., Burgdorf 1727, 122.
8 Faustbuch, 86.
9 Faustbuch, 120.
10 Hinweise vor allem dank dem Orientalisten Prof. Dr. Rudolf Gelpke (Basel 1968).
11 Faustbuch, 83 f.
12 T. Benfey, Pantschatantra, 2, Leipzig 1859, 48 ff. Für moderne «Fantastische Realisten» wird dieses Märchen geradezu zum Beweis vorgeschichtlicher Flugmaschinen . . . W. R. Drake, Spacemen in the Ancient East, London 1973 (1. Aufl. 1968).
13 H. Mode/S. Wölffling, Zigeuner, Leipzig 1968, 93 ff. Vgl. Golowin, Die Welt des Tarot, 5. Aufl., Basel 1982, 28 ff.
14 Vgl. Erwähnung der Geschichte bei Christian Marlowe, Die Tragische Historie vom Doktor Faustus, Hrsg. Athanor München (zur Theateraufführung v. D. Esrig), Bern 1980, 186.

15 Man deutete geradezu gewisse europäische Kulturveränderungen durch dauernde «Einfuhr» solcher Frauen! J. Needham, Science and Civilisation in China, 1, Neuaufl., Cambridge 1975, 189.

Goethes Walpurgisnacht

1 S, 145f.
2 Die Geschichte v. Faust in Reimen . . ., Hrsg. J. Scheible, (Das Kloster, 11) Stuttgart 1849, 574.
3 M. Meyer-Salzmann, M. Schüppach, d. Wunderdoktor, Langnau 1965, 63.
4 Meyer, 43; Okkultismus, Sonderdruck d. Berner Zeitung, Bern 1980, 2.
5 K, 101; Zur Beziehung Goethes zu den Nomaden, vgl. W. Ebhardt, Die Zigeuner in der hochdeutschen Literatur bis zu Goethes «Goetz v. Berlichingen», Diss. Göttingen 1928.
6 C. Ernst, Teufelsaustreibungen, Bern 1972, 12f.
7 K. 109.
8 K, 101.
9 Nach: F. Hertz, Moderne Rassentheorien, Wien 1904, 311.
10 F. Strich, Die Mythologie in d. deutschen Literatur, 1, Halle 1910, 287.
11 Hegels Theolog. Jugendschriften, Hrsg. H. Nohl, Tübingen 1907, 216.
12 Hegel/Nohl, 54f. Vgl. Golowin, Hexen, Hippies, Rosenkreuzer, 2. Aufl., Hamburg 1981, 144–161; Golowin, Frei sein, wie die Väter waren, Bern 1979.
13 K, 102.

Das geheime 19. Jahrhundert

1 L. Weisz, in: Zeitschrift f. schweizerische Kirchengeschichte, 28, Stans 1934, 250 (Über Hans Fründs Darstellung der Walliser Hexenverfolgungen!)
2 Weisz, 252ff.
3 Vgl. H. Heine, Der Doktor Faust, Ein Tanzpoem, Erläuterungen, 1847.
5 Heine, Elementargeister, 1834.
5 Heine, Die Götter im Exil, Vorbemerkung zur französischen Ausg., 1853.
6 NS, 606–633.
7 Heine, Doktor Faust.
8 Vgl. LG; V, 161f.

9   E. M. Butler, The Fortunes of Faust, Paperback ed., Cambridge 1979, 100.

10   NS, 618 ff.

11   Heine, Doktor Faust.

12   Als klassische Schilderung für das 19. Jahrhundert gilt: J. K. Huysmans (1848–1907), Da unten (Là-bas), Leipzig 1903.

13   Zu den Quellen von Huysmans vgl. u. a. M. Praz, Liebe, Tod u. Teufel, Die schwarze Romantik, München 1963, 414 f; HK, 53.

Hexenbünde der Gegenwart

1   J. Lorber, Erde u. Mond, 4. Aufl., Bietigheim/Württemberg 1953, 100 ff.

2   Lorber, 103–109.

3   Vgl. V, 223 f. Auch: HK, 115; AMW, 56.

4   C. G. Leland, Etruscan Magic . . ., N, New York 1963.

5   LA, 7 u. 111 f.

6   Vgl. u. a. J. Webb, The Harmonious Circle, The Lives . . . of G. I. Gurdjieff . . ., London 1980.

7   Zur Herkunft des russischen Adels (dem Hauptträger des Kunstlebens des 19.–20. Jahrhunderts!) von Nomadenstämmen, vgl. GS, 195 ff.

8   Eine Darstellung dieser Sachlage findet sich u. a. im Roman «Oblomow», 1859, von I. A. Gontscharow (1812–1891).

9   A. Belyj, in: Epopeja, 4, Berlin-Moskau 1923, 120 ff.

10   W. F. Chodossevitsch, Nekropol (russisch), Brüssel 1939, 114 f. (Kissin war übrigens mit der Schwester des «Hexenmeisters» Brjussow verheiratet!)

11   A. Tolstoi, D. Leidensweg, 1, 2. Aufl., Berlin 1974, 34.

12   Chodossevitsch, 18.

13   Chodossevitsch, 7 ff. u. 278.

14   V. Brjussow, D. feurige Engel, München 1910, 194 f.

15   Chodossevitsch, 18.

16   Vgl. Golowin, Hexen, Hippies, Rosenkreuzer, München 1977, 179 ff.; GS, 267–301.

17   Auch die Prokofieff-Aufführung des «Feurigen Engel» am Schauspielhaus Zürich (1969) führte zur Entstehung von Diskussionskreisen über den Sinn des europäischen Hexenwesens! Vgl. D. Zehentmeyr, in: Focus, 1, Zürich 1969, 23.

Angelsächsische Besinnung

1 G. Schirmer, Die Schweiz im Spiegel englischer ... Literatur ..., Zürich 1929, 37 ff.
2 Deutsch: E. Sellon, Der grosse Geniesser, (Exquisit-Bücher, 134) München 1977.
3 Vgl. F. King, Sexuality, Magic ..., London 1971, 8–29.
4 Die Hexen d. Neuzeit, Hrsg. C. Honegger, Frankfurt 1979, 137.
5 K. Wenger, Historische Romane deutscher Romantiker, Untersuchungen über den Einfluss W. Scotts, Bern 1905, 5 f.
6 Scotts Romane, Hrsg. B. Tschischwitz, 6: Guy Mannering, Berlin 1876, 48 f.
7 Scotts Romane, 6, 59. Vgl. W. Boas, Die Zigeunerromantik im englischen Roman, Diss. Erlangen 1929, 12 ff.
8 Wichtige Erwähnung der Tarot-Symbolik: H. Jennings, Die Rosenkreuzer, Ihre Gebräuche u. Mysterien, 1, Berlin 1912, 120.
9 Jennings, 2, 159.
10 U. a. V, 96 f.; Auch: F. King, Ritual Magic in England, London 1970, 178 f. (Hauptquellen des Weltbildes dieser Zirkel waren, neben denen von Leland, Crowley, Gardner, auch die Schriften der Margaret Murray; The Witchcult in Western Europe, London 1921; The God of the Witches, London 1952. Zur hier wichtigen Rolle des «Anregers» G. B. Gardner, 1884–1964, vgl. AMW, 61 ff u. 70.)
11 Zur Crowley-Sage: R. Peyrefitte, Les fils de la lumière, Paris 1961, 233.

Chaos und Hippies

1 «Er (Crowley) mag auch die Hand im Spiel gehabt haben bei der Wiedergestaltung des Hexenrituals.» G. B. Gardner, Ursprung u. Wirklichkeit d. Hexen, Weilheim 1965, 111.
2 K. Grant, The Magical Revival, New York 1973, 113.
3 V, 78.
4 T. Lehmann, Negro Spirituals, Berlin 1965, 160.
5 A. Goldman, Elvis, London 1981, 364 ff.
6 T. Sanchez, Die Rolling Stones, München 1980, 154 f.
7 The Rolling Stones, Songbook, Frankfurt 1977, 260 f.
8 Stones/Songbook, 282 f.
9 Angeführt: R. Peyrefitte, Les fils de la lumière, Paris 1961, 234.
10 Prof. Dr. Rudolf Gelpke (Basel 1969), mündlich.
11 R. Lee, Verdammter Zigeuner, Weinheim 1978, 106.
12 Abgedruckt u. a. in der «Sippen-Zeitschrift» Hotcha! Hrsg. U. Gwerder, 20, Zürich 1969: Polemos, 19, Basel 1970, 35 ff.
13 U. a. angeführt bei R. Schwendter, Theorie d. Subkultur, 3. Aufl., Frankfurt 1981, 182.

Europäischer Traum

1   R. Neuenschwander, Der blonde Brecht (Sinwel-Reihe d. Prosa, 7) Bern 1962.
2   T. Häfeli, nach «Femina»-Gespräch mit M. Zweifel, abgedruckt: Scharotl, Die Zeitung des Fahrenden Volkes, 8, Hrsg. W. Wegmüller, Basel 1979.
3   W. In der Maur, Die Zigeuner, Wien 1969, 196.
4   Über H. C. Artmann, Hrsg. G. Bisinger, Frankfurt 1972, 122 ff.
5   Artmann, 131 f.
6   W. Zürcher, in: Berner Szene, Hrsg. U. Graf/R. Graf, Bern 1972.
7   W. Wegmüller, in: Berner Szene.
8   N. v. Steiger, Die Mähre, (Sinwel-Reihe d. Prosa, 9) Bern 1963.
9   A. Linder, in: Rausch u. Realität, 2, Köln 1981, 727 f.
10 R. König, in: Rausch u. Realität, 1, 20 f.
11 H.-J. Wolf, Hexenwahn u. Exorzismus, Kriftel 1980, 615.
12 Linder, 727 f. Benützung von Volksüberlieferung durch eine Wohngemeinschaft in Wädenswil vgl. DT, 269.

Magische Medizin gegen Krebs und Altern

1   H. Holzer, La sorcellerie renaissante, (Marabout) Verviers 1975, 185.
2   Vgl. die «klassische» Schilderung des «Hexensabbats» von 1897: S. Przybyszewski, Die Synagoge Satans, N, Berlin 1979.
3   Besonders nach Hans Steffen (Heimiswil), 1958–1963 mündlich.
4   E. A. Hansen, Der Hexengarten, Hrsg. W. Bauer, München 1980, 149.
5   Die meisten Menschen in den modernen Wohngemeinschaften der USA (most of the Spiritual Community) erklären sich von der Wirklichkeit solcher «Vibrations» überzeugt! I. May, Spiritual Midwifery, Summertown 1975, 10.
6   Nach dem Schriftsteller Jura Terapiano (Paris, mündlich) gab es in Russland schon um 1910 Expeditionen, die sich mit dieser «Langlebigkeit» beschäftigen sollten!
7   W. Zürcher, Alternative Heilmethoden bei Krebs, Freiburg Br. 1982, 89 ff.
8   Holzer, 186.
9   Bis zuletzt soll er für sich «irgendwelche Kräuter nach alten Bauernrezepten» gebraut haben . . . M. Morozow, D. Georgier, München 1980, 313.
10 H. Schreiber, Feen in Europa (N. 1842), Hrsg. W. Bauer, Allmendingen 1981, Anmerkung 26.

Materialismus und Stammesmütter

1 J. Michelet, Die Hexe, Leipzig 1863.

2 Vgl. Golowin, Zigeuner-Magie im Alpenland, Frauenfeld 1973, 171–182.

3 Zum Zusammenhang der materialistischen Aufklärung mit den – von ihr missverstandenen – Paracelsisten vgl. Golowin, Hexen, Hippies, Rosenkreuzer, Hamburg 1977, 162 ff.

4 HK, 32.

5 D. A. F. de Sade, Justine . . ., 3. Aufl., Hamburg 1972, 306.

6 Sade, Justine, 353. Vgl. Sades Gleichsetzung solcher Ideen mit denen der französischen Aufklärung und Revolution. Sade, Die Philosophie im Boudoir . . ., Hamburg 1972. Nach zeitgenössischer Sage, angeführt von Charles de Villiers (1797), waren Sades Schriften tatsächlich die Quelle der Anregung der Revolutionäre um Robespierre! I. Bloch, D. Marquis de Sade . . ., München 1978, 469.

7 F. Leboyer, D. sanfte Weg ins Leben, München 1974, 5.

8 Nach Erzählungen meines Grossvaters, Prof. Dr. Sergej A. Golowin (Moskau 1866–1931, mir berichtet durch meinen Vater): Er kannte eine Reihe der bei diesen Diskussionen beteiligten Wissenschaftler, u. a. Pavlov, Filatov, Platonov.

9 Vgl. F. de Ville, Tziganes . . ., Brüssel 1956, 96 f; J.-P. Clébert, Les Tziganes, Paris 1961, 211.

10 F. Lamaze, Qu'est-ce que l'accouchement sans douleur? Paris 1956, 91.

11 «Wir glauben, wie unsere Väter vor uns glaubten.» Encyclopedia of Witchcraft, Hrsg. H. Holzer, London 1974, 105.

12 Der Stern, Nr. 7, Hamburg 1970. Ganz entsprechende «alte Lehren der Hebammen und Weisen Frauen im Alpenland» erzählte mir auch Frau Anna Vogt-Steiner, 1886–1975, mündlich! (Dank Vermittlung ihrer Tochter Elsa Rickenbacher, Burgdorf, die mir auch sonst beim Sagensammeln half.)

13 Focus, Das zeitkritische Magazin, Nr. 7, Zürich 1970, 34. Bezeichnenderweise beriefen sich die Anhängerinnen solcher Bestrebungen im deutschsprachigen Rheingebiet schon damals auf die «christliche Weise Frau», die heilige Hildegard v. Bingen (1098–1179). Vgl. zu deren Auffassungen: «Alle Künste, welche den natürlichen und notwendigen Belangen der Menschen dienen, sind ja durch den Lebenshauch, den Gott in des Menschen Leib sandte, erfunden worden.» H. v. Bingen, Heilkunde, Hrsg. H. Schipperges, 2. Aufl., Salzburg 1957, 261.

14 Die Aufrufe der Zürcher Jugend-Bewegungen (1968) beriefen sich häufiger auf den Sagenhelden Tell, als auf alle marxistischen Ideologen der «Neuen Linken» zusammen . . . P. Killer, Tell 73, Bern 1973, 24.

15 H. G. Wackernagel, in: Schweiz. Archiv f. Volkskunde, 46, Basel
    1950, 80 ff. Schon die Jugendtagungen «für einen neuen Lebensstil»
    im Schloss Vallamand am Murtensee (1956–1960) stützen sich aus-
    drücklich auf solche Überlieferungen! (Bekenntnisse zum «Geist
    unserer Vorfahren» sind dann in den entsprechenden Gruppen, na-
    mentlich im Alpengebiet der siebziger Jahre, immer häufiger. Vgl.
    Religion im Untergrund, Einsiedeln 1975, 115.)

Bildnachweis

Seite 13 Aus *Die Weltreise Sadkos* (1952) von Alexander Ptuschko, aus Midi-Minuit Fantastique, Nr. 2, Paris 1962.

Seite 15 «Les Godlike Enchantress, dans leur nuptorium», aus Docteur Bataille, Le Diable au XIXe siècle, 2, Paris 1894, 800.

Seite 16 «Lechies», aus Colin de Plancy, Dictionnaire infernal, Paris 1863.

Seite 21 C. G. Leland, Gypsy Sorcery and Fortune Telling, New York 1964, Frontispiz.

Seite 33 «Femmes qui regardaient dans la main», aus Docteur Bataille, 2, 124.

Seite 37 «La Papesse», aus Papus, Tarot der Zigeuner, Schwarzenburg 1979, 92.

Seite 44 «Le savoir est pareil à l'eau», aus Jean Richepin, Miarka, la fille à l'ours, Paris 1888, 99.

Seite 51 «Ein Zigeunerlager» (1895) von Charles Spindler, aus Marie-Paul Dollé, Les Tsiganes manouches, Sand 1980, 59.

Seite 69 Ina May and the Farm Midwives, Spiritual Midwifery, Summertown (Tennessee) 1975, 285.

Seite 77 Leland, 99.

Seite 83 Leland, 141.

Seite 90 «Hexen im Zauberkreis» von J. W. von Goethe, aus Rudolf Grosse, Der Silberkessel von Gundestrup, Dornach 1963, 41.

Seite 97 J. N. v. Alpenburg, Mythen und Sagen Tirols, Zürich 1857, Frontispiz.

Seite 104 Handzeichnungen von Goethe, Leipzig 1941, Abb. 24.

Seite 112 «Nuages, nuages, que vous êtes loin!», Radierung von Pierre Morel, aus Jean Richepin, Miarka, la fille à l'ours, Paris 1888, 167.

Seite 127 Die Göttin Kali, modernes Poster aus Indien.

Seite 132 Alpenrosen, ein Schweizer Almanach, Bern und Leipzig 1820, Umschlagabbildung.

Seite 141 «Das Sabbatmahl», aus U. Molitor, De Lamijs..., Köln 1489.

Seite 147 «Satan als Herr des Hexensabbats» von Gustave Doré. Aus Kurt Seligmann, Das Weltreich der Magie, Stuttgart 1958, 205.

Seite 161 «Esmeralda» (1839) von Antoine Wiertz, aus André A. Moerman, Hrsg., Antoine Wiertz, Paris–Brüssel 1974, 17.

Seite 167 «Esquisse pour le martyre de St. Denise» von Antoine Wiertz, aus André A. Moerman, 121.

Seite 170 «Gnôme» von Gustave Doré, aus X.-B. Saintine, La Mythologie du Rhin, Paris 1862, 254.

Kurzer Dank

Der erste Teil dieses Buches entstand aus einem essayistischen Versuch der Schilderung unserer Gegenwart im Umbruch – ich wurde dazu durch einen Werkbeitrag der Stiftung Pro Helvetia ermutigt (Arbeitstitel 1977: «Zwischen Mao und Tao»).

Entscheidend waren mir hier u. a. die Anregungen durch Barbara, Emily, Rosemarry, Hildegard, Agnes, Uschi, Wanda.

Bei der Niederschrift der eigentlichen Alpensagen und Volksglauben unterstützten mich die Erziehungsdirektion des Kantons Bern und das Eidgenössische Departement des Innern (Abteilung Kulturelles). Hinweise zu dieser Arbeit verdanke ich Prof. Dr. Karl Henking (Bern), Prof. Dr. Arnold Niederer, Dr. Adolf Dittrich (Zürich), Prof. Dr. Wolf-Dieter Storl (Benares). Auf die zahlreichen Osthistoriker, Kennerinnen der lokalen Traditionen usw., die mir halfen, verweise ich – zwangsläufig kurz – im Quellenverzeichnis.

Wichtig waren mir für das Buch die Gespräche mit Janosch v. Morzsinay, Dipl.-Psychologe Wolfgang Bauer und Katja (Frankfurt), Susi Seiler (Basel), Alla Golowin v. Steiger (Brüssel) und Martha. Bei Schlussfassung und Korrektur half mir entscheidend Heidi Ramseier.